精品课程配套教材
21世纪应用型人才培养"十三五"规划教材
"双创"型人才培养优秀教材

现代信息服务与管理

何明祥　李　冠　编著

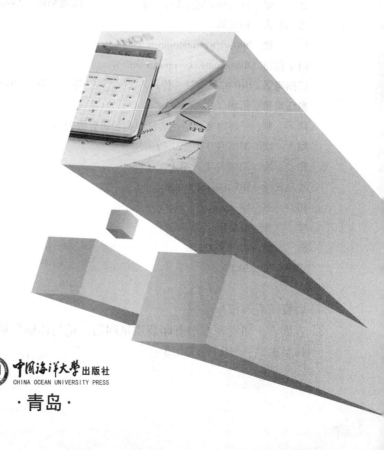

中国海洋大学出版社
CHINA OCEAN UNIVERSITY PRESS
·青岛·

图书在版编目（CIP）数据

现代信息服务与管理 / 何明祥，李冠编著 . —青岛：
中国海洋大学出版社，2018.1
ISBN 978-7-5670-1683-5

Ⅰ.①现… Ⅱ.①何… ②李… Ⅲ.①情报服务②信
息管理 Ⅳ.①G252.8②G203

中国版本图书馆 CIP 数据核字（2018）第 011127 号

出版发行	中国海洋大学出版社
社　　址	青岛市香港东路 23 号　　　　　邮政编码　266071
出 版 人	杨立敏
网　　址	http://www.ouc-press.com
电子信箱	zhanghua@ouc-press.com
订购电话	010-82477073（传真）　　　　电　　话　010-82477073
责任编辑	张华
印　　制	三河市鑫鑫科达彩色印刷包装有限公司
版　　次	2018 年 1 月第 1 版
印　　次	2018 年 1 月第 1 次印刷
成品尺寸	185 mm×260 mm
印　　张	18
字　　数	374 千
印　　数	1—10000
定　　价	39.00 元

前言
Preface

在信息化社会，信息用户对信息获取和管理提出了更高要求，这就需要提供更加专业的信息服务。信息服务通过开发和生产信息产品，实现信息价值，以满足用户需求，这也是信息管理活动的初衷和归宿。随着互联网+的兴起，现代信息服务产业成为高度知识化、市场化和社会化的新兴产业，这对信息管理从业人员的职业素养、专业知识等方面提出了更高要求，迫切需要大批掌握一定信息服务与管理的职业理念与专业知识的高级专门人才。因此，我们编写一本适合信息管理专业的教材，使学生比较全面地了解和掌握未来从事的领域应具备的知识和素养，为信息服务业的专业人才培养尽自己的微薄之力。

本书在知识体系与内容设计方面具有一定的系统性和逻辑性。首先基于信息服务的基本原理，提出信息服务的两个重要前提—信息管理与信息素养，以信息产生的过程、信息传递的过程、信息源的选择为主线重点探讨信息过程的基本规律和特点，然后提出了信息服务的主要实现方式，重点探讨云服务、个性化服务等新课题，并从专业化、市场化、社会化三个视角研究信息服务业的管理问题，最后探讨信息服务的更高阶段即知识服务。

本书共分四篇，第一篇是概述，提出了信息服务的两个重要前提—信息管理与信息素养，阐述信息服务的概念及其发展。第二篇是信息服务与管理，重点探讨信息服务的主要实现方式，以及如何实现信息服务管理的专业化（信息服务组织及其管理）、市场化和社会化（信息服务的市场机制与监督机制）。第三篇是信息服务的基本原理—信息过程与管理，提出了信息管理是基于信息过程（或活动）的管理，需要遵循信息过程的基本规律和特点。重点探讨信息过程中信息交流（信息产生的过程）、信息分布与配置（信息传递的过程）、信息获取（信息源的选择）的基本规律和特点。第四篇是知识服务与管理，提出知识服务是信息服务的新阶段，重点探讨知识服务组织、知识工作者、知识服务系统等问题。

本书的大纲制定、书稿审阅以及第5、6、7、8章的编写等工作由何明祥负责，第1、2、3、5章的编写等工作由李冠负责。本书在编写期间，苏文斌、安新、李翩、冯慧子、王玉飞、张红等研究生进行了资料搜集和整理以及文字和图表的相关工作，在此对他们的付出表示衷心感谢。同时，本书借鉴和参阅了诸多学者的研究成果，引用了一些文献资料，在此表示真诚的谢意。

本书是山东省教育科学"十二五"规划 2013 年度重点课题（2013GZ035）的阶段性成果。

在本书出版之际，对关心和支持我们出版工作的所有同志表示感谢。

由于作者水平有限，编写过程中难免存在疏漏，敬请大家多提宝贵意见。

编　者

2018 年 1 月

目 录
Contents

第3篇 信息服务与管理

第4篇 知识服务与管理

第1篇 概　述

内容概要：阐述信息的概念，提出信息服务的两个重要前提——信息管理与信息素养，阐述信息服务的概念及其发展。

第1章
信息与信息管理

1.1　关于信息

1.1.1　信息的广泛定义

信息（Information）在日文中为"情报"，我国港台地区译为"资讯"。在我国古代，意思为"消息"。

信息最早作为科学研究对象，是在通信领域，因为通信的本质就是传输信息。

当代社会，信息成为最高频的词汇之一。我们所处的时代被称为"信息时代"，国家和企业的顶层战略被称为"信息化战略"，信息资源与自然资源、人力资源共同构成支撑现代经济社会发展的资源体系，"信息产业"成为国家的新兴产业，并催生出"大数据""云计算""互联网＋"等技术和商业模式。

1.1.2　"信息"定义的里程碑

1. "信息"概念的提出

信息作为科学概念的提出，是 19 世纪以后的事情。一些科学先辈早在 19 世纪下半叶已开始探讨信息问题。美国科学家费希尔于 1918 年从古典统计理论的角度研究了信息量的量度问题。卡松于 1922 年提出了边带问题理论，指出了信号在调制（编码）过程中频谱展宽的信号保护法则。美国的奈奎斯特和德国的开夫曼尔提出，一定速率的电报信号的传送，要求与一定的带宽相适应。美国科学家哈特莱在《信息传物》一文中，从通讯理论的角度出发，首次提出了信息量概念，他认为信息是消息中不定性的排除，用消息可能数目的对数来度量消息中所含的信息量，人们对信息量这一问题才有了深刻的认识。波特于 1945 年发表了《声音的可视图形》一文，1947 年他又与柯普等人写了《可视语言》，介绍了各种声音的谱图。此外，前苏联戈尔莫戈洛夫的《在无噪声情况下预测信号》一文，着重研究了接受信号的问题，这一切都为信息论的创立创造了有利的条件。

2. 基于狭义信息论的"信息"定义

第二次世界大战以后，1948 年美国数学家申农在《贝尔系统技术杂志》上发表了

《通信的数学理论》一文，从理论上阐明了信源（信息发出者）、信道（信息传递渠道）和信宿（信息接受者）的特征以及编码（把信息变换成可传递信号的措施）等有关通信方面的一些基本问题。该文从量的方面来描述信息的传输和提取方面的问题，从而推导出通信过程中信息量的数学计算公式。该文从理论上初步澄清了对信息的认识，标志着信息论的诞生。

从此，信息作为科学概念进入通信领域。申农创立的信息论为狭义信息论，狭义信息论是一门应用概率论和数理统计方法研究信息处理和信息传递的科学，主要研究信息的变换和传递，以及通讯和控制系统中普遍存在的信息传递的共同规律，认为通信的任务只是单纯地复制消息，只要在通信接收端把发送端发出的消息从形式上复制出来就行了，无需对信息的语义作任何处理和判断。正如申农所说的："通信的基本问题是在通信的一端精确地或近似地复现另一端所挑选的消息……与通信的语义方面的问题，与工程方面的问题是没有关系的。"所以，形式化是狭义信息论的优点。换言之，狭义信息论所关心的只是准确地选择和传递信息符号，以及信息符号所表现的概念、数量和可靠性，而不关心这些信息符号所表达的实际内容。正如长途电话台的话务员所关心的只是通话的清晰度、距离和时间，而不管人们在电话里谈些什么。又比如，一个不懂外文的人收到一封外文信，只能辨认出外文字母和标点符号，却不懂外文信件的内容，实际上就没有获得任何信息。任何信息都包含着语法结构（信息的形式）方面，同时也必然包含语义（信息的含义）和语用（信息的主观价值）三个基本方面。狭义信息论只研究了语法结构方面，而回避了语义和语用方面。

此外，狭义信息论还研究信息的度量问题。信息是一个从不确定性到确定的运动变化过程。申农认为，度量信息的基本出发点是把信息看作用以消除不确定性的东西，信息量的大小可用被消除的不确定性的多少来表示。信息量是从信息接受者的角度来考察的，信息从信源发出，接受者在没有收到之前，存在一定的不确定性。当收到之后，这种不确定性就部分或全部消除了。消除不确定性愈多，所获得的信息量越大。如果接收者收到的信息内容是早已预料到的，那么这一信息量就等于零。

总之，狭义信息论对信息只作定量描述，而对信息的质、内容和其他方面，如信息的使用价值、受信者的反应等都不作考虑。实际上信息不仅有量的方面，而且也有质的方面以及与使用信息的接受者主观认识相联系的一面，但这些都没涉及，这是狭义信息论的很大缺陷，这就使得申农的信息在实际应用中有着一定的局限性。

3. 狭义信息论的"信息"定义扩展

美国科学家控制论的创始人维纳在研究电滤波器中噪声与消息的问题时，也涉及信息。维纳试图从哲学上讨论信息的本质。他说："信息就是信息，不是物质也不是能量。"这句话强调的是信息具有它独特的质的方面。维纳又试图从信息的内容上给信息下定义。他说："信息是我们适应外部世界，并且使这种适应为外部世界所感到的过程中，同外部世界进行交换的内容的名称。"这一定义没有明确划定信息的范围，也没有明确回答信息的"内容"到底是什么？但这一定义已明确地把信息的概念推广到人，即指出了信息与信息接受者的主观认识有关。应该说，这一定义要比在通信意义下的信息有着更为广泛的意义。

许多学者认为，在任何物体中所凝聚的信息都具有多层级性，信息的质量在信息的多层级的关系中显示出来的。信息的多层级性向我们揭示了信息本身潜在的丰富、复杂的内容。信息一般具有三个层级的质。第一层级的质指的是对物质直接存在形式前一级的客观显示，它与信源物本身的直接存在有关。信息第二层级的质是凝结在信源份中的信息，它是在人的意识能动的分析、识辨中被把握的。由于每个人内在存储的信息的量与质不同，便不可避免地造成了信息第二性级的质对于不同的认识者，形在同一性级的范围是必然会具有相对认识的差异性。信息的第三层级的质是信息主观约定的质，它是意识对信息关系的一种重新分解组合，是人类认识赋予信息一个崭新的高级的质。从信息的三个层级的质的规定性中我们可以看到，信息质的规定，不仅来源于物质方面，而且也来源于精神方面，这更增加了人们对信息认识的复杂程度。由于维纳把信息的概念推广到人，指出了信息与信息接受者的主观认识有关，所以维纳的定义实质上是对申农狭义信息论的补充、发展和完善。

1.1.3 基于本体论层面与认识论层面的信息定义

由上述可知，对信息的定义由于角度不同，约束条件不同，会有不同的描述。我们认为，综合来看，信息的定义可以从本体论与认识论两个层面进行理解。

1. 本体论层面的信息——最普遍、最广义的信息

信息是事物存在的方式和运动状态的表现形式，这体现了信息的自然属性，即客观存在性，包括自然信息与社会信息。

2. 认识论层次的信息——基于主体（人）的约束

当人们从不同的视角来看图 1.1 中的两张图片时，会看到不同的图像，这是由人类选择性知觉的特点造成的。由此可以看出，人选择的知觉对象不同，感知的信息也不同，说明信息是经过人类的意识加工而得到的，这就是认识论层面的信息。

信息是人所感知或表述的事物存在的方式和运动状态，这体现信息的社会属性，即主观存在性。

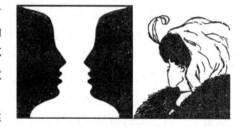

图 1.1 双歧图

认识论层次的信息可以从人的知觉能力、认知能力和目的性三个方面分解为语法信息、语义信息和语用信息：

①人具有知觉能力，能够感知到事物的存在和运动状态，由此形成了具有形式要素的信息即语法信息。

②人具有认知能力，富于事物的存在方式和运动状态的特定含义，由此形成了具有内容要素的信息即语义信息。

③人具有目的性，对事物的存在方式和运动状态进行价值判断，由此形成了具有效用要素的信息即语用信息。

3. 认识论层面"信息"的一个分支——管理界"信息"定义

美国信息管理专家霍顿（Horton）给信息下的定义是：信息是为了满足用户决策的需

要而经过加工处理的数据。

从信息管理的角度看，信息按加工深度分为：一次信息是原始信息，无序。二次信息是加工后信息，有序、易使用。三次信息是决策信息，为管理决策服务。

1.1.4　信息链

1. 信息链的构成

信息链（Information Chain）由事实（Facts）、数据（Data）、信息（Information）、知识（Knowledge）、智能（Intelligence）五个链环构成。

事实是指人类思想和社会活动的客观映射。数据是事实的数字化、编码化、序列化和结构化。信息可以看作数据在信息媒介上的映射。知识是对信息的加工、吸收、提取和评价的结果。智能则是运用知识的能力。

在信息链中，"信息"的上游是面向认知属性的，下游是面向物理属性的。"信息"作为中心链环既有物理属性也有认知属性，因此成为"信息链"的代表称谓。

2. 数据、信息和知识的相互转化

数据、信息、知识之间的转换过程大致如下：数据→信息→知识→新数据→新信息→新知识（如图 1.2）。

由图 1.2 我们认为，数据通过赋予一定的背景形成人们所需要的信息，人们通过体验和学习对信息进行加工序化而形成知识。这是一个从低级到高级的认识过程，层次越

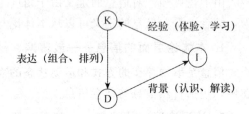

图 1.2　数据(D)、信息(I)和知识(K)的相互转化

高，外延、深度、含义、概念化和价值不断增加，从而形成信息链的初始循环。

随着人类文明的发展，人们对知识的多样化表达引发了知识爆炸，尤其是社交网络、电子商务和移动通信把人类社会带入了一个以"PB"为单位的数据新时代，即大数据时代，人们对数据的结构和价值有了新的认识，更加关注非结构化数据。以大数据为依据，挖掘更多有价值的信息，进行更有效的知识管理。而信息链中的各要素的相互转化过程也是一个螺旋上升的过程，从而不断带来新的信息革命。

1.2　关于信息管理

1.2.1　信息管理的必要性

管理可以使行动更有效率，但也要付出一定的成本。因此，我们需要分析管理的必要性。对于信息管理而言，我们认为，信息管理的必要性主要归纳为两个方面的内容。

1. 信息是当代社会经济发展的支柱性资源之一

20 世纪 90 年代以来，人类已经进入以"信息化""网络化"和"全球化"为主要特征的经济发展的新时期，信息已成为支撑社会经济发展的、继物质和能量之后的重要资源，

它正在改变着社会资源的配置方式，改变着人们的价值观念及工作与生活方式。信息作为社会经济发展的支柱性资源主要体现在基础性和战略性两个方面。

在现代社会经济中，大数据如同水、电等消费性能源一样得到广泛应用，所有的数据资源都封装为服务并按需交付，将有价值的信息传递给用户。因此，信息已成为社会经济活动的基础性资源。

如今，大数据已被认为如同石油、黄金、钻石等矿藏一样，在价值方面具有战略性。所有数据都是有价值的，即使是不精确的、无序的，而且在其首要价值被发掘之后仍能不断产生价值。由此也可以看到，信息已成为社会经济活动中具有巨大潜在价值的战略性资源。目前，一些公司不断挖掘大数据的潜在价值，比如，广告公司将移动运营商收集的用户的位置信息用于发布个性化位置广告服务业务；将交通系统收集的汽车在各地段的速度、流量等信息用于确定户外广告牌的价格。

2. 借助信息对物质能量流进行有效管理

没有物质，什么都不存在；没有能量，什么也不会发生；没有信息，事物之间毫无相互联系和相互作用，什么都没有意义。因此，物质、能量和信息是当代社会的三大支柱性资源，而且物质和能量流的运动又可以以文献、数据、信号等形态呈现，从而转化为信息流，由此可以借助信息对物质能量流进行有效管理。

1.2.2 信息管理的概念

我们将从狭义和广义两个层面对信息管理的概念进行释义。

1. 狭义信息管理

信息传递者向信息接收者传递信息时，可以通过非正规渠道，也就是通过直接交流，在这个信息传递的过程中，若信息量比较少，没有产生信息管理的需求。当双方交流的信息量呈规模性增长时，信息传递的复杂性增加、效率降低，从而产生对信息进行系统管理的需求，通过技术手段建立科学的信息系统或信息平台，经过收集、组织、存储、检索等方法对信息进行加工处理，

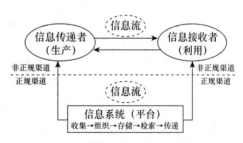

图 1.3 "狭义信息管理"图解

使信息传递更加有效，这个信息管理过程称为狭义信息管理，如图 1.3 所示。

狭义信息管理是基于微观角度，其目标包括两个方面：一是建立信息集约，即在收集信息的基础上，实现信息流（信息从信源出发后，沿着信道向信宿方向传递所形成的"流"）的集约控制；二是对信息进行整序与开发，实现信息的质量控制，这也是信息化1.0时代的主要目标。在信息化1.0时期，与信息管理相关的一个概念就是数字化，是指把模拟数据转换成用0和1表示的二进制码，以便于计算机进行处理。

2. 广义信息管理

广义信息管理是指人类综合采用技术、经济、政策、法律、人文等手段对大数据进行治理和使用，实现信息效用价值最大化，以提高社会活动资源的系统功能，最终提升社会

活动资源的系统效率的一种管理活动。因此，广义信息管理是涉及信息技术、信息资源、参与活动的人员等要素的一种社会性的管理活动，它具有一般管理活动的特点。同时，作为一种技术性很强的管理活动，要运用许多技术手段和管理手段。

广义信息管理是信息化 2.0 时代的主要目标，所有数据都可以封装为服务并放在云端，通过按需交付使用实现其价值，如图 1.4 所示。与广义信息管理相关的一个概念是数据化，是指把现象转变为可分析的量化形式的过程。

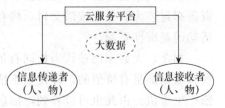

图 1.4 "广义信息管理"图解

1.2.3 信息管理的发展历程

信息管理活动的发展历史源远流长。从原始社会人类的结绳记事，到今天人们广泛利用计算机等信息技术来提升信息的管理水平与效率，可以说，人类的历史有多长，信息管理活动的发展历史就有多长。

纵观人类信息管理活动所采用的手段与方法，基本上可以将它分为三个时期：古代信息管理活动时期、近代信息管理活动时期、现代信息管理活动时期。

1. 古代信息管理活动时期

古代时期的信息管理活动，社会信息资源数量有限，没有形成社会规模。信息的存储是"藏书楼式"，是封闭的、私有化的。信息管理的手段与方法以手工为主，文献资源的所有者以及官方指定的官员是信息管理的主体。

2. 近代信息管理活动时期

从机器大生产代替手工生产、资本主义代替封建主义成为世界主流社会形态后开始，社会信息资源由于科学技术的发展而快速增加，特别是新型的机器印刷的出现加快了文献信息的生产，使得社会信息积聚不断加快。

对于信息保存来说，藏书楼式的藏书制度被彻底打破，在图书文献为主要社会信息资源的社会背景下，这一时期新型的信息存储机构——图书馆，担负了保存文献信息资源的重要责任，并且将信息管理的目的从简单的"藏"发展到"藏"与"用"相结合，开创了具有现代意义的一系列行之有效的信息管理方法，如分类法、编目法、主题法、索引法、计量法等。从事信息管理的人员不再是任命的官员，而是具有专业知识的信息管理人员，被称为图书馆员。

3. 现代信息管理活动时期

第二次世界大战之后，信息管理活动进入现代信息管理时期。由于计算机的出现，信息技术在信息管理活动的发展中占有重要地位，它主导着信息管理的发展。

计算机、网络等现代信息技术的迅速发展，扩大了信息交流的范围，促进了信息的爆炸性增长。伴随着信息技术的变化，信息资源类型不断多样化，除文献型信息资源外，还出现了缩微型、电子型、网络型等新型媒体资源。信息管理向深度发展，试图挖掘信息内部存在的具有逻辑关联的智慧资源。图书馆已不再是唯一的具有社会职能的信息管理机构，如咨询公司、企业管理公司、调查公司等，它们共同承担着不同领域、部门和层次的社会信息流的管理工作，共同完成整个社会中信息流的管理。

现代信息管理的沿革大致可以分为三个阶段。

第 1 阶段：基于技术的信息管理

以信息流的控制为核心，以计算机为工具，以自动化信息处理和信息系统建造为主要工作内容，技术因素占主导，技术专家唱主角。20 世纪 60 年代以后，MIS（Management Information System）、DSS（Decision Support System）、ES（Expert System）成为计算机信息系统有代表性的工具。

第 2 阶段：基于人与资源的信息管理——信息资源管理（Information Resource Management，IRM）

一些学者认为，技术是中性的，既可以成为生产力，也可以成为破坏力。因此，人的因素尤为关键，人们开始关注信息行为、信息道德。而且信息已成为当代社会经济发展的核心经济资源，需要进行优化配置和管理，人们也更强调信息效益。所以，第二阶段的信息管理提出的信息资源管理的概念，认为信息管理是人、经济、技术三要素有效整合的过程。

第 3 阶段：信息资源管理的新阶段——知识管理（Knowledge Management，KM）

互联网（以 Web 2.0 为代表）使平等参与、共享成为可能，这也是以知识为核心的网络信息资源充分利用的前提和关键。知识管理更注重非结构化信息（隐性知识）的管理，以促进组织的学习和创造能力，其实质是一种重视与人打交道的信息管理活动。

1.2.4　信息管理的基本原理

信息管理原理是信息管理活动本身所包含的具有普遍意义的规律。下面从信息资源状态变化和信息管理活动目标指向的角度，简要分析信息管理的四大基本原理。

1. 信息增值原理

信息增值是指信息内容的增加或信息活动效率的提高，它是通过对信息的收集、组织、存储、查找、加工、传输、共享和利用来实现的。信息增值包含以下内容：

（1）信息集成增值。信息集成是指把零散信息或孤立的信息系统整合成不同层次的信息资源体系。它包含三个不同层次的信息增值阈：

①把零散的个别信息收集起来形成的信息集合。

②孤立的信息系统的集成。

③社会整体的信息资源的集成。

从零散信息或孤立的信息系统中很难得到有用的信息或用于决策的知识，因此，零散信息或孤立信息系统的集成是很重要的。

（2）信息序化增值。信息的序化是信息活动的结果，是信息组织的价值体现，目的是为了实现快速存取。信息序化克服了混乱的信息流带来的信息查询和利用困难，提高了查找效率，节约了查询成本。有序化的信息集合是信息资源建设的基本条件。

（3）信息开发增值。有序的信息资源不仅能够保证信息的可查询性，而且能够根据信息内容的关联性开发新的信息与知识资源。

2. 增效原理

信息管理可以通过提供信息和开发信息，充分发挥信息资源对各种社会活动要素的渗透、激活与倍增作用，从而节约资源、提高效率、创造效益，实现社会的可持续发展。信息管理是现代社会节约成本，提高效率，实现可持续发展的有效途径。

3. 服务原理

信息管理与一般的管理过程相比，具有更强的服务性。信息管理的作用最终体现为信息资源对各种社会活动要素的增效，这决定了信息管理必须通过服务用户来发挥作用。信息管理的所有过程、手段和目的都必须围绕用户信息满足程度这个中心。信息管理方法和手段的采用，活动的安排，技术的运用，信息系统的设计与开发等都必须具有方便、易用的服务特色，以提高服务能力与水平为宗旨。因此，信息服务也是我们这本书重点阐述的内容。

4. 市场调节原理

信息管理也受到市场规律的调节，主要表现在以下两个方面：

（1）信息产品的价格受市场规律的调节，价值规律是信息商品市场的基本规律。市场这只"看不见的手"是调节信息产品与信息服务的主要力量。

（2）信息资源要素受市场规律的调节。在信息商品市场上，信息、人员、信息服务机构、技术、信息设施等各种资源要素配置会达到某个效率的均衡点。信息产品的市场价格及其背后的社会信息需求是信息资源配置的动力。

1.2.5 Web 2.0 及其信息管理

1. Web 2.0 的概念

特征性描述：一个利用 Web 平台，由用户主导而生成内容的互联网产品模式，区别于由网站雇员主导生成内容的传统模式而被定义为第二代互联网，具有去中心化、开放分享、共同参与、自组织协同性、可再混合性等特点。

技术性描述：Blog、Wiki、RSS、Tag、SNS、AJAX 等一系列技术及其应用。

2. Web 2.0 的理念

（1）通过参与性架构产生网络外部性，即网络中每个人的价值被网络中其他人的数量所影响，用户人数越多，每个用户得到的效用就越高。

（2）Web 2.0 代表的是一种创新模式，而不仅仅是一组技术。

Web 2.0 应用不仅会改变市场现状，并且会重建业界生态，同时还将衍生出爆发性的投资报酬率。由学者唐斯、梅振家提出的爆发定律认为，社会体制以渐进的方式成长，但科技却以几何级数发展。当这两者之间的鸿沟越来越大，就越可能产生爆发性的全面改变，也催生出更多的创新，从而在理论上印证了 Web 2.0 对社会发展的巨大推动力。

（3）Web 2.0 寻求的是创造个人化和社会化的正向循环。

3. Web 2.0 信息资源的内涵

网络信息资源是指一切投入互联网络的电子化信息资源的统称。Web 2.0 的产生与发展，赋予网络信息资源更丰富、更独特的内涵。Web 2.0 信息资源是网络用户在 Web 2.0 环境下创造、交流、共享与传播的信息资源，这些资源更多的是个体拥有的隐性资源，属于特定的用户个体。

从信息资源的生产者、内容、技术三要素分析，对一般的网络信息资源（Web 1.0 环境）和 Web 2.0 信息资源的内涵进行比较，如表 1.1 所示。

表 1.1　一般网络信息资源与 Web 2.0 信息资源比较

三要素	一般网络信息资源	Web 2.0 信息资源
信息生产者	组织机构、门户网站、少数人员特定的、权威的	所有网络用户普遍的、草根的、互动的、聚合的
信息内容	常规的数据、信息，如操作流程、规章制度、人事信息、生产信息等	微内容，如技能、经验、心得、人际交流等
信息技术	传统的信息收集、存储和传递等技术手段，如 MIS、群件等	Web 2.0 典型的应用和技术，如 Blog、RSS、Wiki、SNS 和 P2P 等

4. Web 2.0 信息资源管理及其三维架构

Web 2.0 信息资源管理是通过运用信息科学、管理学、经济学、计算机科学、法学、社会学等多学科的理论与方法，从技术、经济、人文三个维度对 Web 2.0 信息资源进行有效的组织与处理、开发与利用、配置与控制，以充分挖掘并利用 Web 2.0 信息资源的价值，实现知识的共享与创新，使之更好地满足人类的信息需求并为人类服务。

图书情报学领域专家卢泰宏、马费成和毕强教授等都认为信息资源管理的理论核心是"三维结构论"，即技术管理、经济管理和人文管理。Web 2.0 信息资源管理是在 Web 2.0 环境下产生并发展的新型网络信息资源管理，如图 1.5 所示。

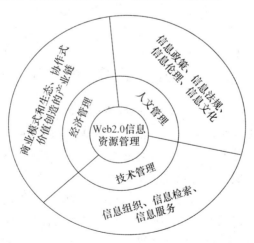

图 1.5　Web 2.0 信息资源管理的三维架构

5. Web 2.0 信息资源管理的相关理论

（1）长尾理论。在丰饶经济时代，处于尾部的非主流产品或信息也将产生巨大的价值，是对二八定律（价值主要是由位于头部的主流产品或信息创造的）的颠覆。

（2）社会网络理论。社会网络分析家巴里·韦尔曼认为，社会网络是由某些个体间的社会关系构成的相对稳定的系统。

在社会网络理论中，有三个重要的概念分别是：强弱联结、社会资本和结构洞。

关于强弱联结，该理论认为，联结是社会网络的本质特征，基于互动频率、感情力量、亲密程度和互惠交换四个维度，分为强联结和弱联结。强联结的个体相似度高，易获得信任和稳定关系，但难以获得新知识；弱联结的个体关系常表现为信任度低、不稳定，但双方拥有异质信息源，更有利于知识创造。

对于社会资本的概念，该理论认为，个人或组织所拥有的社会网络越大，异质性越强，其社会结构资源越丰富，社会资本越多，摄取资源的能力越强。

结构洞是指社会网络中关系稠密地带之间的稀疏或断裂的结构空洞，个人或组织通过不断地开拓结构洞（用弱联结填充），不断改变和完善社会网络结构，增加社会资本。

（3）信息生态理论。把人类信息活动及其有关因素作为一个统一的整体看待，即由人、信息、信息环境三要素组成和谐、动态均衡的自组织系统，系统内各要素相互影响，相互作用。

（4）信息生命周期理论。随时间的推移，信息资源所包含的信息内容将过时，其所能提供的决策支持、用户认知等价值将逐渐减少甚至消失。

1.3 信息素养

1.3.1 信息素养的定义与发展阶段

20世纪70年代，美国信息产业协会主席保罗·泽考斯基提出了信息素养（Information Literacy，IL）的概念，将其定义为"利用大量的信息工具及主要信息源使问题得到解答的技术和技能"。

美国大学及研究图书馆联合会（Association of College and Research Libraries，ACRL）认为，信息素养是人们有效寻找、评价、利用信息，更好地进行知识创新的能力。

在近现代的社会经济发展中，人们越来越需要通过信息手段获取更多的资源，促进了信息技术的不断改进，这也要求人们要不断提高运用各种技术的能力，以及人自身的行为能力。信息素养的发展阶段大致划分为图书馆素养、计算机素养和行为素养三个阶段。图书馆素养强调图书馆手工文献检索技能。计算机素养强调利用计算机进行信息处理的技能，并重视人的个体属性（态度和意识）。随着网络和信息技术的发展，开始强调人的社会属性（如交流信息、传播信息的能力），重视人的批判性思维能力和评价信息的能力，强调信息素养是终身学习的必然要求，这就发展到了行为素养阶段。

1.3.4 信息素养的要素

信息素养是人的整体素质的一部分，是未来信息社会生活必备的基本能力之一，它由信息意识、信息知识、信息能力、信息道德四个要素构成一个统一整体。

1. 信息意识

信息意识是指客观存在的信息和信息活动在人们头脑中的主观能动反映，表现为人们对所关心的事或物的相关信息敏感力、观察力和分析判断能力及对信息的创新能力。它是产生信息需求，形成信息动机、信息兴趣，进而自觉寻求信息、利用信息的动力和源泉。

2. 信息知识

信息知识是指与信息有关的理论、知识和方法，包括信息理论知识与信息技术知识。信息理论知识包括信息的基本概念、信息处理的方法与原则、信息的社会文化特征等。信息技术知识是指对信息进行采集、传输、存储、加工、表达的各种技术之和。

信息知识是信息素养教育的基础，这也是我们写作此书的目的之一，有了对信息本身的认知，就能更好地辨别、获取和利用信息，提高信息服务的品质。

3. 信息能力

信息能力是指理解、获取和利用信息的能力。理解信息是对信息进行分析、评价和决策以鉴别信息质量和评价信息价值。获取信息是通过各种途径和方法搜集、查找、提取、记录和存储信息。利用信息是将信息用于解决实际问题，以及通过已知信息来挖掘信息的潜在价值以创造新知识。随着信息技术的广泛应用，信息能力更强调利用计算机、网络以及多媒体等工具搜集、处理、传递、发布和表达信息。

4. 信息道德

信息道德是指在信息活动中，规范各种社会关系的道德意识、道德规范和道德行为的总和。它通过社会舆论、法律法规、传统习俗的约束使人们形成一定的信念、价值观和习惯，从而使人们自觉地规范自己的信息活动行为。

综上所述，信息意识是先导，可提高我们对信息的敏感度、对信息持久的注意力和价值的判断力；信息知识是基础，可加强我们对信息的认知、对信息源以及信息工具方面知识的掌握；信息能力是核心，可引导我们在纷繁无序的信息海洋中筛选出自己所需信息，并合理运用到知识创新中；信息道德是保证，可规范我们在获取、利用、加工和传播信息的过程中的行为，主动维护信息领域的正常秩序，不危害社会或侵犯他人的合法权益。

1.4　信息服务的演化与发展

不断发展的信息管理的方法和技术，以及人们信息素养的不断提高，为信息服务的社会化、信息化提供了有利的基础。下面我们从社会化和信息化两个视角，阐述信息服务的演化与发展。

1.4.1　信息服务的社会化

现代信息服务业已成为现代社会经济的重要支柱性产业，广泛服务于多种社会机构及个体。而其社会化过程也经历了一个较长的发展过程。下面我们从 6 个阶段阐述信息服务的社会化过程。

1. 自发性的分散状态

在人类社会形成和发展的初期，生产力的发展水平仅仅限于满足人类的生存需要，人类信息活动也仅限于人类的衣、食、住、行和适应自然环境的交往。此时，为他人提供信息等方面的服务活动的目的在于使人类得以繁衍和生存，信息服务处于自发性的分散状态，社会组织形式尚未形成。

2. 社会发展模式的雏形

随着经济、文化、科学的发展，科学信息、生产信息、物质交流信息、战争信息和生活信息等各类社会信息大量出现，在社会需求激励下产生了现代意义的印刷、出版、通信、流通等信息服务的雏形，初步形成了信息服务的社会组织系统，信息服务开始走向社会发展模式，但由于信息管理的落后和信息素养教育的缺乏，并未形成专业化的组织机构。

3. 具有现代意义的文献信息服务体系的形成

在人类文明的近代发展中，知识的积累、科学技术的进步与经济的发展，进一步推动了信息服务的社会需求。19世纪末至20世纪初，作为人类知识财富收藏和传播中心的图书馆工作取得了新的重大进展。1905年，奥特莱在伦敦召开的一次国际会议上，作了有关经济资料的情报文献工作的组织管理报告，首次提出了"文献工作"这一概念，对文献服务作了专门的论述。奥特莱具有创见的代表性论述，实际上反映了图书馆工作中的文献信息服务功能的加强，标志着在完善文化、教育功能的基础上图书馆服务的发展，图书馆读者研究与读者服务逐渐走向规范管理的轨道。与此同时，自1830年德国《药学文摘》创刊，到1940年美国《数学评论》问世，以提供文献检索服务为主体的世界上权威性的涵盖各知识门类的检索期刊体系已被完整地确立。新的文献信息服务形式，如文献咨询、专题服务等也得到发展，具有现代意义的文献信息服务体系已基本形成。

4. 行业信息服务体系的形成

20世纪中期，"二战"后各国经济建设的发展需要、科学技术的现代化，以及国际社会发展新秩序的建立，成为信息服务迅速发展的直接动力。科技与经济的结合改变了社会运行状态，提出了信息资源的开发、组织和有效利用问题。在信息传递与交流服务中，发达的工业国家已建立了服务于社会的电信系统和用于战争的信息传输体系。随着流通与服务行业的兴起，多种类型的信息交流中心、数据中心与咨询机构进行比较专业性的信息服务，初步形成了行业信息服务体系。

5. 社会化的现代信息服务业形成

20世纪后期的信息技术迅猛发展，从根本上改变了传统信息服务的技术手段，尤其是70年代以后全面使用的计算机与远程通信技术的结合，为现代化信息服务业务的开展创造了必要的技术条件，将信息服务推进到网络化组织时代，形成了信息资源共享与保护的发展战略，从而确定了信息服务的社会化管理格局。

在社会发展综合因素的作用下，社会化的现代信息服务呈现出以下发展趋势：

（1）从单一形式的服务向综合性服务发展。长期以来，各类信息服务基本上处于独立发展的状态，彼此缺乏有机联系。例如，通信服务、文献信息的提供、数据传输和数据处理服务等分别由不同的信息服务部门承担，对于异地索取文献信息或需要远程处理数据的用户来说，不得不分别利用两类单一的信息服务来满足其信息需求。显然，这种服务模式愈来愈难以满足用户多方面的信息需求，从而提出了综合形式的信息服务业务的开拓问题。

进入 70 年代，计算机与通信技术的发展、远程数据处理技术和网络技术的全面应用，使相互分离的通信与信息处理结合而成为综合性的网络服务，如联机信息检索服务、电子数据交换服务、互联网服务等。

（2）各种专项信息服务和系统化信息保证服务成为信息服务业务发展的主流之一。随着用户信息需求呈现专门化和综合化的趋势，一般性的信息提供、检索和分析服务已难以满足用户职业工作的需要，原有的信息检索、分析、咨询服务逐渐发展成为项目论证服务、查新服务、发展预测服务、科技交流服务、数据库服务等。

另外，在用户职业工作中，信息利用贯穿着所有的业务环节，从而提出了针对职业工作进行系统化的信息保证服务的要求。当前我国的信息保证服务的重点是科学研究与开发中的信息保证，其模式是以研究发展项目为中心实施全方位的信息服务。

（3）信息服务向多元化和多样化方向发展。信息服务的多元化是指信息服务机构与经济成分的多元化，信息经济的发展直接导致市场化有偿信息服务比例的上升，除国家和国有信息服务机构的无偿服务外，经营性信息服务实体发展迅速。

信息服务的多样化，一是从以文献信息服务为主向多种形式载体信息服务相结合的方向发展；二是信息提供与发布服务内容的扩展，图文传递、电子邮件、电子数据交换、系统集成、信息评估等服务得到进一步发展和普及。

1.4.2　信息服务的信息化

在现代条件下，随着社会进步的加速和持续性发展的社会机制的形成，信息服务正经历着内容、技术和体系方面的综合变革，从而提出了信息化时代信息服务管理的基本要求。

1. 面向用户的数字化信息服务业务发展

信息资源建设与信息服务发展表明，网络环境下的信息资源建设，应从以"占有"信息资源为中心转换到以"共享"信息资源为中心。网络时代，信息资源结构多元化，信息传播多维化，信息系统开放化，信息时空虚拟化，以网络为平台的新的信息资源保障与交流机制正逐渐形成，馆藏的概念不再仅仅限于本馆实际所拥有的资源，而是扩展到联盟或集团共享资源，再到跨空间的虚拟资源。网络的发展，使得人们可以跨时跨界的获取信息资源，这就要求构建新的信息服务空间，不断开拓面向用户的数字化信息服务业务。

2. 基于网络的信息服务个性化、知识化与集成化发展

随着数字技术的发展，基于数字化信息载体的知识发现和数据挖掘日益成为一种重要的服务形式，显性和隐性知识组织与服务在知识团队的建设和发展中正取得新的突破，信息资源网络的发展为人们提供了获取和交换信息的平台。

用户在利用公用平台的同时，对个性化集成服务提出了新的要求。在面向用户的服务发展中，信息的个性化导航、信息资源的整合和主动推送服务日益成为新型信息服务的发展主流。在信息集成服务中，面向用户的业务支撑系统值得关注。

复习与思考

1. 分析与阐述信息的概念。
2. 为什么说信息管理与信息素养是信息服务的两个重要前提？
3. 阐述信息服务的概念及其发展。

第2篇 信息服务的基本原理 ——信息过程与管理

内容概要： 如上所述，信息管理是信息服务的一个重要前提，而信息管理是基于信息过程（活动）的管理，要遵循信息过程的基本规律和特点。本篇主要探讨信息过程中信息交流、信息分布与配置、信息获取三个方面的内容，也就是信息过程中信息的产生过程、传递过程以及信息源选择的基本规律和特点。

第2章

信息交流

信息过程的起点是信息的产生，而信息是在事物之间相互联系、相互作用的过程中产生的，产生信息的这个过程就是信息交流过程。

2.1　信息交流的基本概念

2.1.1　信息交流的含义

1. 广义信息交流的内涵

信息交流是人类社会和自然界中最普遍的现象，只要宇宙间有事物的存在和运动，就会产生信息，并伴随着信息交流。我们可以把这种信息交流称为广义信息交流，是指不同时间或空间上的所有主体（所有生物和非生物）之间相互交换信息的过程。

如果我们从形式上对广义信息交流进行描述，可以得到以下几种形式，如图 2.1 所示。

由图 2.1 可以看出，广义信息交流从形成上可以划分为自然信息交流、人与自然的信息交流、人与人的信息交流。

自然信息交流完全是自然物，即非生物之间、生物之间的交流与相互作用，完全因循自然规律和法则，与人类的主观意识无关，是本体论层次的信息交流。我们经常看到的各种自然现象，比如水滴石穿、风化石等，都是自然信息交流的例证。

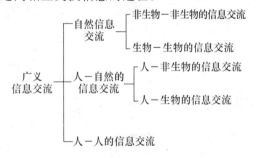

图 2.1　广义信息交流的几种形式

人与自然的信息交流是人与自然界中非生物、生物之间的交流与相互作用，是人类认识自然和改造自然的过程。科学研究就是自然界信息通过人脑主观意识的归纳和反映，是认识自然的过程。而人类劳动则是人的主观信息向自然物的流动，是改造自然的过程。

人与人的信息交流是人的主观意识的相互作用，可以扩展到由人组成的机构、组织之间信息交流，并由此形成社会信息交流的过程，是最复杂、最高级的信息交流形式，也就是我们下面要阐述的狭义信息交流。如果没有特别说明，我们通常所说的信息交流就是指狭义信息交流，本书涉及的信息交流的有关内容也是如此。

2. 狭义的信息交流的内涵

狭义信息交流是指不同时间或空间上的认知主体（人或由人组成的机构、组织）之间相互交换信息的过程，也称为社会信息交流。

狭义信息交流从形式上可以分为共时交流和历时交流，如图 2.2 所示。

图 2.2　狭义信息交流的形式

共时交流，也称为横向信息交流，其主要功能是克服交流的空间障碍，达到及时的信息共享。自古至今，共时交流的手段越来越丰富，如口语、身势、旗语、烽火、钟、鼓、邮政、电话、电视、互联网等。

历时交流，也称为纵向信息交流，主要功能在于消除交流的时间障碍，填补过去和现在的鸿沟，将古代与现代联系起来，为继承和发展提供条件。历时交流也呈现出越来越多样化的手段，如文物、古迹、文献、档案、绘画、口语、照相、录音、录像、拷贝磁盘、刻制光盘、网络客户端下载、虚拟信息空间等。

共时交流和历时交流是共享与继承的关系，而且随着信息技术的发展，共时交流和历时交流在运用的手段上逐渐融为一体。

2.1.2　信息交流行为

信息交流是人类社会的一种普遍现象，信息交流的实现依赖于交流双方的信息行为，信息交流行为是人的一种最基本的行为。

人的行为可以分为目的行为和非目的行为。其中，目的行为是有目的的建立连接，进行交流的过程。非目的行为是潜意识状态下的行为，如图 2.3 所示。

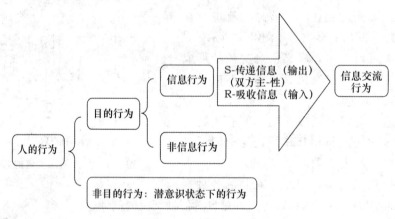

图 2.3　人的行为划分

目的行为又可依其与信息交流的相关性分为信息行为和非信息行为。听、读、触、味、嗅等过程均和信息吸收密切相关，是信息行为；体力劳动、机器操作等虽然与信息有关，但不是以吸收信息为目的，所以称为非信息行为。

信息行为到信息交流行为依赖于双方的主动性。一方面，信息传递者（Sender，简称S）必须是为传递信息而传递信息。另一方面，信息接收者（Receiver，简称R）也必须是为获取信息而产生的行为。由此我们可以得出，信息交流必须满足一定的条件下才可以实现。下面我们就来探讨信息交流的实现条件以及实现过程。

2.1.3　信息交流的实现

1. 信息交流的实现条件

如果要实现信息交流的，通常需要满足以下几个条件：

（1）必须有一个信息传递者（S），即信息生产者；有一个信息接收者（R），即信息的最终利用者。交流双方必须都是具有认知能力的人。

（2）信息交流实质是一种单向传递，信息的流动永远是 S 流向 R，是一种时间不可逆过程。

（3）必须是交流双方的目的行为，即 S 与 R 均是故意要传递与接收信息。若仅有一方故意，则不属于信息交流行为。也就是说，R 有信息需求，S 有目的地提供。

2. 信息交流的实现

信息交流实质上涉及两个最基本的概念："信息"与"交流"，与之相对应，信息交流的实现需要通过信息过程和交流过程两个环节，如图 2.4 所示。信息过程是信息传递者认识客观世界的过程，是一个由客观信息（自然界、人类社会、思维）向主观信息转化的过程。交流过程是信息传递者通过一定的媒介将主观信息传递给信息接收者。

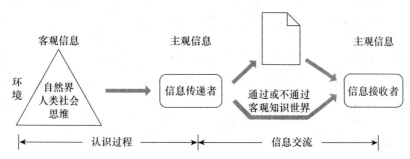

图 2.4　信息交流过程的实现

由此得出，信息交流过程中的信息来源（对于信息接受者而言）必须是他人头脑（S）所提供的信息，而不是直接从自然或社会观察而获得信息。若将本体论层次的信息称为客观信息，则信息交流的信息就全部都是从客观信息转换生成而来，生成转换器就是大脑，它是信息传递者（S）认识的结果，属于认识论层次的信息，称其为主观信息，它是一种间接信息。

2.2　信息交流的模式

信息交流模式是用简洁的语言、图形或程式描述信息交流现象，以揭示信息交流本质和规律的一种方法。这种方法对于充分发挥信息的效用和价值、有效促进信息的传播和交流有重要的作用。

2.2.1 申农-维弗模式（通讯领域）

1949 年，美国贝尔电话实验室的申农（Shannon）及其合作者韦弗（Weaver）为解决机器间信息互换在当年的《通讯的数学理论》中提出了著名的通讯模型，被人们视作信息论的基本模式，如图 2.5 所示。

图 2.5 申农一维弗模式

申农一维弗模式把信息交流描述成一种单向的线性过程。

信源负责发出要传递的信息。需要说明的是，信源不能等同于信息用户，信源可以提供信息，是蕴含信息的物质载体，比如网络站点、新闻发布会等都可以被称为信源。信息用户既是信息交流的归宿，又是信息交流的新起点。

由信源发出的信息会经编码器编码，并采用与所经信道相适应的信号形式到达解码器，解码器的功能与编码器相反，它将接收到的信号还原为信息并发送到交流的目的地，即信宿。

噪声是指一切传播者意图以外的，对正常信息传递的干扰。

信道是指各种信息得以交流和传递的物理过程和渠道，主要包括：自然信道、工人信道和电信通道。其中，自然信道是由人类自身的信息器官来传播信息。人工信道是以各种人工的信息中介体传递信息。电信通道是通过现代化通信技术来传递信息。

申农一维弗模式具有一些局限性，主要体现在以下两方面：

（1）模型具有抽象性，侧重语法信息的表达。如没有指明信源和信宿是机器还是人。

（2）模型基于单向传递的假设，无法解释人际沟通的现象。

2.2.2 拉斯韦尔的 5W 模式（政治学领域）

1948 年，美国政治学家哈罗德·拉斯韦尔（Harold Lasswell）在其发表的《传播在社会中的结构与功能》一文中，最早以建立模式的方法对人类社会的传播活动进行了分析，提出了著名的"5W"模式，即用五个问题的回答来描述传播行为，分别是谁（Who），说了什么（Says What），通过什么渠道（In Which Channel），对谁（To Whom），取得了什么效果（With What Effect），如图 2.6 所示。

图 2.6 拉斯韦尔的"5W"模式

拉斯韦尔的这个经典模型建立了传播学研究的基本框架，界定了传播学的研究范围和基本内容，为传播学的研究内容提供了简明的五分法，五个要素构成了后来传播学研究的五个基本内容，即控制研究、内容分析、媒介研究、受众研究和效果研究，几乎主宰了过去数十年的传播学研究，影响极为深远。

同时，"5W"模式中的五个要素揭示了信息交流过程的基本构成要素，即传播者、信息、媒体、受信者和效果。

传播者在传播过程中担负着信息的收集、加工和传递的任务，既可以是单个的人，也可以是集体或专门的机构。

信息是指传播的讯息内容，它是由一组有意义的符号组成的信息组合，其中符号包括语言符号和非语言符号。

媒体是信息传递所必须经过的中介或借助的物质载体，它可以是诸如信件、电话等人际媒介，也可以是报纸、广播、电视等大众传播媒介。

受信者就是受传者或受众，是诸如读者、听众、观众等的总称，是传播的最终对象和目的地。

效果是信息到达受众后在其认知、情感、行为各层面所引起的反应，它是检验传播活动是否成功的重要尺度。

由此可以看出，拉斯韦尔的 5W 模式注重信息本身的内容以及交流和传播的效果，即更关注语义信息和语用信息。

2.2.3 施拉姆模型（传播学领域）

美国著名传播家威尔伯·施拉姆（Wilbur Schramm）在 1955 年发表的论文《传播如何得以有效进行》中提出了信息交流的三个模式。第一个模式与申农—维弗模式十分相似，如图 2.7 所示。

信源　　编码　　信号　　译码　　目的地

图 2.7　施拉姆模型的第一个模式

第二个模式如图 2.8 所示，施拉姆把交流的简单模式推进为一个比较复杂的模式。他指出，两个试图交流的个人必须积累有相当的共同经验，即在信源和信宿之间，只有在其共同经验范围之内才真正有所谓的交流，因为只有这个范围内的信号才能为信源和信宿所共享。

共同经验指的是信息交流的过程离不开意义交换，交换双方必须完全或在一定程度上对所传递的信息有着共通或较为相似的理解和解释。拥有共同经验的人有以下特点：①交流中使用的语言、文字等符号有共通的理解；②大体一致或接近的生活经验和文化背景。

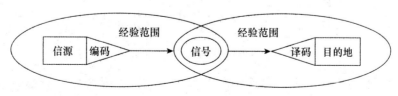

图 2.8　施拉姆模型的第二个模式

第三个模式是施拉姆模型的经典模式，如图2.9所示。施拉姆模式又进一步发展成一个表明人类交流的两个个体之间有相互作用的模式。按照施拉姆的观点，信息交流双方都必须将想要表达的意义制成代码，传递给对方，同时须将对方传来的信息译码，并做出解释以产生意义。通过信息的传送与反馈，个体之间形成了信息互动。从这个意义上讲，信息交流过程就是一个循环往复、不断反馈的过程。

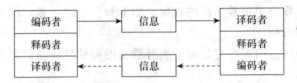

图2.9　施拉姆模型的经典模式——循环模式

这个模式也被称为施拉姆"循环模式"。该模式更注重信息交流的过程，而不是交流结果，它能够体现人际传播特别是面对面传播的特点，不能适用于大众传播的过程。

该循环模式是对单向直线模式的一个突破，突出了信息传播过程的循环性：信息会产生反馈，并为传播双方所共享，强调传受双方的相互转化，即大多数信息交流是互动的双向过程。

此外，施拉姆还提出了能充分体现大众传播特点的"大众传播过程模式"，认为构成传播过程的双方分别是大众传播与受众，二者之间存在着传递与反馈关系。因此，可以对循环模式进行拓展，从而体现大众传播特点，如图2.10所示。在该模式中，媒体组织的作用更加突出。

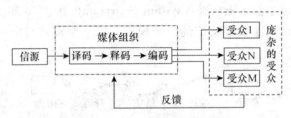

图2.10　大众传播过程模式

2.2.4　维克利的 S－C－R 模式（社会学领域）

S－C－R 模式是由英国著名信息学家 Brain C. Vickery 和 Alina Vickery 提出的关于信息交流和传递的模式，如图2.11所示。其中，S 表示信息源（Source），C 表示交流渠道（Channel），R 表示信息接收方（Recipient）。信息交流就是从信息源出发，经由各种渠道和媒介，而后传递到信息接收方的过程。

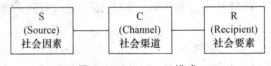

图2.11　S－C－R 模式

S－C－R 模式强调了渠道的作用。渠道分为工具性和社会性两个方面。工具性是指渠道作为信息的载体。社会性是指渠道涉及许多人文因素，如社会地位和认知对个人吸收信息的影响等。

由图 2.11 可以得出，S−C−R 模式更强调社会渠道的作用，注重社会语境下的人本社会传播，S−C−R 模式又被称为"宏观信息传播模式"。当前，互联网的出现是 S−C−R 模式的一个很好的例证，互联网作为一种现代信息交流平台，不仅体现了它的工具性，更体现了它的社会性，即互联网正是在民主、平等、自由的现代社会语境下产生的，这也赋予了它更强大的生命力。另外，Vickery 认为，S−C−R 模式中的各要素之间的联系是双向性的。

2.2.5　门泽尔的信息交流模型及其拓展（社会学领域）

20 世纪中叶，美国社会学家 H. 门泽尔（Menzel）从载体角度对信息交流过程进行了系统的研究，提出了著名的"正式过程"和"非正式过程"交流模型。在这种模型下，社会中的信息交流被分为正式交流和非正式交流两种基本形式。其中，正式交流必须依法组织，具有正规合法渠道，受法律保护，是社会组织机构运行的必要条件。非正式交流是社会成员之间或非正式组织成员之间自由自愿的信息交换与沟通。

这一理论经苏联情报学家、教育家米哈依洛夫整理，得到了广义的科学交流系统模式。这种模式将科学交流分为正式交流和非正式交流，如图 2.12 所示。

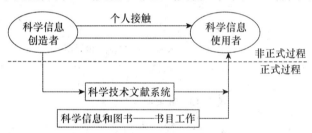

图 2.12　广义的科学交流系统（米哈依洛夫）

在科学交流系统中，正式交流是通过科学文献系统或"第三方"的控制而进行的信息交流，这种交流方式具有信息可靠性高，查准率、查全率高，超越时空限制，有利于信息积累和验证等优点，但传递不及时，而且文献查找技术性强。典型模式是以正规的科学文献为媒介的科学交流。

科学交流系统的非正式交流是由科学家和专家本人完成的，是通过个人接触进行的科学交流过程。具有信息间隔时间短，信息选择性针对性强，传递信息反馈迅速，易于理解，评价恰当等优点。但可靠性、准确性难以检验，受参与者人数的限制，而且不能为以后加工进行情报积累。典型模式是以科学研究者之间的对话、书信和出版物为媒介的科学交流。

2.3　信息交流机制

2.3.1　社会信息流的形成

由于信息需求的驱动，信息从信息源（信息传播者）发出到信宿（信息接受者）之间的流动就形成了信息流。

社会信息流是一种普遍存在的社会信息现象，是信息从生产者 S 经过或不经过其他社会环节，最终转移到利用者 R 的流动过程。

社会信息流的形成经历了一个由简单到复杂的过程。在文字产生之前的口语时代，人类只能在看得着、听得见的有限范围内面对面地交流。文字和各类符号的出现，信息存储技术和传输技术的发展，使信息的传播突破了时空的限制。人类的信息需求和利用不断趋向社会化、综合化、多样化，社会信息流变得越来越复杂，对控制手段的要求也越来越高了，信息如果不经过其他社会中介环节的处理和转换就难从 S 流向 R，也就是说，社会信息流的形成越来越需要一种更有效的信息交流机制。下面我们就来探讨信息交流机制的有关理论。

2.3.2 "信息栈"理论

1. 信息栈的定义

让我们先来看一个例子：在图书发行过程中，从著者到读者的信息链可以用图 2.13 进行描述。

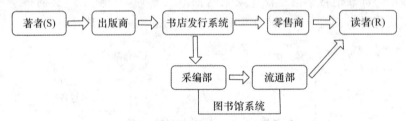

图 2.13 著者到读者信息链

如果省去具体环节的名称，这可以得到一个抽象描述，如图 2.14 所示。

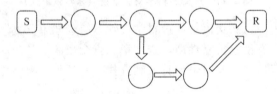

图 2.14 著者到读者信息链的抽象描述

由上例可以看出，在社会信息流中，除了 S 和 R 之外，在 S 和 R 之间还有数量不等的中介环节的介入，如编辑部、出版社、书店、图书馆、信息中心、电视台、广播电台等对知识信息的传播，或是其他社会组织、行政机构对信息指令的上传下达，这些中介环节构成了信息交流和传播必不可少的条件。从信息链来说，这些中介环节是信息从 S 向 R 流动过程中所经过的节点，它可以进行信息的存储、转换、处理和传递。我们把这些信息链上的节点称为信息栈（Warehouse，简称 W）。如图 2.13 中的出版商、书店发行系统、零售商以及图书馆系统可以称为著者到读者信息链上的信息栈。

根据信息栈的功能特征可以将其分为时间栈和空间栈。时间栈主要实现信息的时间传递，如档案馆、博物馆、图书馆、美术馆、文献中心等。空间栈主要实现信息的远距离传递，如新闻、报纸、互联网、邮政系统、广播电视等。不论是时间栈还是空间栈，都具有两方面的职能，一是从 S 或前栈获取信息，并加以处理、转换、存储、积累和选择，二是对 R 或后栈传递信息。

2. 信息交流的栈模式

信息栈是信息链上可以进行信息的存储、转换、处理、传递的中介环节。随着社会信息流的复杂化，信息从 S 流向 R 过程中越来越需要经过中介环节的处理和转换，栈模式已成为信息传递的一种社会机制。当然，信息从 S 流向 R 过程中不经过中介环节的形式依然存在，可以作为栈模式中的特殊情形。因此，信息交流的栈模式可以分为零栈交流（直接交流）与栈交流（间接交流）两种模式，如图 2.15 所示。

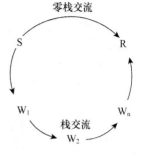

图 2.15　信息传播的栈模式

我们把 S 与 R 的直接交流，也就是 S 与 R 之间的信息传递过程中没有信息栈的形式，称之为"零栈交流"。而有信息栈参与的社会信息传播过程则称为"栈交流"，即 S 或 R 将信息交流行为转移到信息栈，由其代理 S 或 R 传递交流信息，从而完成信息交流。由于"栈交流"已成为当今社会中更广泛的信息交流模式，因此信息栈经常被 R 当成直接信息源，但实质上信息栈仅仅是信息交流中的一个节点，其真正的信息来源是信息生产者 S，他们是社会信息的初始来源。信息中心、图书馆、数据中心等信息栈的职能与古代军事上的烽火台或驿站相似，是信息传递的社会机制。对某些信息栈而言，它们传递信息的同时也使用这些信息。

2.3.3　直接交流与社会代理交流

如前所述，按照交流过程中有无信息栈参与，信息交流可以分为直接交流（零栈交流）与间接交流（栈交流），直接交流是由 S 和 R 直接完成信息传递，其过程比较简单。而间接交流由于交流双方（S，R）存在种种阻碍，很多交流过程无法直接实现，S 无法直接找到 R，或者 R 无法直接找到 S，于是出现了信息栈的社会代理现象。

1. 信息栈的社会代理概念

信息交流中的社会代理（或中介）是指信息交流双方（S 或 R）在信息交流过程中由于无法直接将信息传递给另一方（R 或 S），于是将信息交流行为转移到社会中的信息栈，由信息栈代理 S 或 R 来传递交流信息，从而完成信息交流。信息栈被称为代理者或中介（Agent，简称 A），因此，栈交流也被称为社会代理交流。

2. 直接交流与社会代理交流的区别

直接交流与社会代理交流（间接交流、栈交流）是两种不同形式的信息交换形式，其特征也完全不同。

（1）媒介系统的差异。直接交流是 S—R 的直接联系，它的媒介系统是纯自然的和客观的，没有社会因素的介入。如 S—R 的直接谈话、参观实验室、产品展示、实验数据或实验报告的提供等。

社会代理交流则是借助于社会系统（如图书馆、信息中心等）的介入才完成的交流。

直接交流生动、直观、反馈迅速、时间间隔短，社会代理交流则没有这些特征。

（2）信息沟通方式的差异。直接交流中，源信息（即 S 提供的信息）或需求信息（R 提出的信息）是直接沟通的，是 S 或 R 的直接联系，其信息内容不会受到社会系统的干预和控制，如面谈等。

社会代理交流的源信息和需求信息均需由 A 代理，在语言表达、表述方式、重点等方面可能会受 A 的影响。

另一方面，许多专职的社会代理信息机构（如出版社、编辑部、文摘杂志社、信息系统）对信息的传播具有监督和评价功能，比较严谨，直接交流则具有较大的随意性。

（3）信息交流类别不同：S－R 直接交流时，都是共时交流。

社会代理交流中，既有共时交流，又有历时交流，历时交流又有回溯式和未来式两种，其信息传递的时间范围及空间范围都比较大，而且能有效地对 S、R 进行匹配，提高信息传递的效率。例如，影视明星可以通过经纪公司找到更适合的影视作品，影视制片人也可以通过经纪公司找到更适合的演员。

（4）多级代理与直接交流在表述一致时的内涵差异：直接交流是 S－R 关系。

社会代理是 S－A－R 关系，当 A 出现多级代理时，根据其传递性特点，可以将与其直接联系的一次代理视为全部代理，提高 S 和 R 的信息对称。因为 A 是代理者，S－A－R 关系可以转换成为 S－R 关系。对 R 而言，A 代理 S，所以有 S－A－R＝A（S）－R；而对 S 而言，A 又代理 R，所以有 S－A－R＝S－A（R）。这时，S－A（R）、A（S）－R 关系与 S－R 关系一样，是一种直接联系，多级代理与直接交流的表述格式是一致的。

例如，S 的信息首先传递给出版商，由出版商代理，而出版商的书籍又由书店系统代理，书店的书又由图书馆代理，因此，对 R 而言，图书馆可以作为社会代理的全部代理，即对 R 而言，他可以将信息流视为：A（S）→R。同样，对 S 而言，他可以将出版商作为其信息传递的全部代理，即：S→A（R）。

这里需要指出，虽然与直接交流的信息流表述格式一致，但其内涵是不同的，二者各有优势和不足，各自的应用条件和作用也不同。如前面所述，现代社会的信息交流越来越频繁和复杂，很多交流过程无法直接实现，多级代理已成为一种重要的信息交流机制。我们认为，"六度分隔"理论从一定程度上也诠释这种信息交流机制。下面我们通过阐述"六度分隔"理论，进一步理解社会代理交流。

3."六度分隔"理论

"六度分隔"也叫"六度空间"，该理论认为，最多通过六个人你就能够认识任何一个陌生人，"弱链接"是社会存在的普遍现象。

关于"六度分离"理论的由来，是 20 世纪 60 年代耶鲁大学的社会心理学家米尔格兰姆（Stanley Milgram）设计的一个连锁信件实验。他将一套连锁信件随机发送给居住在内布拉斯加州奥马哈的 160 个人，信中放了一个波士顿股票经纪人的名字，信中要求每个收信人将这套信寄给自己认为是比较接近那个股票经纪人的朋友。朋友收信后照此办理。最终，大部分信在经过五六个步骤后都抵达了该股票经纪人。

Yahoo 联合 Facebook 进行了名为"小世界实验"，再度验证了"六度分离"理论。该理论为互联网广告、社交平台提供理论依据。另外，对于 Web 2.0 的参与式架构中真实性障碍问题，六度分隔产生的聚合效应可以集成并推送更多有效信息，形成有效信息链，从而避免了参与者随意性和网络虚拟性产生的不可信赖性。

2.3.4 专业信息服务的信息传递模式

1. 信息传递模式

无论是直接交流（零栈交流）还是间接交流（栈交流），信息传递模式一般有以下 4 种方式。

（1）多向主动传递。这种方式是 S 或 A 针对整个社会的需要将自己生产或收集到的信息主动传递给事先未确定的接收者（R）。如书商关于新书新刊目录的传播与分发，信息中心对二次文献（或信息）的选择报道，网站对信息的选择发送，等等。

多向主动传递已经发展成为专业信息服务的基本形式，面对浩如烟海的一次信息，用户（R）不仅难于获得自己所需要的部分，即使获得后也没有足够的时间和精力进行阅读、选择、评价、分析和吸收，专业信息服务机构（A）通过对大量一次信息的加工整理，以"浓缩"后的二次信息向 R 提供，大大提高了信息交流的效率。

（2）单向主动传递。这种方式是 S 或 A 将信息传递给事先确定的接收者（R），这是专业信息服务中的高级阶段，所传递的信息具有针对性和及时性，能充分发挥其效用。如根据用户需求建立的专题数据库和跟踪推送服务。

这种方式一般是 S 或 A 与 R 之间有固定的和较为密切的合作关系，S 和 A 了解 R 的信息需求，从而能够准确、及时地提供信息。

（3）多向被动传递。这种方式事先也没有确定的接收者，是 A 面向整个社会开展的信息服务，也称为无向被动传递，如图书馆、信息中心的书刊资料阅览和借阅服务、网站信息服务等均属于这种信息传递模式，这是因为信息中心或图书馆的用户、点击网站信息的用户是主动的，而信息传递本身是被动的。

以网站信息服务为例，网站通过对大量信息进行选择、评价、整理之后存储于相应的网站主页或栏目中，给用户提供导航、搜索服务；阅览、借阅同样是对大量信息进行收集、加工、整理、存储之后，按照检索语言的要求，上架存放，或输入计算机信息系统中，供 R 前来借阅和查寻，这已经成为信息传递的一种固定模式。

（4）单向被动传递。这种方式是指由 S 或 A 向特定 R 提供的信息咨询服务，如信用评估机构根据用户需求提供信用评估报告。

S 或 A 往往不了解 R 是谁，他们需要什么样的信息，而是根据自己掌握的知识、经验和信息资源接受 R 的咨询。咨询的问题可能涉及各个方面，如获得某一信息的线索，某一具体数据或事实，要求能得到圆满的解答。咨询是由 R 提出问题，对 S 或 A 来说是被动的，而信息传递的对象又是特定的咨询者（R），所以这种信息传递称为单向被动传递，也称为有向被动传递。

2. 四种信息传递模式之间的关系

（1）四种信息传递模式相互补充、互不取代。在专业信息服务中，上述四种信息传递模式是相互补充、互不取代、协调一致的关系。多向传递的目的是为了进行单向传递，只有这样才能达到信息交流的最后目的。单向传递的基础是多向传递，有了多向传递，才能使单向传递成为有源之流。

（2）多向主动传递是其他信息传递模式的基础。多向主动传递是专业信息服务开展的各种信息传递中最基本、最重要的信息传递，它构成信息服务和信息管理工作诸环节的核心，以它为中心环节，形成信息管理的工作流程。要进行多向主动传递，必然要同时完成信息的收集、加工整理和检索等各个环节的工作。以此为基础，其他几种类型的信息传递才得以进行。此外，对于用户来说，有了信息机构的多向主动传递，才具有了解和获得各类信息的基础。

（3）多向传递相对易于单向传递，被动传递相对易于主动传递。多向传递一般较单向传递容易，因为单向传递具有特定的目标，需要A花许多精力和时间去了解特定用户的需求，难度自然增加。与被动传递比较，主动传递较为容易，因为有较为充裕的时间进行准备。

（4）有向传递相对多向传递，更能发挥信息的效用。有向传递（单向传递）是信息服务的理想目标，只有定向，才能将信息传递给特定的利用者，从而最大限度地发挥信息的效用。其中有向主动传递是信息服务的高级形式，但不易做到，因为只有非常了解用户需求的情况下才能做到对信息的精准推送。

有向传递（单向传递）中最多的是有向被动传递，有向被动传递开展以多向主动传递为基础，反过来，又可发现多向主动传递中存在的问题和缺点，从而加以改进，使信息传递过程中各个环节不断地改进和完善。

2.4　信息传递的基本规律

2.4.1　信息变异与守恒

1. 信息变异

信息变异是指任何信息的传递都伴随着载体和符号的运动。其表现形式主要有以下3种：

（1）信息附加：信息交流过程中由于物质间的相互作用而导致附加信息产生，若附加信息价值增加，则出现信息创新；反之，则出现信息冗余。

信息冗余在这里主要是指由于数据结构、存储等方面设计的不合理而造成的信息重复，最常见的是出现在数据库的设计中。而从传播学理论的角度来看，冗余信息并不是一些不必要的、多余的内容，在很多情况下，冗余是必不可少的。当人们进行信息交流时，所发出的信息并不是彻底精练的，它所包含的除了能够消除不确定性的那一部分以外，还有重复的，可以使整个信息更完整、更适于传播的那一部分。因此，基于传播学的信息冗余是指在信息多路传递基础上产生的，为实现信息准确传递、减少失真的一种基本方法。

（2）信息失真：信息栈及 R 在收到 S 所传递的信息内容时，接收到的信息与 S 发出信息的相似性下降。

信息失真的原因主要有：技术或通道障碍、信息栈过多、社会因素、自然因素等。

信息失真的形式主要包括以下 3 种：

①物理失真：信息在传递过程中，由于信息传递所依赖的物质系统（包括载体及符号）而发生失真。

②语义改变：信息在传递过程中，由于语义转换而造成信息的损失。

③语用衰减：信息对于接收者 R 而言，由于信息的重复提供而使其价值迅速降低。

（3）信息混序或无序：由于信息内容交叉重复，载体及传播渠道多样化等造成信息分散程度高，质量下降。

2. 信息守恒

信息守恒是指信息一经生成，只能被掩蔽，但不会被消灭。同样，信息被接收后只能被遗忘，但不会消失。

信息守恒包括以下 3 个层面：

（1）S 信息守恒：意味着任何信息生产者，只要信息从他的大脑中输到外部世界，这些信息就是永恒存在的。

（2）R 信息守恒：信息接受者在接收信息时所特有的 "0" 或 "1" 的特征，即信息要么被接收，要么被选择过滤。

（3）"信息栈" 信息守恒：保证信息输出与信息输入的信息守恒，保证在对信息进行加工、处理过程中，不篡改或损害信息的内容，即信息保真。信息保真可有效避免和减少信息失真信息变异的弊端。

在信息传播过程中，无论是 S，R 还是 "信息栈"，都应遵循 "信息守恒"，做到信息保真。比如政府应保证公信力，媒体应做到 "平衡报道"，而公众则应提高认知能力，保持理性。

2.4.2 信息扩散原理

1. 信息扩散的多向对称法则

信息扩散的多向对称性是指信息在传递或扩散过程中，如果信息源 S 所处的外围介质（自然介质、社会介质）是同质均匀分布的，则 S 的信息传递呈现多向对称结构。

多向对称的形式包括：①传递速度对称；②传递内容对称；③传递空间（或距离）对称；④传递的信息强度对称。

在均匀介质条件下，S—R 是最直接、最快速的传递。如图 2.16 所示。

图 2.16　S—R 是最直接、最快速的传递

2. 多向对称性法则的条件及其引申原则

多向对称性原则的适用条件是同质均匀分布的外部介质，当这一条件不成立时，也就导出了一些新的信息扩散规律。这就是多向对称的引申原则，具体包括：

（1）信息传递的拓扑原则（信息栈拓扑图）。拓扑原则是指信息从 S 传递至 R 时，如果是均匀介质环境，则 S—R 是最直接、最快速的传递。但若是在非均匀介质条件下，S—R 信息流就要出现拓扑变换，即在传递过程中会出现种种"信息栈"来传递信息，因为信息介质的每一次改变都要经过一次转换，都要经过"信息栈"予以变换。信息栈拓扑结构如图 2.17 所示。

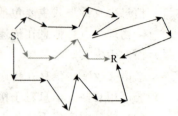

图 2.17 信息栈拓扑结构图

（2）多路传递法则。多路传递法则，又称多通道原则，是指在 S 至 R 的信息传递过程中，除了 S 与 R 的直接沟通之外，还可以通过其他的通道，经过或不经过信息栈而将信息传递给接受者 R。

多路传递法则的理论前提：①信息是可以分享的；②信息是可以分栈传递的。

2.4.3　密度递减法则

物理时空的信息衰减：信息源 S 会随声音压强的降低、时间的消失而衰减。

精神空间的知识压缩：知识会随时间轴有一个积淀、剔除和过时的过程。

从空间方面来说，设 S 为信息源，并设其在 t 时刻以声音向外传递信息。信息是以各向对称形式发送的，呈圆周对称形状。如果以声音的压强为信息特征，显然，压强大，则信息被感受的可能性就大，当压强减至一定程度时，信息就无法被接受者感知。从时间上来说，也存在信息递减，即 S 所发生的信息，时间越久，衰减越严重。

除了物理空间的信息密度递减外，在精神空间中亦是如此。在时间轴上，知识也存在一种积淀过程。现代所获知的信息中，10 年后可能有 1/3 是被剔除的，20 年后可能就有一半是过时的。

2.5　基于网络的用户信息交流

网络环境下的信息交流都需要借助网络通信平台、网络交流工具来完成交流活动。网络环境下无论是正式信息交流还是非正式信息交流，都是以网络载体为媒介，信息的存在和传输形式都是基于网络。具有突破时空限制，存储量大，传输速度快，表现形式多样，使用便捷，成本低廉的优点。

2.5.1　网络信息交流的兴起

自人类产生开始，就有了交流活动，这种交流都是以载体为依托的。人类历史上，信息交流载体的演进大致经历了从"零载体"（口头传授）、天然载体、人工载体、纸型载体、缩微载体、音像载体、封装型电子载体和网络载体 8 个循序渐进的发展阶段。

网络作为一种新兴的信息载体，与传统的载体相比，具有很多不可比拟的优势，主要体现在：①网络的传播与更新速度快，提供了最快捷、最便利的传播方式；②信息量大且内容丰富；③检索方便，容易获取所需信息且便于保存；④超文本和多媒体的结合，丰富了网络信息的内容，增加了网络的亲和度；⑤交互性强，用户通过网络的交互性，可及时获取信息及其他用户的回应和反馈，从而形成双向交流。

根据中国互联网络信息中心（CNNIC）发布的《第 26 次中国互联网络发展状况调查统计报告》，截至 2010 年 6 月，我国网民主要网络应用使用行为主要包括信息获取、交流沟通、网络娱乐、商务交易四大类。

传统的信息交流模式主要以纸质载体为基础建立的，网络的出现使得信息交流的载体由纸质文献向网络媒介转变。除了载体形式以外，网络对于信息交流更为深层次的影响在于它改变了信息交流的方式。E-mail、电子论坛、博客、维基、社会网络等都成为网络中日益普遍的交流手段。

1. E-mail

E-mail 即电子邮件，它为每个注册用户分配一个存储器空间，用户可以用自己的计算机通过信函系统收发邮件，发送的信函直接通过数据通信网络存放在收件人的存储空间，收件人可随时从自己的存储空间中调出阅读。

E-mail 系统还可以提供逐次阅读不同的信函、将信件传给第三者、删除信函、打印信函、信函归档等功能。E-mail 除了为用户提供基本的电子邮件服务，还可以给电子邮件组（Mailing List）中的每个注册成员分发邮件以及提供电子期刊。

E-mail 是 Internet 上重要的信息服务方式，它提供了高速度、低费用、多用途、超文本、可定制的信息交流方式。

2. BBS

BBS 是英文 Bulletin Board System 的缩写，即"电子布告栏系统"或"电子公告牌系统"。它向用户提供了一块公共电子白板，每个用户都可以在上面发布信息或提出看法。

早期的 BBS 由教育机构或研究机构管理，现在多数网站上都建立了自己的 BBS 系统，供 Internet 用户通过网络进行信息交流。

BBS 具有便捷、快速、讨论的自由性、知识的新颖性、联系的交互性和信息的多样性等特征，成为人们了解社会舆情和进行信息发布的重要渠道。

3. ICQ

ICQ 是最早出现的即时通信软件之一，ICQ 是英文"I Seek You"的谐音。ICQ 目前已经不仅是一款网络即时信息传呼软件，而且成为网络传呼机或网络聊天的代名词。

ICQ 支持在 Internet 上聊天，并具有发送消息、网址和文件等功能，还可以与朋友玩小游戏或者进行可视通信。ICQ 使用了点对点的方式，因此，任何登录 ICQ 服务器的用户，尽管国籍、肤色、文化背景、宗教信仰不同，但都能够在网上即时沟通，使信息交流变得更加及时和方便。任何人只要拥有 ICQ 号码，就可以与世界各地的人做朋友。ICQ 的互动性是 Web 网页、虚拟社区和电子邮件所无法媲美的。

4. Blog

Blog 也称 Weblog，按照字面意思是"网络流水记录"，也称"网络日志"。写 Blog 叫作 Blogging，使用 Weblog 工具来撰写网络日志的人，被称为 Blogger 或 WeBlogger，被誉为"中国博客之父"传播学博士方兴东将其译为"博客"。后来将 Blog 本身也被称为"博客"。由于 Blog 混合了很多种的网络表现形式，而且其本身也在飞速发展之中，目前

并没有一个权威的确定的严格定义。

Blog 是继 E-mail、BBS、ICQ 之后出现的第四种网络交流方式。它是网络时代的个人"读者文摘"，是以超级链接为武器的网络日记。Blog 代表着新的生活方式和新的工作方式，更代表着新的学习方式。通过 Blog，让自己学到很多，让别人学到更多。从 Blog 的商业前景而言，Blog 是一个正处于快速发展和快速演变中的互联网新应用。Blog 文化的特征就是让你轻松地交流沟通，具有原创思想、分享链接、评论、引用与分享、内容聚合等特点。

5. Wiki

Wiki 源自夏威夷语的"wee kee wee kee"，本意为"快点快点"，是一种可在网络上开放的多人协同创作的超文本系统，同时也包含一组支持这种写作的辅助工具，是由"Wiki 之父"沃德·坎宁安（Ward Cunningham）于 1995 年所创。

Wiki 的历史并不长，世界上最早的 Wiki 网站是沃德·坎宁安于 1995 年创建的波特兰模式知识库，用来补充他自己经营的软件设计模式网站。他发明了 Wiki 这个名字以及相关概念，并且制作了第一个 Wiki 引擎。目前 Wiki 应用最成功的案例是维基百科全书 Wikipedia，同时这也是世界上最大的 Wiki 系统。

Wiki 可以在 Web 的基础上对 Wiki 文本进行浏览、创建、更改，其发布的代价远比 HTML 文本小，具有使用方便、有组织、可增长、开放性等特点。同时 Wiki 系统还支持面向社群的协作式写作，为协作式写作提供必要帮助。Wiki 的写作者可以自然构成一个社群，Wiki 系统为这个社群提供简单的交流工具。

2.5.2 网络对信息交流方式的影响

传统的人际交流是"点对点"的"对话式"双向交流，大众传播多是"点对面"的"独白式"单向交流。而新型的互联网络则为人类提供了一种全新的信息交流方式，这种信息交流方式既综合了人际交流和大众传播的一些特点和优势，又不是两者简单的整合和延伸，而是一种全新的创造。互联网不仅可以供人们获取比传统的印刷媒介、大众媒介更鲜活的信息，如法律咨询、购物指南、人才信息、交通信息等，还可以通过电子邮件在网上进行交流与沟通。同时，由于网上空间具有虚拟性、开放性和交互性，网上交流者可以匿名进入，也可以对对方的真实身份一无所知，使信息交流更加自由、轻松和平等。

网络对信息交流方式的影响具体表现在以下几个方面：

1. 互联网络提供新的政治信息交流方式

目前，很多国家的政府利用互联网络树立国家与政府的良好形象，从各方面详细地介绍政府各个部门，宣传政府的政绩，公布政府的财政预算和税收。政治家利用互联网提高自身的知名度，吸引支持者，使互联网成为一种新的政治信息交流工具和竞选工具。

2. 互联网络提供新的商业信息交流方式

在网络时代，电子商务正在崛起，成为商业信息交流的一种重要方式。电子商务是指将传统的信息技术与当今飞速发展的网络技术结合起来，并借助网络以难以想象的效率实现跨区域、跨行业的商业活动，完成企业与企业间、企业与消费者间的商业信息交流与联系。这种联系包括企业提供的商品服务、商品咨询服务、商品开发、广告等商业信息。

3. 互联网络提供新的教育信息交流方式

国际互联网的发展已引起各国教育界的重视，网上学校现已成为互联网络中的一个重要组成部分，在网络上的虚拟学校上课已成为国内外大中学校的一种新的教育模式。互联网络提供了一种崭新的教育信息交流模式。

虽然互联网络为人类社会的信息交流提供了一种全新的方式，极大地方便了人类的信息交流，但是互联网本身不只是一个技术问题，也是一个综合性的社会问题，涉及社会、历史、法律、道德等诸多方面，它不可避免地带来了一些不可忽视的负面影响。比如，网络虚拟空间造成了新的精神空虚，出现一种新的现代文明病"网络成瘾症"；互联网络对环境的威胁；网上信息污染日益严重；网上用户的信息安全受到威胁；等等。

2.5.3　网络信息交流的模式及特点

1. 网络信息交流模式

基于网络信息环境的特点，结合信息交流的网络工具应用，网络环境下信息交流的模式如图 2.18 所示。

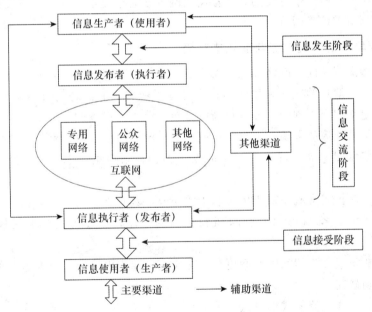

图 2.18　网络环境下信息交流的模式

该模型初步阐述了网络环境下信息交流的过程，同时考虑到了信息交流的双向过程以及与传统信息交流方式的结合。为了使模型简化，忽略了信息交流中的噪音和干扰因素。

在该模式中，粗箭头是网络环境下的主要方式，细箭头是传统的信息交流方式。最左边的直达箭头，表述了没有经过任何中介的"直接面对面"的信息交流；最右边的经过"其他渠道"的信息交流表示经过信息代理的信息交流；"其他渠道"概括了目前除了网络

之外的所有渠道。

该模式中，信息用户分为四种，分别为：

（1）网络信息生产者：主要指原始信息的生产者，即可以是个人，也可以是群体。

（2）网络信息发布者：将原始信息通过信息技术手段发布到网络上，使用户通过浏览页面从信息执行者那里得到所需的信息。

（3）网络信息执行者：作为某个中间环节，执行信息使用者的信息请求，然后将执行后的信息传给请求信息的用户。

（4）网络信息使用者：接受并利用信息的个人或群体，如政府、各类企业、管理决策部门等。

由于信息交流是一个双向的过程，信息生产者也可以是信息使用者，信息发布者也可以是信息执行者。同一用户在网络条件下可以扮演多种角色。信息生产者可以是一个人也可以是多个人，同样发布者、执行者、使用者也可以是一个人或多个人。

该模式将网络信息交流过程分为三个阶段：

（1）信息产生阶段：信息生产者的信息通过信息发布者发布到互联网上。

（2）信息交流阶段：信息生产者和信息使用者借助于计算机或终端，通过 Internet 或 Web 站点进行的网络信息交流活动。

（3）信息接收阶段：信息使用者直接浏览网页或通过搜索引擎向网络发出请求，通过信息执行者得到所需信息的过程。

2. 网络环境下的正式交流与非正式交流

和传统信息交流不同，网络环境下无论是正式信息交流还是非正式信息交流，都是以网络载体为媒介，信息的存在和传输形式都是基于网络，他们之间载体的界限被模糊化，因而对二者的定义和类别划分需要进行新的分析，可以从以下两个方面来展开。

（1）网络信息交流的来源：来自于传统正式交流渠道的信息，网络原创信息。

（2）网络信息交流的实现途径：Web 发布类、网络搜索引擎、电子邮件类、BBS 论坛类、实时交互类。

网络环境下非正式交流相对于传统非正式交流，具有以下明显优势：

（1）网络非正式交流可以不受时间和空间的限制，更加方便，大大提高了交流的效率。

（2）网络非正式交流的间隔时间更短，交流更迅速、更快捷，可非常方便地以实时方式与同行进行切磋交流。

（3）网络非正式交流的成本更低。

同时也要看到，网络信息的可信度、网络安全问题、网络非正式交流方式使用的普及度等也是网络非正式交流需要解决的问题。

3. 网络信息交流中的栈

网络信息交流中的栈是指网络信息交流所需要的载体、工具和平台，又称为网络信息交流的中介。根据中介对信息交流内容控制程度的不同，可以将其划分为纯技术型中介、内容选择控制型中介和内容完全控制型中介。与之相对应，可将网络信息交流模式分为零栈交流、准栈交流和有栈交流。如表 2.1 所示。

表 2.1 网络信息交流中的中介与栈

网络信息交流中介	定义	举例	网络信息交流模式
纯技术型中介	仅提供网络信息交流的技术支持系统，不参与对交流的控制，用户基本上感觉不到这种中介的存在。	发送 E-mail、QQ 交流、手机短信	零栈交流
内容选择控制型中介	可对交流内容进行过滤控制，但仅作删除或屏蔽，而不对内容进行组织整理。	BBS、个人网站、Blog、新闻组	准栈交流
内容完全控制型中介	具有一整套严谨的信息接收处理和传递的操作规范，对网络信息进行采集、控制、组织、存储、发布和管理。	电子出版物、数据库发行商、数字图书馆	有栈交流

2.5.4 Web 2.0 环境下的信息交流

1. Web 2.0 的含义及特点

Web 2.0 的核心理念可以归结为它所包含的三大文化，即自由、开放和共享。

Web 2.0 代表了未来互联网的发展，其带来的是理念上的发展，具有去中心化、开放与分享、共同参与创作、自组织协同性、可再混合性等独特属性。

Web 2.0 与 Web 1.0 的区别如表 2.2 所示。

表 2.2 Web 2.0 和 Web 1.0 的比较

	Web 1.0	Web 2.0
发展时间	1993～2003 年	2003 年以来
应用基础	操作系统	浏览器或桌面软件
模式	阅读的网络，被动接收信息	读写的网络，主动参与创作奉献
信息传播目的	满足尽可能多的用户的共同需求	满足尽可能多的用户的个性需求
信息交互方式	网站对用户	群体、内容的 P2P 互动传播
内容形式	静态网页	动态的发布、记录
浏览方式	浏览器	浏览器、RSS 阅读器等，加上很多通过 Web 分享的其他内容，更加互动，更像一个应用程序而非一个网页
体系架构	客户/服务器体系（Client/Server）	Web 服务体系
内容创作者	网页创作设计人员	任何人
话语权主导者	技术精英阶层	草根，大量业余人士
网络增值基点	信息加工	服务深化

2. Web 2.0 对信息交流和知识共享的影响

作为一种新的交流环境，Web 2.0 对网络信息交流产生了明显的影响，主要表现在：

（1）信息源主体的改变。信息源主体由精英阶层转向草根大众，并由"读"信息向"写"信息转化。

（2）信道的多渠道和反馈机制的复杂化。传统反馈机制是以根节点为主体呈现叶节点叠加的树型结构，Web 2.0 环境下，则是无固定根节点，根叶节点混杂生长的复杂结构，即信源与信宿角色边界模糊，互动性增强，用户体验是人－人交互。

（3）信息交流中的信源由个体走向群体。网络群体的归属感成为新的情感诉求，产生了与网络的依靠关系——黏度，形成大量高黏度群体用户，从而形成信息的多次附加。

3. 基于 Web 2.0 的信息交流和知识共享模式

传统环境下，拉斯韦尔模式中的 5W（信息传播者、信息内容、传播媒介、信息接受者、传播效果）成为信息交流的基本构成要素。

基于 Web 2.0 的信息交流和知识共享环境已发生改变，但基本的构成要素并没有变。例如，个体之间的信息交流与知识共享模式，如图 2.19 所示。

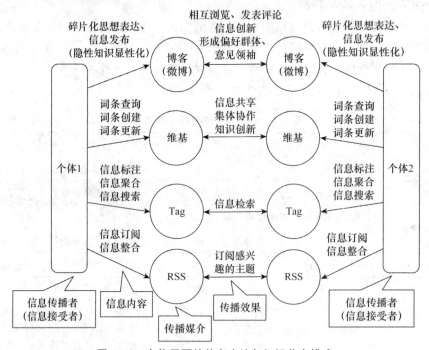

图 2.19　个体层面的信息交流与知识共享模式

Web 2.0 是一个新时代，也是一个信息交流的新环境，它的时代精神就是开放和沟通。在这个新的交流环境里，其工具应用主要有 Blog（博客）、Podcasting（播客）、RSS（简易聚合）、Wiki（维基）、Tag（标签）、SNS（社会性网络服务）等。前文已对 Blog 和 Wiki 的含义及特点进行阐述，现对 Podcasting、RSS、Tag、SNS 进行介绍。

（1）Podcasting（播客）。播客，又被称作"有声博客"，是 Podcasting 的中文直译。这个词是来源于 iPod（苹果 MP3 播放器）和 broadcasting（广播）的组合，是两种技术的合成，是 RSS 技术与 MP3 播放器相结合的产物，具有简单易用、成本低、动态更新、双向交流的互动性、平等参与、共享信息等特点。播客使用的是 RSS 2、0 文件式传送信息，该技术允许个人进行创建与发布，可以很容易地制作、发布自己的广播节目，随时随地收听所需的信息，所以，Podcasting（播客）也被称为 Personal broadcasting（个人或个性化广播）。

（2）RSS（简易聚合）。RSS 可以是以下三个解释的其中一个：Really Simple Syndication；RDF（Resource Description Framework）Site Summary；Rich Site Summary，但这三个解释都是指同一种 Syndication 的技术。RSS 通过 XML 标准定义内容的包装和发布格式，是一种简单和成功的 XML 应用。

通过 RSS Feed 实现内容提供商、内容整合者和最终用户之间的联合，新内容出现后很快就被推送到用户端阅读器中，用户可以毫不费力地第一时间了解新信息，大大提高了信息时效性。由于 RSS 技术难度低，专业新闻站点、电子商务站点、企业站点、个人站点等任何内容源都可以采用这种方式发布信息，用户可以拥有丰富的多样化的信息来源。当然，用户也可以完全根据自己的喜好将感兴趣的信息来源进行聚合，享受多来源信息的"一站式"服务，通过 RSS 阅读器对下载到本地的 RSS 订阅内容进行存档保留、离线阅读、分类、排序、检索等操作，建立自己的"随身资料库"，或者进行多对多的交流，共享信息资源。同时，用户对订阅的内容具有控制权和筛选权，没有订阅的内容、垃圾邮件和弹出的广告等可以被完全屏蔽。

（3）Tag（标签）。Tag（即社会化标签或标签）是一种准确、灵活、开放、有趣的分类方式，是用户为自己的文章、图片、音频、视频等一系列文件所定义的一个或多个描述。

Tag 作为一种新的组织和管理在线信息的方式，它不同于传统的、针对文件本身的关键字检索，而是一种模糊化、智能化的分类。自动设置的标签反映了网络用户的主动参与性以及网络用户的关注点，从而简单地映射出社会热点。人们可以为每篇日志、每个帖子或者每张图片，甚至自己认为需要或可以添加 Tag 的任何东西都添加一个或多个 Tag，人们可以看到网络上所有和自己使用了相同 Tag 的内容，由此和他人建立更多的联系。Tag 体现了群体的力量，使得内容之间的相关性和用户之间的交互性大大增强。

（4）SNS（社会性网络服务）。SNS（Social Networking Services）即社交网络，是人们根据六度分割理论创立的面向社会性网络的互联网服务。广义地说，一切将"建立关系"功能视为互动核心的网络产品都可以归于 SNS 的大概念之下，典型的包括 Facebook、人人网、开心网等，国内知名的微博比如新浪微博，除了信息发布，也全面整合了各种社交功能，比如聊天、微群、分类汇聚的社区等，所以也属于 SNS 应用范畴。

SNS 网络结构主要有以下 4 个方面组成：用户、内容、社会网络、工具。这种结构通过建立低门槛的参与方式，使用户能够简单方便地贡献内容，又通过订阅机制帮助个人运营社会网络，建立"滚雪球"式的反馈模式，有效形成了诱发网络效应的机制。

5. Web 2.0 信息交流和知识共享的运作方式

Web 2.0 信息交流和知识共享的运作方式主要包括以下几个步骤：

（1）客观信息的输入。

（2）主体的认知判断。

（3）信息的整合与重组。

（4）信息的输出与反馈。

Web 2.0 信息交流与知识共享的运行方式如图 2.20 所示。

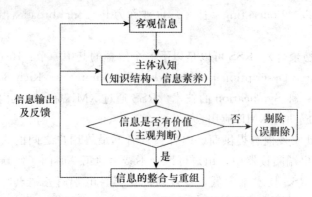

图 2.20　Web 2.0 对信息交流与知识共享的运行方式

2.5.5　基于 Web 3.0 的网络信息交流模式

1. 基于 Web 3.0 的网络信息交流模式

基于 Web 3.0 的网络信息交流模式，如图 2.21 所示，是通过 Mashup 技术、UGC、语义网等技术构建的网络交流平台。其基本流程主要包括以下几个步骤：

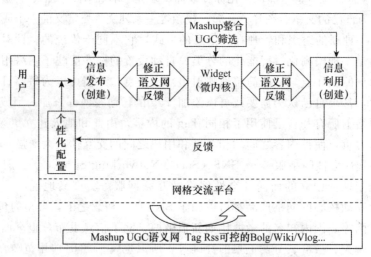

图 2.21　基于 Web 3.0 的网络信息交流模式

（1）用户创建的信息交流平台的信用级别和发布权限管理，形成可控的信息。

（2）经过 UGC 筛选分离出可信度高的微内容，并放到信息检索首项。同时，平台会相应修改用户的信用级别和发布权限。

（3）高可信度微内容通过 Mashup 进行整合，使内容信息的特征性更加明显。

（4）特征性明显的高可信度信息在语义网中不断进行修正，形成不断完善准确的信息。

（5）完善准确的信息，根据用户搜索习惯、搜索历史和个性化配置被推送给用户。

在基于 Web 3.0 的网络信息交流中，用户（该模式中的用户可以是人或者设备）可以自由创建和发布信息，根据平台内的微内容使用 Mashup 和 UGC 技术对发布的信息进行双向修改和糅合，同时平台对用户的可信度进行认证，信息的真实性和可信度以及搜索信息的准确度得到提高。平台中经过内容聚合和整合的信息通过用户的个性化配置推送给用户，用户在搜索信息时也能在个性化配置的基础上得到更精准的反馈信息。各种终端设备都可以与该平台相连；各种语言都可以在平台上识别，用户可以利用这种交互协作平台，实现人与人间的沟通交流，促进知识传递、思想碰撞、知识分享。

总之，基于 Web 3.0 的网络信息交流模式具有小世界现象、社会网络性、长尾效应及其信息自组织等特点。而且，正式交流和非正式交流的界限逐渐模糊，在模型中并未将二者区分。

2. 基于 Web 3.0 的网络交流模式与传统信息交流模式的对比分析

与传统信息交流模式相比较，基于 Web 3.0 的网络交流模式体现出了以下几点优势。

（1）实现了正式交流与非正式交流的融合。伴随着网络技术和移动通信技术的发展及应用，在 Web 3.0 环境下非正式交流变得更加普遍和流行，人们通过各种社会网络应用程序、MSN、QQ、Blog 等进行非正式交流，这些非正式交流与人们的科研、工作、学习息息相关，具备了正式交流的元素并且克服了传统交流模式的劣势。同时，正式交流也从非正式交流中汲取有利做法，承担非正式交流的某些功能。因此，在 Web 3.0 环境中实现了正式交流与非正式交流的融合。

（2）实现了可控、可信的多向动态自由交流。传统的信息传递模式分为多向主动、单向主动、多向被动、单向被动四种模式，这四种传递模式从某种程度上说是静态的。到了 Web 2.0 时代，网络信息交流模式是动态自由交互式的，人们可以随意在 Bolg/Wiki 上发布和回复信息。在基于 Web 3.0 的网络交流模式中将实现可控、可管理的多向动态自由交流。交流的各方在这种环境中可以动态自由地创建、修改信息，但是这种自由是依据交流各方的可信度以及平台语义网中的微内容来给定的，所以是可控和可管理的多向动态自由交流。同时，在 Web 3.0 网络交流模式中根据交流各方的个性化配置文件、搜索历史、信息可信度值，系统能更精准地推送和发现交流各方需要的信息，实现了可信的多向自由交流。

（3）实现了大众传播与人际传播的协同传播方式。传统信息交流理论借鉴传播学的原理将信息的传播交流区分为信息的自我传播、人际传播与大众传播。拉斯韦尔模式从大众传播的角度对大众信息交流进行了深入的研究。Web 3.0 环境中的交流改变了传统人际传播和大众传播的线形或树形交流结构。在这种环境中的网络传播实现了大众传播（单向）和人际传播（双向）的协同传播特征，在总体上形成一种散布型网状传播结构，所有网络生产、发布的信息都能够以非线性方式流入网络之中。在这种情况下，Web 3.0 的交流模式实现了人际传播与大众传播的协同传播方式，突破了人际传播与大众传播的局限。

2.5.6 移动信息交流

1. 移动互联网的概念

移动互联网，广义上是指用户使用手机、上网本、笔记本等移动终端，通过移动网络获取移动通信网络服务和互联网服务。狭义上是指用户使用手机终端，通过移动网络浏览互联网站和手机网站，获取多媒体、定制信息等其他数据服务和信息服务。

当今移动互联网的主要接入设备为智能手机、平板电脑等便携式终端设备，用户通过GPRS、3G、Wifi等无线网络进行访问，从而实时性地获取其想要获得的信息。随着移动网络的网速不断提高，4G与Wifi的网络覆盖不断推广与完善，同时关于移动终端设备的配套软件应用开发不断深入，这些有利条件都极大地提高了使用移动终端设备上网的用户在移动上网时的使用体验，因此越来越多的网民开始利用移动终端设备使用移动网络随时随地进行网络活动，使原有的定点上网模式变为无线移动式的新上网模式。同时也使用户的上网设备从电脑向多元化的移动设备转移，并在社交、娱乐、工作等方面逐渐替代电脑终端的使用行为。

2. 移动信息交流

移动信息交流是在移动互联网兴起和发展下的一种新兴的信息交流方式。通过移动网络，用户可实现的具体的信息交流应用包括：E-mail、短信、语音通话、下载或在线体验音乐/视频、在线游戏、下载软件、即时通信、移动社交网络、移动搜索（包括多媒体搜索、本地搜索、购物搜索、二维码搜索）、移动博客等。

在移动终端设备中，手机是目前最为主要的一类。从国内来看，根据中国工业与信息化部公布的数据，截止到2009年11月，中国手机用户数量已达到7.39亿户，渗透率为54.3%。中国互联网络信息中心CNNIC发布的《2009年中国移动互联网与3G用户调查报告》显示，截至2009年8月底，中国手机上网用户为1.81亿，手机上网用户整体呈现稳定增长的趋势。

在社会学的视角下，移动技术和移动网络不仅仅被看作一种技术或者网络系统，还是人们交流的一种语境和社会模式。人们通过移动网络所达成的交流并不意味着距离的终结，而是一种在被分布式节点所围绕的信息流空间中进行交互的方式。这种新型的交流方式有待我们去进一步研究和探讨。

复习与思考

1. 简述信息交流的基本概念。
2. 分析与比较信息交流的几种模式。
3. 什么是信息交流机制？
4. 简述信息传递的基本规律。
5. 举例说明基于网络的用户信息交流的主要形式。

第 3 章

信息分布

信息生产的多目的性和无序性，使信息分布十分复杂，研究具有较大难度。文献作为信息的主要载体，具有较好的稳定性和可计量性，由此出现了一些文献信息分布的经典定律。网络环境下信息资源的分布也成为近年来的研究热点，我们也做了一些初步的探讨。

3.1　信息产生与分布中的马太效应

3.1.1　马太效应（Matthew Effect）的内涵

我们首先来看源于圣经《新约·马太福音》的一个小故事。

有一个国王，远行前交给 3 个仆人每人 1 锭银子，吩咐说："拿去做生意吧，等我回来再来见我。"

国王回来时，第一个仆人说："国王，我用您给我的 1 锭银子又赚了 10 锭。"于是，国王奖给他 10 座城。

第二个仆人说："国王，我用您给我的 1 锭银子又赚了 5 锭。"于是，国王奖给他 5 座城。

第三仆人说："国王，我把您给我的 1 锭银子包在手帕里，怕丢了，一直没有拿出来。"

于是，国王命令，将第三个仆人的 1 锭银子赏给第一个仆人，说："凡是少的，就连他所有的，也要夺过来。凡是多的，还要给他，叫他多多益善。

基于社会现象分析上述小故事的内涵，可以概括为好的愈好、坏的愈坏、多的愈多、少的愈少的一种现象，并把这种两极分化现象称为马太效应（Matthew Effect）。

1968 年，美国科学史研究者罗伯特·莫顿（Robert K. Merton）提出这个术语用以概括一种社会心理现象："相对于那些不知名的研究者，声名显赫的科学家通常得到更多的声望，即使他们的成就是相似的，同样地，在同一个项目上，声誉通常给予那些已经出名的研究者，例如，一个奖项几乎总是授予最资深的研究者，即使所有工作都是一个研究生完成的。"

此术语后为经济学界所借用，反映贫者愈贫、富者愈富、赢家通吃的经济学中收入分配不公的现象。

马太效应是人类社会特有的选择机制，即优势和劣势都有其积累过程，成功的积累使其更具优势，形成"富集"；失败的积累使其劣势增强，形成"贫集"，从而形成强者愈强、弱者愈弱的社会现象。就拿吃饭时选择饭店来说，大家总是找生意好的饭店吃饭，哪怕要等一等。人越多的饭店生意越兴隆，门庭冷落的饭店生意越惨淡。

3.1.2 马太效应在文献信息分布中的表现

马太效应在文献信息分布中的表现，主要体现在文献信息的核心趋势以及集中取向。核心趋势是信息系生产者主动期望和采取行动的结果，如形成高产作者群体，期刊信息密度增大，形成核心期刊，形成高频词汇等。集中取向是信息生产者处于被动，社会选择和影响的结果，如一篇论文多次被引用，一个网站被众多用户点击。

下面从高产作者群的出现、核心期刊的形成以及作者分布不均衡等3个方面详细阐述马太效应在文献信息分布中的表现。

1. 高产作者群的出现

各专业、各层次的期刊周围都聚集着不同的作者群体，而高产作者群是核心队伍。

当一篇论文单独出现时，并不能反映学科的发展规律，而大批论文形成的文献流却呈现规律性变化。据此可以了解学科发展规律，判断学科发展水平、研究重点以及取得的成果，追踪学科发展动态，预测学科未来发展趋势。而文献流的形成是从事该学科的科学工作者共同努力的结果，但其中高产作者群的存在是形成文献流的骨干力量。普赖斯（Derekde Solla Price）的研究表明 10% 的科学家发表的论文，约占全部论文总和的一半。

期刊作为科学社会运行的载体，具有自组织的特征，马太效应不妨看作自组织过程。根据哈肯的协同理论，期刊编辑系统作为一个开放系统，不断与外界交换能量，对自身进行组织和更新。高产作者的出现是社会选择和积累的结果。科学研究中，需要环境和条件的支持，人们得以成功的条件是不同的，机会也是不等的。一个人一旦成功地获得一个良好的开端（如就读于名牌大学，从师于著名的导师，就职于高水平的研究单位等），他便为邻优势，而且这种优势以一个继续累积的过程悄然进行，加之成功的激励或诱导，不断促使其进步。反之，一个人一开始便受挫，这种劣势也会积累造成恶化，倘若要改变被动不利的局面，转化为优势，要付出更大的代价。就科学论文作者而论，两篇同样水平的论文，一篇是无名作者，一篇是知名度较高的作者，无疑无名作者的论文被选的可能性很低，甚至决然没有。反之，知名度高的作者论文发表的可能性很大——"还要给他，叫他有余。"高产作者的出现，逐渐形成一个"精英集团"，使期刊作者群中，"强者与弱者"愈渐分明，乃至悬殊，论文数量分布便出现了严重倾斜。成功的结果增大了进一步的成功，失败也增加了继续失败的可能性。因此，高产作者群的形成是马太效应"成功导致成功"的充分体现。

2. 核心期刊的形成

任何一门学科的信息都分散在本学科期刊和相关学科期刊上，随着科学的发展，学科不断向空白区和横向运动，相关学科期刊之间在内容上相互渗透，彼此交织，加强了各学科期刊之间的联系。但是，每门学科都有一组使用广泛、信息密度最大的期刊，即核心期刊。有关分析表明，我国科技期刊中，核心期刊信息相对集中程度为 38%～70%。美国《化学文摘》（CA）收录期刊 14 000 余种，但其中 50% 的文摘来自 300 余种期刊，75% 的文摘来自 1 300 余种期刊，90% 的文摘来自 3 000 余种期刊。日本《科技文献速报》近几年统计，从 20 种核心期刊中可以得到 20% 的信息量，而从 150 种核心期刊中可以得到 50% 以上的信息。因此，少量核心期刊却集中了较大量的文献信息。

核心刊物的形成符合"成功导致成功"效应。在刊物的增长与分工过程中，作者从大量有关刊物中，选择一种与作者研究有关的期刊投稿，如果被录用，则增强下次投稿的信心。与此同时，当某期刊多次出现有关问题的高水平论文时，会吸引其余作者加入讨论，形成积累，使研究不断深入，带动学科发展，无形中形成核心刊物。虽然核心刊物的形成与编辑取舍和作者选择有一定关系，但是已经在某学科占据核心地位的刊物，即新学科产生前，其马太效应的支持环境，如稿源作者的科研水平、国家对核心刊物的经费支持，是不受影响的，其核心地位一般不会被动摇，而且还与其支持环境之间形成良性循环。

3. 作者分布不均衡

论文作者的集中趋势，与论文作者所在地区、机构分布的集中趋势是一致的，符合"成功导致成功"的效应，即一个科研先进、经济发达的地区，其论文的发表率也高。据调查，SIC 收录我国科研人员发表的论文中，高校和中科院系统的论文数占总数的 57%。论文作者的区域分布，主要取决于重要的高等院校和中科院所属研究所的分布。据《1992年中国科技论文统计与分析》中的分析，1992 年无论我国科技论文的地区分布，还是被 SCI、ISTP、EI 收录的我国科技论文的地区分布，前十位均是集中于北京、上海、江苏等省市的高校和科研机构。1992 年我国科研机构科技论文数前 50 名中，45 名为中科院所属研究所；前 50 名高等院校中，全部为科技力量雄厚的名牌大学，如清华大学、浙江大学、哈尔滨工业大学等。这不仅表明了论文作者分布的集中趋势，也表明了地区和单位科研水平高低与论文作者水平和数量成正比关系。

根据马太效应与支持环境的关系，论文作者分布集中的原因，一是高校与科研机构科研条件优越，人员素质好，论文水平起点高；二是外语水平高，利用最新信息的灵敏度高。如对中美化学核心期刊引文分析表明，其中 3/4 是外文文献，80% 是期刊论文。这导致了高校与科研机构发表论文多，反过来又促进了支持环境的进一步发展，相辅相成，成为良性循环。

3.1.3　马太效应在文献信息分布中的作用

从上述马太效应在文献信息分布中的表现可以看出，马太效应在文献信息分布中起到了一定的积极作用。一方面产生了富集现象，可以通过优劣的描述让人们较快识别信息分布规律，为信息源的选择、获取、评价和利用提供依据，从而降低信息管理成本，提高信息利用效益。另一方面产生了核心信息源，核心信息源的形成有一个积累过程，其优势也会在积累中放大，形成对"成功"的激励。

同时，我们也应该看到马太效应在文献信息分布中的负面作用。例如，如果过度关注核心信息源，则会忽略分布在其他信息源中有价值的信息，青睐名人、拒绝新人，易导致信息对象的优势和劣势的过度积累，限制了新思想、新知识和新信息的产生及传播。另外，信息分布富集也有可能仅仅是表面的、外在的，所以马太效应的积累应适度，适当的干预是也必要的。

3.2　信息内容的离散分布规律

信息内容在各载体中的离散分布是信息的重要属性，因此，研究和揭示信息的离散分布规律是信息管理学的重要课题。研究成果主要以科学文献信息为对象。

3.2.1　布拉德福定律

英国著名文献信息学家布拉德福发现，某一学科领域中的相关论文在期刊中的分布是不均匀的，而且具有明显的集中与分散规律。他在长期的观察和统计基础上，提出"布拉德福分散定律"（Bradford's Law of Scattering），简称布拉德福定律或布氏定律。

1. 布拉德福定律的经验数据

若将刊载"应用地球物理学"论文的所有期刊，按载文量划分为核心区 1、相关区 2和非相关区 3，使每区论文数大致相等，则期刊服从布拉德福定律分布，即：$9:59:258$ $=1:5:5^2$，其中，应用地球物理学论文的布氏分布如表 3.1 所示。

表 3.1　应用地球物理学论文的布氏分布

分区	期刊载文量（篇/年）	期刊数量	论文数量
1	>4	9	429
2	1—4	55	499
3	1	258	408

2. 布拉德福定律的区域表述（经验定律）

区域表示法又称为"文字表示法"具体解释如下，

假设一定时间内（通常为一年）共有 N 种期刊刊载了某学科的论文（简称"相关论文"）K 篇，将这 n 种期刊按照所载"相关论文"的数量降序排序，然后，将该序列划分为三个区（核心区、相关区、非相关区），使得每个区所包含的"相关论文"的数量相等（即"K/3 篇"），则各区的期刊数量满足下列关系：

$$n_1:n_2:n_3 = 1:a:a_2 \quad (a > 1,\text{且 } a \approx 5) \tag{3.1}$$

式中：n_1，n_2，n_3 分别为"各个区的期刊数量"，显然 $n_1+n_2+n_3=N$，a 为"布拉德福常数"（或称"比例系数"）。

3. 布拉德福定律区域表述的数学解释

令 m_1，m_3，m_3 为 1、2、3 各区中的论文数量（$m_1=m_2=m_3$），p_1，p_2，p_3 为对应区的杂志数量，r_1，r_2，r_3 为各区每种杂志的平均论文数量。

则有：

$$r_1 p_1 = r_2 p_2 = r_3 p_3 = m_1$$
$$p_2 / p_1 = r_1 / r_2 = a_1$$
$$p_3 / p_2 = r / r_3 = a_2$$
令 $a_1 = a_2 = a$
于是 $p_1 : p_2 : p_3 = 1 : a : a^2$ (3.2)

4. 布拉德福定律的图形描述

假设一定时间内（通常为一年）共有 N 种期刊刊载了某学科的论文（简称为"相关论文"）K 篇，将这 N 种期刊按照所载"相关论文"的数量降序排列，然后横坐标取期刊按载文量递减排列时的顺序号 n 的对数，纵坐标取 1 至 n 号期刊所载论文的累积数，绘制出的曲线称为布拉德福分散曲线，如图 3.1 所示。

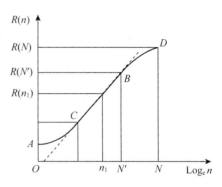

图 3.1　布拉德福分散曲线

该曲线由三部分构成，先是一段上升的曲线 AC 指核心区，然后是一段直线 CB 指相关区，最后是下垂的曲线 BD 指外围区（格鲁斯下降）。

5. 布氏定律区域表述与图形描述差距的原因分析

学科界定：运用布氏定律时，必须满足严格的先决条件，即学科界限必须经纬分明。但现代科学技术互相交叉渗透，边缘学科越来越多，如本应属于情报科学的文献，也会将其归于计算机科学，从而造成统计上的误差。

数据源：应用布氏定律时，均借助于书目、索引、文摘之类的工具书。在编纂这类工具书时，编撰人员都要对原始文献进行选择和加工，统计结果没有原始文献可靠。

其他：在实际统计各种数据时，会遇到干扰，如期刊的更名、停刊、重复发表等造成统计数据的不精确。

6. 布拉德福定律的基本要点

（1）频次等级排序，形成主体来源（期刊）的有序目录。

（2）确定相关论文在主体来源中的分布规律。具体方法则包括区域分析和图形描述，虽然两者数值并不相等，但它所揭示的都是论文在期刊中的分散规律。

（3）布拉德福定律主要揭示的是宏观层次的信息（文献）离散分布，而对于微观层次的信息（内容单元）分布的研究则基本是空白。

7. 布拉德福定律的主要贡献及其应用

布拉德福定律为文献情报用户选择情报源，合理使用资金提供定量依据，有利于做出科学决策；揭示了文献集中与分散规律；提出了核心期刊的概念，认为核心期刊具有集中性、代表性、学科性、权威性、层次性、相对性和动态性等特点，其具体含义描述如下。

集中性：少量的一组核心期刊集中了某学科大部分高质量论文。

代表性：某一学科的一组核心期刊上的论文，代表着这一学科的最新水平和发展方向。

学科性：核心期刊总与某一学科联系在一起。

权威性：核心期刊的确定需得到公认。

层次性：核心期刊中也分不同的层次，有的是该学科最重要的权威刊物，有的是层次略低的重要刊物。

相对性：指核心期刊相对于非核心期刊，仅具有相对意义，不是绝对的。

动态性：核心期刊是一个动态的概念，不是固定不变的。

布拉德福定律的应用主要体现在以下几个方面：

（1）确定核心期刊；

（2）指导读者利用期刊（确定核心期刊）；

（3）考察专著的分布（确定核心出版社）；

（4）动态馆藏的维护（确定核心期刊和确定核心读者）；

（5）指导期刊订购工作（确定核心期刊）；

（6）学科幅度的比较和学科的重叠程度（比较核心区）；

（7）用于文献检索；

（8）估计全检某专业论文和相应期刊总数；

（9）根据检索要求，估计被检期刊的最小数量；

（10）计算检索效率和评价检索工具的完整性。

3. 2. 2　齐夫定律

词汇是表达和载荷信息的基本单元，词汇的选择、使用及出现频次必然影响信息的分布。那么，文献中不同词汇的使用有什么特点？它们在文献中出现的频次有没有一定的规律？其表现形式是怎样的？

齐夫定律可以回答上述一系列的问题，齐夫定律是文献计量学的基本定律，研究词频和词的序号之间的定量关系。

美国哈佛大学教授齐夫 1935 年通过对文献词频规律的研究认为，若把一篇较长的文章中每个词出现的频次从高到低进行递减排列，其数量关系特征呈双曲线分布。该定律可应用于情报检索用的词表的编制和情报检索系统中文档结构的设计。

1. 齐夫定律的理论基础

自然语言，无论是英文还是中文，甚至其他语种，为什么词频和序号间会有如此惊人的统计关系呢？国内外许多学者就这一问题做了各种有益的探索，都试图对这种现象做出哲学上、数学上或经验上的合理解释。但到目前为止，尚未取得可为大家所接受的解释，这也从另一方面说明了问题的复杂性。

如果我们怀着尊重客观的心理来看待这种现象，并做些探索性的思考，我们会惊喜这是多么美妙！语言是人类社会现象之一，有了语言，人类社会才得以紧密联系在一起，这正是语言的符号意义或信息意义。具有不同的民族文化历史地理背景的人类语言，在词汇的使用上竟遵从同一种分布！也许这正是世界的统一性所在。

对齐夫定律的理论基础的探讨，根据着眼点的不同大致可分为三个派别。

（1）行为科学的解释。这里指基于齐夫的最小努力原则的解释。首先需说明的是，笔者把齐夫的最小努力原则归为行为科学的范畴，因为行为科学既是心理学又是管理科学的流派之一，而心理学和管理科学间并无绝对的界限，同时齐夫又是一个心理学家，因而名之曰"行为科学的解释"。

"最小努力原则"是说二个人将努力把他可能的平均劳动支出额减低到最低限度。齐夫认为 $f-r$ 现象的原因在于他的这个最小努力原则，但是，齐夫本人以来没有提出一个从此原则到 $f-r$ 现象的明确解释。

按照齐夫的最小努力原则，可以说明，人们选择使用他所熟悉的常用词汇的机会要比选择使用次常用和不常用的词汇的机会多得多，因而常用词汇的出现频率要比次常用和不常用词汇的使用频度要高。

显然，这种解释是不全面的，并没有直接解释齐夫定律的全部现象。

（2）用信息论中通讯代价的解释。比齐夫的最小努力原则更令人满意的是曼德尔布洛特的基于信息理论的解释。他按照拼成词的字母和分配这些字母所需的空间，考虑了词汇的通讯代价，这种代价随着一个单词或一条信息中字母两个数的增加而增加。R.F.Willys 认为这是从按字母和空间计的最小传递代价到方程，$rf=c$ 的第一次近似。在语言学上，这等于把以音素计的代价降到最低，这就是为什么齐夫定律对口语和书面语言都适用。曼德尔布洛特的较精确的进一步近似反映在其三参数表达式中。

（3）统计学的解释。从这种角度出发解释齐夫现象的人较多，主要是利用概率论中的概率分布模型，诸如泊松分布、负二项分布、对数正态分布等来说明人们在词汇的使用上的一些习惯式特点。其中更易为人们接受的是"类泊松分布和基于负二项分布的"累积优势分布"（CAD）的解释。

R.F.Willys 认为齐夫定律及其姊妹定律（布拉德福定律和洛特卡定律）所处理的现象，都可以看成由偶然发生的事件所组成，组成这些现象的每个个体事件发生的概率很小，因而它们大体上是服从泊松过程的。但是词汇的选用不是独立的，受到上下文等各种因素的影响，而纯粹的泊松分布要求独立的条件，所以称这种分布为类泊松分布。与此相关的另一种观点是 H.S.Sichel 提出的，他假定在一个作者所使用的词汇中，每个词出现的概率是稳定的，因而成千上万这种稳定的可能性的混合可以看作一个复合的泊松分布。

R.F.Willys 还认为，甚至齐夫的最小努力原则也可近似地看作向泊松过程靠拢的。如果这种近似成立，那么这两种解释——用最小努力原则和用泊松过程是—相通的了。

累积优势分布（CAD）是负二项分布的修正形式。负二项分布是说在不断变化的可能性中，失败没有随之而来的期望的结果，失败不能代替成功所带来的新的成功。CAD 指的是成功能增加进一步成功的机会。把 CAD 的原理用于词汇的使用，如果某一时刻作者使用了某一给定的词，那么该词在同一篇论文中再次被使用的机会是增加的，作者这时没用其他词，就更不用说在后面被使用的机会了（即在后边更不易被采用）。也有人把这种现象称之为马太效应、堆加效应等。

2. 齐夫定律的表述

如果将一篇较长文章（约 5 000 字以上）中每个词按其出现频次递减排列起来（高频词在前，低频词在后），并用自然数给这些词编上等级序号，出现频次最高的为 1 级，其次为 2 级……这样一直到 D 级，如果用 f 表示词在文章中出现的频次，用 r 表示词的等级

序号，则有：

$$fr = c \qquad (3.3)$$

式中：c 为常数。

3. 齐夫定律的图形表达

如果建立 f 与 r 的直角坐标系，用纵坐标表示词的等级序号，横坐标表示出现频次，就得到一条双曲线，如图 3.2 所示。

4. 齐夫定律图形的变形

如果等级 r 与频次 f 都取对数，则双曲线变成一条直线，如图 3.3 所示。与之等价的数学表达式为：

$$\lg r + \lg f = \lg c \qquad (3.4)$$

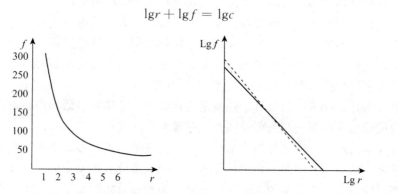

图 3.2　齐夫词频分布曲线　　　　图 3.3　齐夫词频对数分布曲线

图 3.3 中的虚线表示理想化形式，一般地，斜率为 b 的任一直线可表示为：

$$b\lg r + \lg f = \lg c \qquad (3.5)$$

5. 齐夫定律的经验数据

齐夫定律的经验数据如表 3.2 所示。

表 3.2　词频分布

r（等级序号）	f（词频）	$\lg r$	$\lg f$
1	400	0	5.99
2	200	0.69	5.30
3	133	1.10	4.89
4	100	1.38	4.60
5	80	1.61	4.38
6	66	1.79	4.19
7	58	1.94	4.06
8	50	2.08	3.91
9	44	2.20	3.78
10	40	2.30	3.69

6. 齐夫定律的应用

许多人在其有关齐夫定律及其姊妹定律的论述中，都对它们的应用价值持乐观态度，如"齐夫定律无疑对描述书目信息特征、设计情报系统、制定标引原则、进行词汇控制、组织检索文档等等，提供了理论上的可行性"。

下面是基于齐夫定律的词频统计方法的一些应用。

（1）自动标引系统中按词频加权，根据权值决定主题词的取舍。如北大图书情报系的"汉语科技文献自动标引系统"（SAICSTL）中，对于抽出的主题词，按其在篇名、文摘中出现的频率进行加权，权值大于某一阀值的取作标引词。

（2）在中文信息处理中的应用。国家标准中一、二、三级汉字的确定，就是靠大量的字频统计，一级字的使用频率为 95％，二级字为 3.97％，三级字为 1％。汉字编码方案的设计与评价也要靠频率统计，包括字、笔形、笔画及字母的使用频率的统计。中文打字机和汉字终端键盘的设计也要基于频率统计。

（3）字频与词频统计在文学、语言学研究中的应用。譬如，美国一个研究中国文学的研究生，把一些中国现代文学作品的名称输入计算机，对字频进行统计，结果发现"月、夜、生、死、爱"这五个字在文学作品的题目中出现的频率明显地高，在此基础上进一步探索中国文学发展的趋势及与中国传统文化的关系等。

（4）词频统计成为一种新的情报分析研究方法。通过某一专题领域文献的词频统计，根据词汇使用上的变化来预测该专题的发展趋势，如 1983 年王心雄根据词频统计预测激光科学在我国的发展趋势，1985 年黄宏雄也用同样的方法预测电波传播研究的发展。

还有人做了与专题文献有关的一种新的对齐夫定律的验证，统计某一专题文献的标题所使用的词频，结果发现这种标题词频统计也符合齐夫分布。

（5）词频统计方法在计算机情报检索系统中的应用。理论上看，可以说这是词频统计方法应用潜力最大的一个领域，诸如编制词表、词汇控制、构造检索式、倒排档的排列等。

3.3 信息生产者分布规律

通过研究信息生产者在信息生产过程中的分布规律，探讨信息生产者（以科技工作者为代表）的生产能力以及对科技进步和社会发展的贡献度。

3.3.1 洛特卡定律

洛特卡定律是文献信息计量学的经典定律之一，是由洛特卡于 1926 年首先提出来的。洛特卡是美国著名学者和科学计量学家，擅长于统计研究，在科学上的兴趣首先集中在生物体总数的动态状况研究，并发展了一种用出生率、死亡率和年龄分布函数表示的"人口分析理论"。他选择美国《化学文摘》和德国奥尔巴赫《物理学史一览表》为数据源研究科技工作的论著数量分布。1926 年，他天才地提出了用一对联立微分方程表示的"竞争增长律"。后来，他又将统计研究的方向转移到科学家与其发表的科学文献之间的数量关系上，进行了开创性的研究工作，并发表了"科学生产率的频率分布"等著名论文，从而

较早地创立了世界闻名的"洛特卡定律"，为文献计量学的诞生和发展做出了创造性的贡献。

1. 洛特卡定律的基础——科学生产率概念

一般来说，衡量一门科学的发展，有两个重要的参数指标：一是在这门科学中所发表的文献，二是发表这些文献的科学家。从文献计量的角度，探讨科学家的著述规律及其与科学文献之间的数量关系，是文献计量学的重要研究内容之一。

1926年，洛特卡最先研究了科学文献数量与著者数量之间的关系，并创造性地提出了"科学生产率"的概念。所谓"科学生产率"（Scientific Productivity）是指科学家（科研人员）在科学上所表现出的能力和工作效率，通常用其生产的科学文献的数量来衡量。事实表明，这种科学生产率在各个科学家之间存在着明显的不平衡性。70多年前，洛特卡从"科学生产率"概念出发，着手统计和分析科研人员的论著数量，从而不仅定量地说明了科学生产率的不平衡性，而且还首次揭示了科学文献按著者的分布规律。

2. 洛氏定律的形成和确立

洛特卡定律的形成建立在对"科学生产率"的统计研究的基础之上。在提出科学生产率概念的同时，洛特卡围绕这一崭新课题进行了具体的统计研究。当时，他选用的计量研究对象是化学和物理学这两大学科内的科学家及其著作。

在化学方面，他统计分析了美国《化学文摘》1907～1916年的十年累积索引中的部分作者，分别列出了写过1篇、2篇……一直到写过346篇论文的人数。在选择数据时，他只选用了姓氏以字母A和B开头的6 891位作者的统计数据，按照发表论文的数量排列起来。在统计时，凡属合著者，均只取年长者。

在物理学方面，洛特卡对德国学者奥尔巴赫编的《物理学史一览表》（1910年莱比锡出版）中的人名索引进行了统计分析，并取全部作者。这部索引收录很全，包括了1900年前物理学领域内出现的1 325位科学家及其著作。洛特卡将统计数据列成表，左边部分是与论文数量相对应的实际著者的统计数据，右边部分是著者频率，即相应的著者数占著者总数的百分比。观察值百分比依据实际统计数据计算，计算值百分比是依据洛特卡公式计算的。这个表的两个部分均按著者的论著数量由少到多排列。

在以上有关科学生产率的统计数据的基础上，洛特卡进行了深入分析和归纳，从而得出了规律性的结论，为洛特卡定律的形成奠定了基础。

在科学生产率的研究过程中，洛特卡发现，在科学领域里，论文的作者频率与论文数量之间存在着一定的关系。他找出了其中的规律，并用数学公式进行了描述。1926年6月19日，他在《华盛顿科学院杂志》上发表了题为《科学生产率的频率分布》（The frequency distribution of scientific productivity）的论文，论述了化学与物理学领域中作者频率与论文数量的分布规律，提出了描述这两者关系的一般公式，同时还阐明了科学生产率的平方反比律。由于他的研究结论第一次定量地揭示了作者与文献的数量关系，因而被后人誉为洛特卡定律（Lotka's Law）。

3. 洛氏定律的基本内容

一般认为，洛特卡定律的基本内容是由其文字表述和图像描述两个部分组成的。

（1）洛特卡定律的图像描述。以论文数（x）和作者数（y_x）的对数为横坐标（$\log x$）和纵坐标（$\log y_x$），两组数据都是直线，如图 3.4 所示。

图 3.4 中，虚线表示《化学文摘》数据，实线代表《物理学史一览表》的数据。用最小二乘法计算拟合直线的斜率，近似为-2。

（2）洛特卡定律的文字描述。根据经验数据，在论文数 x 和作者数之间存在下列关系：

$$x^n y_x = c \qquad (3.6)$$

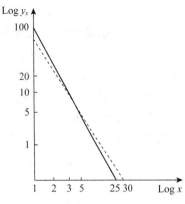

图 3.4　洛特卡分布曲线

式中：y_x 是发表了论文 x 篇的作者数，n 和 c 是对应于这一典型数据集合而估计出来的两个常数，n 的数值在 2 上下波动。

$$y_x = \frac{c}{x^2} \qquad (3.7)$$

通过变换可以得到下面的公式：

$$\frac{y_x}{\sum y_x} = \frac{c}{\sum y_x} \cdot \frac{1}{x^2} \qquad (3.8)$$

令 $f(y_x) = \dfrac{y_x}{\sum y_x}$，表示写 x 篇论文的作者出现的频率。$C = \dfrac{c}{\sum y_x}$ 是新的常量，表示作者取样总数比例，这样可以写成：

$$f(y_x) = \frac{C}{x^2} \qquad (3.9)$$

这就是著名的平方反比分布。

并且可以求得常数：$C = 0.6079 = 60.79\%$，即按照平方反比分布，所有生产一篇论文的著者的比例刚刚超过 60%。例如，《物理学史一览表》数据中，共有 1 325 位作者，写一篇论文的为 748 人，占总数的 59.2%。

根据以上事实和统计分析数据，洛特卡得出如下规律性结论：从统计研究的情况来看，写 2 篇论文的作者数量大约是写一篇论文作者数的 1/4（$1/2^2$），写 3 篇论文的作者数量大约是写一篇论文的作者数的 1/9（$1/3^2$），写 n 篇论文的作者数量则大约是写一篇论文的作者数的 $1/n^2$。所有写一篇论文的作者所占比例大约是 60%。这个结论就是人们所称谓的洛特卡定律的文字表述。根据这一定律，如果经统计得知某一学科领域内写过一篇论文的作者数量，那么就很容易计算出写过 2 篇、3 篇……论文的作者数量。

需要说明的是，洛特卡定律是对信息生产的一般理论估计，不是一个精确的统计分布，因而有其局限性，可以将其视为一个特例。

4. 洛氏定律的研究进展和主要成果

洛特卡定律的发展主要表现在 3 个方面，一是对洛氏定律本身的研究进展及成果，包括洛氏分布的一般公式、适用性、机理的研究等；二是对高产作者的研究，包括普赖斯定律，以及对洛氏定律的贡献等；三是国内专家针对中文文献进行的作者研究。

70多年来，不少学者从不同角度对洛氏定律进行了一系列的研究，并取得了一定进展。1926年洛特卡发表关于科学生产率的著名文章后，并未引起学术界的重视。直到1949年，洛特卡的研究结论才被称为"洛特卡定律"。在《人类行为和最省力法则》一书中，齐普夫较早将其称作"平方反比定律"。

60年代初期，由于普赖斯的两部重要著作的出版，使洛特卡的研究工作和成果随之得以广泛传播，有力地推动了这一定律的研究和发展。1969年，费尔桑（Foirthorne）首次将布拉德福、齐普夫以及芒代尔布罗分布同洛特卡的频率分布联系起来，并指出洛特卡的关系式对低产作者来说是适合的。

70年代，研究较为深入和富有成效的当推科尔（R. C. Coile）和弗拉奇（J. Vlachy）。前者找到了一种判断某组实验数据是否符合洛特卡分布的鉴定方法，后者则探讨了洛特卡定律的影响因素及作用。80年代和90年代的研究，主要是从理论和应用两个方面展开的，并取得了一定进展。

从研究的目的、内容和成果来看，人们对洛氏定律的研究主要集中在以下3个方面。

（1）洛氏分布一般公式的研究。实际上，洛特卡当年的研究仅局限于指数等于2的情形，他确立的也只是科学生产率的平方反比律。后来，一些学者探讨了洛氏定律的普遍性意义。通过统计研究发现，3.6式中的指数 n 并不一定都等于2，常数 C 也会在0.6079附近上下波动。因此，如何确定 n 和 C 的数值便成了洛氏分布数据拟合的重要任务和关键步骤。

为了估算指数 n 值，通常采用最小二乘法。其公式如下：

$$a = N\Sigma XY - (\Sigma X \cdot \Sigma Y)/N\Sigma X^2 - (\Sigma X)^2 \qquad (3.10)$$

式中：N 为被考察的数据对的数量，X 为 $1gx$，Y 为 $1gy$。Vlachy 的研究表明，a 值在1.2和3.5之间波动。可见 $a=2$ 只是洛特卡倒幂法则一般公式3.6式的一个特例。而 a 的取值要受到 N 的大小、学科的性质和发展程度等因素的影响。在一定意义上说，特征指数 a 被看作是科学论文作者分布不平衡性的量度标准。对于 a 为任意值的情况，同样可以推导出 C 的计算公式，并计算出 C 值。应当注意的是，不同的 a 值将产生一个显著不同的常数 C；而且 a 值的较小变化（特别是在 $a<2$ 时）就会引起 C 值的明显的变化。

（2）洛氏定律适用性的研究和 $K-S$ 检验法

洛特卡定律是对两个学科抽样统计的推广，在其他情况下是否适用？这是情报学界普遍关注的重要课题。几十年来，许多学者，如休伯特（Hubert）、德莱斯顿（Dresden）、戴维斯（Davis）等人都对此进行过研究，其内容涉及许多不同学科、不同时期、不同国家或单位、不同类型的科学文献的作者分布规律，从各个不同的角度来检验或修正洛氏定律。有的还深入到文献的某些子集，如某一年度的文献或某一类型的文献，如会议文献、图书等；或某一单位收藏的文献等，进行作者分布的探讨；有的则对洛氏定律提出了修正的可能性，如普赖斯（Price）、布克斯坦（Book-stein）、阿利森（Allison）等人的论著研究了这一课题，特别是普赖斯的研究取得了重要成果。目前，一般认为，在一定统计条件下，洛氏定律在大多数学科领域是适用的，能够描述科学文献作者分布规律和科学家著述的行为模式。尤其是洛特卡分布一般公式的确立，更扩大了其适应范围和提高了其适用程度。

为弥补直观统计带来的局限，合理地评价洛特卡定律对其他学科的适用性，情报学家科尔（R. C. Coile）于 1977 年提出用柯尔莫哥洛夫－谢米诺夫检验法（Kolmogorov-Smirnov）来进行鉴定，其具体步骤如下：

①计算 K－S 值：$1.63/\sqrt{y}$（y 为统计的作者总数）。

②找出最大偏差值 D：$D = \text{Max}|F_0(x) - Sn(x)|$，其中 $F_0(x)$ 为累积作者频率的理论值，$Sn(x)$ 为累积作者频率的观察值。

③比较 D 值与 $K－S$ 值之大小。若 $D < K－S$ 值，则抽样分布符合洛特卡定律理论分布；若 $D > K－S$ 值，则不符合洛特卡分布。

按照这种方法，科尔首先对洛特卡统计的二项抽样数据进行了鉴定，发现从《物理学史一览表》统计的数据严格符合洛特卡定律，而《化学文摘》数据则不完全符合洛特卡定律。随后，他又对美国国会图书馆和伊利诺斯大学图书馆学院的图书进行了统计研究。因国会图书馆的统计数据只取自 10 年的机读著者目录，结果不严格符合洛氏分布；而伊利诺斯大学的数据覆盖了有史以来出现的所有作者及论著，因而严格符合洛特卡分布定律。

值得指出的是，柯尔莫哥洛夫－谢米诺夫（$K－S$）检验属于非参数检验，其临界值取决于观测数据范围的大小。其样本的容量越大，则检验的效果越明显。在洛氏定律的适用性研究和检验方面，$K－S$ 拟合优度检验是一种现行的最有效的检验方法。这一测定方法的提出和运用大大推动了洛氏定律的深入发展。

（3）洛氏分布机理的研究

影响洛特卡平方反比律的因素，至少有以下几点。

①学科特征。不同的学科都有其特定的发展特点和内在规律，因此作为统计研究对象的学科的性质、范围、研究特点、发展阶段以及与其他学科的相关程度等都会对洛特卡分布产生本质上的影响。研究事例表明，基础理论学科与应用技术学科之间、比较成熟的学科与新兴学科之间、范围宽广的学科与较窄的学科之间，其文献的作者分布呈现出一定的差别。Vlachy 指出，就物理学而言，a（参见公式 3.10）等于 2 是合理的；对于技术科学、社会科学和人文科学来说，a 值将增大；而规模较大和科研合作程度较高的学科，a 值会变小，在很长一段时期内，对洛特卡定律的验证基本上是在理论科学领域进行的，大多数情况下符合洛氏分布。1979 年，加拿大学者将洛氏定律引入到应用科学和工程技术领域，发现存在着一定偏差。但他们认为这可能是理论科学和技术科学之间的差异而引起的。正如普赖斯所说：在科学领域里，研究论文就是产品本身，而在工业部门，论文就只是一种副产品了。

②统计条件。影响平方反比定律的主要有两个量：即统计研究的时间跨度和作者数量。一般来说，若统计的时间区间较长（如 10 年以上）、作者集合较大（如 1 000 人以上），再加上其他条件的配合，其研究将会得到比较客观的应有结论。

③研究方法。在科学生产率的研究中，洛特卡所采取的方法基本上是可取的，但在选择化学数据时却采用了不正规的抽样方法。后来的研究说明，抽样处理方法上的差异，特别是对合著者和高产作者群的不同处理将会影响其研究结果。高产作者的数据对其直线关系影响颇大，因此，在确定洛特卡分布关系时必须截删一部分高产作者数据。同时，由于科学技术的发展和科学研究出现的新的特点，使得现在的著述规律和洛特卡那时的情况已大不相

同。因此，洛特卡对合著者的处理方法现在就不太合适了，而应该加以改进。在研究和运用洛特卡定律时，如何处理合著者和截删高产作者数据是两个必须解决的重要问题。

今后对于洛特卡定律的研究，一方面扩大其研究规模，利用大量数据或大型机读数据库对其进一步检验，继续研究其适用性；另一方面加深其研究深度，大力开展其方法论、机理解释和实际应用的研究。

5. 洛特卡定律的主要应用

洛特卡定律是文献计量学中诞生最早的一个著名的基本定律。由于许多现象的分布表现出洛特卡频率分布特征，因而洛氏定律有着广泛的适用性。当代有关科学生产率的计量理论都是以洛特卡和普赖斯的研究成果为基础的。因此，研究洛特卡定律的应用，特别是研究科学家的著述特征以及文献按作者分布的规律，具有重要的理论和实际意义。

以洛特卡定律为指引，我们可以考察科研人员的著述状况和发表论文的数量，研究具有不同数量论文的作者的分布规律，并进而揭示科学工作者生产科学文献的能力，定量地衡量"科学生产率"。或者通过考察科学文献，分析每一篇论文的作者数量，不仅能够揭示不同数量作者的论文的分布规律，而且还可以阐明完成一篇科学论文要"占用"多少作者。从这两个不同的角度，都可以揭示科学文献与作者之间的数量关系和分布规律。所以，对洛特卡定律的应用也往往是从这两个方面来展开的。而且，通常是利用其一般公式和洛特卡的分析研究方法。

洛特卡定律的应用较广泛，具体来说，主要有以下方面。

（1）在情报学图书馆学方面的应用。一般是用它来预测发表不同数目文章的著者数量和特定学科的文献数量。这样，便于掌握文献的增长趋势，便于进行文献情报的科学管理以及情报学的理论研究等。同时，如果能够比较完整地测定各学科的"文献单元作者系数"和"文献单元作者增量"，那么只要知道某一学科的论文数量，就可以大致估算出对应这些论文的作者人数及变化。这对于合理编制著者索引、规划检索刊物体系等都有一定的参考价值和指导意义。

（2）在预测科学方面的应用。按照洛特卡定律，可以从统计或估算的科学著者数量来预测文献数量的增长速度和文献流的动向，便于掌握文献的交流规律。同时，从文献计量的角度出发，也可预测科学家数量的增长和科学发展的规模及趋势等。

（3）在科学学科和人才学方面的应用。可以用它来研究科学家的活动规律，研究人才的著述特征，便于科学学科的理论研究和科学史的探讨，从而为整个科学学科和人才学的研究提供新的途径和手段。例如，通过比较各个学科的文献单元作者系数及其增量，可以判断各个学科的科研动态，了解科学研究发展规模，甚至可以据此推断各个学科研究的集体化趋势、科研人员的需求情况，有利于制定人才培养规划等。

3.3.2 普赖斯定律

在洛特卡定律的基础上，普赖斯进一步研究了科学家人数与科学文献数量，以及不同能力层次的科学家之间的定量关系，提出了著名的普赖斯定律和一些其他重要结论。在《小科学，大科学》一书中，普赖斯写道："科学家的总人数，大致是按杰出科学家人数的平方增长的。"

所谓普赖斯定律（PriceLaw），指在某一特定领域中，全部论文的半数系由该领域中全部作者的平方根的"那些人"（核心或高产作者）撰写的，该定律可表示为：

$$\sum_{m+1}^{I} n(x) = \sqrt{N} \tag{3.11}$$

式中：$n(x)$ 为撰写 x 篇论文的作者数；$I = n_{max}$ 为该学科规定时期内最高产的作者数；N 为该学科领域全部作者总数。m 可由下式确定，即高产作者中一位最低产的作者发表的论文数量，等于最高产作者所发表论文数的平方的 0.749 倍。

这里的关键是如何确定 m 的数值。普赖斯根据洛氏定律，借用数学结论，经推导得出：$m \approx 0.749$（$n_{max}^{1/2}$）。这是洛特卡定律的一个重要推论。这说明，发表了 0.749（$n_{max}^{1/2}$）篇以上论文的科学家们所发表的论文总数等于全部论文总数的一半；或者说，杰出科学家中最低产的那位科学家所发表的论文数，等于最高产科学家发表论文数的平方根的 0.749 倍。

普赖斯还曾试图找出全体科学家总数中杰出科学家的比例关系。经过进一步推导和计算，得出：

$$R \approx 0.812/n_{max}^{1/2} \tag{3.12}$$

式中：R 是杰出科学家人数与全体科学家总数之比。这是普赖斯得出的洛特卡定律的又一个重要推论。因此，普赖斯为洛特卡定律的开发乃至文献计量学的发展做出了令人瞩目的卓越贡献。

普赖斯定律简洁地描述了信息按生产者能力分布，从而揭示了少数信息生产者生产了大量规律和特点，充分显示了马太效应的作用效果。但不能将普赖斯定律绝对化，仅是洛特卡定律基础上提出的一种假说构想。

3.4　信息对时间的分布规律

社会经济和科学技术的高速发展使信息出现爆炸性增长，并引起了学术界对信息在时间轴的分布研究。

通过研究信息在时间轴上的动态分布规律，刻画出信息随时间推移表现出来的趋势（增长与老化），有助于对信息进行动态管理。

3.4.1　文献信息增长的原因及其影响

科学文献的增长指随着时间的推延文献数量的增长情况。用美国《化学文摘》的增长情况实例来具体描述这个概念：第 1 个 100 万篇 32 年（自 1907 开始），第 2 个 100 万篇 18 年，第 3 个 100 万篇 8 年，第 4 个 100 万篇 4.75 年，第 5 个 100 万篇 3.3 年……

科学文献增长的根本原因是科学技术的发展所带来的科学知识量的增长，如表 3.2 所示，直接原因是科研经费和科技人员数量的激增，如表 3.3、表 3.4 所示，具体原因如下：

①科研经费和科技人员数量的激增。

②专业范围的扩大和细分化。

③学科之间相互渗透。

④科学技术的国际化。

⑤研究的合作化和集体化。

⑥研究的周期缩短、产生成果和转化的速度加快。

⑦通讯、出版技术的改进和情报工作的加强。

表 3.2　人类科学知识量翻番情况

第 1 次翻番	公元初～1750 年	历时 1750 年
第 2 次翻番	1750～1900 年	历时 150 年
第 3 次翻番	1900～1950 年	历时 50 年
第 4 次翻番	1950～1960 年	历时 10 年

表 3.3　美国科研经费增长情况

年份	1920	1930	1940	1950	1955	1960	1965	1970	1975
费用 （百万美金）	80	160	377	2 870	6 270	13 730	20 430	26 566	35 600
占国民生产 总值比例（%）	0.1	0.2	0.4	1.0	1.6	2.7	3.0	2.7	—

表 3.4　世界科技人员增长情况

年代	科学家人数
1800 年	1 000 名
1850 年	10 000 名
1900 年	100 000 名
1950 年	1 000 000 名
1970 年	3 200 000 名
2000 年	10 000 000 名

　　文献增长的负面影响是影响了情报工作的效率和情报事业的发展，造成很多科研工作的重复和浪费。针对上述负面影响的对策，在技术手段上，采用计算机等现代化的现金技术和设备来处理和利用情报；在理论上，加强对文献增长规律的研究。

3.4.2　指数增长律

1. 普赖斯曲线

　　1944 年，FremontRyder 对美国有代表性的大学图书馆的藏书增长率进行了研究，得出结论：美国主要大学图书馆的藏书量，平均每 16 年递增一倍。

　　若以文献量为纵轴，以历史年代为横轴，把各不同年代的文献量在坐标图上逐点描绘出来，并用光滑曲线连接各点，则可十分近似地表征文献随时间增长的规律，称为普赖斯曲线或指数曲线，如图 3.5 所示。

通过对曲线分析，得到文献增长与时间成指数函数关系。

如果用 $F(t)$ 表示时刻 t 的文献量，则指数定律可表示为下式：

$$F(t) = ae^{bt} \qquad (3.13)$$

式中：$F(t)$ 为时刻 t 的文献累积量；T 为时间（一般以年为单位）；A 为条件常数，即统计的初始时刻（$t=0$）的文献量；e 为自然对数的底（e=2.718……，有时可近似地取为 2）；B 为时间常数，被称为表示持续增长率。

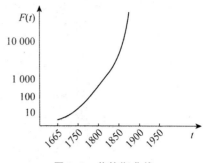

图 3.5　普赖斯曲线

实际的统计发现，不同的时期、级别、质量、学科领域的文献信息增长态势是不一样的。勒希尔考察了不同质量级别的文献增长状况，发现它们的增长速度差别很大，如一流文献的增长函数是线性的。

2. 生长曲线

数学描述：普赖斯指出，考虑物质、经济、智力及时间的影响和限制，文献信息的增长更趋近于生物的生长曲线（Logistic Curve），即最初生长或繁殖很快，随着时间推移，其生长速度越来越慢，以致几乎不增加了。其方程为：

$$F(t) = \frac{k}{1 + ae^{-kbt}} \qquad (3.14)$$

式中：$F(t)$ 代表时刻 t 的文献量；k 为文献增长的最大值。

图形描述：生长曲线表明，在文献增长的初始阶段，是符合指数增长规律的，但当文献增至最大值的一半时，增长率开始变小，最后缓慢增长，并以 K 为极限，如图 3.6 所示：

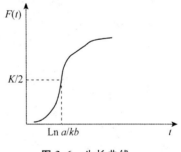

图 3.6　生长曲线

3. 指数曲线和生长曲线的局限性

指数曲线以某一时期物理学文献为样本，并推广到文献的全部领域，这种趋势外推法不具有代表性。

文献只是信息传播系统中的子系统，缺乏从系统论角度研究信息在时间轴上的分布规律。

3.4.3　逐渐过时律—文献老化规律

1. 什么是文献老化

文献随着其"年龄"（出版距今的时间）的增长，其内容日益变得陈旧过时，逐渐减少或失去其作为情报源的价值，越来越少地被读者或用户所利用。

2. 文献老化的表现（一般指 5 种情形）

（1）已被包含在更新的其他文献中。

(2) 研究兴趣下降造成有关文献的利用减少。

(3) 被更新的文献所代替。

(4) 文献中所包含的情报已失效。

(5) 新观念与新理论的发现。

3. 文献老化的影响因素

(1) 科学知识的积累与修正。科学知识既需要积累，也需要不断修正，"档案性文献"相对较稳定，半衰期较长（大于5年），"现时性文献"更新较快，半衰期较短（小于5年）。

(2) 学科发展阶段的差异。即使是同一学科，不同的时期或阶段，文献的半衰期不尽完全相同。

(3) 信息环境和需求。不同信息用户对文献的需求是不同的，因而信息利用者的需求及所处的信息环境的研究十分必要。信息的老化模式，除遵循逐渐过时律以外，也会出现跳跃性老化，尤其是网络环境下。

4. 文献老化的度量

(1) 普赖斯指数。1971年，普赖斯提出一个衡量各个学科领域文献老化度量指标——普赖斯指数，普赖斯指数越大，文献老化越快。

普赖斯根据《科学引文索引》（SCI）的分析，发现科技领域前沿文献的平均年龄不超过5年。

普赖斯指数＝近5年被引用文献数量/被引用文献总数×100%

普赖斯指数的数值范围：22%～39%为档案性文献，75%～80%为现时性文献如，物理和生物化学期刊指数为60%～70%，社会科学为40%～45%，植物学20%左右，语言学和历史学少于10%。

(2) 鲁布克斯负指数模型。图形描述：用纵坐标表示现在正被利用（引证）的文献的被引量，横坐标表示时间，我们可以绘制出文献的老化曲线，如图3.7所示。

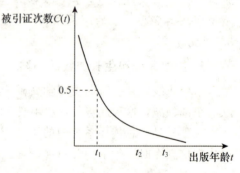

图 3.7 文献信息老化曲线

数学描述：文献信息老化曲线的相应模型可表示为：

$$c(t) = \mathrm{Re}^{-at} \qquad (3.15)$$

式中：$C(t)$ 为 t 年所发表文献的引用频率；t 为文献的出版年龄（以10年为单位）；R 为常数，随不同学科而异；a 为文献老化率；e＝2.718

(3) 文献半衰期。1958年，由美国学者贝尔纳（D. J. Dernal）在《科技情报的传递：用户分析》首次提出，运用物理学概念（放射性元素的原子核有半数发生衰变时所需要的时间）描述文献的老化速度。

文献半衰期是指已出版的文献中有一半已不使用的时间。用于衡量某个学科或专业领域文献总和的老化速度，如化学文献的半衰期是8.1年。

用模型表示如（3.16）式，即从概率论出发，计算出每篇科学文献的平均引用概率，若按文献引文率呈负指数减少时，则得出文献引用量降低到一半时的时间。普赖斯认为，一篇论文的半衰期约为 15 年，即引用这篇论文的全部其他论文的二分之一是在这篇论文发表后的 15 年内发表的。

$$\frac{1}{2} = e^{-pt}$$
$$p = a/N$$

（3.16）

式中：t 为文献的半衰期；a 为每篇论文的平均引文率；N 为引用时间上限，即被引用论文中，最久远的论文发表年限。

5. 文献老化规律的应用

（1）在文献管理中的应用。指导剔旧、优化馆藏。确定文献老化的具体适用年代。如生物化学领域的期刊保存 20 年，就可满足 94.96％的信息用户。有利于制定合理的文献工作原则。不同半衰期的文献，其工作原则不同。有利于文献评价。

（2）在科学与科技史研究中应用。说明科学发展的速度，揭示科学发展规律，从而反映人类是如何继承和发展科学知识的。

3.5 网络信息资源的分布规律

网络信息资源是一切投入互联网络的电子信息资源的统称，是可在计算机技术、通信技术及多媒体技术相互融合而形成的网络上发布、查询与存取利用的信息资源的总和。

从内容上看，在网络信息资源中，搜索引擎信息与网络数据库的信息占有很大比重。而搜索引擎不提供完整信息，只提供全文的前 200 字作为索引，而且信息的更新周期不确定，有许多信息原文在网络上已经不存在，但它的索引仍然存在于搜索引擎。同样，网络数据库也有许多著录条目并不提供全文信息，只提供文摘或题录。在形式上，网络互联使网页之间相互链接，彼此之间相关信息的查找十分方便，但这也造成了在统计网站的信息总量时，信息的边界就相对模糊。统计中，主要存在网络链接与网络载文、网络标题与网络信息正文以及网络信息资源的信息质量等问题。因此，网络信息资源的研究还缺乏统一的标准体系和有效的统计方式。

但元数据库的研究表明，网络信息资源的定量研究已经具备了一定的理论基础和技术条件。许多机构都在定期或不定期地发布与网络信息有关的各类数据，如中国互联网络信息中心，为网络信息资源的研究提供了丰富的数据。

3.5.1 网络信息资源的集中与分散规律

集中与分散的规律是科学文献分布的最普遍的规律，揭示这一规律最著名的定律就是布拉德福定律。国外近几年对网络信息资源分布的研究成果表明，网络条件下信息资源分布仍然满足集中与分散的规律，但是网络条件下的信息发布环境与传统期刊出版条件相比有很大不同。

通过一些工具性网站中"网络经济"这个条目命中的网页数量的集中与分散分布发

现，其分布的近似曲线与布拉德福分布曲线比较接近，如图 3.8 所示。前半段数据较少，表明在门户网站搜索引擎的信息搜集中，信息资源集中的网站比较集中，而且信息共享形成一些信息集中的网站群。同时，由于信息采全率有限，对于非核心网站的信息统计数量明显不足，表现出的格鲁斯下垂格外明显。而在内容分析中，虽然网络经济的相关网页约 150 000 篇，但根据搜狐的统计结果，相关网页超过 10 页的网络经济相关网站只有 120 个，超过 20 页的相关网站不过 23 个，大量相关网页分散在其他网站，

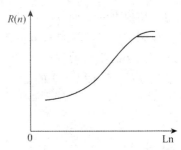

图 3.8　以"网络经济"为主题的网页的布氏分布曲线

网络信息分布更加分散。此外，网络条件下的信息资源分布不够稳定，各网站的信息丰裕程度和信息组织能力变化很快。比如新浪网的搜索引擎升级以后，它的网络信息搜集能力大大超过同类网站，而且可能连续两天的搜索结果相差很大。

根据以上数据，网络信息资源分布与文献分布的差异比较明显的原因主要有以下几个方面。首先，搜索引擎的共享使许多网站都具有相同的信息搜索能力，像百度搜索引擎被 100 多个地方网站和 30 多家专业网站采用，对网络信息资源的分布影响很大。其次，摆脱了版面与经费限制，也使网络信息离散程度加剧。再次，信息审查同科学期刊的差异也影响了网络信息资源的分布。科学期刊都有严格的审查制度，而且科技文献发表有一定的成本，其结果必然会有一个均衡。而信息一旦进入零成本，低限制的发布环境，无疑将造成信息激增，同时分布更加分散。

另外，一些分析数据表明，用户对网络信息资源的浏览也是造成网络信息资源集中分散的重要原因。根据中国互联网络信息中心 2001 年 7 月的统计数据，平均每个商业网站每天的浏览量为 5 342 个页面，是企业网站的 10 倍左右，是政府机构网站的 6 倍左右。从企业网站的浏览量在各行业分布看，零售批发贸易业的浏览量占 24.1%，其次为电脑/通信设备/网络设备/软件业，占 18.8%，再次为机械及工业制品占 7.4%。科学研究和综合技术服务业及公关、咨询、广告和市场研究等服务业等的浏览量也分别占 5.8% 与 4.7%。从浏览范围上看，大多数网络信息用户的浏览范围局限于少数几个核心网站。这种状况主要受搜索成本的影响。用户获取信息资源必须付出一定的搜索成本，而一旦得到，今后就可以在不付出任何搜索成本的条件下使用该信息资源。所以，今后用户不愿进行新的信息搜索，就形成了较高的用户忠诚度。另一方面，不管是资金、技术、人力资源还是市场机会，都集中在少数优秀的网络信息资源，导致马太效应特别突出，更使得网络信息用户的浏览范围局限于少数几个核心网站。核心网站具有良好的市场前景，许多的网站都愿意与这些网站链接，提高网站的信息网罗程度，提高网络信息资源的信息质量，更加吸引网络信息用户。

综上所述，网络信息资源分布的主要特征及原因总结如下：

（1）搜索引擎共享使许多网站具有相同的信息搜索能力，网络信息分布呈分散趋势；

（2）摆脱版面与经费限制，使网络信息离散程度加剧；

（3）信息发布环境同科学期刊相比，具有零成本、低限制等特点，造成信息激增，分布更加分散；

（4）受搜索成本、惯性等影响，网络用户更趋向于选择少数核心网站，信息资源呈集中分布。

3.5.2　网络信息生产者的分布规律

网络信息生产者主要指在网上生产和发布信息的个人，包括一般信息生产者和机器作者。迄今研究信息生产分布规律最有代表性的就是科学文献生产的普赖斯定律和洛特卡定律，其中普赖斯定律认为，全体科学工作者人数的平方根撰写了所有科学论文的一半。网络信息生产完全不同于科学生产，大量的非科研人员参与信息的生产，成分复杂、目的多样，科学生产率已经丧失了它原来的评价意义。

由于网络信息生产的复杂性，加之信息组织方面的滞后，很难通过整个网络来考察网络信息的生产者规律。相对而言，校园 BBS 提供了一些可供研究的数据。由于网络信息尤其是 BBS 类信息更新频繁，我们只能考察某一短暂时段中的信息生产状态。通过珞珈山水 BBS 中 5 月 5 日的发文篇数进行统计，5 月 5 日发文总量 3 307 篇，作者 1171 人，开根号得 34.2，而实际上前 34 人发文只有 944 篇，不足全部发文（3 307 篇）的 1/3。所以，BBS 条件下的信息生产是不符合普赖斯定律的，也就是说，BBS 中信息生产者的分布不如科学文献的生产集中。

当然，BBS 的情况可能并不能代表网络信息资源生产者的频率分布，而且所选数据也不够完整。但是，一些分析数据表明，著者的集中程度比传统文献低，著者分布更加广泛而且相对均衡。

在网络环境下，由于降低了发表文献的成本，也可以说几乎没有成本，因此大量普通网民参与到文献的发表中，使得信息生产者分布变得愈加的分散。当然，对于网络信息分布生产者的分布规律，还需要在具体环境下继续研究。

3.5.3　网络信息资源的时间分布规律

网络信息资源时间分布的突出表现就是信息资源随时间的增长律和增长后的老化规律。

1. 网络信息的增长规律

根据中国互联网络信息中心的历年域名注册统计，截止到 2002 年 12 月 31 日，我国 CN 下注册的域名数为 179 544 个，与半年前相比增加了 53 398 个，增长率为 42.3%，与去年同期相比增长了 41%，同 1997 年 10 月第一次调查相比，域名总数已是当初 4 066 个的 44.2 倍。而我国 WWW 站点数为 371 600 个，半年内增加 78 387 个，增长率为 26.7%，和去年同期相比增长 34.1%。

历次 CN 下注册的域名数的调查数据如图 3.9 所示。从图 3.9 可以看出，图像的前半段与科学文献的逻辑增长曲线比较相似，整体上呈指数增长趋势。$t \in (4, 5)$ 时，CN 域名增长出现第一个拐点，这说明 CN 域名经过 3～4 年的发展，已经逐渐被人们所认可，域名增长出现相对稳定的时期。同传统文献增长一样，文献增长先进入一个稳定期，然后又进入一个急剧增长的时期，这样交错出现几个急剧增长和几个相对稳定的时期。$t \in (8, 9)$ 时，CN 域名增长出现第二个拐点，体现了政策对 CN 域名注册服务的巨大推动作用，同时广大网民对 CN 域名价值的认可促进 CN 域名注册进入新的急剧增长时期。而波动的周期仅 30 个月——这反映了网络信息资源的高速波动增长趋势。所以，CN 域名的增长基本符合逻辑增长，CN 域名先出现一段高速增长，然后逐步趋于缓和，甚至回落，2002 年下半年又开始大幅回升。对这一涨落趋势，可以做出如下分析：过去的几年中，我国网络信息资源发展很快，经历了较长时间的持续高速增长。但随着计算机与网络拥有率逐渐增加，网络市场逐渐趋于成熟，市场增长空间相对减小，网络信息资源的增长进入一个相对稳定的阶段。另一方面我国网络经济的发展经过一个不正常发展后趋于冷静，许多网络公司相继倒闭或被兼并，整体上减少了网络信息资源的数量。去年，通过政策的进一步推动，网络信息资源又进入了一个高速增长的时期。这体现在图形上，就是一段缓慢增长甚至停滞后又开始一段高速增长。

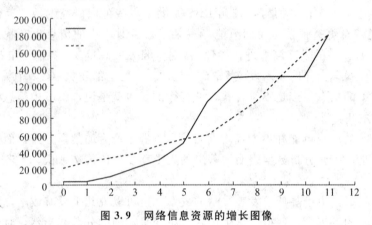

图 3.9　网络信息资源的增长图像

2. 网络信息的老化规律

传统信息资源的老化规律一般用半衰期和普赖斯指数来界定，但对网络信息资源的考察，其时间参数肯定要有很大变化，至少普赖斯指数必须重新界定。例如，百度网络搜索引擎所包含的"网络经济"的条目从 5 月 3 日的 145 000 条到 8 月 26 日的 291 000 条新增一倍的时间只有 114 天。如果信息用户对网络信息资源的消费能力一定，那么必定由相当数量的网络信息资源得不到或很少被利用，也就是所谓的网络信息资源的老化。但由于网络信息资源的老化随网络信息资源的不同有不同的内涵，所以一般而言，网上新闻和公司及机构主页的老化可以从它的内容更新情况界定。科技文献等研究性信息资源的老化可以从它的浏览和链接情况界定，而网络数据库既要通过内容更新考察资源优化情况，又要通过被利用的情况考察内容的老化情况。

网页或数据库记录更新速度越快说明网络信息资源的老化速度越快，网络信息资源的质量越好。根据中国互联网络信息中心 2001 年 7 月的统计数据，网页更新时间在一个月以上的高达 88.10%，而更新时间在一周以内的仅占 6.89%，更新时间在一周到一个月之间的占 5.01%。从数据库更新情况看，虽然有超过 35% 的网站每周更新记录超过 10%，但也有 35% 的网站每周只更新 1%～5% 的记录，还有超过 20% 的网站每周对记录不作更新或更新比例在 1% 以下。用户最常使用的产品数据库，每周更新记录在 1%～5% 之间的占 41.1%，10%～20% 的占 22.1%，每周更新记录超过 10% 的网站还不足 35%。以上数据说明我国网络信息资源普遍存在质量较低的特点。而网络信息资源链接或引用少说明网络信息资源已经老化，反之，说明网络信息资源正被广泛利用。网络信息资源的链接依据网上网页之间的相互链接或再链接情况，引用则通过传统科技文献的引文中网络信息资源的引用情况。根据中国互联网络信息中心 2001 年 7 月的统计数据，没有进行过任何网站链接的网站占 47.8%，在进行链接的网站中，链接 2～5 家的比例最大，为 22.7%，其次为链接 6～10 家，占 11%，另有极少部分网站链接超过了 20 家。虽然近年传统文献对网络信息资源的引用情况呈上升势头，但总体上说，网络信息资源的被引率不高。根据表 3.5 来自《中国互联网网络发展情况统计报告 2011》显示的信息，截至 2012 年，我国境内 63.1% 的网站的更新周期在 6 个月以上，其次占比例较高的是 1 个月更新的网站。这说明我国现阶段网络信息资源存在比较严重的信息老化问题，这就必然会导致信息总体的质量不高。通过表 3.6 可知 2010 年与 2009 年相比，我国网页的数量和网页长度都是在飞速增加。根据中国互联网络信息中心 2012 年 1 月发布的《中国互联网络发展状况统计情况》中的数据显示自 2003 年开始，中国的网页规模基本上保持翻番增长，2011 年网页数量达到 866 亿个，年增长率 44.3%。这表明网络信息资源不但总量巨大且在以极快的速度增长。

表 3.5　更新周期表（来源：中国互联网网络发展情况统计报告 2011）

网页更新周期	比例/%
1 周更新	4.8
1 个月更新	21
3 个月更新	6.1
6 个月更新	63.1
合计	100

表 3.6　中国网页数（来源：中国互联网网络发展情况报告 2012）

	单位	2009 年	2010 年	增长率/%
网页总数	个	33 601 732 128	60 008 060 093	78.6
静态网页	个	18 998 243 115	31 908 739 278	68
动态网页	个	14 603 489 115	28 099 320 815	92.4

综合上面的分析，网络信息资源的时间分布的基本规律一是高速增长，并呈逻辑增长态势；二是老化速度很快，但仍旧具有价值。

3.5.6　网络信息资源分布的复杂性特征

网络环境下信息交流的过程变得更加复杂和多样，各种现象和方式通常是叠加在一起的，对网络信息资源分布规律的影响也经常叠加在一起，使得网络信息资源分布的规律在不同的情况下可能会有不同的表现形式。以生产者分布为例，如前面论述的，相比传统文

献，在网络信息资源分布中，著者的集中程度比较低，其分布更加广泛并且相对平衡。

1. 网络信息资源分布的非线性

非线性与线性最初是一对数学概念，用来区分相异变量间的两种性质不同的关系，所以从某种意义上说，非线性是相对于线性而言的。只不过后来非线性在系统科学和物理学中被得到大量应用，并渐渐在社会科学中渗入，一度成为科学分野的重要概念。非线性是指在一个系统中，变量之间的关系并不是等比的直线关系，在坐标系里的表现是曲线，而不是一条直线，这需要用整合的思维方式对各组分进行综合性地考察，因为系统内的各组分之间交叉重复、互为因果。

一直在不断发展的互联网网络，已演变成一个拥有大量信息的非线性复杂系统。这种非线性主要表现在互联网的拓扑结构上。所谓网络拓扑结构，又可称为完整性结构，它的节点间并没有固定的连接形式，其各网络节点与通信线路互连，形成不规则的形状。一般每个节点至少有两条链路连到其他节点，也就是说每个节点至少与其他两个节点相连。进入网络空间后，个人和组织就能建立多向的相互联系，当然这得凭借电脑化的大规模信息交流系统：通过这张散步型的传播巨网，任何一个网结都能够以断续相间的非线性方式流入网络的经论线之中。②网络信息资源分布在互联网网络中，网络多向的相互关联，网页间相互链接，使网络信息资源分布也呈现出了非线性特征。

2. 网络信息资源分布的非平衡性

虽然目前 Internet 已覆盖了 186 个国家，已经成为当今世界上最大的信息网络。但在很大程度上，全球信息网络地区网络发展极不平衡。从全球范围内看，发展中国家的发展水平远远低于以美国为首的西方发达国家。从我国的情况看，中西部地区要低于东部地区的发展情况。由于某地区的经济文化等方面的发展情况基本上能通过信息资源分布反映出来。而在当今越来越商业化的环境中，网络信息资源在其环境下发展，大多数已经属于有偿服务，地区发展的不平衡造成信息资源的贫富两极分化势在必行，甚至在一定程度上会造成信息资源的垄断。这很不利于落后地区的用户对网络信息资源的利用情况。当今社会的历史潮流是资源共享，上述状况显然有悖于这一潮流，这最终会进一步加大地区经济文化等发展水平的差距。当然也会使信息资源分布的不均衡愈加显著。

另外，在语言分布上，网络信息资源也存在不平衡的情况。信息在互联网上传播，而网络环境下信息资源分布是不均衡的，这将带来了新的信息霸权，比如西方国家对非英语语种国家在网上进行的文化渗透行为。目前网上语言还是以英语为主，难怪法国司法部长雅克邦认为以英语占主导地位的互联网络是一种"新形式的殖民主义"，中文信息在网上的贫乏分布，也已成为一个不争的现实状况。

3. 网络信息资源分布的自组织

哈肯这样定义自组织：如果一个体系在获得空间的、时间的或功能的结构过程中，没有外界的特定干涉，我们便说该体系是自组织的。这里"特定"一词是指，那种结构或功能并非外界强加给体系的，而且外界是以非特定的方式作用于体系的。简单来说，自组织就是一种自发的、主动的、不受外界影响的行为特性。比如说计划经济是被组织的，而市场经济则是自组织的。网络信息资源分布的自组织表现在：在万维网上，信息发布者是可以根据自己的需要来任意分层组织信息的，那么同样的信息获取者也可以根据自己的需要方便迅速地选择浏览信息。网络信息资源是按照发布者的意愿发布在网络上，是自由的，发布者也会根据信息获取者的需求变化来发布信息，这个过程不需要外界的干扰，这在一定程度上表现为自组织性。

4. 网络信息资源分布的动态性

网络信息资源所处网站、网页的推陈出新，网络信息资源自身的更新维护，使得网络从形式、内容到地址都具有极高的动态性。某种程度上，网络信息资源分布有一定的规律可言，但每时每刻都有新的节点加入网络，也有原来的节点退出网络，它处于一种微小的变化之中。网络信息资源极不稳定，无时无刻不处在变化当中，各种信息在不断地被变换、更新、增加和删除。此外，网络、网站和网页上承载的各种信息资源也处在不断变化状态之中，使对控制和组织网络信息资源缺乏统一性。用户查询信息资源变得更加困难，在利用网络信息资源时，用户会容易产生扑朔迷离，捉摸不定的感觉。

目前对网络信息资源的组织管理缺乏统一的标准和规范，并且互联网上的信息内容、信息连接处于经常变化之中，无法预测信息资源的更迭消亡。

5. 网络信息资源分布的无序性

网络信息资源取舍的网状性因用户的现实需要和随意组合而产生，这种非线性的杂乱编排，最终造成网络信息用户界面、检索方式的各不相同，表现出网络信息资源分布的无序性特征。

因特网是无人管理的"网中之网"，图书和期刊等传统的文献信息资源要经过编辑和出版部门的权威审核，而网上的信息资源并没有此项程序，并且在提供网络资源时，是不受任何制度或组织控制的，这就导致网上资源质量参差不齐，容易侵害到用户，尤其是学生。

3.6 网络信息资源的配置模型与协同优化

所谓网络信息资源配置，是指以用户对网络信息资源的需求和利用为依据，以网络信息资源配置的效率和质量为指针，通过设计、调整网络上信息资源的分布和流向，用尽可能小的配置成本取得尽可能大的配置效益。也就是说，要在网络建设的基础上，进一步规划分配网络信息资源的重点、内容、范围、类型、数量、时间和空间等方面的分布，使有限的网络信息资源被尽可能多的人利用，同时创造出尽可能多的经济效益和社会效益。一方面，要避免网上信息资源的重复，抑制"不良信息""垃圾信息""色情信息"和"恶劣信息"的污染，净化网络环境，以节约网络建设的人力、物力、资金和时间。另一方面，要保证网络上信息资源的全面性、准确性和及时性，为网络用户提供便利的信息服务，更好地满足用户的信息需求，最大限度地为社会谋福利。

网络信息资源配置就是要保证网络信息资源的用户能够在资源配置过程中，以等量的投入或尽可能少的投入获得最大化的产出，把各种信息资源有效的分配于各种用途之中，使有限的信息资源生产出更多符合社会需要的服务和产品，达到为用户提供便捷的信息服

务和信息资源被合理有效利用的目的。

3.6.1 网络信息资源配置存在的主要问题

1. 网络信息资源配置的管理效率问题

我国以往网络信息资源的开发主要依靠政府财政的支持，缺乏自身"造血"能力，其结果是在依靠国家的投入建立了基础框架后，维护和更新等管理工作得不到保证，造成信息陈旧和利用价值下降，这种低效率的投入造成了很大浪费，而且其影响至今尚未消除。

（1）从政府网站来看。政府上网工程启动后，极大地丰富了中文网络信息资源。但还在一定程度上缺乏效益观念，只是把一些"日常"信息放到网页上，而没有从"使经济信息、管理信息发挥资源效益和促进生产力发展"的角度来有效组织和管理网络信息资源。

（2）从信息机构来看。部门垄断的现象突出，各部门之间存在较大的利益冲突，由于缺乏政策协调相互之间的利益，导致有些部门把利用价值高的信息资源"自我控制"，使信息资源难以共享交流，造成了信息资源的闲置与短缺两个极端并存。同时，一些信息服务机构管理工作效率低，信息资源无法实现在空间上的迅速传递，使网络信息资源配置的效率大大降低，影响其信息资源效益的实现。

（3）从大多数网站来看。大多数网站动态信息比较多，但过多的动态信息会使信息组织显得没有规律、没有逻辑性和没有层次。同时，各网站多利用自己手头现有的信息，或者仅限于互相"复制"信息，收集信息采取"不费力"方法，从而导致互联网上各个节点信息的重复率高。而且，网上信息资源存在严重的不对称性，使得信息的内容和更新周期没有一个完善的体系结构和机制，各种类型节点信息更新周期不太合理，有的节点更新周期严重滞后。

（4）从软件管理来看。目前所看到的一些软件，除了名字不同外，其功能和应用对象等基本相似，很难看出各自的特色。此外，在数据库的建设中，许多都是自建自用，无统一的技术标准和规范，各种数据库软件的兼容性差，导致数据库的应用受到限制，其共享程度低，造成资源浪费。

2. 网络信息资源的分布问题

目前，我国网络信息资源在不同地区、不同行业、不同部门之间的分布不尽合理。虽然信息网络的建立使得信息可以无阻隔传递，克服了传统方式在地理区域上配置信息资源的种种困难，为信息资源共享带来了方便。但由于网络信息资源存在严重的不均衡性，使其在各部门、各行业、各地区的信息量分布和网络技术水平上存在着很大的差异，不能通过网络按用户需求和使用方向合理配置信息资源。总的来说，分布在社会机构中的信息资源多于分布在自然界和个人手中的信息资源，分布在城市的信息资源多于分布在乡村的信息资源，分布在东部沿海发达地区的信息资源多于分布在内陆地区的信息资源，分布在政府部门及其科研部门的信息资源多于分布在商业经济等领域的信息资源。

（1）从地区分布看。沿海地区信息资源远比内陆地区富裕和密集，而农村地区信息资源远比城市贫乏，甚至有些边远地区还处于半封闭状态。以数据库为例，据《中国数据库大全》统计，在我国现有的 1 038 个大型数据库中，东部地区 716 个占总数的 68.98%，中部地区 157 个占总数的 15.11%，西部地区 165 个占总数的 15.91%。

（2）从行业分布看。目前我国政府及其科研系统掌握着 80% 有价值的信息资源，其中大部分列入保密范围，仅供内部使用，对外开放服务的信息仅占 14% 左右。长期以来，商业领域的信息资源较为缺乏，不能满足市场需要。同时，由于信息挖掘深度不够，大多为原始性信息或二次信息，如主要集中在新闻、电子邮件、聊天、信息查询等。产品数据库如粮油、医药、机械产品等数据库，在所有拥有在线数据库的网站中占近 60%，信息产品种类单一，难以满足多种类型的用户需求。

（3）从部门分布看。在纸质文献一统天下的时代，我国信息资源的分布相对集中，主要分布在图书馆、情报所和档案馆等信息部门，信息资源的组织与利用也相对简单。在现代的网络环境下，信息资源分布分散，管理与控制松散，网络信息资源的组织与利用处于较为混乱的状态。

信息资源建设中最重要的是数据库的建设，然而我国迄今没有一个严密统一的数据库信息资源发展规划，数据库信息资源开发利用活动仍沿袭着计划经济体制下"小而全、大而全"的封闭式自我生产和自我服务的"小作坊"式发展模式。打破条块和地区界限，面向市场，具有规模经济和统一规划与协调特征的数据库信息资源开发利用体系尚未形成。在网络信息资源的建设中，信息配置主体之间各自为政和缺乏合作与协调，致使网络信息资源的配置缺乏统一的规划，网络信息资源的组织没有专门的机构来调控，各网络信息资源之间缺乏协调，网络数据库建设分散无序，网络数据库主题覆盖范围存在着严重的局限性和重复性，而且不同数据库之间的数据交流困难和信息难以整合，这严重地影响了网络信息资源的配置效率。

3. 网络信息资源配置的政策法规调控问题

网络信息产品在生产和交流的过程中产生了许多新的矛盾和冲突，如信息安全、信息保密、信息污染、信息经济利益等问题。这些问题不能只凭借技术手段解决，必须辅之以政策的管理和法规的约束。通过政策法规的调控，共同营造一个开发和利用网络信息资源的良好环境。美国政府建立了比较完备的信息政策法规，如《电信法》《信息自由法》《电子化信息自由强化法案》《知识产权与国家信息基础设施：白皮书》《美国个人隐私与国家信息基础设施：白皮书》等等。

目前，我国现有的信息政策与法规带有比较明显的部门利益痕迹，对一些部门的作用力度显得相当薄弱。从政策来看，由于长期条块分割的管理体制，各地区、各行业和各部门原先制定的政策，不可避免地带有部门利益的色彩。特别在网络通信资费、通信平台建设、计算机信息服务业管理等方面，某些政策已给信息产业的健康发展形成了障碍。从法规来看，信息侵权法律责任绝大多数只属于民事责任，依据信息法律的制裁也大多只是民事制裁，对侵权人的刑事制裁的法律规定较少。而且，我国法律、法规和规范性文件中能直接适用于调整信息法律关系的不超过 1/3，在目前我国颁布的《专利法》《广告法》《档案法》等 40 余部法律中，在调整与信息产业发展有关的"外围"法律关系时往往显得捉襟见肘。

我国信息产业发展的政策和法规环境也不是很理想，如在信贷和税收方面尚没有明确的优惠扶持和政策倾斜的具体措施，在信息技术的标准化和规范化方面也跟不上行业发展的需要，信息市场竞争环境的建立、信息市场交易秩序的维护、信息市场调节与监督活动的实施、信息资源的管理、信息安全和保密等还都无法可依，缺乏网上信息开发的激励和保护机制，影响了网络信息资源的配置。

4. 网络信息资源配置的数量和质量问题

由于互联网的自由性和开放性，网络信息资源的范围和数量庞大，任何个人、组织都可成为网络信息的生产者和使用者，网上信息千差万别且呈无限性。同时，网络信息资源在一定条件下相对于人们的特定需求来说又是有限的，人们对信息资源的需求越来越大，要求信息内容的综合性越来越高，而且针对性越来越强。虽然网络检索工具和检索方法越来越多，但多数人仍会对检索结果感到不满意，特别是要求较高的用户更会对检索结果感到失望。

目前，我国共有网页数约 1.6 亿个，各种大小在线数据库总数为 45 598 个。尽管互联网信息增长速度快且信息量很大，但就每一个网站而言，其信息量尤其是精品信息甚少，拥有数据库的网站 33 354 个约占 14%。这就使信息资源呈极度分散状况，用户需要浏览许多网站才能查到相关信息，而浩繁复杂、变化频繁和质量悬殊的网络信息更是延长了用户查找信息的时间。据统计，在互联网上输入和输出的信息流量中，我国仅占 0.1% 和 0.05%。虽然以信息输入和输出量作为衡量网上信息总量的指标可能不是十分准确，但 0.1% 和 0.05% 的数据却足以说明我国网上信息的贫乏程度。

我国现有的五大网络中，CERNET 和 CSTNET 的成员单位都有着丰富的文献资源，在网络信息的开发上具有得天独厚的优势，但却几乎没有一家真正体现出这一优势。如在复旦大学、上海交通大学、同济大学的网站上，只有关于校园建设状况、院系和知名教授简介、一些公共论坛和外部资源的链接，而没有任何具有很高学术价值的学科专业信息。CERNET 和 CSTNET 应该成为我国互联网体系中学术信息的集散地，而不应该如现在这样仅仅是大学简介。同时，一些商业网站的信息建设同样停留在低水平上，除提供一些关于网络使用的介绍性信息外，大量的是从报刊和其他网站转载的信息，而且这些信息大都未经过仔细的加工和组织，只是简单地堆积在一起。这种简单和低层次的重复，浪费了在网络系统建设中软件和硬件上的投入，根本谈不上实现网络建设所期望的收益，从而形成信息建设的负反馈。而且在信息资源的采集、传递到组织发布过程中，由于各网站没有采取有效的质量管理措施，仅注重网站内容的全面化、多样性，而忽略信息资源本身质量，配置中没有相关的质量控制技术把关，使网络信息资源最终表现为高质量的信息少，无法满足用户旺盛的网络信息需求。

3.6.2 DES 模型

1. DES 模型的引入

DES（Demand Environment Supply）模型，是指通过需求、环境、供给三个变量之间的互动关系来描述某一特定资源的配置状况的模型。DES 模型的特征为：①模型变量之间具有互动性；②模型中，环境对供需的实现具有决定性；③需求的超前性和供给的滞后性。网络信息资源的供求关系，网络环境对网络信息资源的供求影响过程均可由 DES 模型加以阐释，如图 3.10 所示。

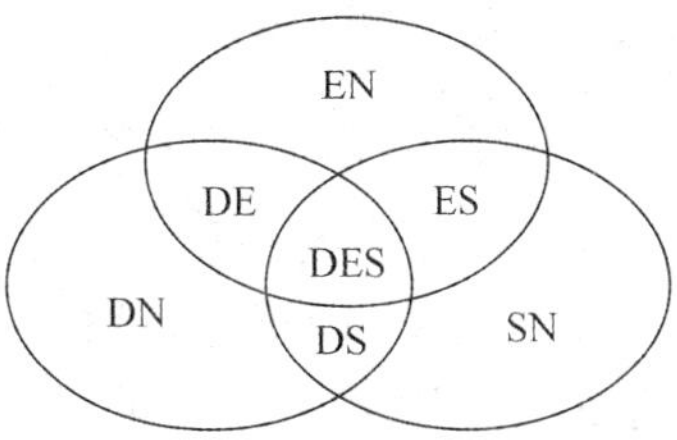

图 3.10　DES 模型的一般状态

2. 模型的说明

（1）定义网络信息全集 $I = D \cup E \cup S$，其中：

D：信息资源类型的需求域，$D = DN \cup DE \cup DES \cup DS$

S：信息资源类型的供给域，$S = SN \cup ES \cup DES \cup DS$

E：信息环境为供需行为提供支持所涉及的要素集合，$E = EN \cup DE \cup DES \cup ES$

（2）各子域的含义

DN：信息用户希望在网络中获得，但网络中没有提供且信息环境也对该需求不予支持的信息资源类型。

SN：网络中提供的信息，但信息用户不需求且环境也对该类信息供给不予支持的资源类型。

EN：网络信息环境支持，但信息用户和信息供给方都不感兴趣的信息资源类型。

DS：信息用户希望在网络中获取且信息供给方也愿意提供，但网络环境对这种供需行为不予支持的信息资源类型。

ES：信息供给方希望向网络提供且网络环境为这种行为提供支持，但信息用户不愿使用的信息资源类型。

DE：信息用户希望在网络中获得且环境也为这种行为提供支持，但信息供给方不愿提供的信息资源类型。

DES：信息用户希望在网络中获得，信息供给方愿意向网络提供且环境为供需双方的行为提供支持的信息资源类型（即 $D \cup E \cup S$）。

3. DES 模型的应用

DES 三要素之间相互依赖，相互作用：信息需求相对于环境而言具有超前性，需求建立在环境所提供支持的基础上，但又超出环境的支持范围，即需求划分为可实现的需求（$DE \cup DES$）和无效需求（$DN \cup DS$）；信息供给相对于环境而言具有滞后性，供给建立在环境所提供支持的基础上，但又落后于环境的支持速度，即供给划分为可实现的供给（$ES \cup DES$）和无效供给（$SN \cup DS$）；信息需求与供给相对于主观方面而言，而环境相对于客观方面而言，有效的需求与供给（$DE \cup DES \cup ES$）必须建立在环境支持的基础上；信息供需双方都愿意且有环境支持才能形成现实的信息获取（DES），如果供需（DS）得不到环境的支持，则只是具有潜在的信息获取的可能性，并不能向现实的信息获取转化。

D、E、S 三域相交的部分 DES 包含了现实的信息资源配置类型，DES 面积越大则信息资源的配置效率越高（三域重合为理想状态，如图 3.11 所示）。对 D、E、S 三域的七个子域进行分析，可以获取网络信息的配置状况，为信息资源的进

图 3.11　DES 模型的理想状态

一步优化配置提供决策依据。

4. 基于 DSE 模型的网络信息资源质量配置效率分析

（1）环境分析——综合运用法律、政策、伦理、管理的手段予以协调和配置。如图 3.12 所示，在 DES 模型的一般状态中，信息供需双方都愿意且有环境支持才能形成现实的信息获取（DES），如果供需（DS）得不到环境的支持，则只是具有潜在的信息获取的可能性，并不能向现实的信息获取转化，因此，信息环境制约信息资源的供给与需求。

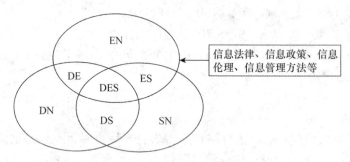

图 3.12　DES 模型的环境分析

在 DES 模型中，E 是信息环境为供需行为提供支持所涉及的要素集合。这些要素包括：信息法律、信息政策、信息伦理、信息管理方法等。由于网络是虚拟信息空间，在这个虚拟的信息空间中，信息是人的工具，信息技术是人的手段，信息本身没有价值目标，只有人能为信息确立价值目标。在虚拟的信息空间中畅游，不可能离开人文价值的导引与法律、法规的约束。要综合运用法律、政策、伦理、管理的手段予以协调和解决。信息法律是一种刚性管理。信息伦理是一种柔性管理。信息政策介于二者之间。三者相辅相成，共同构成净化网络环境的主要内容。要运用法律力量来解决两个方面的问题：一是信息技术与信息产业发展过程中产生的一系列社会关系和社会问题；二是信息在生产、传播、处理、存储、应用、交换等环节所产生的各种社会关系。运用伦理道德手段来调节和监督信息技术活动，也是十分必要的。未来的社会是人类由“自在”走向“自为”的社会。可以预言，随着历史的发展，人们将更加自觉地运用伦理道德的力量推动科学技术向造福于人类社会的方向前进。信息政策侧重于运用国家政策实现宏观调控，解决信息活动中的矛盾与冲突。此外，科学管理也是进行信息资源有效配置不可缺少的手段，网络信息资源空间，也是一个由信息供给者、信息需求者组成的组织，组织需要合作、协作或协调，这样管理就应运而生了。管理是协作劳动的必然产物。在网络中，人们只有通过集体的努力才能实现个人无法达到的目标，对网络行进行管理就成为必要。运用现代化管理方法来研究信息资源在经济活动中被利用的规律，对网络信息资源配置过程中的各种矛盾进行统筹规划和组织协调，以求得最优化的经济效果。这同样是信息资源质量配置不可或缺的保障条件。通过信息法律、信息政策、信息伦理、信息管理方法等对信息环境进行净化，将对有效的需求与供给（DE∪DES∪ES）提供客观环境基础，扩大有效的需求与供给范围。

（2）需求分析——调动信息用户的积极性。信息需求相对于环境而言具有超前性。如图 3.13 所示，信息需求建立在环境所提供支持的基础上，但又超出环境的支持范围，即需求划分为可实现的需求和无效需求。进行需求分析就是要扩大可实现的需求，减少无效需求。

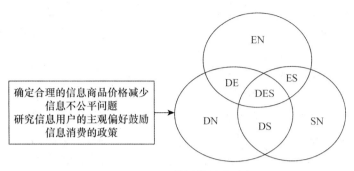

图 3.13　DES 模型的需求分析

　　影响用户信息需求的因素很多，有经济因素，也有非经济因素，概括起来主要有：第一，信息商品本身的价格。商品本身价格高，需求少；价格低，需求多。因此对部分高价信息商品政府要采取限制性价格政策或政府补偿政策，保证大部分信息用户有能力获得。第二，信息用户收入水平及区域差别。这个问题牵扯到整个社会的贫富差距、信息资源多寡和资金、文化、就业、生活质量等问题，牵扯到科技参与能力的强弱、经济的增长方式等更深层次方面的社会问题。信息公平是现代社会公平的重要体现，要在地区之间、城乡之间及社会群体之间减少信息不公平问题。解决在信息基础设施建设、数字技术的使用、电子化服务方面差别的问题，大力开展信息用户教育，架设起"信息拥有者"和"信息贫乏者"之间的桥梁。可通过多样化的方式，广泛、持久、深入地宣传信息知识，让更多的人有更多的机会接触新技术，掌握新技术，具备信息处理、应用能力。第三，信息用户的主观偏好。社会消费风尚的变化对信息需求的影响很大，用户受教育程度、个人偏好、上网水平等都不尽相同，个人信息需求的方式、方法、习惯、要求也各有不同，因此在对信息机构和信息产品加大宣传力度，刺激信息用户的需求欲望的同时，要对信息用户进行调查分析，理解信息用户的主观偏好，正确引导信息用户的需求。第四，政府的信息消费政策。政府可以通过实行信息消费信贷制度等鼓励信息消费，扩大信息需求。总之，影响信息需求的因素是多种多样的，有些主要影响信息用户需求欲望，有些主要影响需求能力，这些因素的共同作用决定了信息需求。

　　（3）供给研究—提高信息生产、传播的质量配置效率。信息供给相对于环境而言具有滞后性，供给建立在环境所提供支持的基础上，但又落后于环境的支持速度。在 DES 模型中供给划分为可实现的供给和无效供给。

　　对信息的供给进行研究主要是要扩大可实现的供给，减少无效供给。申农的著名的通信系统模型（见图 3.14）是最原始、最简单的一个通信系统，但它模拟了一个典型的信息供给、传递的过程。

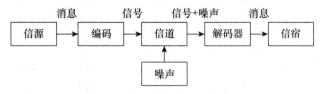

图 3.14　申农通信系统模型

信息的传播包含信源、信道和信宿三个要素，表现为一个运动过程。信源即信息的源泉，信道即信息传播的通道，信宿即信息的接受者。在这里我们只研究信源、信道对 DES 模型的影响。

①对信息源发布信息的质量进行控制。

全球的信息生产者是一个极其庞杂的群体，全球化的信息空间不仅仅是人们一般所理解的技术基础设施，而是正在成为影响深远的"超级媒体"，正在创造新的社会系统、权力结构、生活方式和价值观念。网上信息参差不齐，必须从信息源开始对信息质量进行控制。首先，要提高信息资源的准确性。信息资源的准确性指信息值本身与原有值相同，信息的高准确性指发布的信息资源要与原有信息资源的数值相匹配，这就要求配置过程中要判断正确，输入、传输过程准确。其二，信息资源有一定时效性。随着时间的推移，质量与可靠性不断递减。对于一些时效性强、更新快的信息要注意及时更新。其三，保证信息完全性，主要是在信息资源配置过程中要保证信息内容范围及其整理加工的完整性、信息表述的准确性等。使之满足多个用户的需求，能准确、详细地表述信息内容。其四，注意一致性。不同的计算机系统之间及其系统内部要保持数据结构及数据值描述的一致性。在不同的系统中保持同样的结构。其五，满足可存取性。可存取性是指用户获取信息资源的难度及其效率。应保证网站设置存取权限或者对信息资源的描述的可存取性，使用户方便获取信息或信息资源，即强调信息本身的时效性、真实性、可靠性以及实用性等因素。

②信息传播的效果控制。

信道的状况直接影响着信息传播的效果，在信息传播过程中，任何阻塞有用信息通过的障碍和不属于信息原意的附加物，都是干扰因素，或者说是噪声。由于噪声的干扰，发出的信息与接收的信息的含义有差异或两者截然不同，因此，要从技术角度开展研究，以计算机为核心的信息技术为参考轴，围绕对于信息、信息资源和信息手段所发生的操作和行为来展开技术攻关，这样才能从信道的角度控制信息质量。减少噪声、排除干扰的措施，一是提高编码的可靠性，提高信道抗干扰的能力，如编码序列的长短是否合适（因为较短的序列能缩短信息在信道中滞留的时间，并减少受噪声干扰的可能），编码序列是否科学；二是科学估计所得信息的信息量，加强对所得信息的滤波、提纯，以消除噪声。

③正确的政策导向。

首先，要通过市场机制调动信息生产者的积极性，通过高质高价的价格体系刺激信息生产者供给高质量信息资源的积极性。其次，改进信息生产技术，在资源为既定的条件下，生产技术的提高会为信息资源的深度开发、利用提供支持，使得高质量信息供给增加。政府应采用鼓励投资信息产业与刺激生产高质量信息的政策（例如减税），增加高质量信息供给。

如图 3.15 所示，S：信息资源的供给域，S＝SN∪ES∪DES∪DS。通过对信息资源的供给域进行分析，实现对信息源发布信息的质量进行控制，同时从信道的角度控制信息传播质量。采取减少噪声、排除干扰的技术措施，就可以扩大可实现的供给，减少无效供给。

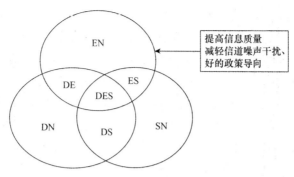

图 3.15　DES 模型的供给分析

（4）信息需求与信息供给均衡分析。

①价格调控。

市场是资源配置的主要手段，信息资源的配置，也必须通过市场竞争和价格体系来协调配置。在一定的条件下，完全竞争市场机制能够实现信息资源的最适度配置，然而现实中完全竞争的信息市场是不存在的。但我们可以借鉴对完全竞争市场的分析，寻求一般非完全竞争市场状态下信息资源最优配置的普遍规律。高速信息网络既然是一个巨大的社会经济系统，就必然存在着网络信息商品的生产和交换、供给与需求以及连接供求关系的信息市场。价格是信息资源供需变化的指示器，价格体系给每个生产者、资源所有者或消费者带来了关于生产可能性、资源可获得性及所有其他决策者偏好的信息。市场上信息资源供需热点的变化往往以价格信号反馈的方式表现出来，并通过价格体系对信息资源配置进行优化。如图 3.16 所示，价格作为指示器反映信息商品市场的供求状况。信息市场每时每刻都在变化。这种变化是难以直接观察到的，但它反映在价格的变动上，人们可以通过价格的变动

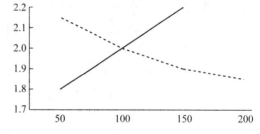

图 3.16　信息商品的供需、价格调控分析

来确切了解供求的变动。当市场上某种信息商品的供给大于需求时（价格是 2.1），这种商品会出现供给过剩，供给过剩说明信息资源配置不合理。供给大于需求的情况会使该信息商品的价格下降。这样，一方面刺激了消费，增加了对该商品的需求，另一方面又抑制了生产，减少了对该信息商品的供给。价格的这种下降，最终必将使该商品的供求相等（价格是 2.0），从而资源得到合理配置。同理，当某种信息商品供给小于需求时（价格是 1.9），也会通过价格的上升而使供求相等（价格是 2.0）。价格的这一调节过程，是在信息市场经济中每日每时进行的。价格把各个独立的消费者与生产者的活动联系在一起，并协调他们的活动，从而使整个经济和谐并正常地运行。价格可以使资源配置达到最优状态。通过价格对需求与供给的调节，最终会使需求与供给相等。当需求等于供给时，消费者的欲望得到了满足，生产者的资源得到了充分利用。社会资源通过价格分配于各种用途上，这种分配使消费者的效用最大化和生产者的利润最大化得以实现，从而这种配置就是最优状态。要加强网络信息经济的研究，尽快出台相关的法律、法规，尽快建立健全的网上价格体系是刻不容缓的事情。

②心理偏好与信息技术角度调节。

有效的供需关系只体现在 DES 和 DS 两个子域中。在既定的技术和资源条件下，网络信息资源的供需关系是否协调，与资源使用者的偏好倾向有很大关系，偏好模式不同，资源配置的效率一般是不同的。首先，要考虑信息的易获得性。由于信息资源分布的分散性和科技发展水平的不平衡，不同信息资源的可获得性是不一样的，资源使用者总是最先以最方便的方式利用那些最易取用的信息资源。只有在这些资源不能满足其需求的情况下，才会去考虑那些相对较难取得的资源。因此，必须优化信息资源的内容结构和布局结构，改善流通渠道，使资源使用者能及时方便地各取所需。其次，考虑信息效用问题。信息资源使用者的职业状况也是影响需求能力的重要因素。由于存在着社会分工和专业化，不同职业的信息资源使用者对某一信息资源的需求程度和使用能力是不同的。这种不同反映到效用问题上，就表现为效用的实现程度不同。一般来说，对口的信息资源即资源使用者有需求渴望和使用能力的信息资源，其效用的实现程度一般较大。其三，考虑信息数量剧增导致的特定信息获取困难问题。随着网络信息的剧增，对网络信息导航成为一种需要。面对丰富多样的信息资源，用户陷于找不到真正需要的信息的苦恼中。信息量巨大，信息主题之间的关系很复杂，用户容易迷失方向，需要系统提供信息引导措施。这种措施就是导航技术。信息导航既是有序展示信息资源内容与结构的基本手段，也是沟通信息需求和信息供给的桥梁。信息导航使信息分布的无序化以有序化的方式体现，更重要的是向用户提供方便快捷的信息指引，使用户更方便快捷查询到所需的信息。网络信息过滤技术是一种筛选信息、满足用户需求的有效方法，网络信息过滤是根据用户的信息需求，运用一定的标准和工具，从大量的动态网络信息流中选取相关的信息或剔除不相关信息的过程。网络信息过滤的方法很多，从过滤手段看，可以分为基于内容的过滤、基于网址的过滤和混合过滤 3 种。基于内容的过滤是通过文本分析、图像识别等方法阻挡不适宜的信息；基于网址过滤是对认为有问题的网址进行控制，不允许用户访问其信息；混合过滤是将内容过滤与网址过滤结合起来来控制不适宜信息。

如图 3.17 所示，信息生产者以有效的供需关系 DES 和 DS 两个子域为出发点供给信息资源，通过网络环境中信息需求、信息环境、信息供给三个变量之间的互动关系的调节，再进行易获得性、效用分析、信息导航、信息过滤等手段的辅助，产生出信息供需双方都愿意且环境支持的信息获取（DES），传递给信息用户，真正实现信息需求与信息供给的内容匹配，提高信息资源的质量配置效率。

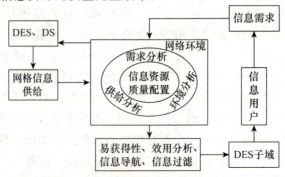

图 3.17　信息供给与信息需求匹配模型

复习与思考

1. 阐述马太效应在信息产生与分布中的表现，并分析其主要作用。
2. 分析布拉德福定律的主要贡献。
3. 简述洛特卡定律与普赖斯定律在信息生产者分布规律方面的重要结论。
4. 什么是逐渐过时律？
5. 调查分析网络信息资源的分布规律。
6. 分析网络信息资源的配置模型。

第4章

信息获取与利用

　　信息的获取是信息管理的首要环节，是展开信息服务的物质基础。信息不仅离散分布，而且指数增长和老化，记录和传递信息的载体种类繁多，形式复杂，分布广泛，给信息管理工作带来很大困难。所以要通过合理科学的信息获取和利用方法来为我们的工作服务。

4.1　信息源的概念和分类

　　信息源是个人为满足其信息需要而获得信息的来源。在当今这个信息密集的世界，信息的复杂程度之高、语言载体之多以及数量之大，使得信息的获取绝非易事。信息源是信息的生产地，它内涵丰富，不仅包括各种信息载体，也包括各种信息机构；不仅包括传统印刷型文献资料，也包括现代电子图书报刊等等。通过信息源的分类，有助于我们了解信息源的基本内涵，加深对信息源的理解。

4.1.1　信息源的概念

　　"信息源"一词是由英文"Information Sources"一词翻译过来的。在定义信息源之前，必须先弄清"源"的意义。英国牛津大学出版社的《现代高级英语学习者字典》的解释："Source"具有三种含义：一是"河之源头"；二是"来源或出处"；三是"原始文件"。汉语《辞海》中"源"本作"原"，指的是水流所从出，因指水流起头的地方，故写成"源"，引申为"事物的来源"。这个引申义与英文"源"的第二种解释是相同的。故"信息源"从字面上可以解释为信息的来源。

　　信息源就其广义而言，不仅应包括各种信息载体，也应包括各种信息机构；不仅应当包括各种印刷型信息载体，也应当包括各种非书资料；不仅应包括各种信息储存和信息传递机构，也应包括各种信息生产机构。所以联合国教科文组织出版的《文献术语》把其定义为：个人为满足其信息需要而获得信息的来源，称为"信息源"。

4.1.2　信息源的属性与特征

1. 信息源的基本属性

　　（1）客观性。信息源是人类知识和记忆的物质载体，所蕴含的信息是人类一切思维和社会活动的客观反映。第一，它是一种客观物体；第二，信息源中所包含的知识存在的反映。

（2）可传递性。信息源是信息传播过程中的第一要素，只有通过传播到达接收者并得到利用，才能发挥其作用。

（3）可激活性。信息源从某种意义上说可以视为静态的，但信息可被人感知、识别和利用，人脑对信息源的信息内涵进行感知、思维、分析、综合、联想的过程，就是激活信息源中的信息，使其总是处于不断传播与使用的循环中，在循环过程中，信息可以不断得到调整、补充、改编与重组，使其所含内容的针对性更强。

2. 信息源的特征

（1）信息源的积累性。由于信息是将人类的知识记载在物质的载体上，因此我们可以用物质的手段进行获取、整理、积累，使得人类所创造的知识、文化、技术，可以不断地延续、继承和发展。

（2）信息源的复杂性。由于信息是一切物质的普遍性，所以信息源的类型、载体的形态都具有复杂性。它数量巨大，内容丰富，形式多样，随着人类社会的发展，科学技术的进步而迅速增长。

（3）信息源的再生性。信息源与其他物质财富不同。它使用后，不会消耗，反而会产生"增值现象"。同时，信息源本身也可以再生，从原始信息源产生出二、三次信息源。

（4）信息源的共享性。信息源接收者并非是独占使用者，信息源可以传播至不同接收者同时使用，具有可共享性。

4.1.3 信息源的分类

1. 按照信息资源的开发程度划分为

（1）潜在信息源：储存于大脑中。

（2）现实信息源：经个人表述后可为他人反复利用。

2. 按照对信息源的加工层次和集约程度划分为

（1）一次信息源：所有物质均为一次信息源，也称本体论信息源。直接来自作者原创的，没有经过任何加工处理的信息。

（2）二次信息源：也称感知信息源，从一次信息源中加工处理提取的信息。主要储存于人的大脑中传播、咨询、决策等领域。

（3）三次信息源：又称再生信息源，以文献信息源（包括印刷型和电子型文献信息源）最为常用，如工具书（百科全书、辞典、手册、年鉴）等。

（4）四次信息源：也称集约信息源，是文献信息源和实物信息源的集约化和系统化，如图书馆、档案馆、数据库、博物馆等。

4. 按信息依附的载体划分为

（1）文献信息源。文献信息源是指用一定的记录手段将系统化的信息内容储存在纸张、胶片、磁带、磁盘和光盘等物质载体上而形成的一类信息源。根据不同的分类标准，文献信息源可分为不同的类型。

①纸介型：以纸张为存储载体的文献。又可分为手抄型和印刷型两种。这是一种历史悠久的传统文献形式，是文献信息传递的主要载体。其优点是不需要特殊设备，传递知识方便灵活；缺点是存储密度小，体积庞大。

②缩微型：以感光材料为载体，以照相为记录手段而形成的一种文献形式、如缩微胶卷、缩微平片、缩微卡片等。缩微型文献的优点是体积小、信息密度高、轻便、易于传递、容易保存。但阅读需要有较复杂的阅读设备来支持。目前在整个文献中，所占数量较少，在一般的图书馆入藏亦较少。

③声像型：又称视听资料。它是通过特定设备，使用声光、磁、电等技术将信息转换为声音、图像、影视和动画等形式，给人以直观形象感受的知识载体。如唱片、录音带、录像带、CD、VCD、DVD等。声像型文献提供的形象、声音逼真，宜于记载难以用文字表达和描绘的形象资料和音频资料。

④电子型：是以计算机处理技术为核心，将信息存储在磁盘、磁带或光盘等一些媒体中，形成的多种类型的电子出版物，包括电子图书、电子期刊、网络数据库、光盘数据库等。这种文献存储容量大、检索速度快捷、灵活，使用方便。随着计算机技术特别是网络技术的迅猛发展和普及，电子数字型文献的地位越来越受到人们的重视。

（2）非文献信息源。非文献信息源是与文献信息源相对应的社会信息源，是指信息以非记录形式存在的信息源，主要提供口头信息、实物信息等，具有直接、简便、新颖和生动形象的特点。

①非文献信息源的类型

实物信息源：就是现实存在的物化了的各种物质形态的信息，包括实物、样品或展览会的展品。凡是人类加工的产品和人工所创造的物质都属于这类信息源。优点：信息真实可靠，内容丰富；缺点：信息挖掘、获取保管、传播困难。

实情信息源：是现实存在的自然和社会现象的信息。它的表现形式不是实物，而是自然现象或者社会现象的状态及其发展过程。

口头信息源：是指存在于人脑记忆中，通过交谈、讨论、演讲等方式交流传播的信息。是所有沟通形式中最直接的方式，最易丢失或忽略。

②非文献信息的获取方法

观察法：就是在自然条件下，通过感观或仪器，有目的、有意识地对事物或现象进行感知和认识的方法。一项观察通常由观察者、观察对象、观察工具三个要素构成。

模拟法：就是根据客体对象的本质和特性，人为地建立或选择一种与客体对象相似的模型，然后在模型上进行实验研究，并将研究的结果类推到原型中去，从而达到认识对象及其发展趋势目的的方法。

实验法：根据一定目的，运用仪器设备等物质手段，在人为控制的条件下，观察和研究自然现象和社会现象的本质和规律的一种实践活动，就是实验法。

调查法：获得关于研究对象事实的一种有目的、有意识的认识活动，就是调查法。社会调查和科学考察是调查的两种基本类型。

③非文献信息的获取途径

非文献信息的获取途径有人际交流、参加会议、参观考察、社会调查等。

非文献信息通过观察、模拟、实验、调查等方法，可以转换为文献信息。信息记录下来就成为文献，便于管理，长期保存，反复利用。

4.2 信息的评价与选择

4.2.1 信息评价的概念

信息素养是新时代人们在日常生活、工作和学习研究中的必备素质，它是人们充分利用现代信息技术手段完善自身学科知识体系，实现自身综合素质提高的重要辅助手段。信息评价作为信息素养内容的重要组成部分，起到了为信息需求者从海量信息中发掘信息价值的关键作用，是为后续信息处理和利用打下基础的关键环节。

随着信息技术革命的推进和网络应用模式的不断更新，互联网内容总量和种类也在不断增多，要在海量信息中高效、准确地挖掘出所需的有价值的信息，就需要具备针对网络环境下科学的评价信息的能力。信息评价能力是信息素养的重要组成部分之一。具体来说，信息评价是指信息需求者针对已经获取的信息进行价值评定以决定是否采纳利用的过程。

4.2.2 信息评价的目的

信息需求为后续信息获取、评价和利用等过程确定了基本的方向和目标。而通过信息获取过程之后，大量可能相关的信息呈现在需求者面前，如何从这些海量信息中挑选出对需求者真正有用的信息，即是信息评价所需实现的目标。

信息评价的目的在于，通过对所获信息本身的质量判定及其与信息需求的相符程度的比较，来从众多的备选信息中挑选出价值较高的以供信息需求者采纳利用。

传统的信息发布和传播有着严格的信息质量控制机制，与之相比，自由、开放的网络为用户提供了更为方便、快捷和广泛的信息获取渠道。在这浩如烟海的信息中，混杂着大量无用信息、虚假信息甚至有毒有害信息。面对信息资源的质量不均衡状态，就需要人们不断提高自身的信息素养，提高判断信息真伪、信息价值的能力。只有这样，才能从信息海洋中挑选出有学术价值或利用价值的信息，并确保所获取的信息是有效的、可靠的、权威的、适用的，进而提高利用信息资源的效率。

在信息素养教育中很重要的一个方面便是信息的评价与选择。具备较高信息素养的人会明确知道哪些信息是对自己有用的，从而做出评价和筛选。

下面看两个案例：

（1）"华南虎照片"事件。2007年10月12日，陕西林业厅公布了猎人周正龙用数码相机和胶片相机拍摄的华南虎照片。随后，照片真实性受到来自部分网友、华南虎专家和中科院专家等方面质疑。2008年6月29日，陕西政府通报周正龙华南虎照片造假。正是由于部分网友对照片真实性的怀疑，才避免了国家由此造成的损失。

（2）"抢盐"风潮。2011年3月16日凌晨2点36分——搜狐网转载《东方早报》的文章《美国人开始抢购碘化钾》，说的是他们的碘化钾供应不足，原因是美国人担心日本的核辐射可能会波及美国，于是纷纷寻求防护。没想到，由于网络的巨大传播作用，17日上午，我国各地突然发生"抢盐"风暴。"买盐去""抢盐去"等，成为公众的普遍心声和行动。许多商家也利用这次谣言，投机倒把，哄抬盐价。比较欣慰的是，各级党委政府部门和新闻媒体都迅速应对，陆续召开新闻发布会，公布保障供应措施并及时澄清谣言。

造成大众抢盐现象的本质是很多人对信息缺乏基本的评价标准，盲目跟风。

新华社"新华视点"文章《"盐未荒人心慌"折射出什么？》被不少媒体转载。文章援引浙江省社科院社会所副所长杨建华的话说："听信谣言折射出公众对于相关知识的缺乏以及科学判断力的欠缺。"而后文章又援引中国科学协会发布的第八次中国公民科学素养调查数据来佐证：2010年我国具备基本科学素养的公民比例仅为3.27%。

网络既是有用信息的集散地，也是无用（或有害）信息的垃圾场。如果人们不具备一定的审视和判断能力，就会被垃圾信息所误导。因此对获取的信息需要进行科学的辩证分析，对有用信息进行深层挖掘，寻找其中隐含的价值和意义，来满足需求。对虚假信息应及时做出回应，以正视听。

4.2.3　信息源评价方法

1. 信息评价的五个基本原则

有价值的信息是在特定的问题和状态中被利用并有效发挥其功能的信息，是实现某种目标所需要的信息，是进行决定和选择所必需的材料。有价值的信息应该具备如下条件：

（1）信息的可靠性。正式信息源可靠性比较强，非正式信息源必须进行评价和鉴别，有些信息源虽还没达到很高的知名度，但是已经被正式信息源或非正式信息源多次提及，引用率很高，这些文献可靠性相对来说比较高；反之则不然。比如我国的《人民日报》《光明日报》、美国的《华尔街日报》等一般报道的准确度都比较高。《华尔街日报》等美国大报为保证信息的准确性，都有记者报道出现重大失误就要引咎辞职的制度。因此通常可以把这些媒体视为是可靠的，而经常刊登花边消息的小报可能不可靠。

（2）信息的权威性。可把信息提供者、信息提供机构、信息源的权威性作为参考。信息源是否是有关问题的专家提供的？是否是掌握有关信息的人或机构？如果回答是"是"，我们就说该信息源具有"权威性"，否则就是没有。比如《SCI》《EI》等收录的期刊发表的文献提供的信息都具有一定的权威性。

下面给出两个根据信息源判断信息价值的案例：

①案例1

信息：第三军司令部的收发员告诉我他听第一装甲师的采购员说该师在3天之后将部署到Y地。

评价：该收发员作为信息源的可靠性：值得怀疑；采购员作为有关军队调动的信息源的权威性：不确定。

结论：该信息的可靠性比较低，需要另外的信息来加以验证。

②案例2

信息：一家全国性的知名大报发表了对一家著名企业的CEO的访谈内容，文章援引该 CEO 的话说该企业已秘密完成了对另外一家大公司的兼并活动。

评价：信息源的可靠性：（全国知名大报）高；CEO 作为兼并信息的信息源的权威性：高。

结论：该信息源的可靠性高，信息有很高的利用价值。

（3）信息的时效性。信息处于其生命周期的不同阶段，其价值有很大不同。生长期、成熟期的信息，利用价值比较高；衰落期的信息，利用价值比较低。发明专利刚刚授权时利用价值比较高，而在即将到期时，利用价值就比较低。在信息社会中信息生命周期变短了，信息可能很快会过时、被淘汰。另外，不同领域的信息的生命周期亦不相同：天气预报、招聘广告等信息时效短。对于某个学科或专业领域文献的老化程度可利用文献的"半衰期"来评价，即在某学科或专业领域内，计算当前还在利用的全部文献中比较新的那一半文献所发表的时间跨度，来确定文献的生命周期。

（4）信息的准确性。评价信息是否准确，可以考察信息内容、信息结论是否科学合理，例如：华南虎照片事件、抢盐事件等，都是缺乏科学依据。正式信息需要通过实地考察、调查、访问的方式来确定信息的准确性。

（5）信息的完整性。如"因特网上有 8 亿多网站"，这个信息必须加上统计日期才有使用价值，否则就是不完整的信息。评价获取的信息是否完整，一是要全面仔细分析获取的信息，切不可断章取义；二是要考察所查信息源的收录范围、信息获取途径是否全面。

2. 信息源的评价方法

（1）直接评价法。按照前述有价值的信息应当具备的一般条件或标准，从不同角度和侧面对信息源的价值给予评分评价。

可采用五项指标、十分制，我们对常见的信息源进行评价。各种信息源的该五项指标得分相加，便是该信息源所得的总分。按总分多少可对信息源进行排序。其特点：评价主体是信息工作者，直接评价法具有主观性。其不足：主观性太强、不考虑信息源的实际利用情况和指标不够完备。信息源直接评分评定表如表 4.1 所示。

表 4.1　信息源直接评分评定表

评定准则	信息源												
	Ⅰ	Ⅱ	Ⅲ	Ⅳ	Ⅴ	Ⅵ	Ⅶ	Ⅷ	Ⅸ	Ⅹ	Ⅺ	Ⅻ	Ⅷ
及时性	10	5	1	8	8	10	3	4	8	2	4	8	10
综合性	4	6	10	8	6	9	8	8	9	9	7	6	4
经济性	8	7	4	9	10	9	6	10	6	5	9	8	10
准确性	5	8	8	10	3	10	10	9	10	8	6	6	5
易获取性	8	7	4	7	10	8	8	6	6	6	3	6	9
总分	35	33	27	42	37	46	35	37	39	30	30	36	38

说明：Ⅰ—大众传媒；Ⅱ—期刊；Ⅲ—专著等；Ⅳ—科技报告；Ⅴ—产品目录；Ⅵ—技术档案；Ⅶ—标准文献；Ⅷ—专利说明书；Ⅸ—企业统计报告；Ⅹ—政府出版物；Ⅺ—

学位论文；XⅡ—会议、学术报告；Ⅷ—口头信息。

（2）间接评价法。通过信息用户来评价信息源。以调查表的方式调查用户对信息源的需求和利用情况，然后由信息工作者对调查所得到的数据进行统计分析和对比，对信息源的价值做出评定。这种方法的特点是需要信息用户密切配合，工作量较大，但评定结果较为客观。信息源间接评价法的一般过程如下：

设信息管理者将有 n 个项目的 m 张调查表收回并汇总，如表 4.2 所示。

表 4.2　信息源间接评分评定表

被调查人	信息源					
	F_1	F_2	$\cdots$	F_j	$\cdots$	F_n
一	a_{11}	a_{12}	$\cdots$	a_{1j}	$\cdots$	a_{1n}
二	a_{21}	a_{22}	$\cdots$	a_{2j}	$\cdots$	a_{2n}
$\cdots$	$\cdots$	$\cdots$	$\cdots$	$\cdots$	$\cdots$	$\cdots$
I	a_{i1}	a_{i2}	$\cdots$	a_{ij}	$\cdots$	a_{in}
$\cdots$	$\cdots$	$\cdots$	$\cdots$	$\cdots$	$\cdots$	$\cdots$
M	a_{m1}	a_{m2}	$\cdots$	a_{mj}	$\cdots$	a_{mn}
总计	R_1	R_2	$\cdots$	R_j	$\cdots$	R_n

确定被调查者对所需评价的信息源认识的重要性次序。（采用四种相对重要性指标进行比较，指标值较大的则较重要）

四种相对重要性指标的计算

①评分平均值

用被调查者（指有效的被调查人）的人数去除这些被调查者给某一信息源的评分之和。

$$\overline{R}_j = \frac{\sum_{i=1}^{m} a_{ij}}{m} \tag{4.1}$$

式中：$\overline{R}_j$ 为信息源 j 的平均评分；m 为被调查人数；a_{ij} 为被调查人 i 给信息源 j 的评分。

②评分比重

某一信息源所得全体被调查者的评分和，在全体被调查者给所有信息源的评分总和中所占的比重。

$$P_j = \frac{\sum_{i=1}^{m} a_{ij}}{\sum_{j=1}^{n} \sum_{i=1}^{m} a_{ij}} \tag{4.2}$$

式中：P_j 为信息源 j 的评分比重；n 为信息源数；m 为被调查人数；a_{ij} 为被调查人 i 给信息源 j 的评分。

③最高评分频度

全体被调查者给某一信息源的全部评分中给最高分数的人数所占的比例，称为最高评分频度。

$$P_{\max} = \frac{m'}{m} \tag{4.3}$$

式中：$P_{\max}$ 为最高评分频度；m' 为给最高评分的被调查者数；m 为被调查人数。

④平均名次指标

将全部信息源分别就各个被调查者的评分排队，列出名次，然后用被调查者总数去除名次的数值和，便是相应项目的平均名次。

$$M_j = \frac{\sum_{i=1}^{m} C_{ij}}{m} \tag{4.4}$$

式中：M_j 为信息源 j 的平均名次；C_U 为被调查 i 给信息源 j 的评分排队名次；m 为被调查者人数。

用户调查法应用举例：

设有 5 名被调查者对 4 种信息源的评价（采用五分制评分），如表 4.3 所示。

表 4.3　用户调查法应用实例

被调查者	信息源			
	文摘（F_1）	快报（F_2）	期刊（F_3）	图书（F_4）
1	1	2	3	5
2	1	2	5	3
3	1	5	3	2
4	5	3	2	1
5	1	5	2	3
总计	9	17	15	14

①评分平均值

$R1 = 9/5 = 1.8$

$R2 = 17/5 = 3.4$

$R3 = 15/5 = 3$

$R4 = 14/5 = 2.8$

②信息源评分比重

$P1 = 9/(9+17+15+14) = 0.16$

$P2 = 17/(9+17+15+14) = 0.31$

$P3 = 15/(9+17+15+14) = 0.27$

$P4 = 14/(9+17+15+14) = 0.25$

③信息源最高评分频度

$P_{max1}=1/5=0.2$

$P_{max2}=2/5=0.4$

$P_{max3}=1/5=0.2$

$P_{max4}=1/5=0.2$

④平均名次

$M1=(4+4+4+1+4)/5=3.4$

$M2=(3+3+1+2+1)/5=2$

$M3=(2+1+2+3+3)/5=2.2$

$M4=(1+2+3+4+2)/5=2.4$

如表4.4所示。

表4.4 平均名次表

信息源	被调查者				
	1	2	3	4	5
文摘（F_1）	4	4	4	1	4
快报（F_2）	3	3	1	2	1
期刊（F_3）	2	1	2	3	3
图书（F_4）	1	2	3	4	2

$M_1=(4+4+4+1+4)/5=3.4$；

$M_2=(3+3+1+2+1)/5=2$；

$M_3=(2+1+2+3+3)/5=2.2$；

$M_4=(1+2+3+4+2)/5=3.4$；

结论：综合四个评价指标值可知，所调查的5个用户认为所列4种信息源的重要性由高到低依次是：快报、期刊、图书、文摘。

（3）统计评价法。通过信息内容与信息需求的相关度（切题性）的统计数据来评价信息源价值。确定信息源评价因子，通过信息内容与信息需求的相关程度，即切题性或相关性的概念来确定。

①信息源评价因子

a. 采全率：用来衡量信息获取的完整程度。

$$P = r/R \tag{4.5}$$

式中：P 为采全率；r 为该信息系统中切题的信息。

b. 采准率：用来衡量信息获取的针对性。

$$E = r/Q \tag{4.6}$$

式中：E 为采准率；R 为该系统中切题的信息；Q 为系统内所有的信息。

图4.1中：E 为采准率；P 为采全率；a 为实际值；b 为最大可能值。

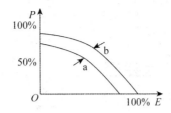

图 4.1　采全率与采准率的关系

针对一个信息系统，当按需求采集信息时，有可能达到最高采全率，而采准率接近于零，二者将呈现一种反向互逆关系，采全率越高，采准率越低。

在实践中，采全率通常不会达到最大可能值，实际值水平总是处于某一较低点。

③及时率：用来衡量信息获取的速度，即在最短的时间内完成信息获取过程的能力。

$$T = \sum_{i=1}^{n} t \tag{4.7}$$

式中：$i = 1, 2, \cdots, n$，表示获取过程的环节数。

④费用率：用来衡量信息获取的资金效率，既用于信息库中单位信息的费用的最低能力。

$$C = F/G \tag{4.8}$$

式中：C 为单位信息的费用率；F 为年度获取信息的总花费；G 为年获取到的信息量（总件数）。

难点：由于不同单位的信息不能任意分解，而且价格不同，因此单位信息不易确定，通常用信息的件数大致表示信息的单位。

⑤劳动耗费率：信息系统获取到的单位信息所耗费的最低劳动量，可用获取过程所有环节的劳动消耗总数来计算。

$$L = \sum_{i=1}^{n} l_i \tag{4.9}$$

式中：L 为获取信息的工作量；l 为单位（件）信息在每一环节中的劳动耗费（可用人、时等单位表示）。

该指标取决于信息获取过程的难度、条件、效率等方面的因素，需要确定信息获取过程每道工序的劳动耗费定额。

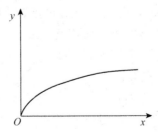

图 4.2　采全率与及时率、费用率和劳动消耗率的关系

图 4.10 中，X 为及时率、费用率、劳动消耗率；Y 为采全率。

采全率和采准率随及时率、费用率和劳动耗费率增长而增长，但达到一定程度，其增

速将减慢。因此，及时率、费用率和劳动耗费率的进一步提高对采全率的影响不大，进一步说明了用户的能力、需求结构等自身因素是提高采全率、采准率的关键因素。

4.2.4 竞争情报及其价值评价

1. 竞争情报的含义

关于竞争情报，在国际上有来自不同领域、不同研究方向的专家或学者的多种解释。如卡曲尔（Cottrill，1988）认为："竞争情报是合法与合理的获取、分析和分发有关竞争环境和商业竞争对手能力、意图及薄弱环节方面的信息。"考特勒（Kotler，2001）认为："竞争情报是关于主要竞争对手的识别、它们的目标、战略、优势、劣势和典型的反映形式的信息的获取。"竞争情报的先驱德迪约认为："竞争情报是一种复杂的研究。它是一种过程，试图比简单地获取财务和市场统计更深入一步。有这样一种认识：即影响企业底线的有许多因素，竞争情报就是关于竞争对手能力、薄弱环节和意图的信息。它同传统定义的'战略情报'是相似的，它是一种导致行动的信息。"中国科技情报学会竞争情报分会名誉理事长包昌火认为："竞争情报是关于竞争环境、竞争对手和竞争策略的信息和研究。它既是一种过程，又是一种产品。过程，是指对竞争情报的获取和分析；产品，是指由此形成的情报或策略。"

不仅不同领域的研究专家对于竞争情报的理解是有差异的，而且不同岗位的公司人员也是出于不同的认识而利用竞争情报的：如一个科学研究工作者将竞争情报作为针对对手的新产品研发的第一步；销售人员将它作为洞悉对手报价以赢得合同的工具；高级管理人员认为它是一种长期跟踪市场和对手的视野。

美国竞争情报专业人员协会（SCIP）从三个角度论述了竞争情报的定义：其一，竞争情报"是一种系统化和合乎职业伦理的过程，此过程用于获取、分析与管理影响企业规划、决策和操作的外部信息"；其二，"竞争情报是一种通过更深入地领悟竞争对手和竞争环境，提升企业市场竞争能力的方法（不是不合职业伦理的）"；其三，竞争情报"是一种合理的获取与分析有关商业竞争对手能力、薄弱环节和意图的情报，这些情报是通过利用情报数据库、其他'公开信息源'和合乎职业伦理调查的方式获得的"。

"竞争情报"是从英文 Competitive Intelligence 翻译过来的，从字面上理解，它是一个名词，其核心是"Intelligence"，含义是智谋和智力。因此，从广义上来讲，Competitive Intelligence 包含着竞争信息和竞争谋略两大方面。

从前面的定义阐述中，可以看出，竞争情报是以提升企业市场竞争能力和战略决策为目的，以竞争环境和竞争对手为信息获取对象，以洞察、分析、研究为方法，是企业参与竞争的一种工具，是连续的系统化程序。因此，将"竞争情报"理解为动词，能够体现"竞争"和"情报"结合的动态性和复杂性。竞争情报（简称CI）可以定义为：达到竞争目标，合法而合乎职业伦理地获取竞争对手和竞争环境的信息，并转变为情报的连续的系统化过程。因此，竞争情报的研究是在信息活动基础之上进行的，以评估竞争对手的能力和薄弱环节，预测竞争环境和竞争对手的意图为重点的情报产品生产与情报服务提供的系统化程序。

2. 竞争情报的特征

关于竞争情报的特征，有一些不同的理解。如国外学者一般认为竞争情报的特征体现在战略性、可行性和增值性方面，大多数中国学者认为竞争情报的特征体现在针对性、对抗性和谋略性上，有的学者提出了"灰色性、组织性和依附性"（陈峰，2002）。与信息、情报比较，竞争情报的特征应该体现在哪些方面，我们认为不妨从定义出发，通过探讨它们之间的差异性来分析竞争情报的特征。显然，来源于信息、情报的竞争情报除了具有表征性、依附性、可传递性、可加工性、知识性、决策性和效用性等信息、情报的属性外，在研究目的、研究对象、研究内容、研究过程与方法上还体现出独具的特性。

（1）研究目的的显著性与针对性。与其他情报活动或信息活动相比，竞争情报活动的目的和目标非常明显，就是为了取得在市场竞争中的主动权而展开活动，为了解决战略决策问题而进行一系列的信息获取、加工、分析与研究工作。同时，整个活动以"有的放矢""知己知彼"为前提，以竞争对手的信息获取与分析为方向，因此，带有强烈的针对性。从事竞争情报咨询的公司或信息机构，在为企业提供竞争情报服务时，必须以协助企业制定战胜竞争对手的战略为宗旨，以提供专门的情报产品为己任，而不是规模化的数据库产品或概要性的行业报告。在企业中从事竞争情报活动的信息部门或机构，必须摒弃传统上以企业内部和外部科技信息为研究对象的观念，而针对竞争者展开有目的的情报研究。

（2）研究对象的可变性与隐蔽性。竞争情报的研究既要涉及竞争者的战略决策、技术创新、产品研发、市场营销、业务管理中的诸多要素，又要涉及行业环境和宏观环境中的各种影响因素，而这些研究内容随着市场竞争的态势变化多端，随时会产生大量可变的信息。所以与传统的信息、情报工作中比较稳定地跟踪某个技术领域、某个研究对象相比，竞争情报的研究对象具有动态的可变性；在针对对象的研究中，竞争情报面对着激烈的市场竞争环境，主要研究经济、技术、产品等竞争者敏感和相互保密的问题。经济利益的冲突决定了竞争者之间是互不协作、互相封锁、相互隐蔽的。所以，针对竞争者的竞争情报研究，必须在隐蔽的条件下竭尽全力，千方百计采取各种可用的方法。

（3）研究内容的系统性与迫切性。普赖斯科特（Prescott，1999）认为："竞争情报不是对特定问题的一时的回答，它是逐步地、有条理的、连续不断和有系统地获取可能与全面竞争力有关的一切信息。"实践表明：零散而无序的信息是无法实现对企业的决策支持的，要想获取有关竞争对手与竞争环境的全面镜像，需要从系统性出发设计研究内容的框架和从事内容的获取、存储、加工与分析。同时，在特定的时间和具体的事件上，与一般的信息、情报研究活动不同的是，竞争情报以企业关键需求决定研究项目的内容，如行业内其他竞争者合并后某企业市场份额迅速下降，竞争对手的新技术将对自己造成威胁，新技术的出现改变了整个行业的竞争格局等。在持续而系统的研究基础上，只有很好地解决了诸如战略决策、市场机会与威胁、竞争者跟踪等关键问题，竞争情报的研究内容才能得到用户的接受，并产生应有的价值。

（4）研究过程的对抗性与谋略性。传统的信息、情报研究产生于科学研究，是科学研究工作的分化。科学研究本身具有公益性质，不能作为利益的对抗主体。但竞争情报则不然，它产生于激烈的市场竞争环境下，是市场竞争主体经营管理程序的分化，为企业经济利益服务，其活动的过程含有强烈的对抗性质。同时，为了使竞争情报的研究成果独具特色、发挥作用，竞争情报的研究过程必须具有较强的谋略性。谋略性主要体现在两个方面：其一是关于研究过程各个环节思维的谋略性，其二是在研究过程中方法的运用要有谋略性。创新性的思维才能发现信息的新的效用，产生新的概念与管理理念；多方位、多层面而有智谋地运用各种研究方法，才能产生利于决策的谋略性竞争情报。

（5）研究方法的多样性与灵活性。竞争情报研究的每一个过程都需要多种技术方法与手段的支持，尤其是在网络环境下开展竞争情报研究需要计算机技术、网络技术、数据库等技术支持，需要依赖信息获取、存储、加工与分析的各种新的技术手段，同时需要多种定性与定量的研究方法。与传统的信息、情报工作相比，为了达到有效地获取与利用竞争者和竞争环境情报的目的，研究者们尝试着将各种可行的研究方法与手段运用到研究活动当中。迄今为止，引进、拓展与开发的研究方法涉及情报、军事、经济、管理、数学等多个领域，彰显多样化的特色。另外，此一时彼一时，竞争情报的研究方法在实际运用时又是相当灵活的。针对不同的研究对象和内容，在不同的研究过程中，需要灵活运用不同的研究方法与手段。

（6）研究成果的前瞻性与增值性。对于一个组织来讲，利用情报的目的是为决策、为未来服务。所以，要求为决策服务提供的竞争情报，必须具有预见性与前瞻性，落后于决策的情报成果无任何决策意义。与传统的信息积累和情报研究结果相比，竞争情报是一个智力增值过程，通常需要在信息原料的基础上增值，为决策者提供决策产品或半成品。世界各地的许多企业青睐于竞争情报，世界 500 强企业争先设置相应的研究机构，其中最主要的原因在于竞争情报成果带来的增值效益。

3. 竞争情报的价值评价

竞争情报的价值可以同时从"符合标准"和"适用性"两个价值层面来评价，如图 4.3 所示。

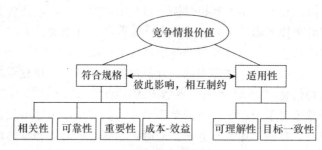

图 4.3　竞争情报的价值评价体系

其中，符合标准是指只有符合专门评价体系要求的竞争情报才有可能具有较高的价值。适用性是指意味着竞争情报对实现决策者的某个目标才是有价值的。

（1）符合标准包括四个层面：

①相关性：竞争情报要与决策相关，具有改变决策的能力，并受时间约束。

竞争情报能够帮助情报用户预测过去、现在和将来所发生事件的结局以及对企业发展可能产生的影响，或者确证、纠正情报用户先前的某些预期，并最终影响情报用户决策的质量属性。

②可靠性：包括准确性、完整性、可验证性三方面内容。准确性：竞争情报的期望值与实际相同；完整性：竞争情报的要素齐全（人员、时间、关键信息、来源），情况完整；可验证性：不同的情报人员采用同一种评价策略对同一竞争情报加以评价能得到相同的结论。

③重要性：竞争情报导致情报用户原有理性判断结果的改变，对决策活动产生影响。

竞争情报活动是面向决策的，而决策活动是面向未来的，新颖性较高的竞争情报通常对决策活动有着重要的参考价值。管理者要做重要的、紧急的事。

④成本—效益：竞争情报价值的高低与能否被及时以合理的成本进行加工密切相关。效益对于成本被认为是一个普遍性的约束条件。

（2）适用性包括两个层面：

①可理解性：是一个针对用户的竞争情报质量属性。是情报用户与情报适用性的结合点，它受到情报用户的理解能力和竞争情报本身的质量两个因素的制约。

②目标一致性：从用户的角度出发，竞争情报内容必须对实现其最终目标有利。对用户而言，竞争情报只是帮助企业实现战略目标的一种手段。

4.3　信息获取的途径与方法——以竞争情报为例

4.3.1　竞争情报获取的原则

信息获取作为企业竞争情报工作的一个重要环节，它一般以部门内外的技术、经济和市场信息的吸收为起点，以预测、决策、行动、反馈为终点，来构建企业的全部经营活动的运行框架。其主要任务是根据企业的需求，将社会上产生的处于分散状态的各种信息加以集中和加工整理，以满足企业生产、经营和管理等各种活动的需要，达到提高经济效益这一最终目的。在企业信息获取过程中必须遵循以下几个原则。

1. 准确性和及时性

不同企业的信息需求是不同的，而相同企业的信息需求也未必相同，作为企业竞争的情报理应首先满足企业在技术改造、工艺改革、降低成本、增产节约、产品更新换代和经营管理等实际工作中的信息需求。而对企业的市场信息、产品开发、营销拓展、发展战略等信息进行获取时，必须坚持从实际出发，强化针对性，要分清主次，根据本企业自身利益发展的需要，明确获取的重点，广辟信息来源，及时准确地为企业决策提供有重要参考价值的对口情报，为企业的改革，为发展企业的外向型经济和增强产品的出口竞争能力做出贡献。市场经济条件下的现代企业面临的激烈竞争是品牌的竞争，是质量的竞争，更是速度的竞争，这就要求企业竞争情报的获取信息必须体现一个"快"字，要及时迅速，有强烈的时间观念，同时还应注意信息内容具有新颖性。

2. 系统性和连续性

企业竞争情报获取是一项长期的工作，需要不断地积累，以确保信息的连贯、完整和系统，尤其是那些特别重要的信息（包括产品工艺、销售、生产），更不能随意中断。这

是因为要从大量零散的信息中获取有用的情报，就要完整地、连续地收集各种资料，由此得出的信息才有意义。报纸分析法用于竞争情报正是系统性和连续性要求的体现。如通过对一大型超市的广告用词的长期的跟踪获取，就可以判断出它的销售业绩和该企业的发展状况。

3. 计划性

企业信息获取工作是一项系统工程，不仅时间跨度大，而且要求完善、全面、系统，所以必须根据企业的人力、财力、物力、市场、资金、内外部环境和设备等因素，确定竞争情报获取的范围、内容、数量和规模，制定一个既满足当前任务需要，又兼顾未来发展的获取计划。在此计划的统领下，有步骤地进行这项工作。需要注意的是，要将全、准、缓、急、主次、重点与特色结合起来，同时对企业的长远发展规划应做出科学的预测。

4. 经济性

企业竞争情报的获取必须讲求经济效益，强调经济核算，投入与产出必须有评价指标，确保把有限的经费用到实处，花较少的钱办较多的事。信息的来源必须真实、准确和可靠，对获取到的信息必须去粗取精，去伪存真。在信息获取过程中，应注意充分调动企业内部各类人员的积极性（如技术人员、供销人员、管理人员等），组织一支专职与兼职相结合的情报队伍，努力提高获取效果和质量，同时节约开支和成本，增大投入产出比。

4.3.2 竞争情报需求的分析与评估

任何一个企业情报服务机构要收全所有的信息是很困难的，因为其信息量远远超过信息获取能力，仅公开出版物资源的数量就大得惊人。这就需要认真研究效率和方法，即将庞大的信息源"聚焦"于最重要的或目前急需解决的问题上，使情报人员在有限的时间、人力和财力范围内能够获取到所需信息。

首先，要确定情报的使用者是谁，是决策层还是中层管理人员？厂长、经理、总工程师们的需求与销售、生产、技术开发、供应和人事管理的部门负责人的需求是不一样的，前者往往要求较系统的、全面的、带有战略性的信息，后者需要较新颖的、有一定深度和可操作性强的信息。但在现实工作中，决策者们常常说不清他们到底需要哪一类情报，而是笼统地要求所有对企业有用的信息，多多益善并不能保证获取最需要的竞争情报。

其次，现实情况告诉我们，企业竞争情报的"需"与"求"常处于分离状态，因为了解情报需求要经过一个长期的磨合过程。所以企业竞争情报人员要经常与管理人员进行沟通，了解他们到底需要什么和使用什么情报。

著名学者泰森建议将企业成功的关键因素（key Success Factors）作为信息需求评估的主要手段，它能有效地帮助企业决策层理清思路，帮助情报人员调整方向，缩小信息获取范围，在需要进行重点获取和分析的领域投入最大的努力。

泰森将成功的关键因素分为四种：

①环境因素型（Environmental Success Factors），在某种意义上，这类因素影响所有企业的发展，如GDP的增长。

②企业因素型（Enterprise Success Factors），由于独有的优势而使企业获得成功，如

招聘和培养优秀的员工、较高的经营效率和较好的成本控制。

③行业因素型（Industry Success Factors），由于市场的原因，或处于该市场的一些企业具有其他企业所没有的特点（如品牌、服务等）而处于优势地位。

④公司因素型（Company Success Factors），仅适合于特殊的企业，这类因素对行业内的其他企业并不是必需的。如一家销售公司的成功归因于其非连锁店的性质而独具竞争优势。

泰森认为，企业成功因素的确定，要以该企业的竞争战略信息为基础，结合各部门的意见，才能符合企业的竞争情报需求并最终汇总出需要获取的情报指标。

确定成功的关键因素后，围绕这些因素列出所需信息以及相应的信息源，如表4.5所示。然后制定信息获取计划。计划必须落实到信息获取指标上才具有可操作性。具体做法是：围绕已经明确的信息需求列出获取指标，分清轻重缓急，责任到人，估算经费并规定期限。可以将上一节所列的八大类竞争情报的信息指标选列在另一张表上，在每一个指标后注明哪个是必须获取的，哪个是希望得到的，如表4.6所示。

表4.5　成功的关键因素驱动信息需求及其信息源

成功的关键因素	信息需求	可供选择的信息源
迅速而有效的服务	• 列出竞争对手提供的服务的特色，着重指出不同之处	• 产品和服务小册子 • 剪报 • 数据库检索 • 采访销售人员 • 采访竞争对手的客户 • 采访竞争对手
产品或服务质量	• 对竞争对手的产品作分析（反求工程） • 通过采访获取用户的看法	• 剪报 • 获取竞争对手的产品或服务 • 采访公司内技术部门及制造，运行部门的人员 • 采访竞争对手 • 产品或服务的小册子 • 企业独立研究
产品或服务的特色	• 产品信息 • 反求工程	• 剪报 • 数据库检索 • 采访公司内部及行业人员
资金实力和盈利能力	• 财力报告 • 信用报告	• 上市公司经营报告 • 公司年报 • 数据库检索 • 剪报
企业形象或商标知名度	• 用户研究 • 行业研究	• 剪报 • 数据库检索 • 采访竞争对手的客户 • 采访其他行业的信息源
价格	• 价格表 • 价格变化情况	• 竞争对手的价格表 • 竞争对手及他们的客户

表 4.6　竞争对手信息搜集计划

	必需的	希望得到的	搜集者	日期
• 各部门职工数及年龄、文化、技术职务				
• 组织图				
• 企业干部名单				
• 有关主要负责人和重要雇员的情况				
• 中层管理力量				
• 所有权变更后管理人员的留任情况				
• 管理层的奖励金比例				
• 操作工的情况				
（1）平均计时工资				
（2）职工人数变动情况				
（3）当前和未来的劳工问题				
（4）工时、工钟				
（5）付薪程序				
（6）生产经验				
（7）职工总体士气				
……				

4.3.3　竞争情报获取的程序

企业竞争情报的获取是依据一定程序来进行的，一般来说有如下几个方面。

1. 确定获取目标和要求

获取目标和要求是企业每次或每项竞争情报获取工作的行动纲领，也是最后检验获取工作成功与否的基准，所以它对具体的获取业务工作有重要的指导作用。在确定搜索目标和要求时，领导的意图、所处的竞争环境、是否有明确的情报搜索对象等因素必须加以考虑，同时还要考虑企业当时的人、财、物状况。应该在充分考虑到主观需要和客观需要之后，对已有的情报量和未知的情报量做一估计，然后明确获取要求，确定收集目标。在确定目标的过程中，还要注意获取的广泛性与针对性。

2. 制定获取方案

目标和要求明确后，就要制定获取计划和方案。首先根据获取要求，选择合适的情报源，在选定情报源的过程中，要注意公开情报源和非公开情报源的结合，注意调动起整个竞争情报网络。针对每个情报源应该制定相应的获取手段和操作细节。同时还要制定一定时期内获取工作的具体实施方案，包括实施搜索的具体方式，获取情报资料的时间，方案由谁（部门和人员）来负责执行等。同时还要将阶段获取工作与整体获取工作有机地结合起来。

3. 获取竞争情报

有了获取计划和行动方案后，下面就要进入获取竞争情报资料过程。由于竞争情报的获取是一项艰苦而琐碎的工作，所以，需要获取工作者做大量细致的事务性工作，如抄录、加工、整序、鉴别、选择、提要、对比等。同时还要搞好组织工作，如人员的安排，获取计划的安排落实，以及流程的组织工作等，以确保竞争情报的顺利获取和传递。

4. 搞好评价和反馈工作

获取工作的结果不外乎两种，一是将获取到的情报经过整理、加工、提炼后形成调研报告并提供给决策者；二是没有获取到明确的相关信息。对于第一种结果要对照获取目标和要求检查是否达到或满足率为多少，还有哪些不足之处。组织有关人员，根据用户的反馈意见认真及时地搞好评价工作，找出差距，总结经验，为下一步或今后工作提供借鉴和指导。对于需要进一步深入的获取任务，还要根据决策者再次的情报需要和要求，重新确定竞争情报的获取目标，并进入下一轮的情报获取工作程序，凡竞争情报的获取过程都是一个动态的循环过程。

4.3.4 竞争情报获取的方法与手段

竞争情报的获取方法和手段很多，按不同分类标准就会得到相应的方法体系。

1. 从企业竞争情报的来源划分

（1）从本企业内部获取竞争情报的方法。能否连续地、系统地把那些零散分布在人们抽屉里、档案柜里和头脑里的信息获取起来，汇集到决策部门，关键在于能否建立一套信息交流机制。所谓交流机制，就是企业员工自愿连续地提供信息的制度，它包括鼓励提供信息的激励制度（经济手段或其他必要的奖励措施）、信息反馈制度（成绩通报）、必要的通信设施（自动录音电话、信箱、电子邮件、传真等）和具体的实施办法，如设计专门的咨询表、电话定期采访名单，如表4.7所示。"谁认识谁"名单（"Who-Knows-Who" List，如表4.8所示。信息矩阵表（Information Matrix），如表4.9所示。这些被称为网络技术的方法是汇集企业内部竞争情报的基本途径。当然，可以用传统的手工方式，也可以采用先进的电子手段。美国 AT&T 公司在1986年建立了一种叫作"接通 AT&T 分析师"（Access to AT&T Analysts，或 AAA）工作系统。在这个系统中，职员被要求填写一份表格，列出自己的专门知识领域。然后公司内其他人员可以通过键入关键词，得到公司内部符合要求的专门领域内的专家。这样，有时需要花费几周时间才能解决的问题，通过该系统找到一位内部专家只需3小时就解释清楚了。

表 4.7 按月电话采访名单

职工姓名	电话	工作单位	职责范围	讨论摘记	联系日期

表 4.8　"谁认识谁"名单

应接触的本公司职工			通过内部职工联系的外部对象		
姓名	联系电话	职责范围	姓名	所在公司	职责范围

表 4.9　信息矩阵表

填表者姓名·		电话＿＿＿＿＿		填表日期＿＿年＿＿月＿＿日	
内容 \ 公司	A 公司	B 公司	C 公司	……	
产品 　新产品 　淘汰产品 　主导产品 　劣势 　优势					
价格 　上升 　下降 　折扣					
销售 　总销售额 　总销售量					
主导产品销售额 主导产品销售量					
经营地区 　人事变化 　地区变化 　主要地区					
人事 　新雇员 　解聘 　待遇变化 　补偿变化					
财务 　兼并 　接受目标 　信用政策 　条件					

续表

填表者姓名:		电话＿＿＿＿＿＿＿＿		填表日期＿＿＿年＿＿月＿＿日	
内容＼公司	A 公司	B 公司	C 公司	……	
设施					
新工厂					
关闭工厂					
新设备					
销售设备					
新销售机构					
其他相关信息					

（2）从第三方获取竞争情报的方法。向第三方了解所需信息，应解决这样几个问题：找谁了解？采用什么方式（查阅资料、个人访谈、电话访谈、邮寄问卷）？应该问什么问题？怎样才能分辨哪些信息是确凿的事实，哪些是传闻？最好先确定容易接近的个人或单位，他们应是掌握大量情况，或能够提供有用的线索。

通过第三方了解竞争对手须谨慎。作为用户，许多竞争对手同第三方签有不泄露商业秘密的协议，在获取信息时应尽量避免侵权问题。有的行业制定了职业道德，如注册会计师、律师、市场调查员，不能擅自泄露客户的经营或技术信息，不得违反与客户事先订立的保密协议。而他们一般是会遵守职业道德的，因此，要事先了解有关规定，区分不同的对象，采取不同的措施，讲究信息调研技巧，在法律许可的范围内获取信息。

侵权问题包括两个方面：

第一，第三方未意识到透露的信息属商业秘密，也未意识到这种透露已构成侵权，属于"清白的第三方"（Innocent third parties），如报纸等媒体透露的信息。这种"出自你口，入之我耳"、"言者无意，听者有心"的情况常发生于亲朋好友之间的交谈、会议交流、新闻报道等场合。获取这类信息是正当的，合法的。英美等国的案例表明，行为者（第三方）在未收到权利人或监督机关的警告前，不负有侵犯商业秘密的法律责任，但收到警告后就有义务保守秘密。

第二，第三方如果与权利人订有保密协议，或负有保密责任，那么擅自泄密就是违法的。我国《反不正当竞争法》第十条规定，"第三人明知或应知前款所列违法行动，获取、使用或者披露他人商业秘密，视为侵犯他人商业秘密"。至于信息接受者，如果是采用了不正当手段从第三方获取信息，比照该条第一款，也属于共同侵犯他人商业秘密，但如果是采用一般手段，如市场调查的方法（电话咨询，问卷、访谈、信函）从第三方获取信息，当不负法律责任。根据英国的案例，如果信息接受者知道所获信息属于权利人的商业秘密，则将与信息披露者一样受到保密义务的约束，不得擅自传递和使用这种信息。

雇请专业信息服务机构也是利用第三方获取竞争情报的例子。西方一些专门从事竞争情报和经济情报的机构近年来得到迅速发展。这些被称为 CIF（Corporate Intelligence Firms）的情报公司有的是从市场研究机构转化而来，有的是传统信息服务公司兼营的。CIF 人员或者是"观察员"，专门监视竞争对手的行动，或者是有经验的电话访员、商业

分析员，能够胜任实地调研，或者是专门从事文案调研的图书馆员。他们在接受委托后，行动迅速，能在很短时间内用通信、传真、电子邮件提交调查结果。

寻找能完全胜任的竞争情报公司并非易事，黄页电话簿上是没有"情报"这个主题的。我国也还没有这种商业性机构。市场研究组织并不是一个理想的 CIF，它的市场报告可能涉及一系列公司，但不是一种深入的研究。所有竞争情报都是为特定的用户设计、满足该用户的特定要求的，内容系统的研究报告对有特殊要求的用户来说可能没有太大价值。

当没有条件自建竞争情报系统，而社会上也没有胜任的专业性公司时，可以综合利用相关的信息、科研、教学机构，发挥各自的特长，"共同"承担获取竞争情报的任务。企业的任务就是发现这些机构的特长，做好协调工作，完成信息的"马赛克"拼图。

作为第三方的各种机构在提供所需信息时，各有其优势和缺陷，如表 4.10 所示。

表 4.10　第三方机构的优缺点

信息来源	主要服务内容	可提供的竞争情报	弱点
广告商	产品促销	竞争对手产品；产品竞争情况；竞争对手的广告战略	难以进行更深入的研究；研究整个市场而非具体的公司
商业院校	教学、研究、个人咨询，商业环境研究	提供有价值的竞争者资料；承担竞争研究和分析	教授的时间和资源有限，必须依赖客户的操作；图书馆没有完整和近期的资料
商业信用机构	提供私营/公营公司财务报告	竞争对手的财务和信用状况	财务信息常是估计的；信用研究集中于未偿债务；管理信息限于个人简况；报告中竞争对手和私营公司的资料少
竞争情报公司	提供详尽的竞争情报	报告质量一般限于现场调研人员提供的息和分析深度	
数据库供应商	提供第三方搜集的数据，用模型研究预测和分析资料	可提供任何在新闻中出现的竞争对手资料	限于文献信息，常常过期，说明近期活动用处不大；缺乏有深度的信息，以及子公司的情况和产品信息
政府机构	提供二次文献，浏览数据库、剪报、新闻	提供任何在文章、图书中出现的竞争对手情况	限于二次文献，难以核实和更新；信息过时、零散
投资银行	公司收购信息；买者/卖者对比；为用户寻找市场	竞争情况的非正式报告；竞争对手的收购历史；竞争对手寻找客户的途径	研究方法不系统；极少用现场调查员，几乎完全依赖网络资料
律师	法律保护；法律咨询；告知可影响用户的立法变化	竞争对手诉讼情况；某些收购对象情况	仅关注用户的即时法律问题；偶然关注市场变化；不主动搜集竞争对手资料

续表

信息来源	主要服务内容	可提供的竞争情报	弱点
管理顾问	公司战略；市场研究；收购	经常研究竞争形势；按需报告竞争对手情况	研究以一般用户为中心；资料源于新闻、文章而非实地调研
市场研究机构	综述；产品定位；市场转移	新产品情况；新闻传递；竞争对手新的市场战略计划；剪报	对竞争对手经营活动缺乏深度了解；研究整个市场而非个别公司
公关组织	为用户树立形象，获取用户反馈；公众舆论综述	新闻、消息的搜集；剪报；竞争对手的活动报告	无专职情报人员和研究技术来获取深入、详细的竞争性信息

（3）从竞争对手处获取信息。从竞争对手处获取情报是最不容易的，但许多信息恰恰是被他们“自愿地”释放出来的。竞争对手总是要与外界打交道的，利用竞争对手与外界的信息交流而获取情报是竞争情报工作的最基本的方法之一。信息交流所依赖的文献包括：产品广告、样本、财务汇报、企业刊物、市场调查，同政府、金融、环保等机构交往的资料，当地报刊、专利文献、招聘广告等。利用这些信息源可以收集到许多有用的情报。为了赢得竞争，竞争对手往往不得不最大限度地公开自己的信息。如产品说明书、向股东公布的年度报告、在会议发布的材料等，都是了解该企业经营状况和效益的晴雨表。广告，是竞争对手市场研究的结果，其篇幅、用语、价格、优惠条件、用户对象等体现了宣传者的市场目标和战略；宣布获得专利并不一定表明竞争对手的重点已经转移到产品开发上来，而往往只是一种定位战略，是企业发展方向的指示器。样本，提供了诸如产地、质量、性能、售后服务、代理商地址、产品销售能力和市场业绩。这些材料本身就是“双刃剑”——在争取用户的同时，也向竞争对手泄露了情报，这是无法避免的矛盾。即使是属于商业秘密的信息，也会蛛丝马迹般地出现在各种文字材料和谈话中，单一地看来也许用处不大，但把点点滴滴的信息组合起来，就会得出完整的情报。

资料分析是一种间接的途径，另一种途径是直接从竞争对手处获取信息，如邮寄问卷、访谈、观察和电话采访。访谈的优点是直观和信息量大，可讨论复杂的问题，缺点是成本高和难以安排。出于情报目的的访谈拒绝率也高；问卷的缺点是耗时长，回收率低而很少被竞争情报人员使用；电话采访被推荐为采集信息的首选工具，优点是快捷、灵活、方便和费用低廉，通过电话能很快得到反馈，能立即确定还需要多少其他信息，能够确定下一个要联系的人。泰森认为，利用电话并不需要丰富的经验，只要掌握几个步骤和简单的技巧。

这些步骤是：

①列出潜在的信息来源；

②依据信息的重要性、接触的难易程度和时间因素，列出要接触的信息源的先后顺序；

③列出要采访的人（销售和营销人员、工程技术人员、研究开发人员、中层管理人员、厂长经理等高级管理人员），首先采访认识的人，或从低层人员、公关人员开始；

④列出拟提出的问题；

⑤设想可能遭到的拒绝及对策。

电话采访可采用如下几种技巧：

①设法将问句变成陈述句，特别是那种暗示性陈述（suggestive statements）。陈述是一种迂回设问的方法，但比问句更易获得信息；

②"夹叉试射"技巧（Bracket technique）。原义为调整火炮射击的弹着点的方法，这里的意思是逐步缩小提问范围，直至接触核心问题；

③复述技巧，得到正确和准确的反馈；

④"说错"的技巧（Challenge technique），也是一种"套问"的技巧。利用的是人们对错误（如错误的统计数字、日期、地点等）的纠错本能而获取正确的信息。

直接从竞争对手那里获取信息容易遭到拒绝，是一个敏感的问题。因此，电话采访应尽量创造一种"联系"，如某人的介绍、同对方企业中的某一部门已有的联系（"我刚从××科了解到……"）、显示对对方产品的热情、与对方共享某一信息、介绍自己等，并注意打电话的措辞和风格。碰到吃"闭门羹"不能灰心，销售人员是对付拒答的专家，他们会忽略不利的反应而对交流本身倾注热情，他们的经验值得重视。

与电话采访相比，个人面谈能提供更多的时间便于信息交流，能够出示文字、图表、出版物供对方评论、发表意见。作为竞争对手，面谈场合的选择很重要。展销会、交易会、订货会等会议是较理性的环境，以产品作为话题的开始，有利于打破障碍，逐步深入到主题；如果利用对方的展台，还可以获得口头信息以外的其他有价值的文字和实物信息。

2. 从企业竞争情报的获取方式划分

糜仲春等提出了以下企业竞争情报的获取方式：

（1）系统检索。主要依靠企业自身情报系统和人员或企业外部中介机构专业情报机构和人员来完成。检索范围包括一切相关的商业数据库，包括国内外的公用信息资源库和收费的数据库。情报人员通过这种方法可以很好地完成资料评估、资料转换为信息资料积累、资料分析和鉴定以及资料传送等工作。

（2）浏览性获取。企业主管人员或有关人员通过经常浏览最新的报刊、市场行情报道、科技新闻、商业广告等，获得及时、新颖的竞争情报。

（3）口头交流。口头交流常被认为是一种非正规的获得情报方法，但却是一种卓有成效的方法。在这里，企业可以利用领导者个人的"关系网"，或称之为企业员工的人际网络，指导并鼓励他们收集各种口头信息。当然，也可通过经销商、零售商或其他中间商收集和传递情报。企业还可以有针对性地对有关人士进行采访、咨询。总之，这种收集方法速度快、反馈迅速，有高度针对性。

（4）实地考察。这是现场参观、调查、询问、获取实物样品等情报收集活动的总称。企业可以通过这种情报收集方法来观察和研究竞争对手信息，较常用的方法有参加各种展销会、展览会、购买竞争对手产品或对新产品样品进行研究等。

（5）市场调查。市场调查是企业针对某一目的而通过组织专门的调查活动来获取情报的方法。市场调查可以自行开展，也可以委托相关的专业调查公司进行。这种方法具有密度大、见效快的特点，但主要因素是要考虑到被调查人群即样本的代表性问题。

（6）直接购买。这种方法是通过购买专门情报来达到目的。

以上几种方式各有所长，但任何一种都有其局限性，都不能看作获取竞争情报的唯一渠道。企业应尽量采取多种方法综合获取，才能得到足够全面和有用的竞争情报。

3. 竞争情报获取的要点

不同的信息需求可以选择不同的获取方法。但在选择获取方法时，还应注意以下几个问题：

（1）获取过程。一般都是首先利用多种公开渠道获取二次信息，并在二次信息的基础上提出假设，然后针对假设获取一手信息并以此来验证假设。

（2）获取方法。获取一手信息时可利用访谈法和观察法。访谈法就是和竞争者的前雇员、供应商、销售商等交谈从而获取信息。观察法就是观察、监测竞争者的生产、销售、促销等活动而获取信息。另外，在企业内部可设立信息获取热线电话或 E-mail，调动全体员工的积极性。并由专人负责，从而获取大量未公开的信息。

（3）获取机构。信息的获取机构有以下四类：内部市场调查人员；当地市场调查机构；跨国市场调查机构；国家政府机构。从信息的质量和所需的代价两个方面分析，以上四类机构分别有以下特点：国家政府机构所需的代价小，同时其信息的质量也差；跨国市场调查机构虽然提供的信息质量大，但所需的代价更大；企业内部市场调查不仅代价大，而且获取到的信息质量也较差；只有当地市场调查机构的调查不但代价小，而且信息质量高。因此，应该首选当地市场调查机构，而尽量避免由内部市场调查人员去获取信息。

（4）竞争情报工作是"观点"的游戏，而不是"精确"的游戏。在获取信息时，只要注意发展趋势以及竞争对手的各种观点和动机即可，而没有必要获取 100％准确的信息，这样，可以大大减轻信息收集工作的难度与工作量。

（5）注意道德准则。竞争情报工作是在一定理论的基础上的科学创造工作，而根本不是所谓的商业间谍活动，在获取信息时应注意不要违反一定的道德规范。这些道德准则限制以下四种不道德行为：欺骗；影响个人判断，如假招聘、假应聘等；秘密活动，如隐蔽性收集、安插间谍等；获取未经允许的情报，如偶然发现却未经当事人许可。

（6）信息的筛选。首先应当明确极少有 100％准确的信息，所以，应有多个并相互独立的信息源（至少有三个），并将来自不同渠道的信息进行对照比较，检验它的准确性。经过长期验证，就可得出较可靠的信息源，同时可筛选出可靠的信息。

4.4　用户的信息利用与价值度量

4.4.1　用户信息利用中的信息价值与价值转化

1. 信息的总体价值与使用价值

通常，事物所具有的能够满足人类某种需要的属性叫价值。信息的价值，一般被看成是它的实用属性，即对信息使用者来说，信息对达到具体目标的有益性。

研究信息的价值需要有明确的对象及条件，一方面，信息对于任何观察者都具有同一数值的绝对性；另一方面，对于不同的接收者，又具有不同数值的相对性。并且，同一信

息对同一用户的价值也会随时间的变化而变化。

（1）信息的总体价值。信息的总体价值又称为信息的绝对价值，或总体使用价值，按米哈依诺夫的说法，它是从绝对真实的社会认识角度来讨论的信息价值，而不是考虑完全由利用这一信息的具体条件和对象所决定的具体价值。这一价值只能用全人类的认知结构进行衡量。

（2）信息的使用价值。信息的使用价值可称为信息的相对价值，它是信息对于某一用户的利用价值，即以用户的认知结构来衡量的价值；同时，这一价值还受着用户使用条件的限制。可见，同一信息尽管总体价值是一定的，然而对于不同的用户在不同的使用条件下，它却有不同的使用价值。

信息的总体价值（绝对价值）与使用价值（相对价值）存在一定的关系。一般说来，信息的绝对价值不大，则对于多数用户的相对价值亦不大。这是由于绝对价值是对于社会整体而言的，而相对价值是对于组成社会的每一个体而言的。值得注意的是，信息的价值（包括总体价值和使用价值）是一个变量，它随着人类社会及用户个体认知结构（Cognitive Structure）的变化而变化。

事实上，用户对信息的认知是吸收信息的先决条件，而信息对用户的作用将改变用户的认知结构，由此体现信息的价值。托尔曼（Tolman）指出，在认知过程中，主体（用户）获得的代表外部环境的表象，如同地图可以代表地形图一样，将作用于主体（用户）的头脑，如果主体（用户）对此是未知的，将扩充其认知结构，如果是部分未知，将部分改变认知结构。

以上所说的认知，包含了"认识"与"知识"两方面含义。科学信息作用于用户，其主要方面是改善用户的知识结构。一般消息型信息，由于并不一定扩充用户的知识，其主要作用是向用户提供未知的消息，改变的是用户对信息所反映的事件的认识。

2. 信息价值的量度

从理论上看，信息的价值可以用使用者（社会大众、团体或个体用户）的认知结构来衡量。对于科学信息而言，主要用"知识结构"来衡量。事实上，客观知识结构就是一个精干的信息库，用户使用科学信息的目的就在于扩大"知识库"。为了理解和进一步利用科学信息，用户应具有一定的知识储备。史列捷尔提出，知识储备可以用"词库"来描述，即用"词库"来表示人们的知识结构。

词库中的词包括事物及其属性的名称，包含了所有词之间的含义关系。在信息的作用下，词库将补充新词、增加新的关系并改变旧的关系。显然，词库的变化取决于作用于词库的信息价值，语义信息量越多、信息价值越大，词库发生的变化便越大。词库本身及其变化是可以度量的。例如，用新词和新关系的数量、被删除的词和关系来量度。

科学信息的使用价值取决于使用者（用户）的词库结构。例如，对于一本中学物理课本，如果使用者是一位中学生，那么他将从中获得很多有价值的信息，以此扩大自己的词库（知识储备），该课本所含信息的使用价值就很大，而该课本对于物理学研究人员来说，由于课本中的信息作用于使用者词库后不可能改变其词库结构，因此几乎没有使用价值。

M. 沃尔肯斯泰根据这一事实提出了确定信息对于用户使用价值的公式：

$$V = \frac{AIT}{B+T} \times e^{-c\frac{T}{T}} \tag{4.10}$$

式中：V 为信息作用于用户的价值，即用户词库所取得的语义信息价值（量），I 表示用户接收的信息，T 为用户词库量，A，B，C 为常数。

从上式中可以看出，当 T 非常大，T、I 非常小时，V 无限的减小；当 I 非常大时，$V \approx AT$，即信息价值取决于 T；信息的最大价值对应于 $T = \frac{1}{C}$。

它们之间的关系可用图 4.4 所示。

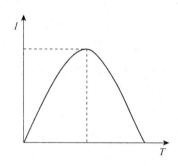

图 4.4　用户取得的信息与已有信息关系曲线

依据词库的所有者，可以在不同范围内确定信息的价值。

①用全人类词库而不是任何个人词库来确定信息的价值，所得出的是信息的绝对价值（总体价值）。它是由信息的社会性所决定的，即从社会认知的角度来讨论的信息价值。

②用某一用户的词库来量度信息的价值，得出的是信息相对于该用户的价值，即该用户使用这一信息的价值。

③用某一用户群（某一团体、部门等）的词库来量度信息的价值，得出的是信息相对于该用户群的价值。

信息的总体价值具有普遍意义。

全人类词库是人类对自然界、社会和思维及其相互关系进行科学认知中所得出的知识概念集合。科学认知的过程，实质上就在于修正旧的概念和形成新的概念，在于校正概念间的已知关系，以及发现和研究这些概念之间的新关系。因此，词库具有一定的结构，其知识储备量用 T 表示（或者直接用 T 表示词库）；信息的价值可以视为它对人类词库的作用。从此出发，米哈依诺夫等人提出了下列关系式：

$$y = \begin{cases} ax^2 \\ bx^{(1/3)} \end{cases} \tag{4.11}$$

式中：y 为信息量；x 为全人类词库 T 的变化；a，b 为常数。

从图 4.5 中可以看出，当 $x < 0$ 时，v 值增大，这意味着，在信息作用下，全人类词库的内部结构如果比这一信息到来之前的复杂性减小了，那么该信息的价值要比引起词库复杂化的信息的价值大。这一结论与事实是相符合的，历史上一些重大的科学发现从总体上简化了人类知识结构。

值得指出的是，"词库量度"适用于对科学信息价值的理论测量，对于消息性信息和其他非科学信息，则应从解除认知不定性方面在认知空间中进行价值测量。

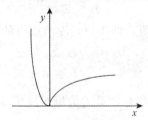

图 4.5　信息对人类词库的作用关系曲线

信息总体价值与使用价值的测量是一个复杂的问题，对此应作进一步研究。目前，有人从概率论的角度作了进一步探讨，取得了某些成果。

（1）信息实用价值的实际分析。信息的使用价值包含了它的实用价值和潜用价值两部分，信息价值量度的理论探讨有助于实用价值的测定。但在目前条件下，人们却只能采用定性分析和定性—定量相结合的方法去解决这一复杂的测量问题。

信息实用价值的定性分析包括三个方面：

①信息正确性与可靠性的分析。信息（特别是科技信息）的正确性与可靠性是衡量它有无价值的必要条件，某一信息如果缺乏这两个方面就失去了使用价值。在信息的正确性与可靠性分析中可采用逻辑思维的分析方法。

②信息水平的衡量。对于信息的水平，很难用一个统一的标准去衡量，在一般情况下应注意以下问题：信息产生时间，内容的新颖程度，在某领域的地位，总体利用情况。

③信息对于用户的适用性分析。信息对用户的适用性是确定其使用价值的重要标准，对此应进行下述研究：分析信息所含知识与用户知识结构的关系；确定信息与用户目前工作的相关性；分析信息对用户可能产生的作用；分析用户的心理状态对吸收信息的影响等。

通过以上分析，我们便可以确定信息对于用户的实用价值级别，一般情况下可以按0～5级（按无实用价值，实用价值较小，有实用价值，实用价值较大，实用价值特别大分级）处理。可见，信息的实用价值的分析实为用户使用信息的测定。

信息实用价值的定性—定量分析可采用前面介绍的各种方法，例如用评分法统计有关人员对信息的评分，求出其平均实用价值。

此外，在信息实用价值的定性—定量测定中还可以采用一些半定量的经验公式。例如，可用下述公式进行某些粗略的计算：

$$V = e^{-at} W \cdot S \cdot I \tag{4.12}$$

式中：V 为信息的实用价值；S 为信息对用户的适宜性，W 为信息质；I 为信息量；t 为时间；a 为常数。其中，S，W，I 可以采用统一的标准进行赋值；e^{-at} 为信息的衰老系数，a 由信息性质决定。

（2）信息使用价值的变化。信息使用价值的变化，一是信息价值中的实际使用价值与潜在使用价值之间的转化，二是信息使用价值的衰减。

①信息的实际使用价值与潜在使用价值的转化

信息的实际使用价值简称为实用价值，是指在目前条件下它对用户的使用价值。而用户目前不能利用的信息实体所具有的使用价值称为信息的潜在使用价值。显然，信息的实用价值和潜在使用价值都属于信息的使用价值。如果某一信息对于用户既存在目前可以利用的部分，又存在暂时还不能利用的部分，那么该信息便同时存在实用价值和潜在使用价值，二者的和即为使用价值：

$$V_{使} = V_{实} + V_{潜} \tag{4.13}$$

需要注意的是，信息对于用户的实用价值并不是用户利用信息以后才存在的，而是对于用户固有的一种当前实用价值，由用户的知识结构和使用条件决定。

信息对于用户的实用价值和潜在使用价值可以互相转化。例如，人类历史上一些重大的科学发明无疑对于科学界有着巨大的使用价值，但由于当时各方面条件的限制却没有立即被人们利用的可能，因此在相当长的时期内表现为潜在使用价值，直到人们具备吸收这些信息的条件时其潜在使用价值才转化为实际使用价值。对某一用户而言，信息的实用价值也可能转化为潜在使用价值。

某一信息对于用户具有实际使用价值的条件主要包括两个方面：

a. 充分条件。主要指用户的知识结构和水平与信息内容相匹配的条件，即用户具有使用信息的能力；此外，用户的心理在客观上应与信息相适宜。

b. 必要条件。信息内容应包括在用户的信息需求之中；同时，用户具有接触信息的可能性。

上述两个条件也适用于信息的潜在使用价值向实用价值的转化过程。

②信息使用价值的衰减规律

信息一经用户使用，其使用价值将会发生变化；如果被所有用户完全吸收，总使用价值将变为零。

有两点需要注意：

a. 信息要被所有可能的用户利用。

b. 信息要被利用它的用户完全吸收。

实际上，任何信息都不可能在运动过程中完全满足这两条，即使是消息，经用户使用后可能仍保持一定的参考价值，因此我们说信息的总体价值会逐渐减小，直至趋于零。

某一信息被某一用户的使用是随机的，对这一过程的讨论意义不大。我们所要研究的是信息总体使用价值或社会使用价值的变化情况，这一变化将决定所有用户对信息的需求状况。

一般说来，任何信息问世以后价值会逐渐减小，这种信息价值逐渐减小的现象可称之为信息使用价值的衰变。以上介绍的信息使用后的价值减小是价值衰变的一种情况。此外还存在多种形式的衰变，归纳起来，存在下列几种情况：

a. 信息经过用户使用后，其使用价值逐渐衰减。

b. 信息未经使用，但为新的信息所超越。

c. 信息内容已经包含在其他更新的更适用的信息之中。

d. 用户通过其他途径改变了自己的知识结构。

e. 信息所属学科或领域的地位下降。

f. 信息内容过时（特别是消息性信息）。

信息使用价值的衰减是一种客观规律，是自然界和社会发展规律的体现。

4.4.2 用户的信息利用及其效果分析

信息一经被用户接收，便会作用于用户。在信息与用户的相互作用过程中，信息发挥着特殊作用；而用户总会做出程度不同的"吸收反应"，甚至进行所谓的再创造活动。

信息对用户的作用和影响结果可称之为信息效益。信息对用户的作用是复杂的，即使是同一信息，给不同用户所带来的效益也不一样，其效益的大小取决于用户做出的反应和吸收的程度。

1. 用户吸收信息的概率模型

N·维纳和O·兰格等人系统地研究了社会控制问题，以下引用他们确立的基本方程分析用户吸收信息的过程。

包含在用户信息需求之中的信息，一经主体获取便会作用于主体，其作用可称之为信息刺激。

用户接收信息后为了吸收其内容，往往要经过多次思考、研究，方能消化"信息"，其中心环节是反复接受信息刺激，进行吸收反应。

设信息刺激重复 $n+1$ 次后，主体完成对信息的吸收，以理想的方式做出最终反应，这种反应的概率为 P_{n+1}，称为反应概率，满足 $1 \geqslant P_{n+1} \geqslant 0$。统计分析表明，概率 P_{n+1} 依赖于主体以前对给定的一系列信息刺激的反应。重复 n 次刺激后反应的概率愈大，则 P_{n+1} 也愈大。这种关系可以近似地看作是线性的，于是可得差分方程：

$$P_{n+1} = a + m p_n \tag{4.14}$$

式中：P_{n+1} 为 P_n 的线性函数，$0 \leqslant P_n \leqslant 1$，$0 \leqslant P_{n+1} \leqslant 1$。$m \geqslant 0$ 意味着刺激次数的增加会导致反应概率的增大（至少不会减小）。参数 a，m 由实际情况决定，与用户主、客观因素有关。上列差分方程称为学习方程，可用于描述信息用户对特定的一系列刺激产生反应的习惯过程。

一般的信息吸收过程还可以用概率矩阵来描述。设信息对用户的作用为有限个状态：x_1，x_2，$\cdots$，x_n。主体对同一状态可以做出不同反应，若对相应状态的反应为：y_1，y_2，$\cdots$，y_m，则反应概率矩阵，如表 4.12 所示。

表 4.12 反映概率矩阵

	y_1	y_2	$\cdots\cdots$	y_m
x_1	P_{11}	P_{12}		P_{1m}
$\cdots\cdots$				
x_n	P_{n1}	P_{n2}		P_{nm}

其中 P_{ij} 为主体对刺激 x_i 做出反应 y_j 的概率。

显然：

$$\sum_{j=1}^{m} P_{ij} = 1 (i = 1, 2, n) \tag{4.15}$$

对应于x_i的作用效果表现为信息吸收效应，用a_{ij}表示。$[a_{ij}]$是一个与此对应的矩阵。

为了说明问题的实质，我们研究上述差分方程。

设$m=1-a-b$，其中$a \geqslant 0$，$b \geqslant 0$。由于$m \geqslant 0$，故$1-a-b \geqslant 0$。

则 $\qquad P_{n+1}=a+(1-a-b)P_n=P_n+a(1-P_n)-bP_n$

或有 $\qquad P_{n+1}-P_n=a(1-P_n)-bP_n$ $\hfill (4.16)$

此式表示学习过程的进展和吸收信息的效益。这种改进作用$\Delta P_{n+1}=P_{n+1}-P_n$为：

$$\Delta P_{n+1}=a(1-P_n)-bP_n \qquad (4.17)$$

对于$1-P_n$和$-P_n$，前者表示改进的最大可能性，后者表示实际中的"退化"的最大可能性，其最佳结果是$P_{n+1}=1$，最坏结果是$P_{n+1}=0$，ΔP_{n+1}反映了实际情况。参数a与主体素质、环境、信息与用户的关联等因素有关，表现为信息的正刺激作用强度；参数b为负刺激作用强度，由某些关联的消极因素决定。通常，a，b能通过统计方法来测定，对应于反应和正、负刺激作用。

以下解出上述差分方程。

设经刺激后信息的吸收稳定，即概率p不再变化($P_{n+1}=P_n$)，令这个值为P，则反应概率为常数，于是

$$\hat{P}=a+(1-a-b)\hat{P} \qquad \Rightarrow \qquad \hat{P}=\frac{a}{a+b}(a+b \neq 0)$$

又设实际P_n与$\hat{P}$的偏差为$\overline{P_n}$，

$$\overline{P_n}=P_n-\hat{P}=P_n-\frac{a}{a+b} \qquad \Rightarrow \qquad P_n=\overline{P_n}+\frac{a}{a+b}$$

同理，$P_{n+1}=\overline{P_{n+1}}+\dfrac{a}{a+b}$

将上述值带入方程，得

$$\overline{P_{n+1}}+\frac{a}{a+b}=a+(1-a-b)\overline{P_n}+(1-a-b)\frac{a}{a+b}$$

化简：

$$\overline{P_{n+1}}=(1-a-b)\overline{P_n}$$

此方程的解为：

$$\overline{P_{n+1}}=(1-a-b)^{n+1}P_0$$

其中P_0为主体对信息刺激的最初反应概率，称为先验概率。

由于$1-a-b \geqslant 0$，当$0<1-a-b<1$，即$0<a+b<1$时，$n \to \infty$，则$\overline{P_{n+1}} \to \dfrac{a}{a+b}$，此时过程趋于稳定。如果$1-a-b=1$，即$a+b=0$，则$\overline{P_{n+1}}=P_0$，表示用户对信息刺激总停留在最初状态。其反应概率不变，这说明主体已事先了解信息内容，没有吸收信息的表现。

我们将$\dfrac{a}{a+b}$改写为$\dfrac{a}{b}/(\dfrac{a}{b}+1)$，引入$\gamma$；$\gamma=\dfrac{a}{b}$，于是，

当$0<a+b<1$时，若$n \to \infty$时，则

$$P_{n+1} \to \frac{\gamma}{\gamma+1} \qquad (4.18)$$

这里的 γ 称为动力结构，主体吸收信息的过程取决于动力结构 γ。

从上述分析可知，$a+b$ 愈大，即 $1-a-b$ 愈小，信息吸收过程进展也愈快（过程收敛快），其作用的概率稳定在极限值 $\frac{a}{a+b}$ 附近。因此，过程有 $a+b$ 决定，即由正、负刺激的联合强度决定。一般来说，信息的正、负刺激同时存在（a、b 都不为 0）。若 $a=0$，表明信息对主体毫无积极作用，如果 $a=b\neq0$，则 $P_{n+1}=1/2$（$\gamma=1$），表明信息对主体模棱两可，反应的正、负作用对比效果不明显。

信息的正刺激由信息的内在结构、内容以及主体需求决定。社会中信息利用控制的问题在于如何力求使用户对信息的刺激反应最优化，从而确保用户对信息处于最佳的利用状态。

从综合角度看，用户对信息的吸收取决于：

①用户对信息的关心程度；

②用户对信息的理解程度；

③用户受信息的影响程度；

④用户对信息效益的期望程度；

⑤用户与信息创造者工作性质的相似程度；

⑥用户实际工作对信息的需要程度。

此外，用户信息需求的满足和信息效益的发挥还与提供信息的内容、方式和时机等因素有关。只有满足以上六个条件，信息才能发挥最大的效益。

用户使用信息的机理可归纳为接收信息、理解信息、吸收信息、扩充知识、指导行为、创造新信息等过程，其中心环节是对信息的吸收。

2. 用户使用信息的效果分析与检测

一般说来，信息对用户有如下几种作用：

①引起用户思维；

②改变用户的知识结构；

③帮助用户决策；

④指导用户行为；

⑤是用户进行各种创造活动的源泉。

用户在信息的作用下将创造新信息，同时获得包括经济效益在内的多种效益，有助于管理、生产、科研等各项工作的开展。

信息对用户的作用可以用图 4.6 直观地表示。该图较好地反映了以"吸收信息"为中心的用户使用信息的过程和信息作用的各种效益。

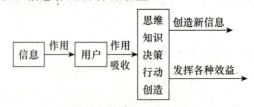

图 4.6　信息对用户的作用

信息对用户的作用效果很难做出精确计算，一般情况下只能进行定性分析和一些半定量的检测。以下，我们从用户使用信息的机理出发涉及信息效果检测的某些理论。

（1）信息对用户思维作用的效果检测。信息可以消除用户对有关问题认识的不定性，以此为依据可以估算信息对用户思维作用的效果。

为此，我们引入熵的概念，用熵来描述用户认识不定性的程度。熵最大时，认识不定性最大；某一信息作用于用户后，认识不定性将会减小，其熵的减少量便反映出信息对用户的作用效果。

设某一事件有 K 种可能：E_1，E_2，$\cdots$，E_k，其发生概率分别为 P_1，P_1，$\cdots$，P_k，则熵为：

$$H_0 = -\sum_{i=1}^{k} P_i \log_2 P_i (P_1 + P_2 + + P_k = 1) \tag{4.19}$$

如果用户事先只能根据概率对事件发生的可能做出判断，则认识不定性为 H_0；若某一信息作用于用户后，用户对事件认识不定性为 H_1，则认识不定性程度的减小为 $I = H_0 - H_1$，I 表示了信息对用户的作用效果（常称用户吸收信息量）。

例如，对于某个预料有 8 种可能性（概率相同）的事件，在获取信息后，如果即可判断出只有一种可能，则认识不定性减小为：

$$I = H_0 - H_1 = \left(-\sum_{1}^{8} \frac{1}{8} \log_2 \frac{1}{8}\right) - (-1 \cdot \log_2 1) = 3 (\text{bit}) \tag{4.20}$$

（2）信息改变用户知识结构的效果检测。人类知识体系是一个有机的整体，它由各知识单元组成，而这些知识单元又具有十分复杂的立体网状结构。由于人类的知识结构处于不间断的发展变化之中，因此，信息对用户知识结构作用效果的检测问题目前还不能很好地解决。

布鲁克斯在描述用户利用信息的过程时，提出了如下的基本方程：

$$K(S) + \Delta I = K[S + \Delta S] \tag{4.21}$$

这一公式以一个很一般的形式描述了知识结构 $K(S)$，通过获得信息 ΔI 而变换为新的改进了的知识结构 $K[S + \Delta S]$ 的情况。式中的 ΔS 表示改进的效果。

该方程虽然从理论上概括了用户的知识结构在信息 ΔI 作用下的改变过程，但是对于改进效果 ΔS 却很难求出。因此，在实际检测中只能求助于定性方法。例如，我们可以粗略地分析用户所用信息的知识属性，将其划分为若干知识单元，然后估算出这些知识结构单元的隶属程度，参照用户对它们的吸收情况，确定吸收系数，最后求其总效应。如果用 ΔS 表示用户知识结构在信息 I 作用下的改进效果，则有：

$$\Delta S = \sum_{i=1}^{n} \alpha_i \beta_i I_i (i = 1, 2, 3, n) \tag{4.22}$$

式中：I_i 表示信息 I 的第 i 个知识单元的信息量，β_i 为 I_i 对用户知识的隶属度（$0 \leqslant \beta_i \leqslant 1$）；$\alpha_i$ 为用户对 $\beta_i I_i$ 的吸收系数（$0 \leqslant \alpha_i \leqslant 1$）。

（3）信息对用户决策作用的效果分析。约维兹曾研究了决策者获得信息后决策效果的改进情况，他采用了如下的理论公式来描述这一效果：

$$V = V_D(t) - V_D(t_0) \tag{4.23}$$

式中：$V_D(t_0)$ 和 $V_D(t)$ 分别表示用户接收信息前后的决策效果；V 表示效果的变化。从概率论的角度出发，可以表示为：

$$V_I = \sum_{i=1}^{m} P(i) \cdot V(t_i) \tag{4.24}$$

式中：$P(i)$ 为行动路径 i 的选择概率，$V(t_i)$ 为行动路径 i 的期望值。此式将信息效益与决策者的行动效果相联系，明显地显示了信息的决策作用。

（4）用户利用信息后实际效果的检测。如果用用户的经济实力的增强来反映其效益，则信息效果为：

信息可能带来的经济效果 ≈ K × 成果投产后平均利润 × 折旧期 × 成功率

成果的潜在价值为：

$$S_\Delta \approx \sum_{z=1}^{n} (A_z - W_z) \tag{4.25}$$

式中：S_Δ 为成果潜在价值，在 $z=1,2,\cdots,n$，表示累积效应，W_z 为总成本，A_z 为总产值。由此出发，信息可能带来的经济效果为：KS_Δ（$0 \leqslant K \leqslant 1$），系数 K 为信息在用户活动中所起作用的大小。

（5）用户对信息满意程度的估计。用户对信息的满意程度可以直观地反映信息对用户可能带来的效益，一般情况下可用下式表示：

$$\eta = \frac{V_{实用价值}}{V_{使用价值}} \tag{4.26}$$

显然，$\eta \leqslant 1$。式中，$V_{实用价值}$ 和 $V_{使用价值}$ 分别表示信息对于用户的实际实用价值和使用价值。

在用户利用信息的效果分析中往往采用综合评定法来全面评价用户使用信息的效果。实际上，信息对用户的作用差别很大。同一信息对某些用户来说，可能启发了思路，促进了知识结构的改变和工作的进展。还有的用户可能通过它掌握动态，进行决策等。在效果的综合评价中，可以采用多种方法，以下介绍两种。

①综合评分法

采用综合评分法对用户使用信息的效果进行评价时，首先根据信息对用户的作用机理将其分为如图 5.6 所示的各种作用因素 $Z_1, Z_2, \cdots, Z_n$；然后按统一的标准对各种作用效果评分，分数为 $x_1, x_2, \cdots, x_n$；最后，针对用户的实际情况对各种作用因素加权平均求其评分的加权平均值 $\bar{x}$。

$$\bar{x} = \frac{1}{n} \sum_{i=1}^{n} q_i x_i \quad (i=1,2,\cdots,n) \tag{4.27}$$

式中：q_i 为各因素的加权数。

综合评分的平均分数反映了用户利用信息的总体情况，可用于不同用户对同一信息利用效果的比较分析，也可以分析同一用户对不同类信息的综合使用效果。

②模糊评价法

从以上的叙述中，我们已经了解到"信息效果"是一个模糊的实际问题，因此可以用模糊集合方法对其进行评定。

对于某用户，信息的各种作用构成了一个集合，由于作用的复杂性和它们之间的某些联系，可以将作用集合作为一个模糊集合处理，设这个集合为 ∪：

$$∪＝\{思维，知识，决策，行动，创造\}$$

一般情况下，∪ 表示为：

$$∪＝\{\mu_1，\mu_2，\cdots，\mu_n\}$$

另一方面，个作用的效果构成了另一个模糊集合 V：

$$V＝\{有效性，适用性，作用量\}$$

一般情况下，V 表示为：

$$V＝\{\nu_1，\nu_2，\cdots，\nu_n\}$$

令 R 是从 ∪ 到 V 的模糊关系，为一模糊矩阵

$$R＝(\gamma_{ij})\ (i＝1，2，\cdots，n；j＝1，2，\cdots，m) \tag{4.28}$$

其中，γ_{ij} 表示从第 i 个作用入手，对信息效果进行第 j 项评定。其平分数在 0～1 之间，"1"代表"最佳效果"，"0"代表"无效果"。R 为单位作用因素评价所组成的矩阵。

考虑到 ∪ 中的作用因素具有不同的重要性，可对各作用因素进行加权。例如，根据思维、知识、决策、行动、创造对用户的实际意义进行权重分配。在数学上可以表示为 ∪ 上的一个模糊子集 A。因素 μ_i（$\mu_i \in A$），对 A 的隶属度便是 μ_i 的权重，$\{A(\mu_i)\}$ 便是其权重分配。

由于单位作用因素评价矩阵为 R，权重分配为 A，因而信息作用效果综合评价 B 为：

$$B＝A°R$$

因为 A 和 R 均是 ∪ 上的模糊子集，其内积 A°R 为：

$$A°R＝\mathop{\vee}\limits_{n \in U}[A(\mu) \wedge R(\mu)]$$

这里，"∧"和"∨"分别表示取上、下界，如果元素有限，则"∨"＝"max"，"∧"＝"min"。

利用模糊分析法可以解决信息效益评价问题。例如，在"信息效果分析"中，从信息的"思维""决策"和"行动"作用可以进行如下分析：

$$V＝\{有效性，适用性，作用量\}$$
$$U＝\{思维，决策，行动\}$$

设单位作用因素分析数据为：

$$R＝\begin{bmatrix} 0.2 & 0.5 & 0.3 \\ 0.4 & 0.4 & 0.2 \\ 0.3 & 0.4 & 0.6 \end{bmatrix}$$

权重分配为：

$$A＝(0.1\quad 0.4\quad 0.5)$$

则：

$$B＝A°R＝(01\quad 04\quad 05)°\begin{bmatrix} 0.2 & 0.5 & 0.3 \\ 0.4 & 0.4 & 0.2 \\ 0.3 & 0.4 & 0.6 \end{bmatrix}＝(0.1\quad 0.4\quad 0.5)$$

将其归一化，得

$$B_1 = (0.31 \quad 0.31 \quad 0.38)$$

于是，三个作用因素按有效性、适用性和作用量的总评价为（0.31　0.31　0.38）。

复习与思考

1. 试述信息源的分类及特征。

2. 信息评价的一般指标有哪些？

3. 以竞争情报为例，简述信息获取的途径与方法。

4. 如何进行用户信息利用的价值度量？请同时进行效果分析。

第3篇

信息服务与管理

第5章
基于用户的信息服务

在信息时代，信息用户对信息获取提出了更高要求，这就需要提供更加专业的信息服务。信息服务通过开发和生产信息产品，实现信息价值，以满足用户需求。因此，信息服务是信息管理活动的初衷和归宿，信息服务业也成为信息产业的新兴产业，是信息技术发展的最终目标。

5.1 信息服务概述

5.1.1 信息服务与信息用户的含义

1. 信息服务的含义

与其他社会化服务相比，信息服务是一项更具社会性的服务。在现代社会中，无论是工农业生产与经营活动、科学研究与开发活动、商业流通活动、文化艺术活动、军事活动等领域的职业工作，还是社会管理与服务工作，都离不开信息的发布、传递、搜集、处理与利用，都需要有相应的"信息服务"为其提供保障。从信息功能与作用上看，信息的客观存在状态、形式以及信息与社会组织成员的关联作用，决定了信息服务的内容和形式。

信息服务是以信息为内容的服务业务，其服务对象是对服务具有客观需求的社会主体（包括社会组织和社会成员），在服务中这些主体称之为用户。

2. 信息用户的含义

鉴于信息服务的普遍性和社会性，开展信息服务应从社会组织和社会成员的客观信息需求出发，以满足其全方位信息需求作为组织信息服务的基本出发点。这说明，信息服务用户与信息用户具有同一性，即一切信息用户都应成为信息服务的用户。

在图书馆和情报（信息）部门开展的文献信息服务中，用户（User）通常指科研、技术、生产、管理、文化等各种活动中一切需求与利用信息的个人或者团体，前者称为个体用户，后者称为团体用户。在信息传播与交流服务中，用户指具有信息传播与交流需求和条件的所有社会组织及成员。在其他专门化的信息服务中，"用户"还具有新的含义。

在社会信息的产生、传播、吸收和使用过程，任何社会组织和社会成员，既是信息的创造者和传播者，又是信息的接受者和利用者，其客观信息需求为他们的社会需求所引发，表现为对信息接收、交流、发布、传送、吸收、利用和创造的综合需求。社会组织或成员在获取和利用信息的同时，必然伴随着新的信息产生和传播，表现为信息与用户的交互作用机制。因此，社会中的人只要有利用信息的智力条件和与社会他人的交往需求，就必然成为信息用户。因此，凡具有一定社会需求与社会信息交互作用条件的一切社会成员（包括个体或团体）皆属于信息用户的范畴。

3. 信息与用户的关系

从信息所处状态分析中可以明确，信息是具有时间和空间结构的。如果某一信息与某个用户在"认识空间"是关联的，那么在传递条件具备的情况下，这一信息便会与该用户发生作用，从记录、传递状态转变为用户接受状态，并且通过"用户吸收"产生新的信息。如果将信息作用看作一种"运动"，则可以发现，"运动"是信息的基本属性之一，人类的信息活动与信息服务是以信息用户为中心的"信息运动"过程。任何信息都是由于"用户利用"而产生的，而用户"创造"的信息则将在社会中以新的渠道传递和被利用，并由此产生信息的社会效益和作用。

信息服务的开展是以信息与用户的关系为前提的，以此为基础组织用户服务活动。用户与信息具有以下基本关系：

（1）信息只有通过用户使用才能表现其存在价值，而用户在各种活动中又离不开信息，表现为信息与用户的相互依赖。

（2）用户在发布、传递、获取和利用信息的过程中会对信息客体做出选择，以求信息活动与用户主体活动相适应和相匹配。

（3）用户在选择、发布与使用信息的过程中必然对信息进行评价，以明确信息的价值。

（4）信息与用户的关联作用结果表现为用户对接受并存储在大脑中的信息进行可能的加工，即用新的方式表达信息。

（5）用户在获取和利用信息的过程中程度不同地传递着信息，用户与用户之间的信息传递是信息的一种主要传播方式。

（6）任何用户在吸收某一信息的同时会创造与此有关的新信息，因此信息只有通过用户吸收才有新的生命。

5.1.2　现代信息服务的特性

（1）知识密集程度高。信息服务过程中要求服务人员做出大量主观判断，确定服务方法和服务特点。在与用户接触过程中，并不只是做出消极的反应，而是经常需要积极地引导用户。甚至在某些情况下，信息服务的控制权可能从用户转向服务者。信息服务人员最重要的工作是先确定信息问题的性质，之后才是解决问题的方法。因而，信息服务需要将服务过程划分为诊断问题和解决问题两个部分。

（2）信息用户参与度高。用户的信息需求不易被感知，只有在与用户进行更多交互的基础上才可能了解其需要并进行信息服务供应。这使得信息服务成为一种用户参与度极高的交互性服务，甚至一些服务（如虚拟社区）就是由用户自发驱动产生内容而创造的一个平台。因此，信息服务组织往往通过会员制与用户建立正式、持久的联系，进而更方便地了解客户群体的状况，了解客户消费服务的方式，以更好地划分细分市场，形成用户对信息服务机构的忠诚感。

（3）信息用户个性化需求高。信息服务是一种针对用户思想的服务。由于接触层面深，信息服务体系面临更多的不确定因素，顾客可能随时提出新要求，随时引起服务工作中断。这使信息服务供应几乎无法做到供需一致，因而服务人员经常会取代信息资源而成为服务主导因素。为回避接触层面深所带来的负面影响，一些信息服务企业会大量利用网络等物理连接信息服务设计与管理方式，减少面对面服务所带来的压力，如采取个性化定制服务、自助服务等方式。

除此之外，信息服务机构（尤其是网络信息服务业）获得用户与实现收入之间是相对独立的。传统企业的产品市场占有率体现在已经实现的商品销售率，即在获得顾客的同时实现了销售收入；而信息服务企业不同，获得用户与销售收入是两个相对割裂的方面。例如，免费提供信息服务的门户网站等，其收入往往来自于用户基础的再开发，即获得用户是基础，收入的获取是在用户基础上进一步开发而实现的。

5.1.3 信息服务的类型

目前，对信息服务的具体分类还未定型，以下是较具代表性的几种分类方式。

1. 从发展所依赖资源角度的分类

对信息服务而言，其后台的推动力是技术和信息，而前台关键是需求获知能力和知识解析能力，因此，信息服务的发展还需要依赖人力资源和技术资源。从信息服务的不同资源依赖模式看，信息服务可以分为执行型、经验型、专家型，如表 5.1 所示。

表 5.1　基于所依赖资源的划分

信息服务类型	前台产品	后台产品	主导因素	举例
执行（依靠系统）	信息或信息组合	信息序化、信息系统设计与维护	服务人员	信息检索与传递、信息系统运维
经验型（依靠经验）	定制信息	信息采集、信息整合	用户、服务人员	定制信息推送信息报道
专家型（依靠智慧）	解决方案	信息采集、信息解析	用户、服务人员	管理咨询、决策支持、商业智能

其中，执行型信息服务主要依赖特定服务系统，前台产品往往是按照用户明确要求供应的信息或信息组合。后台工作集中在信息序化、信息系统设计与维护方面；在服务过程中，用户是主导因素，如信息资料传递服务、信息分析软件应用服务、检索服务。

经验型信息服务主要依赖特定服务经验，前台产品是在现状分析、判断用户需求基础上供应的定制信息。后台需要强化信息采集，并在预测用户需求基础上预先进行一定信息整合，用户和服务人员在该服务过程中均扮演重要角色如事务型咨询、行业报道等。

专家型信息服务前台产品主要为针对性报告和解决方案。后台需要集中于信息采集和

信息解析工作，特别强调信息解析。在这一服务过程中，主导因素往往是服务人员。

2. 从市场价值和共享性角度的分类

如果以市场价值和共享性为维度，可以将信息服务分入 4 个象限，如图 5.1 所示。

第一象限：高使用价值，高共享性。该类信息服务固定成本高，边际成本低，具有显在的经济效益。主要是一些执行型信息服务，如金融市场信息服务，FAQ（高频问题库），搜索引擎等。其商业价值较大，经营过程中应强调经济性和排他性。该类服务信息收集及资源管理非常重要。

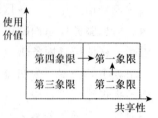

图 5.1　4 个象限的信息服务

第二象限：低使用价值，高共享性。该类信息服务每次使用带来的用户增值不一定高，但更加公共化，社会效益大。主要是执行型信息服务。这种服务固定成本相对较低，服务系统维护成本高。如图书馆常规借阅服务、行业信息服务、数据库服务等。该类服务的可替代性强，且具有潜在的经济效益，一般应采取开放式的服务模式。对该类服务而言，服务场景管理特别重要。

第三象限：低使用价值，低共享性。此类服务没有市场价值，基本上不可取。

第四象限：高使用价值，低共享性。该类信息资源服务高差异化，因而具有独特性。一旦建立，将具不可替代性。主要是经验型、专家型信息服务，如咨询。该类服务与用户的交互过程管理非常重要，可以发展针对性、甚至个性化定制的服务模式。该象限服务借助信息技术和标准化管理，可能实现向第一象限的转化。

5.1.4　信息服务模式

1. 信息查询与传递服务

信息机构整合内外信息资源，向用户被动（由用户发出服务请求）进行多向信息传递。不论这些信息可能在什么地方或是什么形式。具体形式包括信息搜索服务、查新服务、馆际互借与文献传递等。

信息搜索服务，由信息服务者主导提供查询服务，或由用户主导提供自动查询服务。

信息搜索服务一般以篇、句、词或其他信息单元甚至知识单元为搜索单位展开查找服务。目前，搜索服务正在实现从技术到资源组织的重心转变。例如，搜索引擎的发展历史可以分为以下 4 个阶段：第一阶段是 1994～1998 年的按照关键字出现的频率为基础的相关性分析阶段；第二阶段是 1998～2002 年的以超链接分析为基础，不但分析网页本身的相关性还要分析指向该网页的其他网页相关性；第三阶段是百度推崇的竞价排名方式；第四阶段是社区化阶段。例如，2006 年雅虎推出 IMatch 产品，并把社会化搜索确定为发展战略之一；百度引入了"百度空间"和"百度知道"，正在构建社会化搜索的支撑体系，社会化搜索已成为搜索市场新的发展亮点。

查新、查引与查重服务是一类传统信息查找服务。查新服务的应用目的是为了避免科研选题的盲目性、重复性和成果评审的主观失误等现象。该服务广泛应用于科研立项、成果鉴定、申报奖励、专利申请等。2001 年 1 月，科学技术部发布并实施的《科技查新规范》对查新做出的定义为：查新式科技查新的简称，是指查新机构根据查新委托人提供的需要查证其新颖性的科学技术内容，按照该规范操作，并得出结论。目前对查新服务的认识有所深化，如有学者认为，查新是以信息搜索为起点，通过信息提炼、重组、分析比较、综合等需要高智力投入的环节，最后形成情报评价。

馆际互借与文献传递目前已成为公益信息服务的主要工作形式之一，该项服务借助便捷的网络环境为用户建立畅通渠道，从而提供快速反应和高满足率的文献传递服务。该项服务需要强调知识产权保护，一般从研究与学习目的出发，不应用于商业组织，并采取措施防止大量过激请求。在一个阶段时间内只满足任何一个用户的有限请求，并对用户请求进行审查信息服务设计与管理等。例如，国家科技图书文献中心（NSTL）馆际互借服务系统是为中国图书馆及其用户提供科学资源，包括期刊论文、会议论文、技术报告、专利与标准。它将下属的 9 个成员图书馆联合起来作为一个图书馆来为用户提供服务，采用一个集中式的 ILL 系统实现统一的服务与管理。而中国高校哲学社会科学文献保障服务体系（CASHL）是为中国社会科学与人文科学提供资源与服务，有计划、有系统地引进和收藏国外人文社会科学文献咨询，采用集中式门户平台与分布式服务结合的方式，为全国高校、哲学社会科学研究机构及社会科学工作者提供综合性文献信息服务。CALIS 中心引进的 "Uncover Reveal"（最新信息跟踪和文献传递服务）服务中，用户按照系统要求填写若干关键词和期刊名称等，系统即按用户的需求将每周更新的匹配文献信息发送至用户指定的电子信箱中。

另外，信息检索服务还出现了更多的专指性服务，如专利侵权检索即为阐明发明保护范围提供必要的信息，以规避侵犯专利权风险，或者防范第三方侵权。瑞士知识产权联邦机构的 IP-Search 服务中包括侵权检索（Infringement Search）和有效性检索（Validity Search）。其对侵权检索服务的描述为："如果您想在产品生产和销售之前确定专利侵权风险从而避免昂贵的诉讼费用，我们可以告诉您它是否落入现有专利保护范围之类。"而对有效性检索服务的描述为："如果您对一项妨碍您商业战略的专利提出怀疑，我们可以检索挑战该专利新颖性或创造性的文献，从而为在争端中评估该专利的法律有效性提供依据。"

2. 信息报道与推送服务

将用户兴趣搜索和过滤信息，定期或实时地主动传送给用户，帮助用户高效率地发掘有价值的信息。

（1）学术报道：根据学术用户的需求，有选择地将有价值的学术信息（学术快报、文摘等）进行定期传送。（定向报道和定题报道）

（2）广告推送：依据广告主的需求，将互联网广告以合适的方式推送给合适的消费者，提高广告精准度。

（3）社区信息推送：基于 PC 或移动端用户偏好，推送用户感兴趣的信息（帖子、任务、游戏等），激发用户活跃度，提升社区信息流通效率。

3. 数字参考服务

参考服务的开展由来已久，在网络时代，该服务更多地被体现为数字参考咨询服务。美国教育部虚拟咨询台 VRD 对数字参考咨询的定义为：建立在网络基础上的将用户与专家的学科专业知识联系起立的问答式服务。数字参考服务利用互联网将人们与那些能够回答咨询并支持发展这种技能的人联系起来。按照美国著名数字参考研究专家 David Lankes 的说法，数字参考服务有两个发展源头：一是图书馆界在传统的图书馆参考服务基础上，应对网络环境的发展而开展起来的一种数字信息服务；二是以 ASKA 服务和专家问答站点为代表的网络信息服务。这两个发展源头基于不同的服务理念和目的，形成了两种在构架和运行策略上有很大不同的服务模式。

目前，图书馆界的数字参考咨询服务则采用了分布式合作参考服务的模式，在一定程度上解决了咨询员数量有限与网络用户提问无限之间的矛盾。其主要分为异步、实时、合作化 3 种类型。异步服务主要利用 E-mail、Web form、BBS、留言板、FAQ 等方式；实时主要通过网络聊天、视频会议、网络白板、网络呼叫中心等实时交流技术实现；合作化数字参考咨询是由许多成员机构一起组成一个分布式的数字参考咨询网络，以解决单一图书馆或信息机构因种种原因限制而不能解决的咨询问题。

在数字化信息环境下，以图书馆馆藏资源和数字化信息资源为基础，向用户提供参考咨询服务。

异步式：建立常见问题解答库，将答案公布在图书馆网页或用 E-mail 回复用户。

实时交互式：与用户面对面交流，网络聊天室、BBS 在线咨询、网络会议等。

合作式：由多个图书情报机构联合，形成一个分布式的虚拟网络，为用户提供全天候参考服务。

4. 信息咨询服务

（1）信息咨询的含义

信息咨询是运用知识和智慧，为客户解决问题、改善客户工作系统与环境，并实现某一特定目标的活动。

因此，它是以知识运用为特征的服务活动，是某些个人、团体或机构利用自身的专业知识和规模信息优势，以专门的知识、信息、技能和经验为资源，通过对信息的收集、整理、加工和分析，在签订委托协议或合同的前提下，为政府、企业、团体等组织及个人提供可靠的决策依据和可行的实施建议。

（2）信息咨询的实质

①咨询是向他人征求意见，咨询者（客户）和被咨询者（顾问）之间互相沟通，交流信息，协商、探讨或谋划以解决问题。

②咨询是一个请教问题和接受提问并提出适宜的建议和解决方案的对立统一过程。

③信息特性是咨询的最基本属性，咨询离不开信息，咨询过程实质上就是信息的获取、加工和传递的过程。

（3）信息咨询环境

①技术环境：计算机和网络技术对信息咨询的直接和间接影响。直接影响：咨询技术与方法的变化：搜索引擎系统、商业咨询网站 Ask Jeeves、Webhelp 等，专家咨询服务网站 Ask a Scientist，Ask ERIC 等。间接影响：对社会信息需求与信息化生存的影响。

②社会环境：经济全球化为信息咨询提供新的发展机遇；经济全球化使咨询企业国际化、使咨询企业在国际经济舞台上更加活跃；知识与信息社会的多维化使社会信息意识的

提高和社会信息需求的增加。为了获得知识，人们要咨询别人；为了从无序信息中获得时效信息，人们需要咨询别人；为了获得或理解一篇文献中相关或隐含的信息，人们需要寻求别人的帮助；图书馆服务承担着一些重要的或有益的社会功能（为人们交流提供场所和资料）。

信息咨询既是一门艺术，也是一门科学。作为一门艺术，它为决策提供科学依据，创造新的知识，运用智慧解决一切问题，被人们称为"智囊团"和"思想库"。作为一门新兴的科学，信息咨询学属于综合性的应用学科，涉及决策科学、管理学、经济学、信息科学等多方面的知识。

5.2　现代信息服务的主要环节

5.2.1　现代信息服务的兴起

1. 经济背景——服务经济的发展

服务经济是指经济活动以创新和服务为中心，服务经济产值在 GDP 中的相对比重超过 60% 的一种经济状态。或者说，是服务经济中的就业人数在整个国民经济就业人数中的相对比重超过 60% 的一种经济态势。现代服务经济产生于工业化高度发展的阶段，是依托信息技术和现代管理理念而发展起来的，现代服务经济的发达程度已经成为衡量区域现代化、国防化和竞争力的重要标志之一，是区域经济新的极具潜力的增长点。服务经济背景下，以知识密集型为特征的现代服务业快速发展，现代信息服务最具代表性。

服务经济是近五十年来崛起的新的经济形式，它在国民经济构成中占有极其重要的地位，它涵盖了服务业乃至对外服务贸易的广阔的市场经济门类与形式。在国外，服务经济已基本形成相对成熟的体系，并有其自身的运作方式。在我国，随着市场经济的发展，服务经济开始得到政府主管部门的高度重视，并在国民经济中逐渐加大其比重，是我国正在进行的产业结构调整升级的主要途径，关系到未来经济发展的走向与创新，具有十分重要的战略意义。

2. 理论基础——服务科学的产生

服务科学（IBM 定义）是指研究如何将科学技术、管理和工程原理应用于个体或组织系统中，促进其有效完成特定任务（服务）的一门新兴学科。

全球创新研究领域对服务业创新的研究开展较晚，国外从 20 世纪 80 年代开始关注服务业创新的问题，但至今仍处在起步阶段，国内学者对服务业创新的研究起步更晚，直到 2003 年之后才开始有第一批研究成果出现。

随着以信息通信技术为代表的新一轮科技革命的发展，全球的服务业正经历着技术—经济范式转换的核心，互联网、云计算、物联网、知识服务、智能服务的迅猛发展，正在为服务创新提供有力的工具和支撑环境，服务业正在成为推动经济和社会发展的高端和战略性产业。

服务科学为现代信息服务的发展提供了理论支撑，现代信息服务体现了新业态下的商

业模式，将价值链中知识密集的产品定位、设计和营销作为关键环节，如图 5.2 所示，在下面的章节中将进行详细阐述。

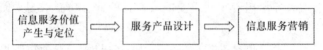

图 5.2　现代信息服务的主要环节

5.2.2　信息服务的价值产生与定位

信息服务过程中产生的附加价值，是信息价值的增值。一般来说，它是多向主动传递的，主要是指图书馆等信息服务组织提供的非咨询服务和公共媒介传播的服务（一般属于公益性的免费服务）。从生产者的角度来说，这类服务无疑耗费成本，其服务价值是通过信息的广为传播、利用、价值倍增得以体现的。

更为用户所关注的是第二类信息服务，即单向被动信息服务。这类信息服务是信息服务机构根据用户的信息需求提供信息和服务，服务和服务的结果—信息（主要指各类型的数据库服务、软件设计服务、咨询服务等）是向特定的用户提供的。这些信息服务都以营利为目的，所耗费的成本都是以信息产品的价格来显现的。

信息服务是为科学研究和特定用户提供支持性信息和服务。其服务过程本身就是一个智力劳动过程，具有明显的高智力性。从另一方面来看，这也决定了对从事信息服务的人员的智力要求。服务人员不仅要熟知信息方面的专业知识和处理技能，而且要能应对各类专业用户的个性需求。

信息服务虽然是一种高智力性的服务，但其本质是服务。由于最终要面向用户，所以推崇用户至上的理念。信息服务价值的体现，根本上是要理解和把握用户需求，从信息的生产和服务成本着手，降低不必要的成本支出，为用户最终获益着想。

此外，信息服务的价值还体现在对信息产品的使用上。例如数据库作为信息服务的一种产品，只有被使用，其价值才能得到体现；使用越频繁，信息产品本身增值的可能性也就越大。

信息服务是信息供应商与客户相适性的交互行为，其价值实现源于用户的参与。

在信息消费过程中，信息用户所追求的是信息服务给其带来的利益，价值定位的核心是用户利益。

5.2.3　信息服务设计

随着社会化媒体的普及、数据的量爆发式的增长。信息用户面对海量的信息资源，比如，大家每天在网上分享的文字、图片、视频，它的数据的规模要超过我们历史上任何时期。有价值的信息也越来越多。信息用户所需要的信息服务也必须进行转变。

1. 从技术思维到设计思维转变

国外有学者提出学科分类的三分法，即形式科学、解释性科学和设计科学。形式科学，如哲学和数学；解释性科学主要指自然科学和一部分社会科学（如经济学），重在描述（Description）；设计科学包括工程学、医学、管理学、现代心理疗法等，重在施策

（Prescription）。诺贝尔经济学奖获得者西蒙指出，凡是以将现存情形改变成向往情形为目标而构想行动方案的人都在搞设计；生产物质性人工物的智力互动与为病人开药方或为公司制定新销售计划或为国家制定社会福利政策等这些智力活动并无根本不同。因而，隶属于管理学的信息服务管理也应是一门设计科学。

过去很长一段时间，信息服务领域将更多的努力放在技术上，而不是设计上，其原因有以下几个方面：一是传统的影响，工业化社会以来人们就相信技术的改造力量；二是技术变化的干扰，技术的快速发展，使人们一直受变化速度干扰，甚至无暇顾及其他；三是信息技术厂商的力量，他们有意识地使人们相信，技术可以解决几乎所有信息问题；四是难度问题，其实购买信息技术要比建立一个良好的信息环境要容易得多。

然而，技术驱动寻求的是内部效率（即生产资料的有效利用，也就是通常所说的生产率）的最优，以致技术先进但少人问津的信息产品案例比比皆是。但事实上，效率不但包括内部效率，还包括外在效率。所谓外部效率，是指用户所感知的外部运营效率，表现为用户感知的服务质量。以外部效率为桥梁，内部效率才能被转化为价值。而能够为顾客感知的只有生产过程的外在表现形式，设计的思维方式正是从外在表现出发，立足于促进外部效率。因而，面向技术的思维方式必然也即将被面向设计的思维方式取代。

事实上，技术领域目前也在发生一些面向设计的改变，如软件开发领域的系统思维方法更加强调设计而非技术，甚至提出对需求分类、需求权衡、需求变化的深入研究，是软件架构师的"第一项修炼"。对需求分析的强调，正是面向设计的表现。

技术思维由技术驱动，寻求内部效率最优，信息产品的技术含量高，但难以推广。设计思维由用户驱动，注重用户体验，强调面向用户的外部效率，信息产品具有服务特征，由用户控制，主要体现在：

（1）设计的人性化。设计应当以人为中心和尺度，满足人的生理和心理需要、物质和精神需要，使人性得以充分的释放与满足，达到人物和谐。

（2）设计的创新。设计思维的核心和起决定性作用的内容就是创造性思维。创造性思维是一种打破常规、开拓创新的思维形式。

2. 信息服务体验设计

（1）信息服务体验的基本概念。所谓信息服务体验，从信息服务供应者角度看是信息服务所提供的一种体验，而从用户角度看，是用户所感受到的体验，因而相关设计又常被称为用户体验设计。

体验是指人们用一种从本质意义上的个人化方式来度过一段时间，并在获得过程中呈现出的一系列可记忆事件。

用户体验（User Experience，UE）是一种纯主观的在用户使用一个产品（服务）的过程中建立起来的心理感受，主要来自于用户和服务界面的交互过程。

当前，人类社会已经从产品经济时代、服务经济时代发展到体验经济时代。约瑟夫·派恩（B. Joseph Pine）与詹姆斯·吉尔摩（James. H. Gilmor）1998 年在美国《哈佛商业评论》上发表《欢迎进入体验经济》一文指出，体验经济时代已经来临。体验设计作为一种新的设计方法，将作用于用户感知、注意、记忆、推理等一系列心理活动，通过加强传统设计中的情感化和体验关注，提升产品价值，给信息服务设计带来新的活力。

信息服务领域更加重视用户体验设计，因为信息学认知观点认为，信息是处于情景和情境中的信息。情境，即用户在信息行为过程中所处的特定环境和状态。在信息行为过程中，与每一个组件（组成要素）相关的行动者和对象就成为他们自身的基本认知结构的情境（即对象的内部情境），并成为彼此之间的情境（对象之间的情境）。而在各个组件之间的相互作用过程中，这些组件自身又被称为彼此的情境。

情境具有历史性（累积性），它是由认知行为者在和"使用团体"及其同行长期接触过程中获得的知识和经验组成。此外，情境和信息行为的其他要素相互嵌套。因此，情境具有社会、文化和组织特征，与对象、系统、领域及行为者的工作和日常任务、情感、动机、喜好等有密切关系。历史情境和实时交互情境（会话）共同构成当前情境，并直接影响认知行动者对当前状态的认知和理解。

任何信息交互过程都是用户个人情境与信息服务环境共同作用的产物，信息服务设计需要在关注技术的同时，更多地关注用户任务情境和信息行为过程，使之朝着结构化、情境化方向发展，以增强用户服务体验。因此，信息服务的用户体验设计更加重要，也更加复杂。

（2）用户体验设计的理论依据。信息服务体验设计的基础是人们的认知心理规律，而认知心理规律主要来自于认知心理学方面的研究成果，认知心理学是研究人类认知机制及机器模拟的科学，涉及心理学、人工智能、社会学、语言学等学科，并借用信息论的基本原则来描述和解释人的认知过程。将认知心理学中的认识引入信息用户的研究，对探索用户行为控制方法不但是适用的、合理的，而且往往更具建设性。

20世纪五六十年代，A. 纽厄尔和 H. A. 西蒙把人类所具有的概念、观念、表征等人脑的内部过程看作物理符号过程，提出人脑是一个物理系统，人脑的活动是对这些符号的操作。而计算机也是一个物理系统，其工作原理是对磁场的模式或符号的操作任何物理事件只要能用符号形式表示，就能用计算机模拟出来，因此，人类思维中的概念和符号操作可以比拟一个计算机物理系统对符号的加工处理。这就是当代认知心理学中极为重要的物理符号系统假设。这一假设在人脑的思维活动和计算机的信息操作之间架起了一座桥梁，从而在信息加工心理学的研究基础上，可以设计计算机程序来模拟人的心理过程，特别是思维、问题解决等高级心理活动，后来，认知心理学和计算机科学相结合，产生了人工智能这一新学科，并广泛影响着信息学研究诸领域。

认知心理学研究中，涉及信息服务的主要成果包括3方面：信息识别心理、信息整合心理、信息推理心理。信息展示的目是在保证用户对所展示的内容有良好的识别的基础上，对信息内容进行正确的整合，而信息交流的过程中包含着一系列信息推理和创造过程。

（3）用户体验设计的目标。一次良好的信息利用体验应当是愉悦的感受加巅峰的工作状态，在这种状态中，人们很少受到打扰，集中精力面对挑战且相信通过现有的资源能够解决问题。期间哪怕遇到障碍，相关服务对障碍的反馈也应是及时的，其方案应当是有效且能够快速实施的，有学者将这种理想的信息利用体验称为心流体验。将心流体验定义为个体完全投入某种活动的整体感觉，当个体处于心流体验状态时，他们完全被所做的事深深吸引，心情非常愉快并且感觉时间过得很快。

信息服务的用户体验设计应当以用户信息利用体验为目际，通过对各设计要素的把握来促进用户体验的完整性和思维的顺畅性。从这一角度看，基于良好用户体验设计的信息服务应该像一个高档的餐厅、客户用餐，除了体验到美食、也同时体验到了优质的服务。而非建立在一系列选择基础上的自助餐（目前，更多的信息服务，包括建立在被动定制基础上的个性化信息服务也是如此）。为此，用户体验设计，不能仅停留在对服务界面的设计，还应加强对服务流程的设计。

　　（4）用户体验设计的关键环节。包括：①用户需求与行为研究——隐性要素分析；②酸性测试——隐性要素分解（问题：用户是否接受？是否会影响用户的行为？用户是否能受益？是否具有吸引力？……）；③服务情境设计——隐性要素显性化：使产品的内容表达与用户体验相匹配，让用户感受信息价值和服务的增值。

3. 信息服务传递设计

　　信息服务传递设计是对信息服务价值的转移过程的设计，是实现信息服务产品与用户相连接的一种机制，主要包括前台信息服务体系设计（用户操作流程、产品界面操作规则）和后台支持系统设计等内容。

　　信息服务传递设计中需要考虑以下几个基本要素：

　　（1）信息服务的可近性：包括物理可近性、智力可近性和心理可近性，遵循省力原则和习惯原则。

　　例如，手机屏的最下方放置常用按钮较好地运用了信息服务的可近性，遵循的是省力原则。购物平台的上方和左方放置功能栏和商品分类则遵循了信息服务的可近性的习惯原则，如图 5.3 所示。

图 5.3　手机和购物网站的可近性

　　（2）供需双方的相互作用：用户与前台服务体系的互动，需要通过"有形展示"来体现，常运用文字、图形等有形信息提示用户如何操作，应遵循怎样的规则。

如购物平台中"购物车"通过操作流程的有形展示较好地表达了供需双方的相互作用，如图 5.4 所示。

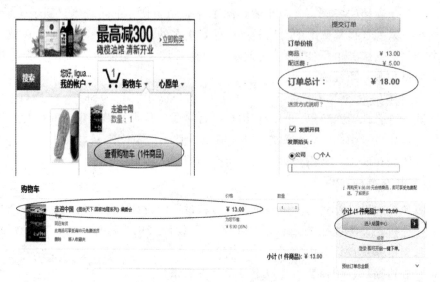

图 5.4　购物车的操作流程

（3）用户参与：用户从服务期望到服务实现的过程，可以实现长尾效应。
例如，某 APP 可以由用户自己创建个性化电台，实现个性化服务，如图 5.5 所示。

图 5.5　个性电台图

5.2.4　信息服务营销

　　信息服务工作不仅应经营信息资源，更重要的是经营信息服务活动和经营信息用户。因而，需要通过市场营销工作、拓展用户群、提高社会影响力。

市场营销是与市场经济相对应的概念。目前，市场营销已经成为绝大部分中国企业管理实践中的有机部分，而且营销已不再是物质生产类企业的专利，大部分非营利性组织也在寻求适应市场经济的生存、运作和管理模式的改革探索中初步完成了营销理念的导入。因而，越来越多的行业，甚至政府机构、教育科研机构以及其他社会公共机构开始运用营销管理来提高自己的知名度，推广自己的产品或服务。

1. 信息服务对营销观念的引入

信息服务机构的营销工作，就是信息服务机构对其信息产品（商品）与服务进行分析、调研、计划、组织、促销、分销，实现与信息用户的价值交换、满足信息用户信息需要的一系列过程，这一过程始于信息机构对潜在信息消费需求的市场调查、分析，终止于最后满足目标用户（现实用户的具体信息需求），完成于他们之间价值交换的实现。对于信息机构来说，营销工作有助于其充分实现信息资源的内容价值；对信息接收者来说，营销工作有助其获得信息资源的使用价值，即获得信息资源的有用性。

传统信息服务机构主要是非营利性机构，但它们对营销问题也早开始关注、如美国各种类型的信息服务机构自 20 世纪 80 年代以来，就非常关注营销管理的可行性，并逐步在实践中运用营销理论。

对信息服务机构而言，营销理念的引入不是一个简单的思想和观念的导入问题，要使机构的一切业务活动真正以市场为中心，就要使营销理念贯彻到所有的机构经营活动中，即实现一种全面的、全员的、全过程的转变。

2. 信息服务营销战略

由于竞争环境的变化，信息服务机构必须实现一种深层次的转变。目前，更多的信息管理学研究者认为，这种转变是向知识服务的转变。为了适应变革的需要，并基于目前信息服务机构的市场现状，面向知识服务的信息服务机构的市场营销战略应围绕以下几个方面展开。

（1）"让用户成功"战略。成功是指一种有利的结果或产出，如实现目标、获得荣誉等，过去信息服务机构往往把满足用户提出的信息需求作为服务宗旨。然而，从用户角度而言，他们对信息服务机构的认同是建立在服务的有效性上的，即建立在其是否能解决问题或有助于解决问题的基础之上的。由于用户知识结构的缺陷和其他干扰因素，用户对自己的信息需要的分析也经常是错误的。所以对用户所提出的信息需要的直接满足经常并不能帮助用户解决问题，不能让用户感受到信息服务的价值。因此，为了帮助服务人员建立正确的服务思路，以确保服务的有效性，应当将帮助用户成功地解决问题作为信息服务的服务宗旨。

"让用户成功"战略的实施将塑造一种新的服务形象，从而有力地促进了用户对信息服务的归属感。"让用户成功"将意味着一种开放式的服务，因为该宗旨以提高用户成功率为根本目标和评价标准，其实现用户成功的方法必然是灵活的、不拘一格的，甚至是富于创造性的，因而是开放的。同时，"让用户成功"又意味着一种不断发展的服务。由于用户的知识体系不断调整，问题不断更新，为了让用户成功，信息服务人员只有与用户并行学习、甚至"向未来学习"，才能不落后于"问题"，才能实现用户的成功。因而这一宗旨又将推动服务人员的不断学习，促进服务措施的不断调整，使知识更新成为信息服务经营的一种方向，使改革成为信息服务发展的过程。

（2）服务战略。服务战略是区别子技术战略、形象战略、价格战略等的一种营销战略选择，是指依靠提供一系列服务促进用户关系的战略，其核心是如何在经营中融入更多的服务，从而增加对用户的附加价值。

服务战略要求服务机构全体管理人员和服务人员都做到以市场为导向，以优质服务作为自己的行为准则，掌握必要的服务知识和服务技能，按照用户的需求和愿望，及时地、熟练地、灵活地为用户提供优质服务，从而提高用户的满意程度。

同时，服务战略要求信息服务机构遵循全面支持前台服务人员（或前台服务界面）的原则。要使优质服务成为强有力的竞争武器，信息服务机构必须将服务工作决策权从管理部门和职能部门转移到服务第一线。同时，调整组织结构、减少不必要的管理层次、以便上下级沟通信息，管理人员和职能部门的工作人员能够更好地为前台服务提供优质的内部服务，以便前台服务人员灵活开展用户服务。

（3）内部营销。新竞争环境下的信息服务将是一种基于人力资源和智力资源的服务，因此对人力资源的开发和实现是服务产品质量的生命线。服务营销学认为，服务产生效益的基础是内部员工需求的满足、只有内部员工需求满足了，他们才能自觉自愿地服务用户、从而才有用户需求满足的可能，才会产生高效益，因而引入了"内部营销"的概念。由于信息服务的自身特点，决定了其特别需要展开基于内部服务的内部营销。

"内部服务"这一理念是服务理念在服务机构内部的延伸。如英国数据流中心对内部用户就十分重视：中心的每个员工既是用户又是服务供应者，要求每个员工确定自己的用户，然后通过接触、访问，了解用户对所提供的服务是否满意。更有大量企业实践的现实证明，以"内部服务"为核心理念的内部营销对促进服务体系的良性循环，从而提高整个服务的外部服务质量和整体服务效益是一个极其有效的战略。

（4）能力营销。过去，信息服务的市场优势主要建立在其独特的资源实力上，然而随着网络信息资源的发展，资源的作用已逐步弱化。面对越来越大的市场竞争力，信息服务有必要强化能力营销的地位、通过对自身能力的提高和能力独特性，重建服务优势。这些能力应该是一种系统的能力、专业性的能力、富于创造的能力、给用户充分信任感的能力。具体而言，这一能力构成中应包括信息分析能力、决策分析能力、信息组织和开发能力、社会联系能力以及特殊的资源能力等各种具体能力。

（5）使信息服务成为用户生活的一部分。实现信息服务被用户的广泛接受，不只是一个吸引的问题，更是一个融入的问题。信息服务的抽象性和模糊性足以使人们望而却步，那么，怎样才能实现与用户初次连接乃至长期连接呢？根本的方法只有一个：使信息服务成为用户生活的一部分。

一方面，使信息服务成为用户生活的一部分，必须使信息服务机构在用户和社会群体的整个信息交流和管理中发挥战略性作用。信息服务的目光不能仅仅关注本机构内部的运营和机构所接触到的需求，还要走出去、走进用户的生活，走进社会，参与和辅助用户构造自己的信息系统，参与或主持对社会群体各类信息资源、技术和服务部门的管理和协调，从而在知识社会中发挥不可替代的功能性作用。

另一方面，使信息服务成为用户生活的一部分，要使服务内容与平常用户的平常需求相衔接。信息服务是一种智力型服务机构，但不应仅仅以疑难问题、复杂问题、高价值问题为对象。应当看到，问题的复杂与否并不是一个简单的判断，而是相对的、不明确的。因此，对简单问题的解答，对用户一般困难的帮助，既是信息服务机构的一个基本任务、也可能是信息服务初期阶段的主要任务，因为，正是这些需求的满足将成为信息服务机构开拓市场、树立形象的最佳时机。此外，为了使服务内容与平常用户的平常需求相衔接，可以为用户接触信息服务机构提供更多的"入口"。

（6）CRM战略。CRM战略也称作客户资源管理（Customer Asset Management）或客户交互管理（Customer Interaction Management）。CRM是全公司范围的策略，通过围绕客户细分重组公司，满足客户需求，连接客户和供应商等手段来最大化利润和客户满意度。关键的CRM技术投资能提供更好的客户理解度，增加客户联系渠道，客户互动以及对客户渠道和企业后台的整合。CRM的应用范围包括技术辅助式销售（Technology-enabled Selling，TES），客户服务和支持和技术辅助式营销，其战略框架，如图5.6所示。

①核心理念：将客户视为最重要的战略资源，通过持续改善客户关系创造新价值。

②技术层面：由多种信息技术集成的智能系统。

③操作层面：一整套面向客户的业务解决方案。

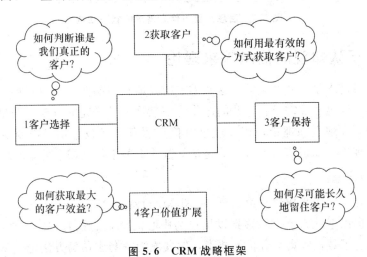

图5.6　CRM战略框架

5.3　信息用户的需求分析

探讨信息需求的内在机理是研究信息用户的需求的关键，分析需求与利用的关系，找出其中的影响因素。由于获取信息是用户信息需求的主要方面，因此下面讨论的信息需求将突出这一主要方面，强调用户对信息资源的需求研究。什么是信息用户？利用各种信息服务方式或信息交流渠道获取所需信息的个人或组织。信息用户的信息需求成为信息服务最有效的动力源。

5.3.1 信息需要与信息需求的状态结构

信息需要与信息需求的状态结构如图 5.7 所示。

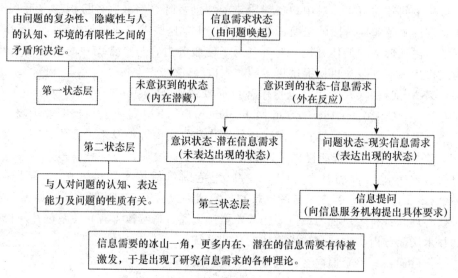

图 5.7 信息需要与信息需求的状态结构

5.3.2 基于认知观的信息需求理论

人们的信息需求是怎样产生的？这些需求的具体状态如何？如何获得关于信息需求的真实信息？如何满足相关需求？这些问题作为信息管理学研究的重要问题早已被关注，并已出现了多种研究观点和理论，相关成果对信息服务产品设计活动有重要指导价值，其中、意义构建理论、知识非常态理论等是认知范式下关于信息需求的基本理论。

1. 意义构建理论

（1）理论释义。意义构建理论（Sense Making）在 1976 年由 Dervin 发展，并成为信息研究范式，即以系统为中心转移到以用户为中心的范式的核心理念。在 20 世纪末，意义建构理论结合了数据收集与分析的技术，发展成为一套成熟的方法论，从而超越了简单的用户分类分析，达到对信息活动整体理解。

根据意义构建理论，要探索信息用户的信息需求，必须将研究定位于时空中的某一点，在当下、当时来探索使用者的需求。该理论认为，人随时随地同时在两个面上前进，其中，第一个面是人所处情境，即人的实体随时在时间、空间的流里持续地从过去、现在向未来前进，因而在某一个刹那，人会定位在时间与空间的某一点上。而第二个面指的是人在实体情境中移动的同时，又同时具备意义建构的能力，其形式可能是做梦、思考、计划、野心、幻想等，这些意义建构的能力并不受实体定位的限制，不仅会超越时空的限制，而且也不会仅仅定位于一个点，因为用户的信息需求会随着所处时间面改变（第一面），也会随着抽象思维的改变而改变（第一面），所以这两个面向不会固定在同一个位置上，而信息问题就是当这两个面向不一致时的产物：两个面向的不一致使人们无法趋前，而人们只有通过"建构"一些新概念才能继续前进。信息查找行为正是人们满足建构的需要以弥补断层的一种努力，因而，信息需求总是会呈现动态变化的特征。

如 Dervin 所说，该理论在阐述信息查找行为过程中将信息查找分为 4 个阶段：其中，情境（Situation）是指意义建构时的时空情境。断层（gap）是指信息问题或信息需求，通常来自于特定时空下所建构出来的意义。桥梁（bridge）是指信息渠道或信息行为过程。结果（outcome）是指信息帮助或信息困扰。因为信息本身到底是有助于解决问题还是会给解决问题另行增加额外困扰、阻挡或伤害，必须视用户的情境而定，所以在意义建构理论中信息的利用包含正反两面，根据意义构建理论，每一位用户是一位信息专家，在被问及断层为何、断层是如何产生的、如何连接断层时，用户即使不能说出其真正的信息问题，也可以说出困扰或产生困扰的原因与背景，通过对这种困扰与时空的定位，信息提供者就能够更有效率地理解用户的信息问题。

这一理论认为，用户信息需求是一个动态的对象，因而无法对某一个用户个体的信息需求规律做出具体的描述，只能在某个时空点上了解其信息需求状况同时，了解用户的信息需求，需要了解其所处的两个面向，并了解这两个面向的变化规律，只有这样，才能真正实现对用户当前信息需求的解释和对用户未来信息需求的预测。

（2）方法论。意义构建的方法论是对其理论的实现方案，该方法论提倡采用时序（Time-line）和中立提问等访谈技巧（Neutral question interview techniques）。所谓"时序技巧"，是指在询问受访者时以时间为线索描述其信息寻求顺序，并根据"情境－差距－使用"（Situation-Gaps-Uses，SGU）的模式，分析其信息行为结果；而"中立提问技巧"，是指在用户调查中采用中立提问的访谈技巧，引导用户以自己的语言陈述其信息需求。

同时，该方法非常强调对用户障碍和困扰的调查。Dervin 及其助手已运用意义构建法完成了 40 多项研究，这些研究表明，通过人们体验"意义断层"的方式和他们希望得到帮助的方式，可以预先了解他们的信息查找行为。不同的用户可能在不同的情境下会遇到不同的意义断层，信息服务者需要了解其所属类型，提供所需要的帮助。如"决定停止"型用户，需要提供可用于分析不同路径的信息资料；"障碍停止"型用户，则需要帮助其了解障碍情况及是否能够排除等方面信息。

信息服务者需研究用户意义建构过程，挖掘其潜在的信息需求，开发出基于用户的信息服务产品。例如，信息搜索是典型的意义建构行为，是信息用户的潜在需求，而搜索类信息服务产品正是激发出了这种需求。

2. 知识非常态理论

（1）理论释义。由 Belkin 提出的知识非常态理论（Anomalous State of Knowledge，ASK），是信息学认知观点形成历史中承上启下的重要理论。Belkin 在接触信息用户时发现，在用户查找信息的过程中，其知识与欲寻求的信息之间存在着一个鸿沟，因为这个鸿沟，人们不知道怎样去寻找，也不了解怎样描述自己的信息需求，他将这种问题状况中认定知识状态称为"知识非常态"。并认为用户之所以有信息需求产生，是因为用户认识到自己存在知识的"非常态"，以至于无法面对某种问题的情境，而且用户一般也无法精确描述需要什么来解决这种非常态，因此信息服务系统需要帮助用户描述、理解和解决知识的非常态；而对信息需求的表述即是对知识界常状态的描述。进而从微观上描述了信息需求产生的背景及其表述状态。

（2）理论应用。基于以上理解，知识非常态理论将信息科学的核心问题确定为"促进信息生产者与信息使用者之间需求信息的有效沟通"，指出对信息概念的理解应扩大化，并触及信息影响的不同层面，按照其想法，"用户面对的问题有哪些？""这些问题为什么是问题？""他们对自己问题的认识怎样？"这些问题的回答就很重要，因为这些问题能够跨越人们对"知识非常态"的模糊甚至错误的需求表述，从而对信息服务方有很大的帮助。例如，与"问题是什么"有关的用户陈述，其实是对引发用户到某种信息环境的目的或意图的描述；至于"为什么它是问题"的陈述，则是用户对自己知识现状和困境的描述。

掌握有关这些问题的信息，信息服务方可以开始了解用户环境，并全面理解用户信息需求背景。另外，经由这个模式，服务者还可以与用户进行良性互动并促进用户对问题的理解，从而帮助用户明确地描述自己知识的不适应状态，并做出关于信息价值的更为准确的判断。

知识非常态理论同样强调深入贯彻"用户视角"，强调对用户信息需求目的和用户知识的掌握，因此作为结论，该理论研究者指出，信息服务方对用户的了解至少要包括下列事项：用户在问题处理过程中的状况；用户所面对问题的主题与类型；用户面对问题时的知识现状；用户的目的、意图与背景应该如何与用户互动以获取上述知识。

在美国，知识非常态理论已作为信息系统设计领域的重要理论得以普及，这正是其对用户信息需求分析的深远意义。该理论表明，因为用户无法精确表述自己的信息需求，所以不能单纯根据用户的表达或行为了解其需求，而需要深入其信息需求表达的背后，了解其信息查找行为的根源，即其欲利用信息解决的问题，知识非常态信息检索模型如图5.8所示。

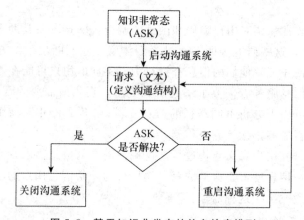

图5.8　基于知识非常态的信息检索模型

"情报检索认知沟通系统"以信息用户的知识非常态为潜在需求，促进有效沟通，从而成为应用广泛的信息服务产品。

5.3.3　信息需求特征

用户信息需求研究的重点之一是需求的决定因素及其发展变化的规律性。可以从两种角度来剖析用户个体的信息需求：从静态的角色分析，特定时期用户的信息需求是由其所扮演的多种社会角色所决定的；从动态的角度分析，处于不同时期个体用户的信息需求结构和重点是不同的。结合静态分析和动态分析，就可以形成对用户信息需求的规律性认识。

（1）信息需求的多样性特征。用户信息需求具有多样性，而这种多样性是由其所承担的社会角色的多样性所决定的。人的社会角色以其获得的方式可分为先赋角色和自致角色两大类。先赋角色是指在血缘、遗传等先天的或生理的因素基础上的社会角色，如性别角色、种族角色、家庭出身角色等都属于先赋角色；自致角色是指主要通过个人的活动与努力而获得的角色，如职务角色、职称角色、荣誉角色等都属于自致角色；在社会生活中，任何人都不可能总是与更多的社会角色相联系，所有这些社会角色就构成了一个"角色丛"。对于角色丛中的每一种角色，承担者都有为了出色地表演而必需的"台词""舞台道具"和"服装"，因而需要相应的知识或信息才能胜任，他们会根据当时所处的特定的剧情来改变其信息决策，这正是信息需求多样性产生的根本原因。

根据用户不同角色扮演的信息需求，可以把用户的信息需求结构分为个人信息需求、组织信息需求和社会信息需求 3 部分。认识用户信息需求具体构成时，应将相关角色所激发的信息需求围绕特定人生阶段的主要发展任务叠加起来，以形成有主有次、综合全面的用户信息需求体系。

同时，用户信息需求的多样性还来自于信息需求产生环境信息需求随着人们在特定环境和经历中所面临的问题和不确定性而产生，这不仅与主题有关，而且与客观目标是否清晰完整、风险程度、控制的力量和结构、专业和社会惯例、时间和资源限制等因素有关。一般而言，对信息的需求在于解决问题。西罗科尔斯大学的苏珊·麦克姆林和罗伯特·泰勒通过研究不同信息需求的"问题范畴"，这些范畴同时也构成了人们用来评估信息价值的标准。

（2）信息需求的知识性特征。信息需求不同于其他需求，不仅需要需求强度的刺激，而且有赖于用户自身条件，尤其是其认知能力。

作为信息需求从客观状态正确转化到主观状态的条件，用户至少需要具备 3 个方面的知识，即行业知识、专业知识和信息资源知识。其中，行业知识是指对分业领域的人员、机构、制度、历史等的了解和辨析；专业知识是指对特定领域的专业概念、实体及其关系体系的了解和把握；信息资源知识包括对专业领域信息资源类型及其分布和结构，对资源组织系统类型、组织体系与结构等的了解和辨析。

一方面，随着知识分工的进一步加剧，领域知识深度、体系更加难以了解；另一方面，随着现代信息技术的迅速发展，信息资源系统的技术复杂性迅速提高，用户需要掌握的信息资源知识也更加多样，信息需求的知识性特征将日趋明显。

鉴于信息需求的知识性特征，信息服务在满足用户的信息需求过程中需要提供更多的支撑资源，以适时满足用户对知识的需要，从而促进其信息查找、信息选择和信息利用过程。

（3）信息需求的模糊性特征。用户信息需求是一种派生需要，产生于用户对特定知识的特定欠缺状态，而且信息需要往往与一定的问题或决策相关，对应于一个较广范围的知识领域，甚至无法确定其主题、范围或所属。因此，用户的信息需求往往处于一种模糊状态。这种用户个人认识的模糊性成为用户信息需求的一种普遍特征。

美国学者 Nancy Lemon 将用户信息需求归纳为以下两点：

①用户知道信息的存在，或者不知道信息存在，这一信息的变动用横轴来表示。

②用户知道所需信息具体在哪里，或者不知道信息在哪里，这一信息的变动用纵轴来表示。

如图 5.9 所示，如果用户处于 1 号区域内，那么他知道所需信息的存在，并知道到哪里寻找如果用户位于 2 号区域内，那么他虽然知道所需信息的存在，但他并不知道到哪里找到它；如果用户位于 3 号区域内，那么他不知道所需的信息，也不知道在哪里寻找。用户通常处于 2 号区域，他们通过信息渠道以求找到所需信息。而对于处于 2 号区域的信息需求，信息服务人员通常是查找能手，使得用户的信息满足从 2 号区域移至 1 号区域。当前信息环境已使信息服务人员有更多的机会解决 3 号区域的问题。

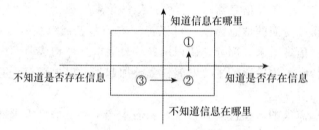

图 5.9　用户需求模糊性区域分布

然而，Nancy Lemon 的研究还只是部分揭示了用户信息需求的模糊性特征。具体说来，信息需求还在以下方面显示出模糊性特征。

①由于解决问题过程中产生的信息需求，用户往往对信息的实际内容、层次甚至信息存在与否都缺乏了解，因此其信息行为的可行性、必要性常常难以判定。

②用户对信息的表达形式、载体形式等信息源方面的问题认识比较模糊。用户的信息需求实践活动的方向难以确定。

③用户的目标信息大多仅凭个人主观臆断决定，缺乏实践活动基础，因此对于解决问题的价值无法肯定。这样，用户的目标信息并不能与实际需要完全对应，可能并不能对解决问题产生实际帮助。

④由于人们知识的局限性及意识中各种干扰因素的影响，导致用户对信息需要的意识过程可能出现各种误差。

⑤各种主观因素的影响，用户可能难以准确描述自己的需要，而做出某些模糊的形式表达。

鉴于信息需求的产生基础和过程，模糊成为信息需求的一种普遍特征，这一特征制约着用户的信息行为，使用户信息行为过程成为一个摸索的过程，用户不得不通过各种方式的努力，澄清思维的线索；也制约着信息服务，使信息服务不再是一个简单的劳动，而成为一种智力付出的服务过程。例如，根据用户需求的模糊性，可以达到这样一些结论，信息需求的确定绝不能停止在询问"你想知道什么"这个问题上，还必须进一步提出"你为什么要知道""你有什么问题""你已经知道了什么""你估计会发生什么情况"和"这对你有什么帮助"等问题。同时，这一特征也制约着信息系统建设，使信息系统建设不得不遵循用户的信息需求心理过程和用户摸索的信息行为过程，服务于用户对信息相关性、适用性的追求和摸索过程。

5.3.4　信息需求分析目标

设计是把人们的期望转化成一种能够满足其期望的产品的过程，对信息需求的分析是定义信息服务项目预期成功的首要环节，通过提供信息，使信息服务供应者能为设计阶段进行现实的规划和预测。然而，信息需求分析是信息服务设计过程中最具有挑战性的部分。因为，其分析操作具有多目标性。

（1）目标1：服务规划。如果没有规划，人们将无从判别自己所处的位置，无法在一个指定的阶段判别自己当前已完成的工作量，无法对自己所做的工作进行衡量。然而，如管理学家德鲁克所言，计划本身什么都不是，计划的过程就是一切作为一种面向未来发展的过程，信息服务规划往往通过对需求环境变化的分析，形成发展目标和行动步骤，而信息需求分析就是这样一个定义信息服务目标系统的过程。它对需求的探索，正是要去了解未来将会产生的后果符合人们预期的情况。因而，需求分析的成果应服务于服务规划需求。

（2）目标2：服务创新。不断开发新的信息服务产品已成为今天信息服务提供者的一种生存方式。一种有市场潜力的信息服务产品往往不仅是有用的产品，还是新的产品，信息服务供应者对新信息服务产品的开发往往需要基于对潜在需求的发现。因而，信息需求分析就肩负着下列相关任务：首先是了解用户需要什么，从总体上把握信息市场的需求状况，了解用户现有的和潜在的需求量；其次，要了解用户还有哪些需求没有得到满足，只有清楚地把握用户还有哪些需求还未得到满足或还未意识到，才能采取相应策略、做到"人无我有，人有我优"地开发用户的潜在需求。

（3）目标3：定义服务边界。在信息服务内容和形式方面均存在无数可供使用的选择，需求分析应通过分析用户各类需求的决策价值，来确定本信息服务费解决的问题域，并定义需求的优先级，建立资源配置的依据。

信息需求分析类似于管理信息系统的需求分析，但又不同于相关需求分析信息需求分析着眼于用户对信息及服务的功能需要，而非对系统的功能需要；对于一个数字化信息服务系统而言，信息需求分析是系统需求分析的前期阶段；对于一个传统的物理信息服务机构而言，信息需求分析是其服务规划过程的主要内容。

5.3.5　信息需求分析过程

为了实现信息需求分析的目标，信息需求分析应当经过4个主要步骤：明确用户、收集需求、探索需求、将需求变为计划，从而实现从了解需求内容到供应信息服务价值的转化。

1. 明确用户

作为信息需求分析的第一步，明确用户将确定需求分析的对象和任务，因而是用户识别阶段。

识别用户需要解决的问题主要是："谁是我们的现有用户？""能否进行延伸以及延伸的目标用户？"因而，需要确定用户群和分类，并对他们进行尽量详细的描述。如前所述，用户来自多方面，他们可能是固定的（如本组织的员工、会员用户），也可能是变化的：尤其是今天，用户的流动性越来越明显，用户可能从其他纵向行业流入，也可能来自某横向市场，尤其是他们可能更多地来自其他媒介（如链接对象）需要在不同角度建立用户的分类体系，并描述其特点尤其是其来访目的。当然，还需要确定期望市场，分析相关期望用户可能的核心关注点。

明确用户主要是描述用户5WH，即他们是谁（who），他们从哪里来（where），什么情况下他们会来（when），他们一般需要进行哪些信息交换（what），他们对信息交换的预期结果（why），他们一般采取怎样的信息交换手段（how）。

2. 收集需求

收集用户信息需求主要有宏观监测和微观探测两种途径：其中，宏观监测通常立足于定址研究，了解信息需求结构，把握需求的动向及种类，需求的热点与重点；进而分析用户需求类别、信息能力状况、市场竞争结构以及其他影响用户利用信息的因素等。宏观监测的实现，通常需要建立完备的信息需求收集、汇总机制，即完善信息服务的"神经末梢"，使之更为敏感并与"大脑"（信息服务决策机构）联系。这种"神经末梢"对网络信息服务而言，主要体现为信息服务的用户数据采集功能，而对实体信息服务机构而言，则要求将用户数据收集作为前台服务人员的核心工作任务之一。

而微观探测则一般服务于信息服务的精细设计，多采取定性研究方法，并基于意义建构理论等认知理论展开。其操作一是通过与用户的交流，获取用户对相关服务内容、服务细节的问题陈述，并结合任务分析，从而开发、捕获和修订对用户需求的理解；二是在使用环境中考察用户，收集视觉、口头和书面证据，从而建立用户案例、充实用户需求知识库存。

收集信息需求往往需要定期开展一定的"基线"调查，即摸底性的断面调查。基线调查讲究全面性。基线调查的调查对象尽可能涉及用户的各个种群，往往以了解用户整体信息认知需求和水平为目的，从而为信息服务设计提供方向和着眼点，如编者所做的市场信息需求基线调查，发现目前信息需求发生了一些变迁。主要信息需求方面，自我价值实现代替日常生活与消费成为主要信息需求动因；对信息源的选择方面，新渠道地位崛起，老渠道地位波动；市民的主要信息行为障碍从信息质量障碍扩展到信息渠道认知障碍等结论。即便是信息服务机构没有资源展开基线调查，也需要了解并参照基线调查发现，顺应相关需求趋势。

3. 探索需求

探索需求是对用户的需求获取之后的一个加工过程，一般通过需求解读、需求抽取、需求模拟和分析来达到对需求理解的正确性、深入性和一致性，并将信息需求转变为对信息服务包的需求。

其中，需求解读是指对用户的需求表述进行需求转换。例如，用户说"我总是找不到自己引用过的文献"，可以将其解读为"建立已阅读文献目录"；需求整理是指对各种信息需求进行整理和分析，使之层次化，确立重要性，形成对信息服务产品包的需求（包括确定核心需求、便利性需求、支持性需求等）。需求模拟和分析则主要用于帮助检查对问题的理解，并使需求形式化，使其具有可执行性。

其实，总可以发现用户的需求陈述存在的一些缺陷，例如，只有朦胧的愿望，讲不出具体的需求；只能讲出定性的需求，讲不出定量的需求；只能讲出部分需求，讲不出全部需求；只能堆积需求条目，讲不出相对优先级；只关注物理细节，忽略需求逻辑。因而，探索需求过程需要综合运用要素分析、矛盾分析、结构分析等各种分析手段，不但考虑逻辑关联，而且需要考虑各需求实现的市场效用。

4. 将需求变为计划

需求分析最终要落实到服务设计中去才能发挥其价值，然而，不管是在表达方式还是在结构上，需求表述和设计操作之间都存在着明显差别，因而，在设计之前，还需要实现需求理解向设计环节的传递，即通过基于需求的计划过程，将产品包需求转化为设计需求。

这一过程首先需要做进一步的需求筛选，而这种筛选主要考虑的是需求设计间的技术鸿沟。然后将筛选后的需求分解成具体细节，并梳理细节间的逻辑，形成关于目标需求的详尽描述，并完成一个需求清单，这一清单是对需求的结构化描述，明确各项需求实现的价值，以促进设计者与需求分析者对需求理解的一致性。最后应思考如何验证需求的实现，通常应当建立一个基于需求的评价方案，以备后期验证并在制度上确保需求分析成果得到应用，这样，就完成了需求从需求获取到需求开发的过渡。

因而，将需求转变为计划这一过程的结果主要表现为一些文档，这些文档既是设计活动的指南，也应成为信息服务产品设计质量评价的基础。在这一转化过程中，目标是实现设计与需求之间的一致性，也就是说在信息服务产品设计阶段不歪曲对预期服务产品的描述。

需要说明的是，一方面，需求分析是设计质量的保障，因而被称为"设计前的质量控制"，以需求为基础，设计过程中尽管会出现一些修改和反复，但都不妨碍产生优良的设计成果；而另一方面，以需求为指导的设计将成为需求分析的延续，因为如果以需求为基础，设计过程中的反复往往会不断充实关于需求的理解，使关于需求的认识得到更多的信息或额外的思想，从而使最初的需求概念进一步精细化。

5.4 信息用户的心理与行为研究

科学地分析用户的信息行为，找出其中的规律，是实现用户科学管理和行为控制，全面提高信息服务质量的关键问题之一。

5.4.1 用户信息行为及其特征

人的行为泛指人表现的活动、动作、运动、反应或行动，是在外部刺激作用下经内部经验的折射所产生的反应结果，即在一定动机支配下的主体活动。信息行为是人类特有的一种行为，指主体为了满足某一特定的信息需求（如科研、生产、管理等活动中的信息需求），在外部作用刺激下表现出的获取、查询、交流、传播、吸收、加工和利用信息的行为。信息行为一般可分为信息工作人员行为和信息用户行为，这里着重讨论的是用户的行为。

用户的信息行为受用户的主体工作和外在的信息所激励，是一种与需求直接相联系的信息目标活动。处在一定环境下的用户，在社会、自然和个体因素作用下必然产生某种信息需求，信息需求的内容和形式不断引起用户主体的信息心理活动，继而产生为实现某一目标的认知行为。这就是用户特有的信息行为。用户信息行为产生的速度、强度和其他质量指标不仅受外部条件的约束，而且直接由用户心理状态和信息素质决定。

就本质而言，人类信息行为具有以下主要特征：

（1）信息行为是人类智力活动的产物，因而可以从认识论的角度加以研究；

（2）信息行为由信息心理活动决定，因而可以利用心理学理论方法研究信息心理—行为规律；

（3）信息行为始终伴随着人的主体工作而发生，研究信息行为应与研究主体工作行为相结合；

（4）信息行为是一种目的性很强的主动行为，对人的信息行为可以从总体上控制和优化。

用户的信息心理和信息行为的联系可以用图 5.10 直观地表示。

图 5.10　用户的信息心理—行为

图 5.10 表明，任何用户毫无例外都有着一定的信息意识。所不同的是，用户信息意识彼此差别很大（关于这一点在前面几节已经做了说明），即使是同一用户在不同时期也具有不同的意识状态。当外界（用户任务、环境等）刺激用户时，用户便会产生信息需求。由于刺激强度、用户信息意识和知识结构等方面的差别，信息需求将处于不同的认识状态，其中部分需求可能是潜在的。对于认识到的需求，用户将做出反应，产生满足需求的行为。对于潜在需求，用户也将在外界作用下加以转化，表现出行为倾向。

事实上，用户的一切信息行为都处于适应信息环境的自我控制之中，他们力图使信息行为最优化。这种心理—行为方式属于自适应控制的范畴，而自适应控制是生物界和人类的一种主要控制方式。达尔文的名言"物竞天择，适者生存"，说的就是这种自适应的自然控制机制。

用户的信息行为按过程的不同和活动的区别，可以分为信息需求的认识与表达行为、信息查询行为、信息交流行为、文献与非文献信息感知行为、信息选择行为、信息吸收行为、信息创造行为等。对于这些行为和活动，我们已经做了研究，在心理—行为分析中强调的仅是其过程机制。

利用"自适应控制理论"可以对上述行为做出解释。信息用户本身的自适应控制表现在他们的信息习惯性决策过程中，图 5.11 表明，用户的意识、动机、经验以及他们对任务、环境、信息成果和信息服务的认识、态度等，直制约着他们的信息行为，决定着信息活动决策。

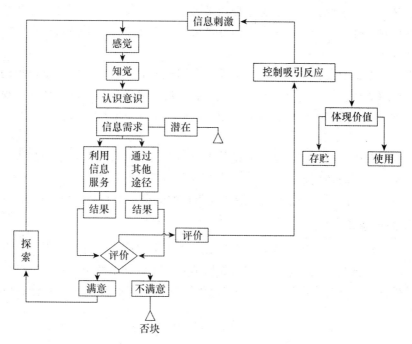

图 5.11　用户的信息心理—行为规律

5.4.2　用户心理—行为控制机制

用户信息活动控制的主要问题之一是控制其信息心理，优化信息行为。在研究问题中，我们首先介绍两种基本理论，然后讨论控制机制。

1. 内驱力理论

心理学家吕恩（K. Lewin）运用力场理论，提出了关于人类行为的基本公式 $B = F(PE)$。他指出，人类行为（B）是主体（P）及环境（E）的函数，是作为主体的人和作为客体的环境之间的综合作用效应。随后，人们做了多方面研究。

心理学家希尔加（Hilgard）在赫尔（Hill）研究的基础上，提出了内驱力理论，用于解释生物控制现象。现在，我们将这一理论用于研究用户信息心理—行为控制。

所谓内驱力，是指当机体与环境不适应时，机体产生的一种趋向适应环境的动力。在用户信息决策中，内驱力是由用户不断接受外界刺激后产生的一种信息内力，即现在的决策取决于用户过去接受刺激后所产生的结果。如果行为导致好的结果，用户就有反复采取这种行为的趋势，否则就进行调节。如果用 E_R 表示用户的反应潜力或行为，H_R 表示用户反应的习惯强度，D 表示内驱力，V 表示信息刺激，K 表示诱因动机，则有：

$$E_R = H_R \cdot D \cdot V \cdot K \tag{5.1}$$

式 5.1 中任何一项为 0，反应都为 0。

式 5.1 说明，用户的信息反应和行为除取决于刺激强度和诱因外，主要取决于习惯强度和内驱力。如果刺激强度和诱因一定，则完全取决于习惯强度和内驱力。

用户的习惯表现为一种心理行为状态。一般说来，用户存在创造心理、求新心理、求知心理、省省心理、求快心理、求近心理、求名心理，以及选择心理等，这些心理状态导致了用户固有的信息习惯。由于用户个体差异很大，因此表现为不同的用户在不同时期具有不同的习惯强度。

用户的信息内驱力也因人而异，并不是每个用户都能适应一定的信息环境的，如同生物适应大自然的变迁一样。可见，内驱力支配着用户的信息行为。诱因动机表现为信息对用户的"引诱"或者用户对信息所抱的希望。它取决于用户的信息素质、专业水平以及精神心理状态。

信息刺激具有相当广泛的含义。它是外界对用户的信息激发。对于用户来说，信息激发随环境而变，在不同环境中，用户表现出的诱因动机是不一样的。

适当控制 E_R 式中的四方面因子都能改变用户的信息需求心理与信息行为。

2. 诱发力期望论

心理学家弗雷姆（Vroom）创立了人类的动机作用理论。他将某个人要采取某种行为的内力看作外界诱发的结果，称某诱发力作用结果。在诱发力作用下，人们产生完成某一工作的期望和行动。其行为由期望的成果所控制，并与个体因素有关，具体表现为：

$$F_i = f_i \left[\sum_{j=1}^{n} (E_{ij} V_j) \right] \qquad (5.2)$$

式中：$j=1, 2, \cdots, n$；$i=n+1, \cdots, m$；$f_i > 0$；f_i 为产生 i 行为的力；E_{ij} 为 i 行为由 j 成果引发所产生的期望强度（$0 \leqslant E_{ij} \leqslant 1$）；$V_j$ 为 j 成果所产生的诱发力。

对于用户的某一特定信息需求，实现其行为转化的动力是由满足这一信息需求后所产生的成果诱发而致。由于成果在行为发生前是未知的，因此它对用户的作用只是表现为一种期望，由客观条件和用户的主观素质状态决定。从控制论原理出发，可以探明二者存在的作用与反作用的关系。

控制用户的信息需求心理与行为，可以从"诱发"和"期望"两方面着手。"诱发"来源于环境、任务等外界因素；"期望"是一种客观作用于主观的判断。尽管诱发力相同，但不同的用户所产生的期望却不一样，其最佳控制等价于最佳的期望反应。

上述两种理论并不存在本质上的差别，它们对于指导用户的信息需求与行为控制活动是成功的。由于控制的具体工作大都是在半定量经验指导下进行的，在此不再一一列举说明，我们强调的仅仅是对控制效果的评价与分析。

在开展用户服务工作中，时常要预测用户未来的行为，从而实现提前控制，以便于有目的地提供用户所需的信息或对用户进行管理。这一控制的机理是控制外部刺激，调节内部作用，我们可通过图5.12来说明问题的实质。

图5.12中，X 轴表示用户的行为状态，Y 轴表示不相应的信息服务。服务的最佳效果应使服务与用户需求匹配。适时调整服务状态是取得最佳效果的前提。

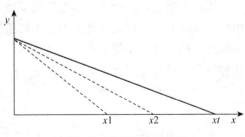

图 5.12　提前控制原理图

当用户处于不同的行为状态(X_1，X_2，X_n)时，应提供与此对应的服务。如果不能预知用户的行为状态函数，只能采取跟踪服务，这对势必导致一定的服务时差。提前控制的作用在于，在寻求用户行为状态函数下 $F=f(x)$ 的前提下，通过预测用户未来的行为状态，提前或同步进行信息服务。若用户的行为欠佳，还可以调节其行动，使用户行为与信息服务相适立。

5.4.3　基于网络的用户信息行为模式

1. 网络信息查寻

用户的信息查寻行为受到用户个人的信息意识、信息素养、个性心理以及所处的社会信息环境的影响。用户的信息查寻一般是就近舍远、先易后难，先利用个人收藏，如果信息需求得不到满足，才会采取其他方式。网络用户的信息查寻行为受信息技术的影响很大。

网络用户的查寻行为主要包括检索与浏览两类信息行为。网络用户的信息检索行为是指通过网上的信息检索工具来查找用户所需的信息，以满足用户的信息需求的过程。网络用户的信息浏览行为是指在没有明确信息需求的情况下，随意按照超链接在不同节点间自由游移的网上信息搜索行为。

2. 网络信息选择与存储

用户依据一定的标准对查到的信息做出甄别的过程就是信息的选择行为。信息选择是一种综合了判断、评价与决策的行为。网络用户的信息选择主要依据下列标准：一是正确性。由于每个人都可以在网上发布信息，使得网上的虚假、错误信息比较多，用户需要的是正确的信息，所以正确是用户选择信息的第一个标准。二是相关性。用户选择信息时，总是选择那些和自己信息需求相关的网络信息资源，这样才能满足自己的信息需求。三是适用性。用户一般要选择适用自己的信息。

用户对检索和浏览所获取的信息，以在线或离线方式进行判断、过滤和存储。

3. 网络信息吸收与利用

一般说来，获取信息并不是用户的最终目的，获取信息后，用户要对信息吸收和利用，转化为自己知识的一部分，用于解决工作和生活中的问题，这是一个连续的动态过程。信息利用行为是建立在信息吸收基础上的，是信息得到利用的关键环节。

4. 网络信息交互

交互性是互联网最主要的功能。网络用户的信息交互行为分为人机交互和人人交互两种。人机交互是指网络用户与网络信息系统之间的双向数字信息传送，用户不仅从系统获取数据，也对信息系统存在反作用，即对系统数据的更新施加了作用；人人交互行为是指网络用户之间以因特网为平台相互在线交流信息的行为，包括一对一、一对多或多对多的即时信息交互行为和一对一、一对多、多对多的异时信息交互行为。

5. 网络社群信息交流

Internet 是一个开放的网络系统，用户可以在网上自由地发布自己的信息，如发布网页，在 BBS 上"灌水"，往 FTP 服务器上传文件，建立自己的 blog 等。正是因为互联网的开放性，才使网上的信息资源日益丰富，互联网在全球得到了迅速发展。

用户在利用信息的过程中具有能动性，能把获得的信息换成自己的新知识。此外，用户通过利用获得的信息，编制出新的目录、题录、文摘、索引、综述、述评等信息产品，这些信息产品也是用户信息创造行为的一个表现。

用户利用网络社区，通过更加频繁的互动，进行情感、兴趣、知识等聚合，并在知识创作、搜索、质量控制等方面实现协同，是用户个体行为较高级模式的扩展，即社会化模式。创意平台、虚拟小组平台（支持内部创业）等信息服务产品正是基于高级行为模式而开发的。用户信息行为是信息需求的有形表达，信息服务者可以通过搜集和分析用户行为数据了解用户需求。

5.5 基于用户体验的个性化信息服务

在个性化信息需求日益增长的信息时代，个性化信息服务不断发展。信息资源组织于服务领域，个性化的服务对信息资源组织提出了更高的要求。同时，传统信息资源组织方式方法不能满足个性化服务要求，而且越来越不适应网络时代对信息资源组织的要求，在这种情况下，基于个性服务的信息资源组织提上了日程，并成为人们关注的焦点。

5.5.1 个性化信息服务的业务组织与发展

有什么样的需求就有什么样的服务，个性化信息服务的发展是顺应用户个性化需求的产物，并随着用户需求的不断变化而不断发展。

1. 个性化信息服务的背景

社会信息化进程的加快激活了人们积淀已久的个性化的需求。个性化的信息生产与服务逐渐为社会认同。个性化的产品、个性化的服务正成为当今服务的主导潮流之一，其目标就是满足特定用户在特定时间所需要的特定信息和服务。

个性化服务主要包括 3 个方面的内容：服务时空的个性化，要求按用户信息需求的时空变化组织面向用户的服务；服务方式的个性化，要求按用户个性化信息利用方式来组织服务；多服务内容个性化，要求按用户信息需求认识和表达的个性特征组织服务。

在信息服务领域，随着互联网的发展，网上信息资源迅速增长，形成了海量信息资源。包括由传统介质信息经过数字化处理得到的数字信息、呈现爆炸性增长的互联网信息资源和经过多年信息系统建设和信息资源引进、积累的业务信息。在这种情况下，用户面对的是各式各样的信息资源，而且不熟悉使用方法，在利用信息的过程中，需经过反复权限认证、频繁登录和退出，各系统检索方式不统一，快速膨胀的信息空间和落后的导航工具共同导致的结果是信息过载和迷航。现有的搜索引擎难以满足用户获取信息的需要。同时，因为缺乏智能性，在服务中，一方面忽略用户的个性化需求，另一方面不能提供主动信息服务。因此，面对网络信息服务的信息需求与利用的个性要求，人们寻求一种符合用户个性行为特征的针对性服务方式，这便是个性化信息服务。

网络环境下，用户信息需求呈现出多元化个性特征，表现出对信息的新颖度、及时性和针对性的关注。用户需要"一站式"检索和个性化信息提供服务，需要通过统一界面方便快捷地获取分散在信息资源网络中的符合其个性要求与特征的分布式异构信息，实现统一检索界面、统一检索平台、统一用户认证下的针对性服务。

用户信息需求是信息服务的原动力，表现为有怎样的信息需求就应有怎样的信息服务。信息服务正是针对信息需求而发展的，由于用户信息需求具有个性化特征，信息服务势必带有个性化色彩；反之，二者将会脱节。信息服务的本质及目的就是信息提供者在正确的时间内将正确的信息传递给需要它的人，以满足不同用户对不同信息的不同需求。

信息服务的目标是满足用户的信息需求，而信息需求又由用户的社会职业活动所驱动，即用户需求信息的目的是利用信息解决自己特定环境下的特定问题。在信息获取和利用过程中，实际需要又是与个性相关的，即利用信息和解决问题的方式、过程工程度和满意度又与用户个人的心理、知识、经验和行为方式密切相关。因此，信息服务从本质上看是个性化的，有效的信息服务一定是针对具体用户个人的，它由用户所处的问题、环境、心理、知识等特征决定。在网络信息资源共享条件下，网络化信息服务在跨越时空组织资源和服务的同时，理应充分支持个性化信息服务。

如何从海量的数据和信息中高效地获取有关知识，如何从迅速爆炸的信息中及时地获取满足用户不同需求的最新信息，如何提高信息检索与推送的智能水平，以及如何满足各种用户不同的个性心理，是信息服务系统面临的挑战性课题。个性化主动信息服务将是未来信息服务的发展主流。所谓个性化，强调的是针对每一用户的独特信息需求进行独特的针对性服务，基于大量用户的各自不同的信息需求，进行高效率的集成化信息过滤，就是所谓的"信息分流"，改"人找信息"为"信息找人"，通过邮件、"频道"推送、预留网页等各种途径将信息传送给个人。

2. 个性化信息服务的特点与类型

个性化信息服务具有以用户为中心的特点、方便与用户交互的特点、服务方式灵活多样和主动推送等特点。针对不同个性要求的服务，形成了事实上的个性化信息服务业务类型。

(1) 个性化信息服务的特点。个性化信息服务是一种针对用户个性需求与行为的服务，定向和资源定向的特征，具体说来包括以下几个方面的特点。

①以用户为中心（User-centered）。以用户为中心是个性化信息服务区别于传统信息服务的本质特征。以用户需求为中心要求所有的服务必须以方便用户获取和满足用户需求为前提，这里所指的用户中心，包含两层含义：一是以用户的需求为导向设计与安排服务功能与设施，二是创建个性化的信息环境，按照用户或用户群的特点组织信息资源，提供多样化的信息服务。以用户为中心，是信息服务机构开拓面向用户的服务内容，提高服务质量的必然选择。

②重视与用户交互。允许用户充分表达个性化需求，对用户需求行为进行挖掘，实现服务提供者与用户的交互，是开展个性化服务的关键之一。信息服务不仅要提供友好界面，而且要方便用户交互，方便用户描述自己的需求，方便用户反馈服务结果。只有这样，才能适时掌握用户的个人习惯、爱好、兴趣和信息利用行为，为用户提供"量身定制"的个性化信息服务。

③服务方式灵活多样。个性化服务不仅要为用户提供更加准确的信息，而且还要按照用户指定的方式进行服务，如信息的显示方式、提供结果的方式（纸质版、电子版、网络版、电子邮件等），同时对服务时间的要求和对服务地点的要求等均应满足。

④服务具有主动性。个性化服务中的主动推送是重要的，推送具有针对性和目的性，为了将用户所需信息送达用户，必然利用推送技术，自动搜索网络上用户感兴趣的信息并主动送给用户，其推送有频道式推送、电子邮件式推送网页式推送和专用式推送等形式信息。推送服务具有及时性好、个性化和针对性强等特点，目前正在发展成为信息采集、传播的主流模式。

（2）个性化信息服务的类型。个性化服务的实质是针对性，即针对不同的用户采用不同的服务策略和服务方式，提供不同的信息服务内容。在个性化信息服务系统中，用户还可以根据自己的需要，选择不同的信息资源；依据自己的习惯，指定信息的显示方式，如对信息检索结果的不同的元数据排序。概括地说，个性化信息服务包括个性化内容定制服务、个性化信息检索定制服务、个性化信息显示定制服务和个性化信息推荐服务。

①个性化内容定制服务。个性化内容定制服务通过用户调研，形成符合用户个性需求特征的一定形式的信息服务内容规范，然而按定制规范组织信息内容服务。实施个性化内容定制要求定制获取用户的个性化信息，理解用户的需求，为用户提供更为固定的信息服务，同时通过与用户的直接或间接的沟通，改善与用户的关系，增加用户的忠诚度。

在个性化内容定制服务中，用户可以根据自己的需求和兴趣定制信息。定制的内容包括信息资源、界面和服务定制等。个性化信息内容定制服务通常需要提供可定制的信息资源，让用户选择定制。例如在数字图书馆服务中，用户可以选择数据库资源、电子期刊、电子图书、相关网站、学科导航、搜索引擎，等等。也有一些系统让用户指定资源地址，系统地提供有关数据。

另外，安全与隐私保护也是个性化内容定制服务中需要注意的重要问题。安全包括用户私人信息安全和系统管理安全。隐私保护是用户自身信息的保护和维护，一旦用户的个人信息被泄露，用户就会失去对信息服务机构的信任，而远离其所提供的信息服务。隐私保护需要制定完善的隐私保护制度，提供用户隐私保护的工具和保证隐私不外泄的保护技术等。

②个性化信息检索定制服务。在数据库检索或网上信息的检索中，不同的用户由于其拥有的检索知识和所处的领域不同，往往其习惯也不同。一般用户习惯于简单检索，专业人员习惯于高级检索。另外，不同用户对检索结果的选取原则和排序方法也可能不同。诸如此类，正是用户个性化信息查询的体现。因此，检索定制需要充分支持用户在检索策略、检索方法和检索结果处理上的个性要求。就目前情况而论，检索定制包括个人检索模板定制、检索工具定制、检索式表示方式定制、个人词表定制、检索结果处理定制、检索历史分析定制等。

③个性化界面定制服务。个性化界面定制服务是让用户根据自己的爱好选择界面的不同方式，包括界面的结构布局，显示颜色和显示内容的排列方式等。例如在一些网站中，让用户输入自己的个人信息，然后生成"我的主页""我的搜索引擎""我的图书馆"等，都属于个性化界面定制服务。

④个性化信息推荐服务。通过网络信息的挖掘，了解用户的需求和行为偏好，为用户

提供个性化的实时信息推荐服务，是个性化信息服务的一个发展方向。面向单个用户的实时个性化推荐服务有 4 种方法：一是在 Cache 内的协作推荐；二是利用聚类方法实现实时个性化推荐；三世利用分类方法实现实时个性化推荐；四是利用协作推荐的方法实现实时个性化推荐。

（3）个性化信息服务的层次。个性化信息服务根据满足用户个性化需求的程度不同，可以分为非个性化、有限个性化和完全个性化 3 个层次。

非个性化信息服务是指信息服务系统所提供的服务不考虑每个用户的具体需求，并不针对每个单独用户提供服务，仅考虑用户不同特征在服务中的体现。如广播电视、报纸杂志等的信息服务就是非个性化的，其特性要求只是在服务中集中体现。

有限个性化信息服务，是指信息服务系统所提供的信息服务只能满足用户部分个性化需求，如电子邮件订阅和频道订阅等就属于此类。他们通常提供一些经过组织加工的"主题信息"供用户选择。这些信息中可能只有部分完全个性化信息服务。完全个性化信息服务是指信息服务系统完全根据用户的个性化需求提供的信息服务。这种服务方式不仅是用户所期望的，同时也是信息服务者力求实现的，如以用户为中心的推送服务，用户订阅服务等属于此类。

3. 个性化信息服务的发展

个性化信息服务在国内外正成为信息服务的发展趋势。

（1）国外的个性化信息服务。基于网络的个性化信息服务在国外网站设计与发展中已得到较充分的体现。早期的个性化 Web 信息服务主要由新闻剪裁、股票报价和目录推荐等内容组成，目前，很多网站都为用户提供个性化的服务。例如，Yahoo 网站提供的"My Yahoo!"功能，让访问者可以在所提供的多个新闻来源中，按照自己的兴趣和要求来设定新闻实现方式、选择新闻来源和自己常用的搜索引擎等。在服务中，用户还可以对页面风格做出某些相关设定，在一系列的选择完成后，产生的页面就是用户在 Yahoo 站点中的起始页面，在下一次再来到"My Yahoo!"时，这个被设定好的页面就显示出来。提供这项服务的其他国外站点还有 My Excite 等。

目前的这些个性化网站服务也有一定的局限性，如它们提供个性化服务的方式只是停留在用户对网页的定制上，还不能根据用户的偏好和反馈及时获取用户个性需求的变化，实现主动信息服务。而且，即使是在定制网页上，它们为用户提供的也只是一般性消息，如新闻、天气预报等，而不能像图书馆那样为用户提供学术性的研究资料，不能满足用户寻找专业知识的个性需求。

随着个性化信息服务的发展，图书馆界不断开拓了网络个性化服务业务。目前，个性化数字图书馆在国外已进入普遍应用阶段。适合图书馆服务模式的 My Library 个性化服务，即用户从图书馆网站所提供的全部馆藏数字资源中，选择自己需要的信息，访问 My Library，从中用户将获取与此相关的最新内容。其原理是为每一个用户建立策略文件，内容包含用户的账号、密码和代表用户选择的一些常用的、专业相关的或者他们认为有必要的电子资源清单的参数。这个文件以 Cookie 的形式被保存在用户使用的计算机硬盘中，或者保存于服务器端的数据库中。当用户访问 My Library Web 页面时，策略文件中的参数被提取出来，通过 Web 服务器返回定制的页面内容。比较完善的数字图书馆个性化服

务系统主要有 My Library 和 My Gateway 等。

早在 1998 年，美国康奈尔大学图书馆在调查分析的基础上，开发了网络个性化服务平台 My Library 系统 My Library@cornell，并于 1999 年投入使用。

My Library——Cornell University Library（我的图书馆——康奈尔大学图书馆的个性化服务系统）由 5 部分组成：1 个个性化链接（My Links）；2 个个性化更新（My Updates）；3 个个性化内容（My Contents）；4 个个性化目录（My Catalog）；5 个个性化文献传递（My Document Delivery）。用户可以通过 My Links 收集和组织自己常用的电子资源，这些资源既可以来自康奈尔大学图书馆的网络门户，也可以来自互联网的其他任何地方，类似于用户的个性化主页 My Updates 每周向用户提供符合其个人需要的新书、期刊和其他加入图书馆目录中的媒体通告，用户无须为查找最新的资料而耗费时间，相关资料会主动持续地找到相应的用户。My Contents 是康奈尔大学图书馆于 2002 年 8 月正式推出的图书馆个性化服务系统的第三个组成部分。它是通过 E-mail 或用户选择的其他方式向用户推送期刊目次的一种个性化主动信息服务。与我国的目次传送类似，但有着明显的区别，它解决了信息过载、信息垃圾的问题。My Catalog 服务允许用户定制康奈尔大学图书馆的目录，保存检索参数、个人检索记录与特殊记录。My Document Delivery 是个性化文献传递系统，可以使用户得到兽医、昆虫学等方面文章、书籍章节的 PDF 复本。

康奈尔大学图书馆计划进一步增强 My Library 系统的交互性和服务功能，一个发展方向是开辟个性化公告板服务，发布用户选定的图书馆服务信息。另一个方向是发展团体定制服务。例如一个学科内的用户往往有类似的信息需求，由图书馆学科馆员与院系代表结合，提出需定制的资源，然后 My Library 系统为其提供集体定制的信息服务。自在 My Library 个性化信息服务系统中，北卡罗来纳州立大学的 My Library@NCState 也是比较有代表性的。其用户主要包括本科生、研究生、教师、科研人员以及社团合作者。

除美国的一些大学外，其他国家（欧盟、日本、新加坡等）的图书馆和其他部门也纷纷开拓并发展了相应的基于网络的服务业务。

（2）我国的个性化信息服务的发展。国内也有不少网站开始为用户提供个性化的服务，虽然不是很完善，但一定程度上提高了检索效率和网络信息的利用率。如中文在线服务商 China Byte 开通了名为"我的搜索客"的个性化服务，这是国内推出个性化信息服务的网站；网易也开通了个性化的"我的网易"。慧聪公司（现已更名为中国搜索）的个性化软件产品 My Info 是一个完整的个性化信息定制获取和个人信息编辑处理系统软件，同时也是极具个性化的个人信息主页，帮助用户从互联网海量信息中定制所需要的各类信息，它帮助用户构筑直达互联网的个人信息门户。沈阳东软软件股份有限公司推出的东软 Internet/Intranet 应用构架平台 Netsoft web（沈阳东软软件股份有限公司），它集企业信息共享和信息交流于二体，提供企业网站建设的全面解决方案，针对不同行业提供了丰富的特色应用。

我国的图书馆个性化定制服务，自投入使用的有深圳市深思朗图信息技术公司开发的 ILAS II（Integrated Library Automation System）网络版中捆绑的个性化服务子系统。这套系统是在 2000 初推出的，专门为图书馆用户提供个性化的服务。ILAS II 系统提供了全方位的图书馆自动化解决方案，该系统具有良好的科学性、完整性、开放性和实用性，其图书馆个性化网络服务子系统允许用户一次登录而享受所有的服务。用户登录后，除了用户可以得到书目查询、新书通报、联合目录等普通的服务外，系统还能够根据用户的兴趣爱好列出其感兴趣的新书。

又如，中国科学院国家科学数字图书馆建立的"我的数字图书馆"基于"个性化集成定制的门户网站"系统，遵从 GNU 协议许可，是一个用户驱动的个性化集成定制门户。它向用户提供对虚拟资源集合的个性化定制功能，目的是根据用户的学科、偏好等特征，通过用户定制、系统推荐和推送功能，为用户提供个性化的信息服务，减少用户在信息使用过程中信息过载的困扰。系统的主要使用对象为图书馆用户。系统服务项目有我的参考书架、我的数据库、我的电子期刊和电子文档、我的图书馆链接、我的教育与研究资源、我的链接、最新资源通报快速检索。用户可以选择自己喜欢的界面风格，并根据自己的兴趣和需求，定制相关的资源。

除了中国科学院国家科学数字图书馆建立的"我的数字图书馆"外，高校图书馆，（如浙江大学图书馆）开发的 My Library 系统也具一定规模。该系统采用目前主流的 Web 服务模式。用户通过支持 Cookie 的浏览器登录 My Library，设置账号和密码，并根据自己的知识结构、信息需求对馆藏数字资源和其他网络资源进行筛选、整理。用户完成设置后，动态建立 My Library 页面，显示定制内容。

个性化服务项目还有清华大学图书馆的灵捷图书馆、中国数字图书馆有限责任公司的企业在线情报服务项目、中国人民大学图书馆的"数字图书馆个性化信息服务系统"（Kingbase DL）等。

5.5.2　个性化服务中的信息资源组织目标、原则与实现

个性化信息服务的开展是以个性化的信息资源组织为依据的。个性化服务的信息资源组织行为，需要确定其目标、原则与服务中的信息资源组织的目标、原则与规范要求，个性化信息服务中的信息资源组织的目标、原则和规范与服务具有本质上的联系，是个性化服务在资源组织上的系统化体现。

1. 基于个性化服务的信息资源组织目标

基于个性化服务的信息资源组织是适应个性化需求不断上升的信息时代要求的新理念，是信息资源组织体系构成的客观依据之一。由于信息技术的发展和用户信息需求的变化，个性化信息服务的发展趋势越来越强劲。在个性化信息需求日益强烈和信息服务个性化快速发展的情况下，基于个性化服务的信息资源组织就显得特别重要。

确定基于个性化服务的信息资源组织目标是组织信息资源以适应个性化信息服务要求的基础，同时又是一项综合性很强的系统工程，必须定位合理，目标明确。未来学家奈斯比特指出，失去控制和无组织的信息在信息社会不再构成资源。从实质上看，信息资源组织是信息资源管理的核心内容，信息资源组织是一个信息增值过程，在这个过程中，无序的原始信息将变为一个有序的方便用户使用的信息资源系统。

基于个性化服务的信息资源组织的目标，作为一个体系目标，由总体目标和具体目标组成。总体目标是信息资源组织要达到的最终目的和结果，具体目标受到总体目标的制约，是目标的具体化。总体目标与具体目标之间以及各个具体目标之间相互联系、相互制

约，共同形成统一的基于个性化服务的信息资源组织目标体系。

（1）总体目标。结合个性化信息服务的开展以及信息资源组织的现实情况，基于个性化服务的信息资源组织的总体目标可作如下表述：

充分调查与捕捉用户个性化信息需求，利用数字化信息技术，依托国家信息基础设施，建立以用户为中心的信息资源组织网络，构建整合各种载体、各种类型信息资源的个性化信息资源系统，提高信息资源的可用性，实现用户与信息资源的交互以及资源与服务的个性化集成。对符合用户个性化信息需求的信息资源进行深层组织与揭示，挖掘信息资源的潜在价值，形成深层次信息产品。目标实现的基点是，优化信息资源配置，在实现信息资源广泛存取和高度共享的基础上，开展针对用户的个性化信息资源服务，以满足用户日益增长的个性信息需求，解决信息资源共享组织与个性服务的矛盾。

在个性化服务的资源组织中，应建立多种用户沟通渠道，建立信息服务反馈与学习机制，充分揭示用户的信息需求，实现资源共享条件下的面向用户的重组。

（2）具体目标。总体目标可以分解为具体目标，具体的目标定位应从以下几方面着手。

①服务功能定位。首先，提供交互式查询。应充分考虑用户使用推荐系统的行为方式，把推荐系统的诸多功能集成在一个界面友好的环境中，为用户浏览和查询提供方便，并能和用户进行交互以帮助问题的求解；能对用户提出的各种复杂的查询请求进行处理，以提高查询的准确率；同时，能够提供对检索结果的知识评价，激发用户新的需求兴趣。其次，应具备智能化信息资源分析与处理功能，主要表现为系统的主动性推荐和协作性推荐上。主动性推荐是指主动采集并跟踪用户需求的信息及时处理发布，从用户日常检索浏览中主动反映用户的兴趣，以推理并预测用户需求。协作性推荐是指根据用户之间的相同或相似性信息推荐，使需求相同的用户共享信息查询结果。再次，推荐精确的系统知识。过滤、屏蔽无关、无用的冗余信息，自动地、智能地将大量的数据转变为具有规律性、系统化的知识信息，形成具有内在关联的信息资源链和知识链，并以易于理解的模式推荐给用户。

②信息资源定位。创建以用户利用为主导的个性化的资源环境，在充分了解用户个性化信息需求特性的基础上，建立一个包括全文、文摘、索引、书目、资源在内的可集成、可定制、可互操作、可方便利用的数字信息资源体系，它要求具有可靠覆盖、有效提供和有机链接各个研究领域的国内外数据库和联合目录等资源的功能，其目的在于使复杂变为明晰，使信息变得可理解。在个性化信息资源组织系统中，用户有自己的描述文件，通过它来定义自己的角色，过滤出他需要的信息，以便提供能够涵盖所有功能和可能的选项。个性化的资源环境具有可定制性、有效查询性、共享性和权限管理等特征。

③门户建设定位。为支持各类用户方便有效地搜寻、发现和选择利用各种信息资源，在个性化信息资源组织体系中建立多个分布的学科信息门户网站是必要的，为此，应强调提供权威和可靠的学科信息导航，整合学科信息资源与服务系统，将学科信息资源与服务整合到用户界面。信息门户根据特定用户需要，对分布的相关信息资源与服务（包括网络资源、数据库、数字文献、目录与馆藏、文献传递、参考咨询、数据分析等）进行整合，按服务流程进行链接。信息门户可以通过分布服务登记系统来搜寻资源与服务，通过集成

定制服务模块来选择，其本身也可作为信息系统注册到服务登记系统中，以支持第三方对自己的搜寻和解析。

个性化信息资源门户的建设，应实现信息资源的有效组织。个性化信息门户强调将存放在数据库、数据仓库和文档中的信息转变成可利用的信息，并把这些信息传送给用户。通过集成化方法把原有应用通过核心组件服务器（即应用服务器的服务之一）集成在一起，实现与其他应用系统的互操作。

个性化信息服务门户网站提供的个性化信息服务主要是通过个人定制或系统预测的方法来实现。个人定制是指用户可以按照自己的目的和需求，在某一特定的系统功能和服务形式中，自己设定信息的来源方式、表现形式，以选取特定的系统服务功能；系统预测则是通过对系统记录的用户访问、栏目偏好等信息进行分析，自动组合出对用户有用的最新资料并发送给用户。想让用户满意，起关键作用的就是根据用户的定制和对用户的跟踪分析，寻求用户真正需要的信息和服务。

④技术体系定位。技术体系建设应以当前和未来工作需要为基础，不盲目跟风求新，适时适度发展先进服务技术。原有的能够满足用户不同层次信息需求的技术条件应加以适当改造更新，以取得更好的服务效果。对于新的技术，如网络数据挖掘技术、信息共享技术等，则应根据信息资源组织的需要，按照信息资源组织特色和服务重心，有选择地选用适用技术，形成基于个性化服务的信息资源组织适用技术体系。先进的个性化服务技术和网络信息资源组织技术是信息资源组织与服务必不可少的保障。充分利用先进的信息技术，开发适用于个性化信息资源组织的综合技术，如开发信息资源的链接与动态重组、信息交流体系等，在实现搜索引擎、导航系统、用户界面等简便易用、快速、准确过程中是必要的，它使数字化、网络化的信息资源组织、开发更具优势。

⑤资源体系定位。个性化信息资源组织体系要面向开放服务，提供信息产品高质量和深层次信息服务的水准。要满足用户个性化信息需求，必须明确用户的需求动因、需求的内容、范围，以便采用不同的处理手段来满足不同的需求。信息资源的组织已由选择信息检索点转向选择相关知识信息，以文献利用为中心转向以知识利用为中心，以提供尽可能完善的社会化、一体化、集成化和精品化的信息服务为首要目标。为了实现这一目标，应通过信息服务技术来实现信息资源组织体系的功能再造和业务重组，建立面向各类信息资源的集成化资源保障体系，建立基于学科主题的个性化信息资源组织系统并与国内外其他个性化信息资源组织系统联结，从而促进以用户为中心的信息服务发展。

⑥协调机制定位。为支持用户对各种分布、异构和变化的信息资源与服务系统的有效利用，需要建立面向开放和分布数字信息环境的集成协调机制及相应的服务系统，包括个性化集成定制系统、开放整合检索系统、开放元数据转换系统、唯一标志符解析系统、开放链接服务系统、开放用户使用控制系统等，以使用户个人、用户群组和用户机构能够灵活地、无缝地集成所需资源和服务，在基于个性化服务的信息资源组织体系基础上形成个性化和可动态发展的用户数字信息体系，支撑围绕用户信息活动组织数字信息资源和信息服务的业务体系。

2. 个性化服务的信息资源组织原则

基于个性化服务的信息资源组织更注重用户的需求，更重视信息易用性，同时也关注

系统开发的整体化。

（1）用户需求中心原则。基于个性化服务的信息资源组织目标，在于在资源共享环境下向用户提供可靠和实用性的信息资源服务，以提高资源的利用效率和效益。资源建设本身就是"以用户为中心"原则的体现。信息资源组织的"用户中心"原则有别于以资源建设为中心，它是传统信息资源组织方式的变革，它要求在信息资源建设规划、方案形成和组织实施中，坚持以需求为导向。在资源建设中，不仅要进行信息资源的科学配置，而且要配套相应的服务技术，还要解决这些服务系统的可靠运行、方便利用和长期维护问题。在基于个性化服务的信息资源组织过程中应准确反映用户需求，充分保障用户参与建设过程，严格按照用户的资源利用效益来评价所建资源项目。这需要通过一系列措施予以保障，包括用户调查的规范、用户直接参与建设、独立的用户测试等。

用户中心原则的贯彻，要求调查用户的信息需求和他们访问与利用信息资源的情况，了解用户最需要什么信息与功能、据此设计信息资源组织体系的用户界面与服务功能。尤其要注意将被动的资源检索变为主动的资源推送和知识导航，在信息资源与服务的开发上下功夫，以便以优质的服务吸引用户。为了避免信息资源组织体系为用户使用带来的不便，应加强用户信息空间的管理，通过收集用户的评价与反馈意见发现问题，找出解决办法以改善和提高服务质量。

为此，美国国家科学数字图书馆 NSDL 建立了评价工作组，发布了"NSDL 资源集成数据与用户和使用数据评估试验报告"，强化对用户的帮助、指导和培训。在个性化服务中，信息资源的公共获取是重要的，信息的公共获取是社会公众的一项基本权利。IFLA 在《数字环境下的版权立场》中强调"信息是为人人的"。从中国互联网络信息中心（CNNIC）历次的调查看，获取信息是广大的网络用户上网的主要目的，这足以说明，公众非常需要针对性信息。基于此，UNESCO 的"信息为人人计划"提供了一个国际合作框架，旨在建设一个为所有人服务的信息社会。

（2）系统化组织原则。信息资源组织体系建设必须通过系统规划来保障，这就要求实现资源跨系统、跨层次、跨地域的无缝链接，进行开放性整合。在个性化信息资源体系建设中，应充分利用国内外已有资源、技术，以扩大服务能力、提高建设效益。为此，应该加强信息服务系统之间、信息产业链的有关机构和相关系统的合作。目前我国信息资源体系存在的一大弊端是彼此不能有效实现资源共享，在资源共享中，为支持用户对多种异构和动态的信息资源与服务系统的有效利用，需要处理好"链接资源"和"本地资源"等关系。基于个性化服务的信息资源体系，其内容资源与外部链接资源应有统一的安排规划，因此应处理好"存取"与"拥有"的关系。在信息资源迅速变化的同时，保持系统的相对稳定性，并注意及时更新信息，以便在变与稳之间达到一定的平衡。

（3）开放性服务原则。基于个性化服务的信息资源组织体系功能的发挥要依赖国内外现有的分布式信息资源体系，在现有的分布式异构系统中，实现独立系统的互操作，从而达到资源共享的目的。在个性化信息资源组织体系建设中，应充分利用国内外已有资源、技术和服务来加快建设的步伐，扩大服务能力、提高建设效益。为此，应走开放性建设道路，加强信息服务系统之间国内信息产业链的有关机构和厂商，以及与国外相关机构和系统的合作。目前的信息资源体系存在的一大弊端就是开放性差，彼此不能实现资源共享，而且重复性高。资源建设上的"你有我也有，你无我也无"，导致信息保障能力低下。资源的开放建设意味着合作、共建、共享，这是资源建设长期以来追求的目标。

（4）信息易用性原则。基于个性化服务的信息资源组织的目的是为了提供个性化的信息服务，满足用户的个性信息需求。在信息资源组织过程中，一方面要考虑普通用户的需要，尽量简单易用，让普通用户花少量时间就能学会使用；另一方面也要考虑信息能力较强的用户需要，提供较为复杂的功能。可见，使用方便是任何类型的信息资源组织系统中都必须遵守的一条通则，这一规范在界面设计上体现得十分充分。

界面的易用性包括：

界面的显示信息要清晰、易读。其中包括控制功能与操作方法的展现，结果与状态信息的显示，提示、帮助与错误信息的显示等，尤其快捷界面的用户的操作应方便、直接和有效，包括控制的启动、命令的输入、画面的切换、功能的执行等皆要操作方便、简洁。

要向用户传递及时而确切的信息。在执行命令中应及时把运行状态、执行的结果显示出来，不要让操作者感到茫然，不知所措。

尽量减少用户的负担。在操作过程中，要求用户做出的判断或要求用户记忆的东西应该尽量地少，尽量让用户感到轻松。

3. 个性化信息资源组织的实现

个性化信息服务，以信息资源的个性化组织为基础，其服务开展应具有以下特点：

（1）主动适应用户个体信息需求的动态化发展。用户信息需求不仅随自身年龄、职业、学历等变化而变化，而且还随环境的变迁而改变。用户为适应环境和自身发展的需要，不断产生新的信息需求，特别是在网络环境下，用户对信息服务的期望值及质量要求都比以往有很大提高。个性化信息服务既要针对用户需求提供最贴切的信息服务，还要根据个体个性化特征，主动收集个体可能感兴趣的信息，甚至预测个体可能的个性发展，提前收集相应的信息，最后以个性化方式显示给个体。

（2）强调用户与资源建设及服务的互动。个性化服务要求与用户进行充分的互动，在交互的过程中了解用户的真实意图。作为信息提供者应在资源建设和服务中充分支持用户的习惯和行为，并帮助用户做出最优的选择。用户也应根据自己以往的检索体验，通过自己的思维方式和评估准则，判断检索工具和系统的执行效率与效益，选择最优的信息检索工具、最适合的检索过程以及检索表达式，来实现自己对信息的检索和利用。用户参与服务的过程和参与服务的程度会极大影响个性化服务整体质量的感受。

（3）充分满足用户需要，实现服务的多样化集成。随着个性化信息服务的进一步发展，用户对信息服务的集成化要求越来越高，获取信息的格式、途径与方式也呈多样化趋势，除了传统的文献提供、数据服务、搜索导航等服务方式外，还要移动代理、语音信箱等多种获取信息的方式。用户希望信息服务系统能够根据用户自身的客观情况，动态地变换信息提供的方式、格式与途径。多种形式的服务使得个性化服务的对象从过去的个别重点用户扩展到各类型用户。所提供的个性化信息资源经过高度整合，使用户能够多样地选择信息形式、内容、传递方式，便捷地获取。

（4）重视服务内容上的针对性、纵深化、专业化。根据不同的用户，采用不同的服务策略，提供不同的服务内容，使用户获得的信息是根据用户特定的信息需求量身定制的，是从大量的无关信息中过滤来的具有个性化特征和专业化的信息。随着用户信息需求层次的提高，愈来愈多的用户期望获取经过筛选、优化后的集成信息或对某一知识领域、知识环节的专业信息。因此，用户信息需求个性化的信息服务也呈现出具有针对性的纵深化、专业化趋势。

个性化信息资源服务的组织在于解决以下几个方面的问题。

（1）用户特征注册。按用户注册信息规范，设置登录页面，供用户填写详细的个人信息，包括姓名、年龄、专业、单位、电话、电子邮箱以及选择自己感兴趣的信息等。此外，还要求填写所需要信息的主题、关键词、报送地点和周期，以直接获取用户的兴趣、信息需求倾向等用户需求特点信息，建立特征数据库。实践中，每一用户表现出的信息需求和行为带有个性化的多元性，特征数据库并不能完全描述用户潜在的信息需求，因此还需要通过与用户交往来补充。

（2）用户模型的建立。建立用户模型是实施个性化信息服务的基础，在模型建立过程中要重视用户行为监控和相关算法的应用，改进数字化资源的采集策略，为资源的个性化组织和管理提供依据。监控的实现可通过用户需求调查或系统生成的用户 Cookie 来分析用户的访问页面、浏览时间、关注要点、资源获取情况。要做到这一点，必须完善相应的人工智能方法和机器学习技术。在用户算法的应用中，用户需求的发展随着时间推移不可能一成不变，这就需要突出用户的需求变化，随变化实现服务的拓展。

（3）用户的评价反馈。用户对服务效果的评价对个性化服务的组织具有重要作用。它有利于系统根据用户评价进行改进，以进一步提高服务水平。为此，有必要建立一套评价方法体系，使用户对所提供的信息资源进行定性和定量的评价，给出自己的评语和分值。其中，最常用的方法有：案例分析法、利用分析法、网页日志分析和统计方法，目前，其评价还有待进一步研究。

在个性化服务的资源服务中，还要注意协调好几种关系。

（1）个人隐私保护的问题。个性化服务中，许多信息需要从网络获取，因此必然涉及一些个人隐私问题。这就需要注意合理使用和适度使用许可权限，利用相应的软件技术进行有效控制。另外，为更好地开展个性化信息服务，用户登记的个人真实信息、交谈过程的文本会作为服务评估加以保存，作为机构合作服务成员单位，个人信息共享的范围很大，从而增加了隐私保护的难度，一旦这些个人信息泄露，则会使用户失去对信息服务机构的信任。随着用户对个人隐私的关注度提高，这可能成为个性化信息服务的致命弱点、如日本图书馆界就有因图书馆工作人员不当透露读者阅读信息而引起诉讼的案例。因此，信息机构必须树立良好的信誉，形成有效的监管机制，利用相关技术对个人信息加以保护，明确信息提供者和使用者不同的权限，以保护个人隐私不受侵犯，确保个人信息仅用于有效满足用户的需求，未经授权保证不会被第三方使用。

（2）技术与人的问题。个性化服务以技术为支撑，在个性化服务系统设计中，系统能自动识别用户兴趣，自动生成用户角色模型，帮助用户生成检索请求，向用户推送信息。技术的提高降低了用户需求信息的获取成本，但如果仅依赖自动化的智能技术，人在服务中的作用就会大大弱化。事实上，人的信息需求是不断变化的，用户的信息需求及其转化往往在特定的环境中呈现多层次结构并逐步展开，这是一个个性化演变和发展的过程。用户能否将信息需求转化为某种实际的信息行为，在一定程度上取决于用户个人的信息意识、信息行为能力以及所处的特定信息环境等个性化因素，而机器可能将信息需求热点与信息需求混淆，难以发现信息需求潜在的变化规律，结果有可能把信息中最有价值的给忽略掉。另外，虽然现行的各种个性化服务系统在最大程度上强调用户的自主性及个性化，但由于不同层次的用户处理信息的能力不同，在目的不完全明确的情况下，由系统自动跟踪得出的检索定义带有极大的不确定性，由此使得在资源的最终获取上有较大的误差。因此，即使是智能化较高的个性化服务系统，也应该允许由用户定义，由信息工作人员提供协助，共同制定符合用户自身目的的各种策略，以增进跟踪服务的准确性。可见，在实践中要理性地看待个性化服务的作用，既要给予高度重视，又要认识到用户的需求是信息服务机构生存的基础，才能在服务工作中真正做到以用户为中心。

（3）标准化需求与个性化需求的关系问题。标准化需求与个性化需求都是用户需求的基本方面。标准化服务看重的是用户需求的共性和服务的效率，个性化服务看重的是用户需求的个性和服务的满意度，二者都是信息服务的重要组成部分。由于着眼点不同，二者之间存在一些矛盾。目前大多数信息服务强调走标准化的道路，但标准化不能因此而妨碍个性化服务的开展，二者可以找到结合点。个性化服务的一些内容也可以从中找到共性的东西，从而转化成标准化服务，以提高服务工作的效率。

5.5.3　基于用户体验的信息构建与定制服务

用户个性化信息空间的构建和定制服务的推进具有不可分割的内在联系。基于用户体验的信息构建在于建立符合用户体验特征的信息组织系统、标志系统、检索系统和导航系统，定制服务则是在体验空间中组织面向用户的信息资源获取、选择和提供。以此出发建立个性化的资源服务系统。

1. 基于用户体验的信息构建服务

信息构建是关于信息内容组织、信息结构设计和信息界面展示的科学和艺术，其核心思想是让"信息可访问"和让"信息可理解"。"信息构建"最早由美国学者沃尔曼于 1976 年提出，直到 20 世纪 90 年代中期才普遍引起人们的关注，此后在信息组织中得到广泛的应用并不断发展。

（1）信息构建与用户体验。在用户体验信息构建中，其信息构建拟采用三维结构：

①支持维。从支持结构的角度来定义信息构建组件，揭示信息构建所必需的资源要素，包括信息内容、信息构建团队、服务对象、方法技术以及管理控制等。

②流程维。从信息处理流程的角度定义信息构建组件，揭示信息构建过程中，信息从信息源流向用户所必须经过的一系列处理阶段，包括组织、标志、导航、搜索四大核心系统。

③服务维。从信息服务的角度定义信息构建组件，揭示信息构建在用户端的表现形式，包括界面、浏览系统、搜索系统、内容和任务以及不可见的组件（如，元数据、受控词表、词库等）。

用户体验指的是用户在操作或使用一件产品或一项服务的时候所做、所想、所感，涉及通过产品和服务提供给用户的理性价值和感性体验。在信息服务领域，用户体验分为三个层次：功能体验、技术体验、感知体验。功能体验描述了系统或产品"能否帮助用户完成任务"的属性；技术体验描述了服务系统"能否帮助用户高效率地完成任务"的属性；感知体验描述了系统信息构建基于对信息的理解，围绕信息展开，即如何组织信息内容、设计信息结构等。而用户体验是基于用户理解，围绕用户展开，关注两个问题，一是了解用户如何行事，二是如何将用户行事的情况反映到系统之中。其总的原则是，从用户的体验出发进行信息构建，即根据用户特征、需求、认知和行为进行面向用户的信息空间的构造。

（2）基于用户体验的信息构建服务。图 5.13 反映了基于用户体验的信息构建框架，反映了从支持系统、流程系统和服务系统构建出发的基本结构以及用户特征、需求、认知和行为的综合影响。

图 5.13　基于用户体验的信息构建

如图 5.13 所示，基于用户体验的信息构建服务，针对用户的个性化特征，规划了支持系统、流程系统和服务系统，其基本工作包括用户特征提取、用户需求识别、用户认知驱动和用户行为规划。

①用户特征提取。信息服务是一项社会化的服务，面对的是各种各样的人群，既有熟悉信息检索技巧的专业用户，也有缺乏检索知识的一般用户。只有充分掌握用户的特征，尤其是与信息利用有关的特征，才能有针对性地为用户提供满意的个性服务。对信息构建而言，不仅需要掌握用户的性别、年龄、教育背景、职业、职位等公共特征，还要了解他们不同于其他人的个性化特征。在对信息空间进行构建时，首先应该通过调查收集用户的背景资料，并根据公共特征对用户进行细分以确定目标用户群。但仅做到这一点还不够，这只是满足了用户的一般需求。基于用户体验的信息构建还应该将用户的个性化特征反映到系统之中，以满足他们的特殊需求。

②用户需求识别。识别用户的信息需求对于提高系统的可用性具有重要的意义，但这项工作并不是一件一劳永逸的事情。这是因为用户对信息的需求是一个动态变化的过程，从他们自身的角度出发，经历了三个发展阶段。

a. 潜在阶段。用户在这一阶段还不能完全意识到自己有某方面的信息需求，主要通过普遍浏览来捕捉一些对自己有价值的信息。对于这类用户，需要设置一些醒目的标识来唤醒用户的信息需求，并通过信息推荐方式向用户提供他们实际所需的信息。

b. 意识阶段。处于这一阶段的用户已经对自己的需求有了一定的认识，但比较模糊、比较零碎，还不能通过语言进行明确的需求表述。因此，需要利用咨询等方式来帮助用户明确自己的实际需求。

c. 表达阶段。用户在这一阶段已经对自己的需求有了明确的认识，并能够用一些具体的语词来加以表达。对于这类用户，需要充分利用知识组织、内容管理、元数据设计、检索代理等技术帮助用户准确快速地找到所需信息。

③用户认知驱动。用户认知包括对信息内容的理性认知和对信息形式的感性认知两个方面。信息内容认知是"信息如何转化为知识"的驱动力，信息形式感知解决"如何促进信息转化为知识"的问题。

按布鲁克斯的信息空间理论，信息向知识的转化是在交流、认知、效用三个空间的相互作用之下完成的。交流空间是认知主体占有信息，进行信息物质载体和精神内容搜寻和阅读的活动空间；认知空间是认知主体凭借主观认知能力和主观知识结构进行信息内容处理、匹配的思维活动空间；效用空间是认知主体实现信息服务效用，将其转化为知识的活动空间。在构建服务中，通过调查充分了解用户的知识结构、认知水平，遵循"联系已经理解的事物"原则是必要的。这是为用户提供与他们既有的知识相匹配的信息的重要保证。

④用户行为控制。了解和掌握用户的行为情况是提高用户体验水平的基本要求。用户的行为复杂多样，从大的方面来说，主要有检索行为和浏览行为两种方式，而且这两种行为都遵循一定的法则。

a. 习惯法则。检索行为是用户实现自身信息需求的最直接、最明确的行为方式。通常情况下，用户在进行信息检索时，都会按照自己的习惯行事，所用的检索工具、检索途径以及结果排序方式都具有相当的稳定性。因此，在设计检索系统时，可以将用户的习惯模式设置成系统默认值，以减少他们的工作量。

b. 省时省力法则。浏览行为是网络环境下用户的一种行为方式，在"信息爆炸"时代，用户不可能对所有信息一一浏览到，省时省力是他们进行选择的标准。为满足用户的这一要求，信息构建中应尽可能减少用户获取所需信息的步骤和时间，充分利用其有限的注意力资源。

2. 个性化定制信息服务

基于用户体验的信息构建从空间上构建了面向用户开展个性化服务的支撑环境、流程和服务框架。这一框架在解决面向用户服务组织的同时，又为定制服务的开展奠定了基础。个性化定制服务在网络环境中进行，其主流形式是网络定制服务。网络信息定制服务是针对用户的特定信息需求所提供的服务，它采取以用户为中心，主动推送信息的服务形式，从服务内容到服务风格力图符合用户个性需求。因此，用户可以根据自己的需要选择信息机构所提供的各种固定栏目，定制相关新闻、电子资源和音像服务等，还可以根据权限在基本功能、用户界面、信息资源等方面利用机构提供的针对性服务，系统保证不同用户登录后具有不同的用户风格界面，能够访问不同的电子资源，浏览不同的媒体文件。个性化定制服务是基于用户信息利用过程，动态适应性地进行信息资源提供的服务，在这种服务模式下，信息资源组织不再保持固定的体系结构，而是以动态组合变化的形式来适应和支持用户的信息利用。个性化定制服务流程如图 5.14 所示。

在个性化定制服务中，主要是采取两种服务形式：一是个人定制，即用户可以按照自己的目的和要求，在某一特定的系统功能和服务中，自己设定信息的来源方式、表现形式，选取特定的系统服务功能等。此种服务是最简单直接的个性化服务，其实质是用户从信息定制的内容、定制页面和定制信息的返回方式等方面提出个性化要求。二是系统定制，即系统通过对用户提交的信息和系统记录的用户访问习惯、栏目偏好、特点等信息所进行的分析，寻找相近需求的用户群，自动组合出对用户有用的定制资料，分发给用户。在定制服务中，要让用户对服务满意，起关键作用的是根据用户的定制和用户模型对用户的跟踪分析，以将信息与用户个性需求匹配。个性化定制的实质是信息找人的服务，它可以帮助用户减少寻找信息的时间，提高用户信息浏览和检索效率。

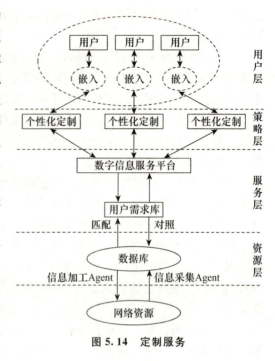

图 5.14　定制服务

5.5.4　基于 Web 2.0 的交互服务实现

Web 2.0 具有面向用户交互行为的适应性。从工具层次理解，我们可以将其作为一种增强人类社会协作能力的软件工具；从媒介层次理解，我们可以将其看作一种方便社会联系和信息交互的信息平台；从生态学层次理解，Web 2.0 构成了一个由人员、活动、志趣、目标、信息技术综合组成的人机系统。

以 Web 2.0 为特征的博客、分类信息服务等，使互联网向个性化和互动性方向发展。Web 2.0 作为一种基于 BBS 社区、即时通讯软件、电子邮件等互联网基础服务之上的服务，不能独立于互联网服务而存在，更像是一种旨在满足用户个性化、多样化需求的应用服务升级。因而基于 Web 2.0 的交互服务是个性化服务的重要发展。

1. Web 2.0 的技术内涵

图 5.15 中，Web 2.0 的核心是：以网络为平台，用户控制数据，旨在拓展交互服务业务。与此同时，蒂姆·奥莱利列举了以下几种 Web 2.0 的应用：绝对信任使用者的维基百科、参与而非出版的博客、完全分布式的比特洪流、提供自助服务而产生长尾效应的Google 广告、让使用者成为内容贡献者的 Page Rank/eBay reputation/Amazon reviews、丰富使用者体验的 Gmail、Google Maps 及 AJAX、让使用者自订主题标签的 Flicker 及del、icio、us。

通过对于 Web 2.0 应用案例考察可以发现，在 Web 2.0 应用中起决定作用的是技术、内容和用户三方面的相互作用，用户创造或附加内容，技术提供内容组织和与用户交互的手段，内容或基于内容的互动满足用户需求。

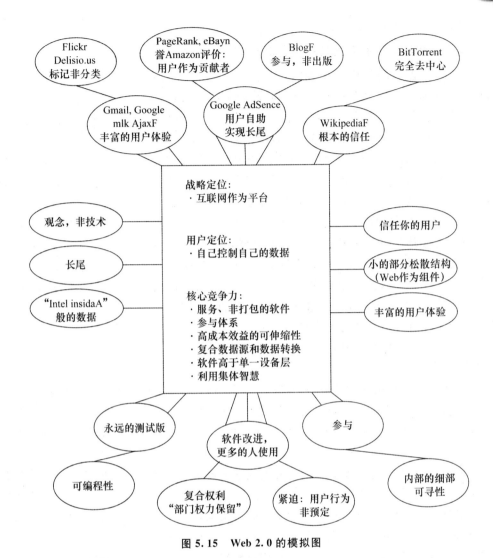

图 5.15　Web 2.0 的模拟图

2005 年 10 月蒂姆·奥莱利在 O'Reilly 博客上给出 Web 2.0 的简洁定义：Web 2.0 是以网络作为平台，跨越所有连接的设备，能创造出这个平台最显著的效益。Web 2.0 的应用包括：将软件当作一种持续更新的服务续更新的服务，越多人使用就得到越多更好的结果；利用及重新组合包含个人使用者在内的各种信息来源的数据时，也允许其他人再组合利用本身所提供的数据及服务；透过参与式的架构创造网络效应，远远地超越 Web 1.0 的网页，提供丰富的使用者体验。根据 Web 2.0 的发展，图书馆界人士也提出相对应的 Lib rary 2.0。和 Web 2.0 相关的不仅仅只有技术，其实是一系列重要的技术形成 Web 2.0。

在 Web 2.0 中，每个用户作为平等的主体而存在，他们的行为是一种准双向的行为。可以说，Web 2.0 就是以用户为核心的互联网，它把"人"的作用提高到前所未有的高度，从前简单的网站对个人的单向传播，逐渐演变为一对一、一对多、可协同的交互式传播。由此可见，当前网络交互式技术的发展与成熟是基于网络环境的交互式信息服务的顺

利开展与实施的技术基础。

2. Web 2.0 环境下交互式信息服务的推进

交互式信息服务的推进是多方面的，包括基于群间交互的维基服务、基于个人交互的博客服务、实时交互的 P2P 技术应用、基于延时交互的 RSS 等。

（1）基于群间交互的维基服务。维基（Wiki）按其创始人沃德·坎宁安的表述是一种超文本系统，这种超文本系统支持面向社群的协作式写作，同时也包括一组辅助工具。

在 Wiki 的页面上每个人都可以浏览、创建、更改文本，系统可以对不同版本内容进行有效控制和管理，所有的修改记录都可以保存下来，不但事后可以查验，也能追踪恢复到本来面目。这就意味着每个人都可以方便地对共同的主题进行写作、修改、扩展名至探讨。1995 年，维基创建的最初意图是建立一个知识库工具，其目的是方便社群的交流。随后，网上也相继出现了许多网站和软件系统，其中最有名的是维基百科（wikipedia）。维基百科是目前世界上最大的 Wiki 系统，它是一个基于 Wiki 和 GNU 自由文档许可证的百科全书网站系统，致力于创建内容开放的百科全书。该系统于 2001 年 1 月投入运行，至 2005 年 3 月，英文条目就已经超过 50 万条。目前图书馆的维基应用包括：图书馆数据库/图书/网站的评论、专题资源介绍、图书馆实务经验分享、图书馆利用指导、重要议题讨论、主题指引等。除此之外，更可以把维基百科的 API 应用到 Web PAC 中，提供主题定义参考。

Wiki 运行在于开放编辑和自由协作，用户可以修改系统中所有开放的信息文本，Wiki 系统则记录下所有用户修订的版本历史，如在自由的百科全书（Wiki pedia，最名和最成功的 Wiki 应用范例中），各个词条最终形成的中性客观定义就是在这样的机制中产生的。

维基通过文本数据库或者关系数据库实现版本控制，因此可以随时找回以前的数据并进行对比。版本控制使多人协作成为可能，既可以保护内容不会丢失，又可以让任何信息被任何人修改和删除，但是最后剩下的是最好的参与者，因为系统会清除垃圾文字，最终剩下的也是最有意义的内容。维基是任何人都可以编辑的网页，在每个正常显示的页面下方都有一个"编辑"按钮，点击这个按钮即可编辑页面。为了维护网站的正确性，维基在技术上和运行规则上做了一些规范，既做到了向大众公开的原则，又尽量降低众多参与者带来的风险。比如，维基将保留网页每一次变动的数据，即使参与者将整个页面删掉，管理者也能很方便地从记录中恢复最正确的页面，在更新个页面的时候用户可以在描述栏中写上更新内容的依据或跟管理员的对话，因此，管理员就能知道用户更新页面的情况。

（2）基于个人交互的博客服务。博客是一种内容按时间顺序排列并且不断更新的发布方式。用户可以把自己的生活体验、照片视频等按照时间顺序输入博客中，与他人分享。博客现象始于 1998 年，2000 年开始流行起来。博客的应用在虚拟社会中展示出极强的生命力。

博客技术已应用于各种场合，个人用户利用博客技术进行网络交流、内容管理和信息发布，企业采用博客进行知识管理、客户关系管理和公共关系管理，学校采用博客进行教学，图书馆采用博客进行服务公告等。博客模式充分体现了网络服务的平民化特征，专家和普通人都可以参与。博客这种基于"点对网"的方式，在信息管理中能够发挥更大的潜能。

在交互式信息服务中，博客促进了互联网上系统间的协作，如基于 RSS 标准上的内容同步、内容优化与重组、基于 Ping、Track Back 的跨系统通讯和基于 BLogAPI 的跨系统协作等。这些新的系统间的协作方式使万维网的拓扑结构从基于页面超级链接形成的关系网，转变为广泛的协作关系网络。

就实质而论，博客是一个简单的内容管理系统（CMS，Content Management System），除了多一个日历和一些零散的个性化插件外，与传统的 CMS 没本质上的区别。然而，在面向其他信息系统交互时都应用了几项特殊技术，这些技术对万维网的影响甚大，特别是 RSS、Ping、Track Back、Free Tags、Permalink 技术应用的影响。

BLogAPI 创作和管理是通过可以操作的后台界面来实现的，它包括 3 类技术：博客内容创作技术、博客互动技术和博客内容聚合技术园。这些技术共同构造了博客的传播特质。创作技术允许逆时序进行内容组织，同时嵌入各种多媒体符号。博客日志通过自动化工具提交后，在页面上按照日志撰写的时间顺序依次排列，最新的日志置于页面顶端。博客主页的首页面上都有日历显示，每个日志上都有明确的时间标记。在后台管理平台上，博客对主页内容拥有全面的控制，包括对流量统计数据的监控、页面风格的选择控制、内容的编辑和调整、评论的删除和回复、引用通告的查看、主页的内容分类等。通常，博客工具能够支持文字、图片、视频、音频等多种传播符号，多媒体符号系统为充分展示博客的兴趣和个性提供了广阔的施展空间。

互动技术的应用旨在建立独特的参考和回应机制，使博客主页具有独特的参考和回馈功能，其中评论、链接和引用通告功能不仅是文本的延伸，而且可以带动用户的互动，发挥社会中介作用。

整合技术实现了博客信息的重组。借助 Tag 技术，博客实现了基于用户分类的内容整合，RSS 工具则通过聚合大量博客主页，为速览博客的更新信息提供了有效的手段。尽管 Tag 技术和 RSS 服务为博客内容的归类、浏览的便利创造了条件，但对整体博客圈和互联网上庞大的信息生产群落而言，其内容的筛选和提炼是个浩繁的工程，正是这种需要催生了博客搜索及排名网站（如美国的 Technrati，Feedster 和我国的搜狐"博粹"）、博客摘录网站（如美国的 del、icio、us 和我国的 bolla 博啦）、博客目录网站（如美国的 Eatonweb）、博客流量跟踪网站（如美国的 Blogdex）等专门从事博客信息整合和浏览导航的网站出现。它们在博客的宏观层面上，实现了博客信息的在线聚合服务。

（3）实现实时交互的 P2P 技术实现。P2P 是 Peer to Peer 的缩写，称为对等网或点对点技术。网站与浏览器之间的沟通，采用的是 HTTP 的标准协议，而"Peer to Peer"技术架构将形成另一个全球标准的协议，对于搜寻网络信息的用户而言，其查询到的将是存在于互联网所有个人电脑中的信息，其内容由全球 4.8 亿台电脑所组成，远大于 400 万个网站的内容，是一个比任何门户网站或搜索引擎更广的服务。

目前已有多种网络服务采用 P2P 技术，主要有如下应用：

①即时通信。两个或多个用户可以用其进行快速、直接的交流，其实时通信是能够让用户体验更具个性特色的交互性。这项服务，使图书馆的虚拟参考服务更具交互性。

②实现文件共享，下载和上传文件不必通过中央服务器，或者中央服务器只起辅助作用，

如 Napster、BT、eDonkey、OpenExt、百度下吧、Reallink 等都提供文件共享功能。

③固协同工作。使用 P2P 技术，可以建立一个安全的企业级协同工作平台，提供互动的供求信息，帮助用户进行经销渠道维护，如 "Groove"、KDT。

④对等计算，可联接上万台微机，利用它们的空闲时间进行协同计算，完成超计算量的工作，如 Distribute、net、SETI@home。

⑤搜索，用于在 P2P 网中完成信息检索。此类应用软件有 lnfrasearch、Pointera 等。

⑥存储。用于在网络上将存储对象分散化而不必存放于专用服务器上，从而减轻了服务器负担，增加了数据的可靠性和传输速率。此类应用软件有 Farsite（Microsoft）、Ocean Store 等。

P2P 技术改变了互联网中"内容"所在的位置，内容正在从"中心"走向"边缘"，内容不再是只存在于几个主要的服务器上，而是存在所有用户的个人电脑上。首先，客户不再需要将文件上传到服务器，而只需将共享信息发布出去；其次，运行 P2P 的个人电脑不需要固定 IP 地址和永久的互联网连接，使得拨号上网的用户也可以享受 P2P 带来的变革成果最后，P2P 改变了控制互联网的客户机/服务器模式，消除客户机和服务器二者之间的差别。

（4）基于延时交互的 RSS 技术实现。RSS 是一种用于共享新闻标题和其他 Web 内容的 XML 格式，作为一种重要的"推送"技术，由于其版本的不同，也被称之为"Rich Site Summary（丰富站点摘要）"。"Really Simple Syndication"（真正简易聚合）"和"RDF Site Summary（RDF 站点摘要）"。虽然三种规范定义的结构不同，但是所包含的核心信息和技术实质却基本相同。图 5.16 和图 5.17 表明了 RSS 订阅 Web、信息与传统 Web 浏览方式的差别。从图 5.16 中，我们可以看到用户需要打开多个浏览器窗口，进入不同的门户网站，再从这些网站寻找感兴趣的标题，点击相应链接阅览标题中涵盖的内容。很多大型门户网站往往需要多次点击才能看到相关内容。通过 RSS 订阅方式就可以避免这些状况的发生。图 5.17 体现 RSS 订阅的整个流程。

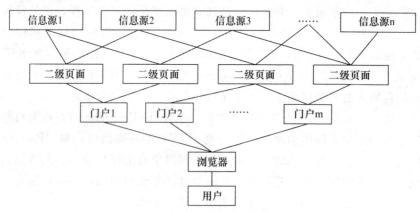

图 5.16　传统浏览方式

通过 RSS 订阅，用户可以在聚合站点或 RSS 阅读器中有针对性地订阅自己感兴趣的信息源。这种方式简单易用，而且能够获取即时信息。RSS 的最初应用领域是新闻和博客内容的聚合和共享，然而随着 RSS 技术的推广和发展，其应用范围很快突破了这两个领域，开始在信息服务相关的各行业拓展，包括图书馆服务、数据库服务等。

图书馆在开展服务的过程中可以利用 RSS 告诉用户图书超期信息、热门资源、新购了一些图书和多媒体资源以及定制相应 RSS 提要等。通过这种方式，用户既能在第一时间获取到最新资源信息，又可以免除频繁访问各个服务提供者的网站。随着个性化定制工具的发展和推广，这种交互式服务的水平会越来越高。

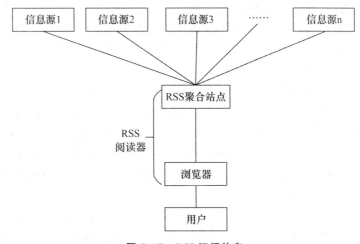

图 5.17　RSS 订阅信息

目前，国内的一些全文数据库提供商已经开始研究如何利用 RSS 改善其服务。将 RSS 技术和数据库服务结合起来，可以拓展服务范围，为用户提供更加快捷和个性化的服务，例如：根据用户选择的主题和检索表达式进行定题推送服务；根据用户选择的分类、关键词、期刊名称、行业领域、时间进行新闻和最新资料的推送；通过跟踪用户的检索结果，将最新的内容推送给用户等。

RSS 包括一些标准的文件头和标准的信息项格式定义。信息项包含标题、作者、日期和摘要等信息元，一般用来对动态网站最近更新的内容进行格式化封装。某一网站（或其中某一栏目）一旦支持 RSS 格式的内容输出，另外一些支持 RSS 解析的系统或软件就可以按照 RSS 的解析规范对该网站的内容进行订阅（Subscribe）或内容联合（Syndicate）。订阅一般是面向用户个人的，可以订阅到专用桌面端软件、邮箱等，也可以订阅到其他以 Web 服务提供的订阅系统。通过 RSS 订阅，用户可以不必再一一访问各个网站就能及时了解它们的更新信息。内容联合是面向公众用户开放的内容集成服务，在页面上按固定时间间隔同步显示 RSS 中的内容。通过 RSS 内容联合，可以把来自不同系统的内容整合到一个系统中，实现不同系统功能的松散联合。

在交互式服务中，每个用户既是被动的信息获取者又是主动的信息提炼者（当其把自己的阅读分拣、提炼、再组织发布时），如果其挑选提炼的结果对他人是有价值的，则可以直接为他人所借用。用户在收集汇总多个其他用户订阅的基础上，按照自己的评价标准进行取舍，得到一个新的内容聚合，这个新内容聚合又可以为更多人所借鉴，并反馈回到他最初所借鉴的用户。通过 RSS 订阅、分拣、重组和输出，大量用户间达成了间接协作（具有相似阅读兴趣和知识水平的用户在这个过程中更容易通过相互订阅达成协作），这一

过程让 RSS 中的内容不断地被打破重组，构成多样化的、不断优化和改进的内容组织形式。

（5）互动式网页开发的 Ajax 技术实现。Ajax（Asynchronous JavaScript and XML）由 HTML、JavaScript、DHTML（Dynamic HTML）和 DOM（Document Object Model）组成，这一方法可以将 Web 界面转化成交互性的 Ajax 应用程序。由于应用强调用户体验，使此类技术已成为 Web 2.0 技术的核心内容。Ajax 结合了 Java 技术、XML 以及 Java Script 等编程技术，使客户端脚本与 Web 服务器交换数据的 Web 应用开发方法，突破了页面重载惯例限制，能够优化用户体验，提升 Web 用户界面的交互功能，未来将会广泛应用在交互界面的设计中。

Web 2.0 的一个重要原则是将 Web 作为一个应用开发的平台，强调高可用性和交互能力强的用户界面是应用平台的基本要求。Ajax 应用可以仅向服务器发送并取回必需的数据，它使用 SOAP 或其他一些基于 XML 的 Web Service 接口，并在客户端采用 Java Script 处理来自服务器的响应。由于在服务器和浏览器之间交换的数据大量减少，我们必然能看到响应更快的应用；同时许多处理工作可以在发出请求的客户端机器上完成，所以 Web 服务器的处理时间也减少了。

Ajax 的工作原理相当于在用户和服务器之间加了一个中间层，使用户操作与服务器响应异步化，可以将一些服务器负担的工作分配到客户端，利用客户端闲置的处理能力来处理，以减轻服务器和带宽的负担，从而达到节约 ISP 的空间及带宽租用成本的目的。

Ajax 的优点是能在不刷新整个页面的前提下维护数据，这使得 Web 应用程序更为迅捷地响应用户交互，并避免了在网络上发送些没有改变的信息。Ajax 所带来的好处体现在 Web 2.0 目前大量采用的与用户交互、收集用户行信息、汇聚集体智慧以及提供更为个性化的服务上。

复习与思考

1. 简述信息服务的含义和内容。
2. 现代信息服务的基本流程中应涉及哪些主要环节？
3. 对某信息用户群体或个体进行需求调查并写出需求分析报告。
4. 分析基于用户体验的信息构建过程。

第6章

信息服务组织及其管理

现代信息服务业的发展催生出高度知识化、专业化、商业化和社会化的信息服务组织。互联网思维与技术、云思维与技术促进了现代信息机构在组织模式、运作模式和商业模式等方面的变革。

信息服务组织即信息机构是实施信息搜集、加工、分析、储存、传递等有关信息管理活动的组织形式。主要包括图书馆、情报所、统计局及其他政府信息服务机构等非营利性信息机构（或称公益性信息机构），以及以咨询公司为代表的营利性信息机构。有时我们也把某个企业里专门从事信息管理与市场研究的部门称为信息机构。

6.1 信息服务组织的类型与职能

国内信息管理界所探讨的信息机构主要是指以提供公益性普通信息服务为目标的图书情报机构。咨询公司是伴随社会经济发展而产生的一类针对客户的特定课题提供深度报告，并以追求利润最大化为目的的营利性信息机构。

面向 21 世纪的社会发展，开展全方位、多功能的社会化信息服务已成为我国各信息服务机构业务发展的主流。随着现代科技和社会经济的不断发展，全球信息化脚步的加快，我国信息服务业的迅速发展，对信息服务管理的研究提出了一系列新的要求，推动了这一领域理论与实践的新进展。

6.1.1 "信息机构"的地位与作用

信息机构或者信息产业，是国家行政机关中对管理所需要的行政信息进行搜集、加工、传递、存储、处理的机构。信息机构为行政活动服务，向行政领导提供确实和系统的行政信息，以保证行政的正常运转。信息机构具有信息的搜集、加工、传递、存储、提供利用等一系列信息处理过程，并具有信息处理的手段和方法，以及必要的设备和技，以一定的行政组织为基础。

信息产业是指国民经济活动中与信息产品和信息服务的生产、流通、分配和消费直接有关的相关产业的集合。由于这些产业的运作过程中，信息资源是最基本、最重要的要素，因此，加强信息产业的组织与管理历来是信息资源管理的重要内容。

信息产业是当今世界众多产业中的一个最活跃、最不容忽视的分支，是现代经济形成和发展的支柱产业，目前正以每年 20％～30％ 的速度高速增长。信息产业在国民经济和社会发展中的重要地位与作用主要体现在以下几个方面：

（1）信息产业是信息资源的核心加工者，是信息资源开发利用的主体，是信息转化为资源、财富和生产力的主要媒介。信息产业的投入以信息为核心原材料，与此同时，人类消费的绝大部分信息产品与信息服务均大部分集中于或出自于信息产业。

（2）信息产业是具有战略性的新兴主导产业。当代社会，信息已成为重要的经济资源和管理资源，是价值形成和价值增值的主要源泉，信息资源的开发利用程度和管理水平决定了一个国家的经济和科学技术的发展水平。因此，以信息产品和信息服务作为产出的信息产业自然成为国家经济竞争的核心，是一种战略性产业。

（3）信息产业是高关联度产业。关联度是衡量某一产业与其他产业关系密切程度的一个概念，分为前向关联和后向关联。信息产业对其他产业的前向关联，是指其他产业部门对信息产业部门产品或服务需求的程度，一般用感应度系数表示；而信息产业对其他产业的后向关联，是指信息产业部门对其他产业部门产品或服务的需求程度，一般用带动度系数表示。由于信息传播和信息技术的特点，使信息产业与其他产业之间的关联日益密切，促使经济发展的模式由物质经济向信息经济转换。

（4）信息产业是高效益型产业。由于信息的价值具有多维性和间接性，故信息被利用之后会产生一连串的综合效果，包括直接经济效果和多层次的间接经济效果。因此，信息产业具有极强的增值性。据调查，到 20 世纪 90 年代中后期，信息产业产值已突破 1 万亿美元，成为最大的产业部门之一。信息产业渗透和服务于社会经济的各个领域，由于其强烈的替代性和联结功能，更是从系统优化的意义上提高了社会经济的整体效益。

（5）信息产业为社会提供了众多的、新的就业机会。信息产业发展前景广阔，需要大批劳动力投入。目前，发达国家从事信息职业的人数占全部劳动者的 40％ 以上。信息产业的发展还带动了文化、教育以及其他许多行业的发展，创造出许多新的职业和就业机会，如信息服务业、信息流通业、软件业等。美国政府声称，实行"国家信息基础结构"（NII）计划，仅个人通信服务业在今后 10 年到 15 年将创造多达 30 多万个就业机会。同时，信息产业的信息、知识密集型的特点，要求就业者具备较高的知识水平、专业特长和创造能力。

6.1.2　信息机构类型

按照不同的划分标准，信息机构可以划分为不同的类型。

按照加工信息的深度分，我国的信息机构可以分为两部分：

（1）信息传播机构。信息传播机构包括宣传部门、报社、杂志社、广播电台、电视台、广告公司等。

（2）信息服务机构。信息服务机构包括科技情报所、图书馆、信息中心、咨询公司等。

按照信息机构的所有权结构分，我国的信息机构可以分为：

（1）营利性机构。营利性机构如自负盈亏的咨询公司和转制的研究所。

（2）非营利性机构。非营利性机构如政府档案部门下的档案馆、政府文化下属的图书馆、政府科技部门下属的情报所、政府部门下属信息中心以及博物馆、气象台。

美国经济学家波拉特，以信息产品或服务是否进行市场交易为标准，将国家信息部门划分为一级信息部门和二级信息部门。

（1）一级信息部门：面向市场或公众提供营利或非营利性信息商品或服务的部门。

（2）二级信息部门：满足政府或企业内部消费而提供信息生产与服务的部门。

具体如表 6.1 所示。

表 6.1　信息机构的类型

类型		特征描述	范例	发展趋势
独立信息机构 （一级信息部门）	公益性信息机构 （传统部门）	面向公众，为社会提供基础性信息资源配置，其价值不通过市场交换	图书馆、档案馆、科技信息服务机构	有偿服务不断增加，分离出部分经营性机构
	营利性信息机构 （新兴部门）	面向市场，最有信息规模优势，技术创新能力强，商业嗅觉敏锐，较强的组织智能	互联网公司（谷歌、苹果、阿里、百度等）、IT 转型公司（IBM 等）、咨询公司（兰德、麦肯锡等）、信用评估机构（标普、穆迪等）	商业化格局比较成熟，将成为信息机构的主体。
组织内部信息机构 （二级信息部门）		依附于特定的组织，其生产的信息产品和服务只提供给组织内部，具有非公开性	政府情报部门、企业竞争情报部门	成为政府、企业的战略部门。

6.1.4　信息机构职能

1. 支持科学研究与科技创新

信息机构在科研与创新的支持模式如图 6.1 所示。

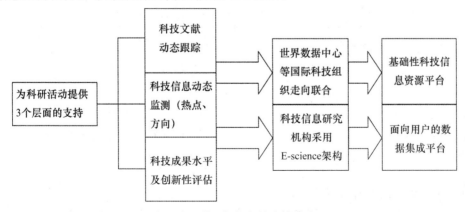

图 6.1　科研与创新的支持模式

2．为政府提供决策支持

（1）建立基于顶层设计的高层智慧库。

（2）建立国情检测系统。

（3）建立危机预警与处理系统。

3．为企业提供咨询和情报服务

（1）行业动态跟踪和分析。

（2）市场调研。

（3）建立内部竞争情报体系。

（4）知识组织与程序化。

6.2　信息服务组织的商业模式与管理

6.2.1　信息产业组织与管理的意义

信息产业的组织与管理是信息资源管理的重要内容，可以从以下两个方面进行分析。

1．从信息学的角度来看

信息只有经过科学的组织才能成为资源，而信息资源只有借助产业的力量经过有效的管理、开发和利用才能转化为财富和生产力。没有经过组织的信息不仅无益，而且有害。在现代社会中，信息产业与信息的关系如图 6.2 所示。

信息首先进入信息产业，经过信息产业的加工组织后转化为信息资源（注意这里承担信息加工组织任务的仅是信息产业内的部分企业，而非全部企业）。信息产业产出的信息资源有三个去向：一是作为非信息产业的投入，即中间产出 X2；二是作为信息产业自身的中间投入，即中间产出 X1；三是作为最终信息产品和信息服务（Y）为广大消费者直接消费。图中的虚线表示信息产业、非信息产业和消费者在消耗或消费掉信息产业的产出后，又会产生新的信息，并成为信息产业新的原料。

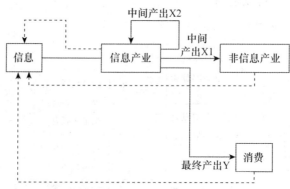

图 6.2　信息产业与信息的关系

由上述关系可以得出以下结论：

（1）信息产业是社会信息的组织加工者和信息资源的提供者，社会所得到的信息资源的数量与质量直接取决于信息产业发展的状况和水平。

（2）从信息资源管理流程上来看，信息产业是整个流程的第一步，也是信息得以成为资源、财富和生产力的基础。

（3）随着产业信息化的发展，全社会对信息资源需求的数量要求将更大、质量要求将更高。

（4）随着信息产业化的发展，信息产业对其产出的自消耗也越来越大，并同产业信息化一道构成通向信息经济的两支关键力量。

2. 从信息经济学的角度来看

在信息商品、信息市场和信息产业的关系中，信息产业是核心，具体来说，信息商品只是信息产业产出中用来交换的那部分产品或服务，而信息市场也只是用来交换信息产业产出的空间场所或交换关系。当然，无可否认，信息商品化的发展与信息市场的培育和完善对信息产业的发展也有十分重要的作用，但从经济角度考虑，也只能以信息产业为基础。

由此可以看出，从信息产业的组织与管理角度出发来研究信息资源管理问题，对进一步明确信息资源管理的内容和流程，从宏观上强化整个社会的信息资源管理工作，充分发挥信息作为资源、财富和生产力要素的价值，发展信息资源管理理论均具有十分重要的意义。

6.2.2 信息产业的结构与运行机制

若把信息产业比作一台机器，则其原材料首先是形形色色的信息，加工成果是各式各样的作为投入要素的信息资源和作为最终产品的信息产品与信息服务；信息产业这台机器也以信息资源为原材料，加工成果是新的、高附加值的信息资源和消费品。也就是说，这台机器具有双重性能，一是信息的加工组织，二是信息资源的开发利用与管理。

这台机器的性能水平如何，或者说其产出的数量与质量怎样，在原材料既定的情况下，便直接取决于其运行的效率，而运行效率与这台机器本身的结构和运行机制又有密切的关系。为此，我们首先要研究信息产业的结构和运行机制。

1. 信息产业的结构划分

美国学者波拉特（M. U. Porat）是信息产业结构分析的首开先河者。1977 年，他在九卷本大型研究报告《信息经济》中，将信息产业（实为波拉特体系中的第一信息部门）划分为以下八个分支产业：知识生产和发明性产业，信息交流和通信产业，风险经营产业，调查和协调性产业，信息处理和传递服务产业，信息产品制造产业，与信息市场有关的部分政府活动，信息基础设施产业。

日本科学技术与经济协会所提出的信息产业结构，由两个产业群十个分支产业构成：信息技术产业（机器产业，软件产业，提供信息媒介产业）；信息商品化产业（报道产业，出版产业，数据库产业，咨询产业，代理人型产业，教育产业，教养产业）。

美国信息产业协会在以信息为核心，而不是以计算机等技术为核心的前提下，把信息产业分解成八个分支：广播网，通信网，通信技术，集成技术，信息服务，信息包，软件服务，信息技术。

国内学者卢泰宏教授将信息产业分为信息技术与设备制造业和信息服务业，认为信息

技术与设备制造业是开发、制造并销售信息设备和软件以及提供信息媒介的产业，其核心是提供信息技术及其设备；信息服务业是使用信息设备进行信息搜集、加工、存储、传递等提供信息服务的产业，其核心是信息服务。

此外，其他许多学者也对信息产业进行了划分，如有的将其划分为信息技术部门、信息商品化部门和准信息部门，有的将其划分为信息一次产业、信息二次产业和信息三次产业，有的将其划分为信息商品生产业、信息设备制造业和信息流通服务业等等。

2. 信息产业的运行机制

机制是指事物自身运行调节的方式与规律，它直接决定着事物自身的运行效率。因此，为探寻提高信息产业效率的途径，我们必须首先研究信息产业的运行机制。

信息产业的运行机制各因素之间的关系可用下列公式表示：

$$I(B,S,O) = f(T,D,H,C,P) \tag{6.1}$$

式中：$I(B, S, O)$ 表示衡量信息产业的发展状况和水平必须考虑 3 个因素，即利润、产业内部结构（一般表现为利润率和增长率的稳定、创新活动的有序等）及产业内部组织（一般表现为产业内部利润率的均衡）；$f(T, D, H, C, P)$ 表示左右信息产业发展的影响因素。

在左右信息产业发展的 5 个影响因素中，资金是信息产业发展的重要保证；政策（包括财政政策、收入政策、外贸政策、产业政策等，其中产业政策是核心）使信息产业加速发展、提高效率；信息需求是信息产业发展的拉动力，满足更新、更高和更广泛的信息需求永远是信息产业的发展目标；信息技术的进步与创新能使信息产业获得更高的运行效率；在信息产业发展过程中，人才处于十分关键的位置，尤其是负责关键岗位和核心业务的人才，其素质如何将直接影响到信息产业的发展速度和水平。

6.2.3 信息产业的集团化组织模式

信息产业集团化组织模式的合理选择在有效管理信息资源以及放大规模的经济性和弱化规模的不经济性方面起着重要作用。这里，我们仅对信息企业集团内部的组织模式作一探讨。

信息企业集团内部的典型组织模式，从结构上分析，有四种不同类型的成员企业，这些成员企业分别形成四个不同的层次。

1. 核心企业与核心层

每一个信息企业集团都有一个核心，它可以是一个信息企业，也可以是多个信息企业，具有独立的法人资格。核心企业一般规模较大，经营实力雄厚，是信息企业集团有序运作和实现各成员企业整体协调及优势互补的关键企业。一个信息企业集团的整体形象如何，运作效率怎样，往往可以从核心企业中窥见一斑。信息企业集团的核心企业构成核心层，它对其他层次的企业实行控股，因而又称母公司。

2. 骨干企业与紧密层

每个信息企业集团的核心层外，都有一批构成紧密层的骨干企业，它们通常在资源、技术、人才、资金等方面与核心企业联系紧密或在工艺上有密切的前向或后向联系，如直接为核心企业提供生产资料的企业。它们主要对核心企业的功能起延伸和部分替代作用。若没有骨干企业，信息企业集团的规模效益就难以得到充分发挥。每一骨干企业都是独立的法人，且与核心企业之间多半是子公司与母公司的关系，即骨干企业的股权有足够的比例为某一核心企业持有，且达到控股的地步。这是核心企业与骨干企业之间凝聚力形成的基础。

3. 配套企业与半紧密层

信息企业集团的骨干企业及某些核心企业的外面，都有一批配套企业，形成集团的半紧密层。这类企业也是独立的法人，往往是骨干企业的子公司，也可能是核心企业的子公司，且在持股比例上达到控股的程度。配套企业一般规模不大但专业化程度很高，它们与骨干企业之间有固定的协作配套关系，但对集团的影响力明显弱于核心企业和骨干企业。

4. 协作企业与松散层

协作企业是处于信息企业集团员外层，与集团之间无固定协作关系的企业。它们一般不为集团持股，且与上述三个层次的成员企业特别是核心企业的联系非常松散，因而被归为松散层。这类企业多为小型、专业化企业，与集团之间有经营往来，且经营在一定程度上受集团的影响。

此外，信息企业集团在上述四个层次之上还有一个集团总部，其功能通常由核心企业承担。集团总部的组织结构一般由若干个部门和委员会来体现。其中部门划分的基础是专业分工，即将信息企业集团的业务活动和相应的人员按专业化要求划分为若干个便于管理的部门。部门划分的方法很多，如按职能划分、按产品或服务划分、按地域划分等。每个集团都有自身的特点，应选择适合自身特点的划分方法；委员会是由若干人组成的、处理特定问题的集体，如咨询委员会、预算委员会等，其主要职责是针对具体问题进行集体讨论，并做出决策。信息企业集团的组织模式就是由上述的集团总部和四个不同层次的四种企业共同构成的。在此模式的支撑下，信息企业集团形成了一种由多个法人企业组成的经济联合体，并通过内部的分工与协调，发挥其优越性，实现提高经济运行效率和求得生存与发展的目标。

6.2.4　信息机构的性质

信息机构的首要目标是传播信息，推进经济、科技与社会的进步，而不是营利。一个信息机构的存在与为社会提供信息服务联系在一起，为社会普遍服务是其重要使命，这也是它能吸引人们为之工作并能争取到外界支持的原因所在。

信息机构为了实现其目标，必须运用现代化管理方法。因为一个致力于公众信息服务的信息机构为了生存和发展，必须为它所提供的服务找到一个市场。这个市场不仅是需要这个信息机构服务的社区或群体，而且还包括愿意为该机构提供所需资金的来源。

信息服务机构的性质虽然不应改变，但运作模式却是可以灵活多样、自由选择的，而运作模式也是决定一个组织或机构能否获取收益的关键。

现代信息机构的管理者必须处理好推动社会公益和促进机构自身的生存与福利这两个目标之间的关系。一个信息机构的凝聚力在于能赋予这个机构以明确的目标，激励工作人员，并能为其活动争取财务和公共的支持。同时，还要从事一系列的商业活动。作为一些政策支持性信息机构，可以利用税收减免寻求社会和企业支持，并通过提供社会化信息服

务给予回馈。

过去，一些图书馆、情报所等信息服务机构的成本问题不突出，其原因是政府的投资平衡了成本的增长，一旦政府减少投资，信息机构的基本经济弱点就暴露出来了。目前，一些图书情报机构仍然是劳动密集型组织。固定的生产能力所造成的困境几乎是所有信息机构最严重的弱点之一，这也是迫使改变其运作方式。长期依靠政府或他人捐赠的信息机构如何着手寻找自己赚钱的方法呢？其起点应该是改变价值观念以及对待顾客的态度。一个信息机构把财务的独立性同它的中心价值观念结合起来，它就会系统地、积极地去寻找和开拓各种各样增加收入的机会。

美国普林斯顿大学教授威廉·鲍姆尔和威廉·鲍思研究表明，21世纪以来，私人企业的生产率一直以较快比率增长，而推动生产率增长的主要因素是新技术的快速增长和广泛应用，以互联网技术为代表的新技术应用使信息机构获得了新的商机和活力。因此，信息机构要充分利用互联网技术，找到有利于推进其信息服务更有效率、更经济的管理模式，要在政府投资日益减少的情况下吸引或获取足够的经费，以保证完成社会使命。衡量一个信息机构管理的好或差的重要标准就是看这个信息机构是否具备很强的营利能力。一般而言，一个信息机构的营利能力越强，说明它提供的信息服务质量水平越好、市场认可度越高。

6.2.5　信息机构的管理

战略规划、营销活动和预算是信息机构的重要管理工具。若把它们综合成一个协调的过程，则是高层主管确定其信息机构基本方向必不可少的手段。它们能够使管理适应变化，并能够提供程序上的手段使该机构的计划和运转适应新的环境。

1. 战略规划

战略规划是确定一个信息机构发展方向的关键。信息机构需要找到并保持自己合适的位置，在具有相对优势的领域中进行投资。这样，才能既对社会提供优良的服务，又可使其自身成为具有活力和财力的机构。

规划过程的重点应放在"战略"方面，即着眼于未来对组织的性质和方向起决定作用的选择上，而不是对未来经营情况作简单的预测。构想一个成功的战略规划，应遵循以下几个相协调的因素：

（1）任务的确定。制定战略规划过程的核心在于明确信息机构所要完成的任务，因为任务的确定为机构做出种种决策提供了方向和边界。如果一个机构没有明确的任务，它就难以合理地分配资金，也不能明智地使用人员。

（2）评价竞争对手的行为。信息机构的行动计划很可能受到其竞争对手行为的影响。因而，信息机构应认清与其实力相当的竞争对手，对这类对手的活动和行为进行跟踪并定期做出竞争者分析报告。

（3）外部环境的评价。除了分析竞争对手外，信息机构也必须关注它所在竞争环境的未来发展，特别要密切注意该机构赖以生存的外部环境的变化。可能难以预料未来所有的变化，但至少应该注意到那些会给本机构带来不利影响或提供机会的可能性。

（4）支出和收入的预测。制定成功的战略规划还要求尽可能准确地预测未来几年的财务支出和收入，以及估计经济趋势变化对这些预测的影响。对信息机构支出和收入趋势的预测，是判断机构未来财政能力是否得以支撑和保证计划目标完成的重要依据。

（5）制定具体目标。任务是信息机构制定具体目标所要达到的基本目的，当目的以可衡量的形式表达出来时，就成为该机构的具体目标了。信息机构需要制定出在某一段时间内要实现的具体目标。例如，一个图书馆将自己的长期任务定义为"传播知识，服务社会"，它在某一年的目标是"增加社会科学类图书采购量"，而具体目标是"当年的社会科学类图书采购量增加 30％"。

（6）建立工作规范和反馈机制。信息机构为各部门建立目标的评估体系和工作规范是很有价值的。工作规范的制定过程应该自下而上，首先由各部门起草各自的目标，然后经各层次的员工讨论，再报最高管理部门审议，最终形成机构的主要目标。机构内各部门应争取在其规定时间内达到所制定的具体目标。高级管理部门应评价其目标的实现程度，并以此作为确定绩效水平的参考标准。该过程从制定员工工作目标到根据所完成目标的状况对员工进行奖励，形成了一个闭环。其主要目的在于使为目标而努力的观念成为信息机构文化的一部分：使每个人都承担起在有限资源的条件下达到目标的义务。

2. 营销计划

营销计划的基本思路是：确定该组织的产品和服务项目在同一竞争领域中相对于其他组织的产品或服务项目的位置，即确定组织的核心竞争力，设计一种战略去巩固或促进这种定位，进而把战略发展为具体销售目标。

信息机构在制定营销计划时需要考虑以下几点策略：

（1）市场定位策略

①对市场的有效细分。所谓市场定位策略的有效性，是指划分的市场既能体现出某一相同性质的市场类别，又具备必要的市场消费容量，同时还能通过一定的渠道进行接触。目前最常用的细分标准是消费者的购买需求和消费者的支付能力。

②对目标市场的界定。从细分的市场中选择目标市场，其关键在于要对资源状况有清晰的认识，更重要的是要在市场渗透和扩张策略中抑制住产品和服务延伸的冲动。在制定营销计划时，市场专业人员应向决策层提供有说服力的数据支持。

（2）产品和服务策略

①产品和服务定位。在市场定位前提下对产品和服务策略方向的界定，要做到产品服务与目标市场的一体化，最常用的是以提供信息产品与服务的深度和专业为标准加以区别。

②产品和服务类别组合。为满足目标消费者的不同需求而确定相应的产品和服务种类，确立主导产品，并形成系列产品和服务特色，合理控制产品种类和规格的数量。

③营销计划报告中需要对以上产品和服务策略做出具体描述，其中必须强调整体营销策略思想是决定产品策略的唯一指导原则。

（3）价格策略

①价格定位。依附于市场定位和产品定位，是整个价格策略的核心思想和制定价格政策的指导原则。这里最关键的因素是必须考虑竞争品牌的价格定位，以此作为一个重要的调整标准。

②价格组合。依据市场区隔的需求和产品的种类、规格、包装、品牌等要素制定，为消费者提供多样化的选择，为企业带来不同的盈利水平。

③定价策略。需要对产品和服务价格政策做一个总体的、解释性的纲要描述，作为整体营销策略的一个重要部分。

④盈利空间。根据已有的价格组合体系，详细分析出每个产品和每项服务、规格等的收入水平，并汇总出综合的收入水平，为决策者提供一个直观的判断依据。

（4）渠道策略

①渠道策略思想。对渠道策略的方向性描述，反映最核心的策略原则，以对具体措施进行指导和解释。

②分销网络建设。从分销网络体系的组合、层次、覆盖面等要素分析机构的渠道建设重点，并考虑分销网络建设的成本和效率。作为整个渠道体系的基础和目标，以此指引机构一系列渠道政策的制定方向。

（5）促销策略

①整体促销策略。主要是确定促销推广重点和促销项目整合的策略思想，整合性是非常关键的因素，而整合的有效完成必须要抓住重点，因此需要对此做出明确描述。

②促销推广形式。需要解决如何确定不同促销推广形式开展的阶段，各种推广在总体推广活动中所占的比重，以及不同市场拓展阶段的促销重点等问题。

③推广内容整合。最关键的是确定市场的拓展阶段和具体目标，然后确定各阶段的推广重点，再确定各阶段的推广主题，接着在主题之下选择主要的促销推广方式，并以其为中心对其他促销形式进行整合，由此形成一套整体的促销推广方案。

3. 预算

预算是所有以货币及其他数量形式反映的有关组织未来一段期间内全部经营活动各项目标的行动计划与相应措施的数量说明。其中最重要的是财务预算。财务预算是指一系列专门反映组织未来一定预算期内预计财务状况和经营成果，以及现金收支等价值指标的各项预算的总称，具体包括现金预算、预计利润表、预计资产负债表和预计现金流量表、可流动资本预算等内容。财务须算的编制需要以财务预算的结果为根据，并受到财务预测质量的制约。财务预算必须服从决策目标的要求，使决策目标具体化、系统化、定量化。

常用的预算方法有零基预算法和滚动预算法。

（1）零基预算法。零基预算法是指机构在编制成本费用预算时，不考虑以往会计期间所发生的费用项目或费用数额，而是以所有的预算支出均为零为出发点，一切才能够从实际需要与可能出发，逐项审议预算期内各项费用的内容及开支标准是否合理，在综合平衡的基础上编制费用预算的一种方法。

零基预算法的优点是：

①不受现有费用项目限制。这种方法可以促使非营利机构合理有效地进行资源分配，将有限的资金用在刀刃上。

②能够调动各方面降低费用的积极性。这种方法可以充分发挥各级管理人员的积极性、主动性和创造性，促进各预算部门精打细算，量力而行，合理使用资金，提高资金的利用效果。

③有助于机构未来发展。由于这种方法以零为出发点，对一切费用一视同仁，有利于机构面向未来发展考虑预算问题。

（2）滚动预算法。滚动预算又称连续预算或永续预算，是指在编制预算时，将预算期与会计年度脱离开，随着预算的执行不断延伸补充预算，远期向后滚动，使预算期永远保持为 12 个月的一种方法。其具体做法是：每过一个季度（或月份），立即根据前一个季度（或月份）的预算执行情况，对以后季度（或月份）的预算进行修订，并增加一个季度（或月份）的预算。这样逐期向后滚动、连续不断地预算和规划机构未来的经营活动。

滚动预算法有以下优点：

①透明度高。由于编制预算不再是预算年度开始之前几个月的事情，而是实现了与日常管理的紧密衔接，可以使管理人员始终能够从动态的角度把握住企业近期的规划目标和远期的战略布局，使预算具有较高的透明度。

②及时性强。由于滚动预算能根据前期预算的执行情况，结合各种因素的变动影响，及时调整和修订近期预算，从而使预算更加切合实际，能够充分发挥预算的指导和控制作用。

③连续性、完整性和稳定性突出。由于滚动预算在时间上不再受日历年度的限制，能够连续不断地规划未来的经营活动，不会造成预算的人为间断，同时可以使机构管理人员了解未来 12 个月内机构的总体规划与近期预算目标，能够确保机构管理工作的完整性与稳定性。

6.2.6 信息机构的业务类型

当前，我国的信息服务产业机构及其业务主要有以下几类：

1. 国家各级信息工作机构和相关部门的有偿信息服务

在信息产业化过程中，中央和地方的科技信息研究所、信息中心、图书馆等部门日益增多的有偿信息服务是我国信息服务产业的重要成分；国家信息机构及有关部门的产业化服务主要有各种目录、索引、文摘的出版发行、有偿咨询，信息研究与开发服务以及以计算机检索为主体的文献信息检索服务等。

2. 产业化咨询公司

我国的社会咨询机构分为两类：一类是事业型的咨询部门；另一类是产业化咨询公司。咨询公司开展各类有偿服务，主要包括管理咨询、科学咨询、技术咨询、项目咨询、市场咨询、产品咨询、贸易咨询等。这些公司大多是专业性的。就实质而论，咨询属于高层次的信息服务工作，是一种知识信息产业。

3. 技术市场经营部门

技术市场是社会的技术经济和知识产业发展的产物。技术作为商品在市场中交换是技术市场的基本经营特征。鉴于物质商品与技术商品的本质区别，市场按特有的经营模式运行。无论是技术的有偿转让，还是以合同形式的协调开发，都是以市场经营者的技术经济信息服务为前提的，技术市场的经营收益则完全取决于服务效果。由此可见，技术市场活动是一种特殊的信息产业活动。

4. 信息交换中心

信息交换中心是 20 世纪 80 年代在我国各地出现的各形式的"信息交流中心"，其业务是向用户提供信息交流服务。例如，1986 年在武汉成立的民营"交通信息中心"，旨在为汽车运输部门和顾主提供汽车营运信息服务，以解决货车空驶和货求空车的矛盾，提高

运输效率。目前，这类服务已扩展到人才交流信息服务、物质交易信息服务等业务，已形成相当规模。

5. 信息中介服务业

在信息交流的基础上我国多种形式的中介服务（人才中介、技术中介、物质中介）和代理业务发展很快，逐步形成"经纪人"行业。这类服务将信息工作与业务工作相结合，构成了整体化的中介服务产业。

6. 信息开发与数据库产业

我国的系统服务产业尚处于发展之中，目前，仅限于国家信息机构的系统开发与数据库生产以及民营的系统开发公司的服务，与发达国家之间的差距甚大，但今后几年预计会有较大的发展。

7. 信息发布与广告服务业

我国的信息发布与广告业，十年来发展很快，这与经济体制改革和市场经济的发展分不开。现在，除专门的信息传播与广告公司的信息发布业务外，国有广播、电视、新闻等部门也广泛开展广告宣传及服务。这些服务都是收费的，因此是信息产业不可分割的一部分。

6.2.7 公益性信息机构

1. 公益性信息机构的性质

公益性信息机构是向社会提供公共信息产品和服务的非营利性信息机构。通过向公众提供无偿或低价信息产品或服务，使民众能够均衡享有基础性信息资源，也为国家战略（科学、教育、文化）提供信息资源支持。

2. 公益性信息机构的类型及其运行模式

（1）政府隶属性机构。由国家投资建设的国家信息中心、评估机构、统计局、图书馆、博物馆等大多是政府隶属性机构，其组织机构与政府组织具有同构性，具有国家化、行政化等特点，充当国家代理人的角色，具有资源垄断性，机构主管由行政授权产生，具有优越的政治资源。现在也在进行一些新模式的探索，如去行政化与自治，机构主管由社会选举或自主产生，回归公益性的社会角色。同时，引入第三方评估，政府公开招标和购买公共品。

（2）慈善捐赠机构。一些由私人投资建设的博物馆、图书馆等信息服务机构，由于具有公益性独立法人、接受社会各界捐赠、向社会公众免费开放等特点，属于慈善捐赠机构。这类公益性信息机构可以通过鉴定、咨询等关联业务收入，维持机构运营和扩大规模。也可以股权捐赠方式获得资本，实行投资与项目运作的双轨模式。

3. 公益性信息机构的营利方法

（1）开发市场。美国西北大学菲利普·科特勒教授在《非营利机构市场营销学》一书中指出：所谓市场导向就是以顾客为中心。这意味着整个机构的工作重点不是开发产品或进行销售，而是要满足顾客不断变化的需求。科特勒还指出，那些进行市场定位经营的机构已经显示出与其生存休戚相关的种种特征，即应变能力和适应性更强了，更企业化了。

寻求扩展自己收入来源的非营利信息机构对所处的竞争环境有一种现实感，图书情报机构的竞争不仅仅是为了满足顾客需求和分享利润，而更在于唤起公众的注意和支持。

（2）利用相对优势。相对优势是指一个组织机构在哪些方面可以相对地比它的竞争者干得更好，在哪些方面是独一无二的，以及在哪些方面可以充分利用它的天生实力。这样，就要求对一个信息机构的实力和弱点做客观的评价，并与其竞争对手就同样的方面加以比较。在这个充满激烈竞争的社会里，一个组织只有清楚地认识到其实力所在，才能客观地确定它的发展方向。例如，图书馆作为信息资源基础设施，在文化领域方面比一般的管理咨询公司具有较大的优势，因而文化咨询是图书馆的一个很好的发展方向。

我们分析相对优势的目的在于促使一个非营利信息机构致力于擅长的领域，而舍弃它在竞争中较弱的领域，例如普通图书馆就不适合做战略咨询。一个信息机构应该立足于它具有优势的主要领域内。从长远的观点出发，在少数具有实力的领域内投资是保持优势的关键，经营项目虽有扩展（兼并其他企业或增加内部业务）但不能脱离自己专长的公司，在经营效果方面肯定要优于其他公司。大量事实证明，成功的公司"所采用的策略是只从事建立在本身的核心力量和竞争力之上的业务，并且在此基础上予以发展"。

因此，非营利信息机构需要计划如何最好地利用自己特有的优势。只有根据这种分析，才能辨明通过本机构自己的活动去获取资金的种种机会。

（3）寻求资助。寻求资助是非营利信息机构获取资金的一个重要途径。为信息机构提供资金的组织和个人是不太多的，各种有可能提供资金的渠道常常塞满了各种类型要求资助的申请，要想引起资助机构的注意，关键要靠完善的计划和出色的项目实施方案。

许多信息机构已经发现，当某个项目已经产生了效果或者在承诺提供什么具体利益的情况下去征集资金，要比单纯强调自己的财政困境更为有效。一个信息机构的管理业绩和运作良好的项目是很重要的因素，这可以使捐赠者相信他们所捐赠的资金将会得到充分有效的利用。

来自政府、组织或个人的资金捐赠，包含着需要得到回报的意图。捐赠者一定从受赠的机构中获得与所给出价值相应的价值作为交换。例如，政府的某些机构期望推进某一项计划以增进它的政治利益；某些基金会要寻求某些能够帮助他们实现目标的机构；某些公司希望达到改善他们的公共关系的目的；私人捐赠者则谋求扩大自己的影响以获得尊敬。

进行有效集资的关键在于"推销自己"。作为一个管理者应该考虑到各非营利机构在寻求资助方面存在着激烈的竞争，要想获得资助，必须注意识别资助者有哪些特殊的兴趣。在哪些方面，与其他资金寻求者相比，你的机构可能对捐赠者更有吸引力。在设计推销战略时最为重要的一个决策就是"准确定位"。从原则上说，只有在一个信息机构的项目定位同潜在的捐赠者的利益完全吻合时，才有可能获得捐赠。在捐赠申请中要设法突出这种利益的吻合。这种双方都感兴趣的项目必然会得到潜在捐赠者的响应。例如，有些企业对建立社区图书馆很感兴趣，图书馆机构可以通过这类项目获取资金资助。

一个机构想得到政府的足够支持，它就需要有一批在公共事务方面有经验的专业人员来经常与政府部门联系。这些人员应该做的事是：负责申请赞助的整个程序，承担本单位各部门申请资助的协调，同主要资助单位的官员保持联系，同时还与那些在控制资助单位资金和监督其运转中起决定作用的立法机关建立友好关系，确保本单位的行动与政府的规定保持一致，注意本单位的行动适应政府部门的重点和兴趣的转移。非营利信息机构在寻求政府资助方面，必须像上市公司在股市寻找资金一样，要有专业化的人员来承担这项工作。

一个精明的管理者应该知道，对于资金提供者，不管是公民、基金会、企业还是政府，都需要在集资活动结束后继续给予重视，不能在得到资助后就结束了这种关系。一个优秀的善于征集资金的单位将会想出各种办法继续保持同捐赠者的联系，给他们以提供咨询和建议的机会，而又不让他们干预接受资助机构的工作。

总之，在征集捐赠时，非营利信息机构必须使用商界所使用的现代管理和营销技术，并让有经验的管理者来承担这项任务。在寻求资金工作中，使用专业人员和使用非专业服务人员所产生的结果是有相当差异的。

（4）投资。投资是非营利信息机构的一种非常重要而又普遍不受信息机构重视的营利方法。对非营利信息机构来说，进行有效的投资选择是获取资金、保证公共事业发展的重要途径。真正的投资艺术是要精确地了解投资在进一步推进机构营利活动中所起的作用。每一种投资方式不仅仅是投一点钱的问题，更重要的是对商业活动做出不同的贡献。非营利信息机构需要明确在真正决定往哪里投资时，除了资金之外，自己还希望从投资中得到什么。

一个非营利信息机构可以按下列方式筹措投资资金：

①用现在正在进行的创收活动所得到的收入进行投资。但很少有非营利信息机构拥有这种财源来投资新的项目。

②用风险资金或其他传统的公共或私人资金来资助高质量的新的商业活动。这种投资可以采取入股、贷款方式或者某种混合方式。采用哪种方式，要视商业活动的需要或资金条件而定。有的商业活动本身影响较大，足以吸引其他资金投资。有时信息机构则要把自己的信誉压上。非营利信息机构的投资条件，与一个以同样资源进行风险投资的营利信息机构所享有的条件相同。

③同某个商业信息公司联合投资来发展商业。这种联合投资可采取合股或者股份公司的形式，或者在两个机构之间签订一个合同以发展联合商业，而没有必要建立新的具有法人资格的组织来进行经营。如果非营利信息机构的名誉或其他无形资产有足够的商业价值，那么，这个机构可以同商业公司进行谈判，以无形资产入股，而无须投入资金。

④由商业公司提供所有的资本和直接管理，而非营利信息机构的主要作用限于对商业公司产品的许可和进行质量控制。它类似于商业中的"贴牌"。

在上述投资方式中，每一种类型都有不同的控制权和风险度。例如，非营利信息机构对完全由自己投资的风险行业拥有最大的控制权，但它也将承受全部投资和管理风险。最小的风险是走颁布许可证的道路，但在这种情况下，非营利信息机构对商业的控制权最小。

信息机构在选择投资方式时，必须分析如下因素：

①是否能够为投资计划或项目提供技术或资源。

②在计划允许的资金范围内，可提供哪些实施投资计划所需要的专门技能和经验。

③在商业投资中所寻求达到的目标是什么。

这种分析将有助于弄清投资与投资资源的特征，这对于开展一项新的商业活动是十分重要的。如果不通过这一过程，风险性就会急剧加大，可能会找错财源或选择了一种不合适的投资方式。例如，某信息机构可能有机会从事一项商业活动以获取收入。该机构的名称、地位或与这项商业活动的隶属关系均可能是重要的营利机会。但是，这个信息机构可能不希望自己直接去进行商业活动，以避免可能带来的财政和管理风险。它可能也没有足够的技能去发展该项目。在这种情况下，一个比较稳妥的投资策略也许是授权给另一个公司去开发专门的商业机会并以此无形资产来获取收入。

（5）营利部门的设置。非营利信息机构设置专门营利部门的原因主要有：

①改变没有商业经验的固有认识。人们通常认为非营利信息机构在商业活动中是缺乏经验的。

②机构的宗旨可能被混淆。非营利信息机构和营利信息机构两者之间的文化价值观念相差较大。在商业活动中，高于一切的目标是谋取最大利润，而非营利信息机构的价值结构涉及面要广泛得多。但是，机构在经济上得以生存和发展也是很重要的。因此，非营利信息机构是一个带有双重基本目标的机构，既要履行它的社会使命，又必须具备良好的财务状况。这种双重目标使非营利信息机构很难管理好商业业务。如果在同一机构内非营利活动和营利活动两者同时并存的情况下，它们的目标和经营方式被互相混淆的可能性较大，所以信息机构应该考虑设置营利分部。

6.3 云服务的运行模式与管理

云服务是指通过网络以按需、易扩展的方式获得所需服务，是基于互联网的相关服务的使用和交付模式，通常涉及通过互联网来提供动态易扩展且经常是虚拟化的资源。这种服务可以是IT和软件相关，也可以是其他服务。它意味着计算能力也可作为一种商品通过互联网进行流通。

云服务的商业模式是通过繁殖大量创业公司提供丰富的个性化产品，以满足市场上日益膨胀的个性化需求。其繁殖方式是为创业公司提供资金、推广、支付、物流、客服一整套服务，把自己的运营能力像水和电一样让外部随需使用。这种服务类型是将网络中的各种资源调动起来，为用户服务。这种服务将是未来的主流，如微软正式推出云服务平台；苹果于2011年6月7日在WWDC2011上，正式发布了iCloud云服务。

云服务的诞生前提是互联网打破地域分隔形成一个统一大市场，为个性化需求提供产品开始有利可图。其客观效果是把创业成本降到最低，创业者只专注于创意等核心环节，运营和管理将不再重要。小公司开始挑战大公司，颠覆"规模制胜"的工业文明，我们的社会和文化将更加独立和自由。

6.3.1 云服务前端与云服务器

1. 云服务前端

目前用个人电脑桌面浏览器是人们接入云端的主要前端工具，但其他形式工具正在层出不穷。云既然具有无处不在的特点，接入点的前端工具就也应该是无处不在。首先是个人电脑正在越变越小、轻、薄、可移动，从而使在随时随地接触云变得越来越方便。

前端接入工具的轻薄化、可移动化的方面最具有示意性作用的标志是Intel于2008年6月推出的新款处理器Atom芯片。这款处理器是专门为装入所谓的"网络本"（Net-books）、"网上"（Nettop）电脑与"移动因特网机器"（Mobile Internet Devices，MIDS），主要为网络浏览之用而设计的，超小、省电是其主要特点（比如在低负荷时能主动降低

CPU 频率以减低能耗）。Atom 处理器技术与无线宽带技术结合，轻薄便携的网络本、各种专门化的电脑如电子书（如 Amazon 的 Kindle）、智能手机等将使得接入云端之端口正在变得名副其实的无处不在。

2. 云服务器的发展

第 1 阶段：虚拟主机时代

从互联网诞生至今，大部分站长都是从"虚拟主机"（Shared Hosting）开始学习建站的。2007 年是虚拟主机十分火爆的一年，中国各大虚拟主机提供商都推出了各种各样的个性化虚拟主机，如商务型，专业型，自由型等。虚拟主机是在网络服务器上划分出一定的磁盘空间供用户放置站点、应用组件等，提供必要的站点功能、数据存放和传输功能。所谓虚拟主机，也叫"网站空间"，就是把一台运行在互联网上的服务器划分成多个"虚拟"的服务器，每一个虚拟主机都具有独立的域名和完整的 Internet 服务器（支持WWW. FTP. E-mail 等）功能。

第 2 阶段：独立主机走红和 VPS 主机爆发

（1）独立主机走红。随着 Web 2.0 网络视频、网络播客等新生事物的火爆，对网络资源的需求也在增加，许多大中型企业和大网站都希望拥有独立管理权，自由地管理网站的重要数据及资料。而简单的虚拟主机产品是无法满足这一市场需求的。于是 2006 年之后独立主机也逐渐开始走红，独立主机即 Dedicated Server，是指客户独立租用一台服务器来展示自己的网站或提供自己的服务，比虚拟主机有更大空间，速度更快，CPU 计算独立等优势，当然价格也更贵。由于是独享整台服务器，性能和自由度更好，缺点是自己一定要对服务器安全有一定的认识才行，否则出了安全漏洞，损失就很大了。

（2）VPS 主机爆发。由于虚拟主机容易因服务器故障，导致所有网站无法访问，稳定性差，而独立主机价格又偏高。VPS 主机优势刚好介于两者之间，2009 年开始大范围普及，备受站长喜欢。VPS 主机（Virtual Private Server 虚拟专用服务器）技术，将一部服务器分割成多个虚拟专项服务器的优质服务。每个 VPS 都可分配独立公网 IP 地址、独立操作系统、独立超大空间、独立内存、独立 CPU 资源、独立执行程序和独立系统配置等。用户除了可以分配多个虚拟主机及无限企业邮箱外，更具有独立服务器功能，可自行安装程序，单独重启服务器。

第 3 阶段：云服务器崛起

云主机是一种类似 VPS 主机的虚拟化技术。VPS 是采用虚拟软件，VZ 或 VM 在一台主机上虚拟出多个类似独立主机的部分，每个部分都可以做单独的操作系统，管理方法同主机一样。而云主机是在一组集群主机上虚拟出多个类似独立主机的部分，集群中每个主机上都有云主机的一个镜像，从而大大提高了虚拟主机的安全稳定性，除非所有的集群内主机全部出现问题，云主机才会无法访问。作为新一代的主机租用服务，它整合了高性能服务器与优质网络宽带，有效解决了传统主机租用价格偏高、服务产品参差不齐等缺点，可全面满足中小企业、个人站长用户对主机租用服务低成本，高可靠，易管理的需求。

如果将 VPS 比作一个水龙头，服务器的计算和存储资源则是一根水管，水管上有很多水龙头。你需要付出租用这个水龙头的费用，而它的水流量是有限的。如果你想获得更大的水流，那么你需要租用更多的龙头，同时，如果所有的龙头都在流水，那么每个龙头的水流量都会降低。

而云计算下的主机（云服务器），你所获得的是一个流量可大可小的龙头，服务器由一台变成一组，就像一个水管变成很多条水管组成的大水管。当你需要更大的水流时，可以直接控制你的龙头加大水流，同时即便所有的水管都在流水，也不会影响你的水流。更有甚者，你需要付出的费用，不再是租用水管产生的，而是为你所需要的水流量。

至于自己架设或者租用整个服务器，目前来看经济性就差很多了，因为你要连水龙头和水管都买下来，不够用的时候还要再买。我们都知道服务器资源通常使用率也就 20％，除非业务非常稳定，不会明显增长，可以考虑自建。

6.3.2　云服务的本质

云服务作为互联网上的一种新的服务模式，正以其能够把广泛分布在互联网上的、无规则的、无组织的海量资源进行快速钻取，以及能高效率地把互联网上云中的资源与服务准确进行投递的优势而迅猛发展。

云服务的本质是把以信息、资源、存储、计算、通讯、工具提供为主要内容的互联网服务进行深度集成和专业化分工，其核心是以规模经济为特征，优势是社会建设的总成本低、性价比高、系统可伸缩，服务内容可随需而变，能够充分满足用户的个性化需求，体现以人为本的时代价值观。

云服务带来的一个重大变革是从以设备为中心转向以信息为中心。设备包括应用程序只是来去匆匆的过客，而信息及人们在信息中的投资则是必须要长期保留的资产。所以如上所述的无论多么新颖的，目前甚至可以是相当昂贵的前端硬件设备都会过时，有的甚至会很快过时，变为一文不值！云上什么不容易过时？是信息！不仅不过时，许多信息必须长期保存，而且越久越有价值。VMWare 的 CEO Paul Maritz 解释道：今后在云上每个人都将会有一个伴随终生的个人数据体，这样的个人数据体不会被捆绑到任何一种机器上，随着机器的过期失效而失效。如何实现这样一种属性呢？虚拟化技术再一次发挥作用。VMWare 的虚拟工作站是一个前端虚拟技术应用的成功例子。VMWare 已经为本公司员工实现了虚拟桌面计算机，可以由中央集中管理。操作系统及应用不在员工的 PC 上，而是在数据中心的虚拟机上。这样的虚拟机理论上可以被任何一种前端 PC 硬件所使用。因此各种前端硬件工具将会被同样的技术虚拟化。硬件的过时，应用软件的过时，在云上都不再是一个问题。

6.3.3　云服务的内容

1. 计算资源云服务

一个计算资源云相当于一个虚拟化的计算资源池，用来容纳各种不同的工作模式，这些模式可以快速部署到物理设施上。虚拟化的资源按照来自用户的需求多少来动态调动资源。云计算利用分布式计算，将复杂的工作扩展到更多的计算资源中，并可对冗余的资源进行容错式处理。

2. 存储资源云服务

云存储将大量不同类型的存储设备通过软件集合起来协同工作。共同对外提供数据存储服务。云存储服务对传统存储技术在数据安全性、可靠性、易管理性等方面提出新的挑

战。云存储不仅仅是一个硬件，而是一个网络设备、存储设备、服务器、应用软件、公用访问接口、接入网和客户端程序等多个部分组成的系统。

3. 软件资源云服务

软件服务云是基于应用虚拟化的技术的软件，云端将应用虚拟化，引入个人用户领域，创造软件使用崭新方式：不安装、不重装、无垃圾。云端软件平台集软件搜索、下载、使用、管理为一体，为用户搭建软件资源平台、应用平台和服务平台，改善目前软件获取和使用的方式。"软件在云端"，用户不要担心经常要升级软件版本，在云端已自动把软件升级，用户只需要通过云平台即可自动获取软件新功能。

4. 即时通讯云服务

即时通讯软件发展至今，在互联网中已经发挥着重要的作用。他使人们的交流更加密切、方便。当今比较典型的交流工具有 QQ 和 MSN。随着企业对于互联网应用的逐渐成熟，未来企业即时通讯软件将从简单的通信功能逐渐地向平台化演进，在企业中扮演着越来越重要的角色。业内专家指出，"国内即时通讯软件发展仍然还处在初级阶段，各企业仍然处在跑马圈地的时代。因此，后来者仍然有较大的机会。"

5. 科研云服务

用户从事科研活动，往往需要获取别人的科研信息作为参考，发表自己的科研成果。通过云服务平台，把科研放到云中，并从云中获取科研信息，对于每一个科研者来说是一个非常好的功能，科研成果的共享往往能促进科研事业的发展。

6. 教育云服务

基于互联网上的 Web2、0 工具已经在许多教师的教学中有所利用，现在我们可以设想一个全新的、基于 Web2、0 的、倡导"按需索取，共同维护"的新一代网络教育平台。这样一个平台不同于任何的管理信息系统和网站系统，它应该是将教育技术的理念、学习支持服务的理念、创新思维的理念等多种思想和技术的融合。

7. 安全云服务

安全云服务是网络时代信息安全的最新体现，它融合了并行处理、网格计算、未知病毒行为判断等新兴技术和概念，通过网状的大量客户端对网络中软件行为的异常监测，获取互联网中木马、恶意程序的最新信息，传送到 Server 端进行自动分析和处理，再把病毒和木马的解决方案分发到每一个客户端。病毒特征库来自于云。只要把云安全集成到杀毒软件中，并可以充分利用云中的病毒特征库，可以达到即时更新，即时杀毒，保障了每个用户使用计算机的信息安全。

6.3.4　云服务的优势与不足

1. 云服务的优势

云开发的优势之一就是规模经济。利用云计算供应商提供的基础设施，同在单一的企业内开发相比，开发者能够提供更好，更便宜和更可靠的应用。如果需要，应用能够利用云的全部资源而无须要求公司投资类似的物理资源。说到成本，由于云服务遵循一对多的模型，与单独的桌面程序部署相比，成本极大地降低了。云应用通常是"租用的"，以每用户为基础计价，而不是购买或许可软件程序的物理拷贝。它更像是订阅模型而不是资产购买模型，这意味着更少的前期投资和一个更可预知的月度业务费用流。

各部门喜欢云应用是因为所有的管理活动都经由一个中央位置而不是从单独的站点或工作站来管理。这使得各员工能够通过 Web 来远程访问应用，将需要的软件快速装备用户（称为"快速供应"），当更多的用户导致系统重负时添加更多计算资源（自动扩展），当需要更多的存储空间或宽带时，公司只需要从云中添加另外一个虚拟服务器，这比在自己的数据中心购买、安装和配置一个新的服务器容易得多。

对开发者而言，升级一个云应用比传统的桌面软件更容易。只需要升级集中的应用程序，应用特征就能快速顺利地得到更新，而不必手工升级组织内每台台式机上的单独应用。有了云服务，一个改变就能影响运行应用的每一个用户，这大大降低了开发者的工作量。

下面对云主机、VPS 和云主机在部署时间、安全可靠性、性能及保障等几个方面进行对比分析，如表 6.2 所示。

表 6.2　云主机与主机托管、租用的区别

	虚拟主机	VPS	云主机	主机租用
部署时间	少则几分钟，多则几天	即时，无需安装操作系统	即时，几分钟即可完成，可一键部署、也可自主安装操作系统	数天至数周
安全可靠性	差：同一台屋里服务器上，多个用户共享统一资源，一旦遭到攻击，同一台服务器上的所有站点不能运行。服务器忙时，网站运行会很慢。虽然有硬防和软防，但安全性极差。	差：同一物理服务器上其他 VPS 上安装的程序缺陷、APP 欺骗、病毒、资源挤占等会严重影响到自身；基本无 ARP、木马和 DDOS 防范能力	高：规模化提升 DDOS 防攻击能力；分享品牌企业级服务器和硬件虚拟化的性能和可靠性，内置 HA；提供备机、快照、数据备份等多种快速恢复措施	一般：租用白牌服务器故障率高、基本无 ARP、木马和 DDOS 防范能力、基本无备机和数据备份服务
性能及保障	差：性能较差，适合企业网站，如果如服务器上有流量大的站点，那么其他站点就会相互受到影响	差：性能一般，只是适用于小规模并发访问；性能无保障，易遭受同一台物理服务器上其他 VPS 的挤压	好且有保障；同物理服务器	好且有保障
弹性和扩展性	扩容超快，受制于单台服务器配置	扩容快，受制于单台服务器配置	即时供应、按需扩展，无须为原有租用资源付费	扩容需要重新租用新服务器、还原为原有租用资源付费

续表

	虚拟主机	VPS	云主机	主机租用
拥有成本	成本最低，安全及可靠性照 VPS、独立主机差，成本低，获利高	低配置的 VPS 租用价格最低；但低安全可靠性和无保障的性能导致服务质量无保障，运营成本难控制且偏高	综合成本最低；按需使用按需付费、基本零维护，还可分享规模化、绿色节能、最佳 IT 实践带来的成本优势	季付年付成本高、需要为服务商转嫁 CapEx 支出支付押金；需要自己维护租用的服务器导致 Opex 较高
管理使用性	统一管理	提供单一的单机管理界面，无 root 或超级管理员操作系统权限，管理灵活性受制于管理界面	内置 Console、客户通过自服务系统可以集中统一管理分布在各地的云主机；完全拥有 root 或超级管理员操作系统权限	需要远程控制卡且只有租用品牌机才有可能，无法实现集中统一管理

2. 云服务的不足

云开发最大的不足就是给所有基于 Web 的应用带来安全问题。基于 Web 的应用长时间以来就被认为具有潜在的安全风险。利用云托管的应用和存储在少数情况下会产生数据丢失，尽管一个大的云托管公司可能比一般的企业有更好的数据安全和备份的工具。由于这一原因，许多公司宁愿将应用、数据和 IT 操作保持在自己的掌控之下。

另外一个潜在的不足就是云计算宿主离线所导致的事件。尽管多数公司说这是不可能的，但它确实发生了，亚马逊的 EC2 业务在 2008 年 2 月 15 日经受了一次大规模的服务中止，并抹去了一些客户应用数据。（该次业务中止由一个软件部署所引起，它错误地终止了数量未知的用户实例。）对那些需要可靠和安全平台的客户来说，平台故障和数据消失就像被粗鲁地唤醒一样。更进一步讲，如果一个公司依赖于第三方的云平台来存放数据而没有其他的物理备份，该数据可能处于危险之中。

6.3.6 云服务的商业模式与运营

云服务遵循一对多的模型和长尾效应，云服务的商业模式是通过繁殖大量创业公司提供丰富的个性化产品，以满足市场上日益膨胀的个性化需求。其繁殖方式是为创业公司提供资金、推广、支付、物流、客服一整套服务，把自己的运营能力像水和电一样让外部随需使用，主要服务模式包括：

（1）按需购买：某项服务、计算力。

（2）批量购买、分销零售（＋增值服务）：电信宽带。

（3）提供基础设施服务模式。

（4）工具租用服务模式。开发一些平台衍生工具进行定制性服务，例如，远程管理、远程办公、协同科研等私有云的工具，也可以向客户提供工具的租用。

（5）助力 SAAS 服务模式。给客户提供一个软件既服务的选择，而致力于把这些提供商迁移到云中，为他们提供基础设施，并以合作分成的形式对其他在云中的用户提供有偿服务。

（6）支持广告商对广告的精准投放服务模式。云服务平台对海量数据的处理能力和挖掘能力，特别是对经营数据和用户行为的分析，利于发现市场以及用户的规律，帮助企业用户准确定位潜在用户，对其进行精准广告投放，电信从中收取广告分成。

（7）提供定制型的服务模式。为各类用户提供各种定制型服务，按需收费。

既然云服务也是一种商品，也要进行流通，就说明有其特有的价值。那么作为一个提供云服务的企业，其商业模式决定着企业的发展，就显得至关重要。

纵观国内外，提供云服务的企业不胜枚举，每一个生存下来并发展壮大的云服务企业都有其独特的商业模式或客户群体。

下面详细阐述云服务的六大商业运营模式。

1. 基础通信资源云服务商业模式

（1）简介：基础通信服务商已经在 IDC 领域和终端软件领域具有得天独厚的优势，依托 IDC 云平台支撑，通过与平台提供商合作或独立建设 PasS 云服务平台，为开发、测试提供应用环境。继续发挥现有服务终端软件的优势，提供 SaaS 云服务。通过 PaaS 带动 IaaS 和 SaaS 的整合，提供端到端的云计算服务。

（2）商业模式：均采取了"三朵云"的发展思路。第一，构建"IT 支撑云"，满足自身在经营分析、资料备份等方面的巨大云计算需求，降低 IT 经营成本。第二，构建"业务云"，实现已有电信业务的云化，支撑自身的电信业务和多媒体业务发展。第三，开发基础设施资源，提供"公众服务云"，构建 IaaS、PaaS、SaaS 平台，为企业和个人客户提供云服务。

（3）盈利手段

①通过一次付费、包月，按需求、按年等向用户提供云计算服务。如 CRM、ERP、杀毒等应用服务以及 IM、网游、搜索、地图等无线应用。

②通过测试环境、开发环境等平台云服务，减少云软件供应商的设备成本、维护成本、软件版权的费用，带动软件开发者开发应用，带动 SaaS 业务的发展。

③通过基础设备虚拟化资源租用，如存储、服务资源减少终端用户 IT 投入和维护成本。

④提供孵化服务、安全服务、管理服务等按服务水平级别收费的人工服务，拓宽服务的范围。

（4）典型案例

①中国电信"e"云。中国电信的"e 云"是以云计算为构架的个人移动增值服务，"e 云"是安全的在线备份服务。中国电信"e 云"是中国电信与 EMC 共同投资、联合经营、收入分成的模式。由 EMC 完成设备投资以及技术维护，中国电信提供网络能力和商业运营，运营收益五五分成。

②鹏博士云服务。鹏博士未来发展的云计算商业模式是依据其丰富的 IDC/CDN 资源，以骨干网络为支撑，同时保持原有核心电信增值服务、安防监控、广告传媒业务。云服务分为四部分：提供云存储、云主机、数据处理业务的 IaaS 服务；以定制服务、支

撑开发环境的 PaaS 服务；云安全、云加速等软件服务的 SaaS 服务以及互联网增值业务、安防监控业务、广告传媒业务。云服务的盈利模式是前向聚人气，后向收费，主要依靠持续性服务、广告等收入，以及客户根据数据中心主机和占用数据使用情况进行付费。

2. 软件资源云服务商业模式

（1）简介：与软硬件厂商以及云应用服务提供商合作提供面向企业的服务或企业个人的通用服务，使用户享受到相应的硬件、软件和维护服务，享用软件的使用权和升级服务。该合作可以是简单的集成，形成统一的渠道销售；也可以是多租户隔离的模式，即通过提供 SaaS 平台的 SDK，通过孵化的模式让软件开发商的应用程序的一个实例可以处理多个客户的要求，数据存储在共享数据库中，但每个客户只能访问到自己的信息。该业务模式主要是基于其他领域已经有很好的厂商提供服务的基础上，从终端用户的角度布局云计算产业链。

（2）商业模式：以产品销售作为稳定的盈利来源，向客户提供基于 IaaS、PaaS、SaaS 三个层面的云计算整体解决方案，尝试以 BO 模式提供运营托管服务。

（3）盈利模式

①向第三方开放环境、开发接口、SaaS 部署、运营服务和用户推广带来的收益。

②收取平台租用费、收入分成或者入股的方式从第三方 SaaS 开发商获得收益。

③提供孵化服务按照远程孵化、深度孵化进行收费。

④软件升级和维护提供的收益。

（4）典型案例

①金蝶 K/3Cloud 云服务企业管理平台。金蝶已开发国内首个专注于支撑行业"云服务"的"前端桌面平台"——金蝶桌面服务系统，它整合所有服务通道，帮助用户一站式获取金蝶云服务资源，为客户构建"随你所需、随时随地、触手可及"的云标准支持服务模式。包括金蝶 K/3Cloud 云服务企业管理平台，金蝶 ERP 云服务解决方案等产品和服务，并以软件租赁，IT 设备与运维服务，以及提供数据为盈利方式。

②用友软件云服务。用友软件为了更大程度地满足客户需求，开始向云服务转型，即从原来的卖软件包、提供技术实施和培训的商业模式向以客户为中心的云服务商业模式转型，推进"用友软件＋用友云服务"，同时构建"一个云平台"。用友软件云服务包括 SaaS 服务、托管服务、远程管理服务、云支持和云学习服务以及 PaaS 生态链和 IaaS 供应商合作服务。同时以收取平台租用费用、收入分成和从第三方 SaaS 开发商获得收益获得盈利。

3. 互联网资源云服务商业模式

（1）简介：互联网企业基于多元化的互联网业务，致力于创造便捷的沟通和交易渠道。互联网企业拥有大量服务器资源，确保数据安全。为了节能降耗、降低成本，互联网企业自身对云计算技术具有强烈的需求。因而互联网企业云业务的发展具有必然性。而引导用户习惯性行为的特点就要求互联网企业云服务要处于研发的最前沿。

（2）商业模式：基于互联网企业云计算平台，联合合作伙伴整合更多一站式服务，推动传统软件销售向软件服务业务转型，帮助合作伙伴从传统模式转向云计算模式。针对用户和客户需求开发针对性云服务产品。

（3）盈利模式

①租赁服务，按时间租赁服务器计算资源的使用来收费。

②工具租用服务，开发一些平台衍生工具（定制服务）——如远程管理、远程办公、协同科研等私有云的工具，也可以向客户提供工具的租用来收费。

③提供定制型服务，为各类用户提供各种定制型服务，按需收费。

（4）典型案例

①Amazone（亚马逊）的 AWS 云平台。亚马逊以在线书店起家，成为全球领先的在线零售商。亚马逊也是云计算的领头羊。亚马逊在推出云计算之前收购了多家技术产品公司，之后推出了风格独特的云计算产品，也参与开创了云计算的商业模式。亚马逊的云计算产品总称为 Amazon Web Services（亚马逊网络服务），主要由 4 部分组成：S3（Simple Storage Service，简单的存储服务）；EC2（Elastic Compute Cloud，可伸缩计算云）；SQS（Simple Queuing Service，简单信息队列服务），以及 SimpleDB。亚马逊目前为开发者提供了存储、计算、中间件和数据库管理系统服务，在亚马逊云中开发应用软件，并基于亚马逊的收费模式，为中小企业，提供服务存储、弹性计算及网络存储等服务，并通过 HaaS 的模式进行收费。

②谷歌的 Google Apps。谷歌公司围绕其核心互联网搜索业务，收购了一批小型公司，并创建了一系列互联网服务，包括域名、电子邮件、在线日历、聊天和可收费的 Google Apps（谷歌应用软件套件）等。Google Apps 就是以网络为基础的 Office 软件。Google Apps 有免费版和收费版两种，收费版每年每用户收费 50 美元。Google 也与 Salesforce 结成联盟，提供 Google Apps 和 Salesforce 产品的集成技术。收费版 Google Apps 及广告收益成为其盈利模式。

③阿里云计算。阿里云计算于 2009 年 9 月创立，目标是打造以数据为中心的先进云计算服务平台。阿里云计算致力于提供完整的互联网计算服务，包括电子商务数据采集、海量电子商务数据快速处理和定制化的电子商务数据服务，助力阿里巴巴集团及整个电子商务生态链成长。

4. 存储资源云服务商业模式

（1）简介：云存储将大量不同类型的存储设备通过软件集合起来协同工作，共同对外提供数据存储服务。云存储服务对传统存储技术在数据安全性、可靠性、易管理性等方面提出新的挑战。云存储不仅仅是一个硬件，还是一个网络设备、存储设备、服务器、应用软件、公用访问接口、接入网和客户端程序等多个部分组成的系统。

（2）商业模式：以免费模式、免费＋收费结合模式、附加服务模式为云存储商业模式的主流模式，通过这三种模式向用户提供云服务存储业务。而业务的模式的趋同目前已成云存储服务亟待解决的重要问题之一。

（3）盈利模式

①对普通用户基础免费，增值收费（以国外居多数），也就是免费空间加扩容收费。

②提供文件恢复、文件备份、云端分享等服务进行收费。

③个人免费，企业收费（部分存储公司）。

（4）典型案例

①Dropbox 云存储服务。Dropbox 成立于 2007 年，提供免费和收费服务，在不同操作系统下有客户端软件，并且有网页客户端，能够将存储在本地的文件自动同步到云端服务器保存。因为云端服务的特性，Dropbox 的存储成本将被无限摊薄。新注册用户可免费获得 2GB 空间，付费账号分 50GB、100GB，以及 1TB 以上的团队账号等级别。2009 年开始，Dropbox 采取了邀请注册的方式，邀请和受邀的注册账号可以同时获得更多的存储空间，从而大大刺激了注册量。

②金山云存储。金山云拥有云主机、海量云存储、负载均衡、云关系型数据库等多项核心业务。金山云以个人云存储——企业快盘个人版业务和企业用户存储业务——快盘商业版和云服务平台为云存储的两大基础业务，金山云存储更看中提供后端持久的服务，在个人云存储付费业务中，金山云以稳定为主，并且实现盈利还需长期投入。而对于企业用户市场的快盘商业版就是"只要有用户就会有收入"的收费服务模式，也是金山云现阶段的运行重点。

5. 即时通讯云服务商业模式

（1）简介：即时通讯软件发展至今，在互联网中已经发挥着重要的作用，它使人们的交流更加密切、方便。使用者可以通过安装了即时通信的终端机进行两人或多人之间的实时沟通。交流内容包括文字、界面、语音、视频及文件互发等。目前，即时通讯云服务提供商分为两种，一种通过提供简单的 API 调用就能零门槛获得成熟的运营级移动 IM 技术，另一种则提供成熟的即时通信工具，由服务企业来整合云功能。即时通讯的云服务基于云端技术，保证系统弹性计算能力，可根据开发者需求随时自动完成扩容。其具有独特的融合架构设计，提供快速开发能力，不需要 App 改变原有系统结构，不需要用户信息和好友关系，进一步降低接入门槛。直接提供面向场景的解决方案，如客服平台。拥有高度可定制的界面结构和扩展能力，如界面、各种入口、行为、消息内容、消息展现方式、表情体系均可自定义。

（2）商业模式：分为免费和收费两种模式，收费模式是目前即时通讯云服务的主要方式，而免费则是大势所趋。

（3）盈利模式

①按用户数量级别收费，超过既定数量级按阶梯收费。

②按日活用户数收费，超过既定数量级按阶梯收费。

③按用户离线存储空间收费。

④对于提供成熟即时通信工具的用户来说，则以即时通信为端口推送其他业务进行收费。

（4）典型案例

①思科 BE6000 企业协同办公方案。思科 BE6000 企业协同办公方案是思科提供的一种协作解决方案组合产品，其特点是可按照企业需求任意部署，可以以"混合且匹配"的方式集成现有和新的协作技术，同时消除"锁定"风险，提供部署选择：自有设备部署或云托管。

②环信即时通信云。环信所有功能均以客户端 SDK 和 RESTAPI 接口形式提供，并

提供完善的接口文档，接口调用 SDK，接口调用示范代码。这极大降低集成商和第三方开发者接入环信平台，做集成和二次开发的投入和开发成本。环信提供多种风格的 UI 模板及源码，完全开源。开发者即可直接使用，也可在源码基础上快速改出自己风格的聊天页面。

6. 安全云服务

（1）简介：云安全云服务是网络时代信息安全的最新体现，它融合了并行处理、网络计算、未知病毒行为判断等新兴技术和概念，通过网状的大量客户端对网络中软件行为的异常监测，获取互联网中木马、恶意程序的最新信息，传送到 server 端进行自动分析和处理，再把病毒和木马的解决方案分发到每一个客户端。病毒特征库来自于云。只要把云安全集成到杀毒软件中，并可以充分利用云中的病毒特征库，可以达到及时更新，及时杀毒，保障了每个用户使用计算设备的信息安全。

（2）商业模式：云安全防病毒模式中免费的网络应用和终端客户就是庞大的防病毒网络；通过"免费"的商业模式吸引用户，在提供个性化的服务、功能和诸多应用后实现公司的盈利；防病毒应用可与网络建设运营商、网络应用提供商等加强合作，建立可持续竞争优势联盟，可以最大程度地降低病毒、木马、流氓软件等网络威胁对信息安全造成的危害。

（3）典型案例

①瑞星的云安全杀毒服务。瑞星"云安全"系统是由千千万万具有"云安全探针"的软件产品在互联网上组成的巨大反病毒软件体系。随着瑞星"云安全"的发展，除瑞星全功能安全软件、卡卡上网安全助手等瑞星产品集成了"云安全探针"的功能外，迅雷、网际快车、巨人、久游等一批重量级厂商也相继加入了瑞星"云安全"计划，这些软件的客户端也同时成为瑞星"云安全"系统中的"云安全探针"。每个"云安全探针"都会把可疑信息上传到"云安全"服务器进行分析，并从"云安全"服务器获得最新的"云安全"成果，防范病毒保护电脑安全。

②奇虎 360 防病毒软件。奇虎 360 防病毒具备了较强的防病毒软件的特质，可以确保计算机拥有完善的病毒防护体系。公司防病毒软件的免费商业模式，开始改变着互联网在云安全时代的运行模式。免费的互联网精神建立起的"服务器云"和"终端云"将最终实现每一个用户在使用网络时无须考虑病毒、木马、网页威胁等问题，防病毒的未来在 360 公司的两朵云中，几乎可以达到网络安全的最高境界，即网络就是防病毒软件，就是网络安全。

我国公共云服务市场需求启动相对比较缓慢，这一方面与我国公共云服务市场潜力尚没有得到充分释放有直接关系，另一方面我国云服务企业的能力和水平难以满足市场期望也是一个重要原因。2013 年，"云计算发展与政策论坛"开展了"可信云服务认证"活动，对国内 10 家主要云服务企业超过 20 种公共云服务的 SLA 完整性、服务质量、服务水平等进行了分析和评估，从评估结果来看，虽然参评企业和服务通过整改和完善都达到了服务性能、质量的承诺和相关标准对于 SLA 的完整性要求，但国内云服务企业在服务可靠性、服务流程合理性、服务界面易用性、服务协议规范性等方面均存在一定的不足，与国际领先企业的水平相比存在一定差距。

复习与思考

1. 简述信息服务组织的类型与职能。
2. 举例说明信息服务组织的商业模式与管理。
3. 运用案例分析云服务的运行模式与管理。

第7章

信息服务的市场机制与监督机制

7.1　信息服务的市场机制

7.1.1　信息市场与信息服务市场活动

信息市场活动伴随着物质性市场和知识市场的活动而存在。这里所说的物质性市场包括物质产品市场、能源市场、金融市场等，知识市场主要指科技市场、文化市场等。其中，能源作为物质转换形式，金融市场中的货币、证券作为物质的一般等价物而流通。严格地说，现代社会的物质性市场、知识市场乃至服务市场，都与信息市场分不开。任何一种商品一旦进入市场，其本身总是包含着反映商品外观、作用、性能等方面的信息，隐含着生产者的情况（信息），正是因为人们通过这些信息认识了这种商品，才产生了购买欲望和行为；另一方面，绝大多数信息商品也都存在于某一物质载体中而进入市场，对于知识市场和服务市场来说，它们与信息市场更是不可分割。例如，某项专利在市场交换中，不仅通过信息反映其内容和用途，而且在交易成功后，仍然通过内涵知识信息作用于受让者而实现其使用价值。同时，信息商品本身也具有知识和服务的属性。可见，在现代市场活动中，往往难以将信息市场和其他市场进行十分严格的区别。

信息市场与其他市场的有机联系说明了两方面问题。其一，物质性市场、知识市场和服务市场依赖于信息市场活动，它们需要信息来启动；其二，信息市场有着专门的社会分工和相对独立性，可以概括为一类特殊的市场活动。

物质性产品、知识产品和服务，从生产者到消费者手中现实地存在着一定时空范围内的市场活动，这种活动以信息市场活动为依托，以复杂多样的网络化信息流通形式和市场化的信息服务方式传递物质、知识和服务商品的信息，沟通社会大市场中的物、能与信息联系，实现通过商品的等价物即货币进行商品流通的目的，在满足社会需求的同时，刺激生产力的发展和社会进步。由此可见，信息市场具有明确的社会分工和运行目标，而且社会愈发达信息市场就愈重要。

就市场结构而论，信息服务市场是信息市场的内核，它所提供的商品是信息资源、知识商品和相关物质商品的深加工产品。然而，信息服务市场活动必然遵循信息商品市场规律，这也说明，研究信息服务市场离不开信息市场的大前提。

7.1.2 信息服务市场的主要功能

1. 媒介功能

信息服务市场的媒介功能体现在两个方面：信息服务市场为信息商品的生产者、代理人和消费者提供专门的活动场所，它是通过信息商品的货币交换形式组织信息产品与服务交易的媒介；通过市场化的信息沟通，加速信息商品的流通，最终成为物质性商品、知识和服务商品的社会交易媒介。

2. 价值转化功能

通过信息服务市场活动，商品的价值得以转化，信息产品生产者所创造的信息产品可能只限于它的知识价值，但它作为一种商品在市场中一经转给某一使用者，即可用于新的创造活动，体现其应用价值。由于信息服务市场活动的实质在于利用经济手段进行信息服务产品的促销，必将大大加速其价值转化过程。

3. 社会联系功能

通过信息服务市场活动，信息服务产品的生产者与信息服务者同消费、使用者之间必然建立直接的经济联系和业务联系，这种联系在一定程度上是信息的一般化社会交流所不及的。从宏观上看，信息市场愈活跃，这种直接的社会联系就愈多，其结果是社会的互助、合作和竞争关系得以加强。

4. 经济调节功能

将信息生产与消费活动纳入市场化轨道，即利用市场主渠道进行生产与消费组织，将极大地克服信息产品与服务生产的盲目性，提高按需生产的自觉性，减少信息生产中的冗余度。这种直接的生产与消费调节是其他任何方式所不及的，势必提高社会的信息生产能力。

5. 社会监督功能

进入市场的信息服务商品都要受到有关部门的检验和评价，其可信度和可靠性有着充分的保证，而这种保证又以经济管理为前提。与非市场流通的信息服务相比，由于信息市场活动在社会监督下进行，其信息流通活动的经济效益和社会效益远高于其他方式，而成为市场经济中信息交流的主渠道。

6. 知识、文化功能

与物质产品市场活动不同，信息服务市场具有很强的社会知识、文化功能。其原因在于，信息产品及服务具有很强的知识性，必须以一定的知识为基础，同时，信息产品服务对社会文化有着必然的依存性。正因为如此，信息服务市场的充分发展，将极大地促进社会文化的繁荣和科学技术进步。这也是各国致力于信息市场建设的目的之一。

7.1.3 信息服务市场类型与市场运行

在信息服务市场逐步发育和成熟的过程中，实现对市场的分类管理已变得十分突出。因此，我国必须及早地注意这个问题，以便将其纳入规范化的管理轨道，同时与国际信息市场接轨。

1. 信息服务市场的类型

信息市场活动贯穿于信息商品（信息产品和服务）从生产到消费的整个流通过程，信息商品的供方、求方及商品本身决定着市场的类型和性质。

信息市场从广义上讲，既包括信息处理产品、通信产品以及其他"信息硬件"设施市场，又包括信息服务（包括服务产品和服务本身）市场。

从信息服务商品的类型出发，可以把信息服务市场区分为产品型信息服务市场和服务型信息服务市场两大类。产品型市场提供存储在某种载体中的信息，连同载体一起在市场中流通，如书刊、图片、音像制品、数据磁带、多媒体信息等。服务型市场主要提供各种信息服务（如信息查询、信息业务代理、技术咨询、信息分析等）和信息服务劳动，旨在解决用户的特定信息问题。信息产品与信息服务在很多情况下合为一体，同时在市场中流通，例如在开展技术咨询的同时，其咨询报告一般会以文献形式向用户提供，因此存在信息产品与服务混合型信息市场。

美国信息产业协会按信息产品与服务的层次，将包括信息服务在内的信息市场区分为一、二次市场。根据这一理论，结合我国情况，我们可以将信息服务市场分为三类。一次信息服务市场提供具体的一次信息，其传统的信息产品是书刊类出版物和属于一次信息的源数据库（即包含原始信息的文本全文、数值信息和全文—数值混合信息的数据库），以及属于大众信息传播（广告、信息发布等）的服务。二次信息服务市场不提供直接利用的信息，而提供获取信息的线索，这种线索可以通过二次出版物和在线二次数据库查询来实现，就提供信息的线索而论，它可以分为题录、索引和文摘服务。三次信息服务市场主要提供软件开发和系统技术服务。按市场类型，美国信息产业协会将信息服务经营实体分为六类：①一次信息公司，专门从事信息源经营和服务；②二次信息公司，专门从事信息检索服务；③基于计算机系统的信息公司，进行一次、二次综合服务和技术服务；④信息零售商（专门信息服务公司），针对单一用户的特殊需求（信息查询、搜集、咨询）问题进行专门服务；⑤学、协会服务，结合专业、行业特点开展多样化信息服务；⑥信息支持服务公司，开展支持用户部门业务的系统化信息服务，如分时服务、计算机利用服务等。美国的六类信息服务经营实体的市场活动可以分别纳入一、二、三次信息服务市场。欧洲和日本的情况也与此类似。由此可见，对信息服务市场的上述区分原则不仅符合我国的情况，而且具有国际上的通用性。

按信息商品的内容和从属的领域划分，信息服务市场可分为综合信息服务市场、科技信息服务市场、商业信息服务市场、交通信息服务市场、金融信息服务市场、人才信息服务市场等各种专业市场。这种专业信息服务市场的发展十分迅速。其中，英国路透公司在金融信息服务市场经营中处于世界前列，它的业务包括提供诸如资金流通、原材料、航运、股票、债券、黄金、石油等方面的即时信息和多种咨询服务。公司在市场中通过向人们提供他们所需的各种信息来争取更多的用户，而银行、投资者、金融公司和商业经纪人都可以使自己的硬件设备联入路透公司的信息网络，这通常只需要使用特殊的接收装置和公司提供的硬、软件便可以达到利用业务服务的目的。

由此可见，现代化的专业信息服务市场又以信息技术服务为基础，我国以科技和经济信息服务市场开拓为起点，近20年来专业信息服务市场发展很快，其中最突出的一项服务是股票交易信息服务。根据市场经济的发展需要和企业股票上市交易的情况，结合交易业务，我国已建立了全国性股票信息服务网络，开通了国内主要城市及海外服务业务。与此同时，其他专业服务也有了很大的发展，初步形成了门类较全的专业信息市场体系。

从信息商品经营的时空性质出发，我们还可以将信息服务市场划分为固定性信息服务市场和临时性信息服务市场。前者有着固定的经营地点和时间，是一种常设性市场，如各类信息公司的固定营业、信息书刊的固定发行、固定的广告经营市场等；后者为根据信息的市场需要临时设定的市场，一般无固定的时间和地点，如流动广告宣传、信息发布点、成果展览等。临时性信息服务市场是对固定性信息服务市场的重要补充。

以上关于信息服务市场的划分并不是绝对的，在某一国家和某一发展时期存在着独特的市场划分方式。划分市场的基本原则是应有利于信息商品的市场流通和市场管理。就目前情况看，我国的信息服务市场划分，一是从社会经济和社会发展的实际出发，二是考虑与国际信息服务市场的接轨。据此，可以在划分一、二、三次信息服务市场的前提下，将信息服务市场区分为综合市场和各种专门市场，以便按业务关系和性质进行管理。

2. 信息服务市场的运行及其基本关系

从市场动态运行角度看，一定经济体制下的信息商品供求关系和中介管理关系是两种基本的关系，由此决定进入市场交换的信息服务商品种类、数量、价格、交换形式和监督方式等机制，即决定市场的运行状态。概括性地反映了这些基本关系。

信息商品的需求和供给是信息服务市场存在的前提，也是信息服务市场运行和发展的基本因素，对于按市场机制运行的发达国家来说，信息商品消费与供给体系已相当完备，各方面长期稳定的信息服务消费需求和供给决定了信息服务市场的基本供销关系。在信息服务市场中，供方根据求方的需求组织信息服务商品的生产，将其投放市场销售以回收货币的形式获取利润；求方则直接从市场中获取所需的信息服务商品，支付货币。供、求双方同时受市场支配，供、求行为受市场约束。

值得指出的是，在任何国家的任何发展时期，用户所需的信息及服务并非完全从信息服务市场中获得。他们从市场中购买的信息及服务（即信息商品）只是其中的一部分，另一部分则是社会的公益性（非营利性）信息服务机构无偿提供的信息产品及服务。各国情况的差别在于：①市场经营的信息商品占整个社会信息产品及服务的比例各异；②市场经营信息商品的形式不同；③供、求双方的市场行为准则有别。

从信息需求的机制看，用户对信息商品（即有偿方式提供的信息产品及服务）的需求满足两个必备条件：①该需求是无偿方式不能满足的或在一定时间内难以通过无偿方式满足的；②自从经济上看，用户购买所需信息产品是可行的。

用户对信息商品的消费结构决定着信息服务商品的市场供给。同物质商品消费一样，信息服务商品的消费也可以分为生产性消费和生活性消费两大类。生产性信息服务商品消费指的是在生产、科研、文化、经营管理及其他社会活动中的信息服务商品消费；生活性信息服务商品消费是指个人物质生活和精神生活中对信息服务商品的消费。这两种消费具有不同的机制。对于生产性信息服务商品消费来说，信息服务商品作为一种生产资料，是一种不可少的消费。信息服务商品消费的充分性和完备性直接影响到包括科研、文化、经营管理和物质生产在内的一切生产活动的效率与效益。与不充分信息服务商品消费相比，信息服务消费水平提高所产生的生产力作用，会大大增加消费者的产出，提高其收益，从而进一步增强信息商品消费中的支付能力，促进信息服务商品生产的发展。这是一个相互推进的良性循环。反之，则会出现生产性信息服务商品供、求之间的恶性循环，最终束缚生产力的发展。对于生活性信息服务商品消费来说，信息服务商品以生活资料的形式出现，是社会精神文明的产物，它的充分消费会加速社会物质产品的流通和消费者文化素质的提高，最终促进社会的进步。

信息服务商品的生产消费和生活消费通过市场对商品供应者产生全面作用，由此决定信息服务商品的生产。在信息服务商品的生产过程中，信息服务商品的供方往往需要对信息服务市场中的消费需求进行全面分析和预测，以便针对市场的变化生产新的商品。鉴于信息服务市场的发展具有超前于物质市场的特性，在信息服务商品生产中理应具有超前意识。目前，我国社会商品经济关系尚未完全适应社会主义市场经济的发展，表现为信息有效需求的不足。因此，可以通过适当超前的信息服务商品的生产与供给，刺激信息服务商品的消费，使之适应于社会主义市场经济的发展需要。

信息服务市场的中介管理是市场运行中的又一关键因素，与物质市场相比，其作用更为重要。中介管理方的工作职能在于通过法律、法规手段，进行信息服务市场运行管理，维护信息服务市场正常运行的秩序；消除信息服务商品供、求双方在时间、空间上的障碍，组织有效的信息服务商品供、求系统；进行社会监督，维护国家利益和信息服务商品交易各方的权益。

信息服务市场作为一种特殊的知识性市场，市场形态表现出多样性与复杂性，在很多情况下还隐藏在科技市场、金融市场、人才市场等市场活动之中，同时市场交易不受时空限制。这说明，信息服务市场有着独特的经营体制和价格机制。

7.1.4 信息服务市场管理与调控

信息服务市场管理是针对信息服务市场自身的管理和运作组织。信息服务市场作为信息商品交换的场所和信息商品交换关系的实现枢纽，需要通过各种管理组织手段来调整信息市场中的各方面的经济关系，处理信息市场的各种经济矛盾，解决信息市场的各种经济纠纷，维护合法的市场信息活动和保持各方面的合理利益，以维持信息市场运转的正常进行。

1. 信息服务市场的规范化管理

信息服务市场的规范化管理是旨在使信息服务市场从无序状态向有序状态发展，为了保证市场的公平充分、平等竞争和健康运行，为保护各方利益和权利，必须按法制规则对信息服务市场主体及其市场行为进行的科学而规范的管理。

信息服务市场规范化管理以市场规范的规定为基础，以此实施全方位管理。

（1）信息服务市场规范管理原则

信息服务市场规范是政府、立法机构、信息服务行业协会按市场运作机制的客观要求所制定的信息服务市场主体必须遵守的准则。其实质是以法律、法规、契约、公约形式规定信息市场运行，规范信息市场主体行为。

信息服务市场规则作为规范化的信息市场运行过程的规则，必须具有以下几个方面的

要求：

①科学化。这是最科学和最有效地反映信息市场运行过程的内在要求，目的是使每一信息市场主体严格地按其内在要求办事。

②系统化。信息市场规则内部的各个规则之间不能相互矛盾，并且所有规则都要协调，分别规范信息市场运行过程的各个方面，形成有机统一的体系化信息市场规则。

③强制化。信息市场规则不能建立在可商议的基础上，而应建立在法制基础之上，任何人都不能拒绝接受和违反这一规则。

④公平性。任何信息市场主体都不能以各种超市场的力量来寻求优惠，更不能摆脱公平原则对自己的约束，都只能通过公平竞争获取各自的利益。

⑤开放性。信息市场规则要有类似国际信息商品流通的行为规范，使我国的信息市场主体能有效地进入国际信息市场之中。

信息市场规则包括信息市场运行过程中各方面的行为准则的制定，其内容十分复杂。然而，在这些复杂的内容中有着主要的构成部分，它们是复杂市场规则的主干和支撑点，整个规则都是依据这些主要构成部分而展开的。市场规则的主要内容包括市场进出规则、市场竞争规则和市场交易规则。

（2）信息服务市场进出规则的执行

信息服务市场进出规则，是指信息服务市场主体和信息市场客体（信息商品或服务）进入或退出信息市场的法律规范和行为准则，其实质是对某个信息市场主体或某种信息商品能否进入或退出信息市场进行评判。

信息服务市场进出规则首先是从保证信息服务市场主体行为的规范性出发，保证信息服务市场的有序运行。它在这方面的功能主要有：

①规范信息服务市场主体进入市场的资格。即对信息服务市场主体进行统一的、全面的资格审查和明确其运营的条件，确认各个信息市场主体的合法性，将一切非正规的市场主体拒于市场活动之外。

②规范信息服务市场主体的经营功能。信息服务市场主体在进入信息市场之前，必须明确其信息经营范围、信息经营项目、信息经营渠道，实现规范化，不能随便变更。

③规范信息服务市场主体退出市场行为。市场主体退出信息服务市场要符合进出规则的要求，不能随意进行，从而保证信息服务市场供求格局的合理性，防止因某些主体退出市场而造成混乱现象的发生。

其次，信息服务市场进出规则应保证信息商品使用价值的有效发挥，这方面的功能主要表现有：

①规范信息服务商品的质量，防止假冒伪劣、过时无效的信息服务商品进入市场。

②规范信息服务商品的效用，使有损于社会正常安定、有害于人民身心健康的信息服务商品不能进入信息市场。

③规范信息服务商品的利用，确保涉及国家各方面秘密的信息商品不能进入信息市场。

④规范信息服务商品是否存在侵权行为，防止任何侵犯他人权利、损害他人利益的信息服务商品进入市场。

⑤规范信息服务商品的价格计量，使商品的价格最终要受到其使用时所带来的经济效益的制约，因此计价时要符合实际。

（3）信息服务市场竞争规则的执行

信息服务市场竞争规则是以法律形式维护公平竞争的原则，它把超经济行为的行政特权干涉、信息垄断、信息市场分割与封锁等非经济干扰作为主要限制内容。保证信息服务市场竞争贯彻公平性原则，必须从以下两个方面来规范信息服务市场竞争：

①保证各信息服务市场主体有公平竞争的环境，禁止市场中的垄断及各种非公平现象发生。具体包括以下内容：

a. 消除信息服务业中的条块分割和部门封锁，打破部门所有制和地区所有制所形成的各种阻碍竞争的信息市场壁垒；

b. 消除信息服务市场运行中的各种特殊待遇和各种保护落后的做法，以防止这些因素造成非公平竞争；

c. 破除信息服务企业在行政上的等级差别，确立所有信息服务企业平等相待的观念，实行公平税负原则和公平价格原则，以确保竞争公平；

d. 使资金、技术、人才等各种信息商品生产要素能自主流动，让任何信息服务企业都能顺畅地获得自己所需要的生产要素。

②规范信息服务市场主体的竞争行为和信息市场主体的竞争商品，防止下列现象发生：

a. 用带有欺骗性的失真信息来招揽和影响用户；

b. 强制用户接受他没有订购的附加信息商品；

c. 损害别人的商誉，散布有关竞争对手的不符合事实的流言蜚语；

d. 用折扣、行贿、送礼等作为竞争手段；

e. 采用不正当的手段对信息商品压价供应或故意抬价供应等。

（4）信息服务市场交易规则的执行

信息服务市场交易规则是信息市场主体进行信息服务商品经营活动的准则与规范，它是确保信息市场秩序的重要规则，具有以下职能和内容：

①规范信息服务市场交易方式和信息商品交易行为。信息服务交易公开化，即信息服务商品交易活动要在有组织的市场中公开进行，确保交易公平；信息服务商品的交易是自愿的、非强制的、平等互惠的交易，反对各种形式的侵犯他方权益的交易。

②规范信息服务商品的交易价格。对于包括信息服务商品定价原则、定价方法、价格申报和监督制度在内的一整套信息商品服务价格行为都要做出明确规定。防止无根据定价、不必要的转手加价以及随意抬价、压价等。总之，信息服务市场交易规则要通过各种规定而使信息服务商品价格形成机制规范化，通过规范信息服务商品价格而保证市场有序运行。

2. 信息服务市场调控

国家对信息服务市场的调控，在于通过调控市场来管理、调节信息服务业和进入市场的服务，其调控手段主要有经济调控和非经济手段的行政调控。

（1）经济调控。经济调控是国家采用经济政策对信息服务业进行的市场化调控，其中信息经济政策是最主要的宏观调控手段。在市场经济体制下，信息经济的运行过程表现为以下三个层次：第一层次是制约信息经济总体运行的宏观变量，包括信息经济的收入与分配量，信息经济的货币供应与需求量，信息经济的财政收入与支出量等；第二层次是信息市场运行变量，包括信息商品价格、利率、信息劳动力工资等市场信息；第三层次是信息服务企业的微观经营变量，包括信息企业收支量、投资与消费量等。这三个层次经济变量的关系如图 7.1 所示。

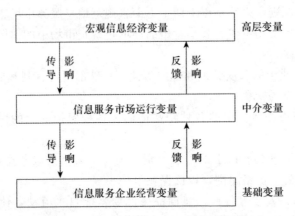

图 7.1　信息服务市场的宏观经济调控

根据以上内在关系，国家对于信息服务产业的宏观调控就可以通过调控宏观信息经济变量来实现，而调控宏观信息经济的最有效手段就是信息经济政策。

信息经济政策利用宏观信息经济变量与信息市场运行变量之间的内在联系，将其调控要求贯彻到信息市场机制的运行中，而不是通过外在的强制或者破坏信息市场机制的运行来实现调控要求。信息经济政策的作用过程，首先调整宏观信息经济变量，使宏观信息经济变量的变动体现调控目标的要求，然后通过宏观信息经济变量同信息市场机制运行的函数关系，控制宏观信息经济变量的变动，从而保证预期调控目标的实现。这表明，以信息市场机制的充分作用为基础，通过宏观信息经济变量与信息市场运行变量的内在关系而下达调节指令，是信息经济政策的最基本特征，也是宏观决策能否成为信息经济政策的最基本标志。在实践中，不能无条件地把国家与信息服务产业发展有关的任何宏观决策都看成信息经济政策，那种不以信息市场机制的充分作用为基础，并不是通过宏观信息经济变量与信息市场运行变量之间的内在关系而实现调控目标的宏观决策，只是国家强制性计划而不是信息经济政策。

信息经济政策并不损害或者取代信息市场机制的作用。在信息经济政策的作用下，信息价格等信息市场信息都是在信息市场供需关系变动的制约下形成的。信息经济政策并不直接规定信息市场的各种操作，而只是根据信息服务产业发展目标的要求调节宏观信息经济变量，通过宏观信息经济变量和信息市场的内在联系，最终在信息市场上输入符合信息服务产业发展目标要求的指令，以便对信息企业的经营活动进行调节。这里，信息经济政策导向是信息服务产业发展目标实现的重要保证；信息市场向信息企业输入的，是在宏观信息经济变量作用下经过信息市场内部机制变换所形成的合乎信息服务产业发展的各种导向信号。

通过以上分析可知，信息经济政策对于宏观信息经济变量的调整是以政策形式进行的，信息经济政策贯彻调控意图的过程是依据宏观信息经济变量与信息市场机制的内在联系而实现的。因此，信息经济政策有以下三方面的内在规定：

①反映信息服务产业发展目标的要求；

②反映整个运行过程的市场化；

③调整宏观信息经济变量以国家控制为基础。

信息经济政策的核心作用在于从信息商品供给与需求两个方面调节总量结构，以保持信息商品供求总量的平衡及供求结构的协调。信息经济政策对于供求总量平衡的调控是通过增进信息总供给和稳定信息总需求来实现的，对于信息供求结构协调的调控是通过引导信息需求结构和调整信息供给结构而实现的，因而信息经济政策调节信息供求总量及其供求结构的过程表现为增进总供给、稳定总需求和协调供求结构。因为其中的增进信息总供给集中地表现为通过激发信息经济动力而刺激信息经济增长，所以信息经济政策的最终功能往往表现为平衡信息供求总量和协调信息供求结构。从这一意义上说，信息经济政策实质上就是从宏观上为国家信息服务业的发展寻求动力，保障它稳定而协调发展的政策体系。

（2）非经济手段的行政调控

国家对信息业的调控是一种复杂的有序性协调活动，需要充分发挥各种调节手段的综合作用，其中包括非经济手段。非经济手段是国家对信息服务业调控得以顺利进行的有效保证。一般来说，非经济调控手段主要是行政调控手段。

国家运用行政手段调控信息服务产业的发展，即国家有关信息经济管理机构凭借其权力，通过制定和颁布命令、指示、规定等形式直接干预和控制信息服务经济活动。

行政调控手段能够以自身固有的特点，补充经济调控手段及其他手段的不足，同它们共同构成有效的调控体系，从而保证信息市场的有序运行。行政调控的特点是：

①强制性。行政调节手段是通过国家政权力量来实现调控意图的，国家调控信息服务产业的命令、指示等一经制定和发布，所有信息经济主体就得执行，不能随意修改和自由抉择。

②直接性。行政调控手段通过对调控对象的直接作用而达到调控目标，它不依经济调控手段那样通过一系列的经济机制的运行对信息服务业产生作用。

③快速性。行政调控手段的强制性和直接性决定了其调控过程比较短，不像经济调控手段那样需要有一个转换的较长过程。

行政调节手段对信息服务产业发展的积极调节作用，是以行政调控手段的科学性和运用得当为前提的，为了充分利用行政调控手段的积极调控作用，应当特别注意以下几个问题：一是必须把对行政调控手段的应用建立在信息服务业市场化管理基础之上，在运用行政调控手段的过程中要充分反映和尊重市场化管理的要求和信息企业的经营自主权；二是要明确规定必要的行政调控手段的应用范围和应用条件，明确国家的经济职能和国家信息服务业管理机构的职权范围，使行政调控手段的运用保持在合理的限度内；三是必须提高行政调控决策的科学性，健全合理的行政调控决策程序，明确决策责任和决策审批制度，不断提高行政调控的水平，使行政调控手段的运用建立在科学的基础之上，以保证行政调控手段的有效性。

7.2 信息服务的权益保护与监督

信息服务中各有关方面的权益保护至关重要。由于信息服务中有关方面的权益既有一致性，又有相互矛盾的一面，这就要求在权益保护中实施有效的保护监督。

7.2.1 信息服务中各方的关系及权益保护的确认

社会化信息服务的基本方面包括服务提供者、服务利用者（用户）和国家的服务管理部门。同时，信息服务者还与相关的产业部门及事业机构发生业务联系，用户之间同样存在着服务共享与资源共用的关系。如何协调这些关系，确保各方的正当权益，决定着信息服务的社会、经济效益。信息服务中各方权益的社会确认是开展服务业务和实施权益保护监督的依据。根据信息服务的社会组织机制和服务目标、任务与发展的社会定位，其权益分配必然按信息服务中各方面的主体进行，以此构成各基本方面相互联系和制约的权益分配体系。

1. 信息服务承担、提供者的基本权益

信息服务承担和提供者在实现信息服务的社会效益与经济效益的前提下，具有开发信息服务、取得其社会地位以及获取自身利益的基本权利。按开展信息服务的基本条件和基本的权利分配关系，信息服务承担、提供者的权益主要有如下几个方面。

（1）开展信息服务的资源利用权和技术享用权。信息服务包括信息资源的开发、组织、加工、交流和提供多方面利用的业务。虽然信息服务的业务丰富，各种业务之间也存在着一定的差异，但在信息资源的利用上却是共同的，其共同之处是各种服务必然以社会信息资源的利用为前提，即信息资源的利用必须作为信息服务承担者和提供者的基本业务权利加以保障。与此同时，对信息技术的享用是信息服务承担者和提供者的又一基本的社会权益。

（2）信息服务承担和提供者的产权。信息服务是一种创造性的专门化社会活动，是社会行业中的一大部门。信息服务业存在于社会行业之中的基本条件是对其产业地位的社会认可，即确认并保护其产业主体的产权。信息服务的产权主要包括两个部分。其一是信息服务主体对自己生产的信息服务产品和服务本身所拥有的产权，其二是信息服务主体对所创造的或专有的信息服务技术产权。信息服务生产本身所具有的知识性与创造性决定了这两方面的产权从总体上属于知识产权的范畴，可视为一种有别于其他活动的基本产权。

（3）信息服务的经营权。信息服务经营权是社会对信息服务承担者、提供者从事信息服务产业的法律认可和承认，只有具备经营权，"信息服务"才可能实现产业化。在知识经济与社会信息化发展中，信息服务产业的发展往往被视为反映社会发达程度的一个重要标志。可见，其经营权的认证具有十分重要的社会意义。另一方面，信息服务所提供的产品具有影响其他行业的作用，科学研究、企业经营、金融流通、文化艺术等行业的存在与发展，从客观上以社会化信息服务的利用为基础。从其他行业经营需要上看，必须确认信息服务的经营权益。

2. 信息服务用户的基本权益

信息服务用户包括对信息服务具有需求和利用信息服务主观条件的一切社会部门和成员，包括各社会行业的从业人员、准备从业人员（在校学生、待业者等）以及因物质生活、文化生活等方面社会生活需要而引发的对信息服务需求与利用的社会成员。虽然各类用户的信息服务需求与利用状况不同，同类用户的信息需求也存在着一定的个性差异，但是他们对服务享有、利用的基本权利却是一致的。归纳起来，用户权益主要有如下几点。

（1）用户对信息服务的利用权。根据国家法律和促进社会发展的公益原则，用户对公益性信息服务的利用是一种必要的社会权利。然而这种利用又以维护国家利益、社会安定和不损害他人利益为前提，因此，它是一种由信息服务业务范围和用户范围所决定的公益性信息服务利用权，即在该范围内用户所具有的服务享有权。根据产业化信息服务的效用原则，在确保国家利益和他人不受侵犯的前提下，用户对产业化信息服务的利用是又一种社会权利，它以信息服务公平、合理的市场化、开放化利用为基础。

（2）通过服务获取效益的权利。用户对信息服务的需求与利用是以"效益"为基础的，是用户对实现自身的某一目标所引发的一种服务利用行为。无论是公益性，还是产业化信息服务，其用户效益必须得到保障。这里需要指出的是，用户对信息服务的利用效益是一个复杂的问题，它不仅涉及服务本身，还由用户自身的素质、状况等因素决定，而且信息服务还具有风险性。因此，对"效益原则"的理解应是，排除用户自身因素（利用服务不当）和风险性因素外，用户通过服务获取效益的权利。

（3）用户秘密保护权利。用户利用信息服务的活动中，无论是用户提供的基本要求和状态信息，还是"服务"提供给用户的结果信息，都具有一定的排他性，如果泄露将造成对用户的伤害，甚至带来不良的后果。可见，在此类服务中，用户必须具有对其秘密的保护权，这种权利也必须得到社会的认可。

3. 与信息服务有关的政府和公众的权利

信息服务在一定社会环境下进行，它是一种在社会信息组织和约束基础上的规范服务，而不是无政府、无社会状态的随意性服务。信息服务以社会受益为原则，这意味着，不仅接受服务的用户受益，而且国家、社会和公众利益也必须在服务中体现。社会和公众利益，在社会组织中集中体现在政府权力和他人权利的确认和保护上。

（1）国家利益的维护权利。对国家利益的维护，政府和公众都有权利，只要某一项服务损害国家利益，政府和公众都有权制止。值得强调的是，在服务中，政府对国家利益的维护权与公众对国家和社会利益维护的权利形式是不同的。政府的权利主要是对信息服务的管制权、监督权、处理权等，而公众则是在政策法律范围内的舆论权、投诉权、制止权等。这两方面的权利集中起来，其基本作用是对国家利益与安全的维护、社会道德的维护、信息秩序维护及社会公众根本利益保障等。

（2）政府对信息服务业的调控、管理与监督权利。政府对信息服务业的调控、管理与监督是信息服务业健康发展和信息服务业的社会与经济效益实现的基本保障，其调控包括行业结构调控、投入调控、资源调控等，管理包括公益性服务与市场化服务管理两方面，对信息服务的监督则是政府强制性约束信息服务有关各主体和客体的根本保证。政府的

"权利"通过政府信息政策的颁布、执行与检查，信息服务立法、司法、监督，以及通过行政手段进行服务管理来实现。

（3）与信息服务有关的他人权利。信息服务承担者、提供者和用户对信息服务的利用都必须以不损害第三方（他人）的正当利益为前提，否则这一服务必须制止。在现代信息服务中，有许多针对第三方的不正当"信息服务"存在，如在企业竞争信息服务中的不正当咨询服务。这些服务，如果从法律、道德上违背了第三方的社会利益，势必导致严重的后果。在他方利益保护中，一是应注意他方正当权益的确认，二是确认中必须以基本的社会准则为依据。

7.2.2 信息服务中权益保护的核心与监督重点

信息服务中的权益涉及面广，其保护可以按服务者、用户、政府和公众等多方面的主体权益保护来组织。我们的思路是，从信息服务各主体的权益关系和相互关联的作用出发，在利用现有社会保障与监督体系对其实施保护的基础上，从整体上、从关联角度突出信息服务权益保护的基本方面与核心内容，按涉及社会各方面的基本问题解决为前提，进行信息服务权益保护的组织。

基于综合考虑的权益保护思路，对于已包括或涉及信息服务权益保护的现有体系，存在完善问题；对于特殊问题的解决应突出核心与重点。我们着重要考虑的是后者；对于前者，可以通过保护、监督体系的加强来解决。

1. 信息服务产权保护与监督

信息服务产权保护以保护服务承担者和提供者的知识产权为主体。由于信息服务中还存在着用户与服务者之间的信息交往和知识交流，同时受保护的还有用户因利用信息服务（如决策咨询服务）而向服务者提供的涉及用户拥有的知识产权的信息的所有权。如果用户受保护的知识产权信息一旦泄露给第三者，有可能受到产权侵害。在信息服务者和用户的知识产权保护中，用户的知识产权保护虽然处于被动的次要地位，然而也是信息服务产权保护的一个重要组成部分。

信息服务产权保护的依据是知识产权法。我国目前的有关法律包括专利法、著作权法等。这些法律对信息服务产权保护的内容主要有信息服务技术专利保护和有关信息服务产品的著作权保护。此外，有关服务商标保护也可以沿用商标法的有关条款。然而，仅凭目前的知识产权法对信息服务产权进行保护是不够的。由于信息服务是一种创造性劳动，而针对用户需求开展的每一项服务不可能都具备专利法、著作权法中规定的保护条件而受到这些法律的保护。这说明，服务中著作权、专利权以外的创造性知识权益必须得到认可，因此存在着信息服务产权保护法律建设问题，即在现有法律环境和条件下完善信息服务产权保护法律，建立其保护体系。

另外，如果服务者和用户知识被第三者不适当占有将造成当事方的损失或有伤害，因此，他们的知识权益必须受到保护，其保护应受到各方面监督。

2. 信息资源共享与保护的监督

信息资源共享与信息资源保护是一个问题的两个基本方面。一方面，面向公众的信息服务以信息资源的共享为基础，以社会化信息资源的最有效的开发和利用为目标，因此一定范围内的信息资源的社会共享是充分发挥信息服务作用与效能，最大限度地实现政府和公众信息保障的基本条件。另一方面，信息资源必须受到保护，其保护要点，一是保护信息资源免受"污染"，控制有害信息通过各种渠道对有益信息的侵入，二是控制信息服务范围以外的主体对有关信息资源的不适当占有和破坏。

对于信息资源共享，在信息化程度高的发达国家似乎更强调其社会基础。他们试图以打破对资源的垄断为目标，制定一整套有利于信息社会化存取、开发和利用的共享制度，并且以"信息自由"法规的形式规范共享实施与监督。我国关于信息资源共享及其监督的法律尚不完备，从社会发展上看，目前解决的主要问题是，确立共享范围、主体及形式，进行信息资源保护规范，在条件允许的范围内将共享监督纳入信息服务监督法律体系。

对于信息资源保护的监督，我国和世界其他国家都予以了高度重视，其保护内容包括国家拥有的自然信息资源的保护、二次开发信息资源的保护、信息服务系统资源（包括信息传递与网络）保护、信息环境资源保护等。目前，在信息资源保护中，保护的监督问题十分突出，其监督体系的不完备和监督主体的分散性直接影响到资源保护的有效性和我国信息服务优势的发挥。

3. 国家与公众利益保障监督

国家安全、利益以及社会公众利益的保障是信息服务社会化的一项基本要求。任何一项服务，如果在局部上有益于用户，而在全局上有碍国家和公众，甚至损害国家利益，都是不能容许的。当前，各国愈来愈重视国际化信息服务对国家和公众的影响，他们纷纷采取监督、控制措施，以确保国家和公众的根本利益。

国家与公众利益保障的内容包括：涉及国家安全的信息保密，涉及国家利益的国家拥有的信息资源及技术的控制保护，信息服务及其利用中的犯罪监控与惩处，社会公众信息利益的保护等。

国家安全与利益以及公众利益保障及其监督具有强制性的特点，其关键是法律法规的制定、执行与监督。目前，国内外关于这方面的法律、法规，诸如"国家安全法""保密法""计算机联网条例""商业秘密法""数据库管理法规""数据通信安全法规"等，所涉及的是基本的社会犯罪问题。在信息服务中如何有效地按法律条款进行服务监督，以及针对社会发展完善监督体系，是服务监督的又一重点。

7.2.3 信息服务中权益保护监督的实施

1. 信息服务中权益保护监督的社会体系

信息服务中的权益保护涉及社会各部门，关系社会发展的全局，因此必须由政府组织、采取各部门协调方式，建立社会化的监督系统，实施综合监督、法制管理的策略。根据这一原则，可以构建一个信息服务权益保护监督系统。这个系统主要包括政府及其各相关的负责监督部门、信息服务行业组织、用户组织和社会公众舆论等。

政府在权益保护监督中居主导地位，其基本作用在于：制定信息服务政策，规定权益监督的目标、内容、主体与客体，从国家利益和社会发展出发组织制定信息权益保护法律、法规。政府各有关负责监督的部门主要有国家安全部门、司法部门、知识产权管理部门、工商行政管理部门、物价管理部门和信息产业管理部门。这些部门按监督的分工和业务范围履行各自的"权益保护监督"职责。

在政府各部门分工中，信息产业管理部门作为信息服务业务管理部门，为保证服务业务的开展和服务的社会经济效益的发挥，其监督职责在于根据服务各业务的发展和服务业务中各方基本权益的分配，进行开展服务业务所必需的权益监督，利用行政手段直接控制信息服务行业运作中各种侵权行为的发生，同时负责信息服务权益保护监督沟通与协调工作，履行作为政府部门的相应职责。政府部门中的国家安全部门负责国家信息安全与利益维护监督；司法部门在负责以法律手段维护社会信息秩序的同时，负责各种信息侵权行为的法律处理，从司法程序和执行上维护法律所赋予信息服务各方的权利和实际权益；知识产权管理部门在确定信息服务中知识产权的基础上，按规范提供知识产权侵权的鉴别与评判准则，实施专业化监督；工商行政管理部门、物价管理部门从信息服务行业管理角度进行服务资格审查、服务过程监督和包括多种权益在内的服务结果监督。此外，与权益监督业务相关的政府部门还有技术监督部门等，这些部门从所涉及问题的鉴别中提供权益是否受到侵犯的依据。

信息服务行业组织、用户组织（如信息服务消费者协会等）和社会公众舆论是信息服务权益保护监督的直接主体。其监督服务，一是维护各主体的自身权益；二是处理与其他主体的权益分配关系，约束自身可能的对其他主体的侵犯行为。当然，直接主体的自我监督必须以国家有关法律为准则，以维护国家安全和利益为前提，同时在监督中还必须接受政府及其有关部门的管理和监督。

信息服务行业监督的重点在于对行业中成员信息服务业务权益的保护监督（如经营权、竞争权、资源开发权、用户管理权和产权等保护监督）；此外，行业监督组织也接受用户的投诉，避免行业中的违规行为以及由此引发的用户权益受损情况发生，其监督以"行规"和国家法规为基础。这两方面监督结为一体，是信息服务行业存在和发展的自律性监督。

用户组织监督主要是用户对自身的权益保护的监督，其协会性组织沟通政府、行业与各用户的联系，在进行用户权益保护中实施服务中用户知识产权、服务利用权、获取效益以及其他利益的权利保障。同时，用户监督组织在国家法律基础上进行，负有监督用户是否触犯国家、公众利益的责任。公众和舆论对信息服务权益的监督旨在维护国家、公众和社会各方面的利益，以法律、道德为基础进行服务者、用户与他人利益保护的监督。它是以上各方面监督的社会基础，是进行综合监督的保证。

2. 我国信息服务权益保护监督中的现实矛盾与对策思路

我国信息服务中权益保护监督的矛盾，主要体现在以下几个问题：

（1）信息服务中权益保护监督体系尚不完备，因权益问题引起的纠纷较为普遍。我国信息服务业的发展，特别是产业化信息咨询服务、网络服务和技术市场信息服务的迅速发展，既带来了巨大的社会与经济效益，也出现了日益增多的纠纷，如技术交易中的信息提供所造成有关方面的权益侵害，因欺诈引起的权益冲突等。对这些问题的解决，尚无一套行之有效的针对性很强的办法，目前只是援用相关法律条款，由相关部门予以一定程度上的解决。

（2）对信息资源占有、分配与享有权益保护缺乏有效的监督办法，导致资源利用中的不合理，使国家、公众与用户利益受损，而公司却从中牟取不应获取的利润。对这一现象，按照已有的监督办法，还不能从根本上解决。

（3）信息服务有关方面的权益保护法规缺乏系统性，致使监督处于分散状态。表现在信息服务权益保护的法律依据是目前国家颁布的相关法律，其法律执行与监督主体还不明确，各部门依法进行权益保护的社会法律意识较差，影响了社会监督的有效开展。

针对以上现实问题和信息服务业社会化发展的需要，考虑到国际信息化环境的要求，我国信息服务中权益保护监督的实施拟采取以下思路：在信息服务的社会监督体系中突出权益监督的内容，将权益监督与服务技术质量监督和市场监督相结合，确立以基本权益保护为基础的全方位信息服务监督的组织思路；信息服务权益保护监督必须以政府为主导，以法律为准绳，因此应迅速建立和完善其权益保护法律监督体制，明确法律主体与客体的基本关系；将信息服务权益保护监督体系的建立纳入政府信息化决策中的信息服务业组织战略中考虑，以便在知识经济和信息化时代充分保障国家信息安全和国家利益；建立可操作性的信息服务权益监督的社会体制，在理论研究的基础上将其实践化，在实践中确立解决目前主要矛盾的基本原则；加强权益保护监督的处理，对侵权者，特别是损害国家和公众利益的组织或成员予以法律和规章上的惩处，以此优化社会的权益保护意识，制定防止侵权行为发生的管理办法。

7.3 信息政策与法律保障

信息技术的广泛应用和社会信息化进程的加快促进了经济的发展和人民生活水平的提高，同时也带来了一些新的社会问题和发展问题，诸如网络环境下的知识产权、隐私权问题，制定什么政策促进电子商务发展，如何界定和制裁网络犯罪行为，信息教育如何普及等等。这些都需要通过制定合理正确的信息政策和法律来加以解决。

信息政策、信息法规、信息伦理属于信息资源管理的人文范畴，其重要特征是重视信息管理中的人的因素，强调从人和社会的角度综合解决信息管理问题。

在当今社会中，"政策"是社会生活和管理中的一个重要词汇，由于人们所处的地位不同，不同的人会从不同的角度、不同的立场、不同的层次，运用不同的观点来看待政策。因此，出现了各种各样有关政策的定义。

我们认为，所谓信息政策就是一个国家或者国际组织开展信息工作与发展信息产业所采取行动的概括性总体原则。从更狭义的角度看，信息政策是处理特定信息问题的一系列指导方针。信息政策可以由某一国际机构或组织制定，以此指导和约束与此相关的国际信息活动；在某一国家内，信息政策由国家政府部门或专业机构指定，中央政府和地方政府都可以依法制定适用于全国或地方的政策，用于指导或约束全国或地方的信息活动。在指定政策的过程中，应有信息用户参与。

7.3.1 信息政策的基本问题

1. "信息政策"释义

信息政策是指在某一范围内，政府或组织决定实施宏观信息管理的导向和行为准则，是实现某种目标的原则性文件。我国学术界对国家信息政策的概念作过多种表述，归纳起来主要有以下几种观点：

（1）管理层面：国家信息政策是政府或组织为实现一定的目标，如信息自由流通、信息资源共享而采取的行动准则。

（2）决策层面：政府或组织为实现一定的目标（信息自由流通、信息资源共享）而采取的行动准则。

（3）信息活动层面：国家信息政策是调控社会信息活动的规范和准则。

关于信息政策的内涵，主要体现在以下两点：

（1）用信息政策宏观协调，实现某种目标。信息政策是政府协调一切有关信息的组织与传递活动的政策指南，是政府通过适当的途径来调整信息活动的协调发展，满足本国信息需求的一系列决策，是关于信息生产、信息传递、信息收集和整理以及信息分配与检索的一系列相互关联的政策，信息政策在于控制信息的生产分配和利用。

（2）运用信息政策解决尖锐的矛盾和冲突。强调由于信息技术的迅速发展带来了许多复杂的新问题，信息政策是为了解决这些困难的问题而产生的。信息政策面临的问题主要有两个方面：一是由于新的信息媒介和多种信息传播方式发展很快，如何在采用新型信息技术的同时，防止和减少技术的副作用和不利因素；二是信息技术发展应用中利益的合理分配和利益的社会维护问题。

信息政策具有政策的一般特点：

（1）体现决策者的意志。政策是理想过渡到现实的一种途径，而国家管理的重要手段之一，也就是通过各种大大小小的政策，把管理的意志及设想转化成一定的准则来指导具体实践。

（2）时间性较强。政策是管理者为达到某一现实目标而制定的一定时期的行动纲领与方针策略。随着这一目标的实现或调整，政策会很快随之更改或消亡。

（3）灵活多变。政策会随着决策者的更换、决策者意志的变化和管理目标的变迁而变化，这一方面说明政策可以不断调整、修改，对迅速变化的外界条件有较大的适应性，从而体现出政策的灵活性；另一方面，如果控制不当则会给人以朝令夕改的感觉，影响其连续性与权威性。

（4）具有一定的实践性。政策一般都是为实现某一具体目标而制定的，实践活动的多样性决定了政策必须相当具体，而且在执行时还必须具备相当强的可变动性。然而，能否真正指导实践活动，主要还是看政策的执行，而不仅仅是制定。

上述观点从不同角度对国家信息政策概念作了不同的解释，但它们在目标和功能上是一致的。由于信息政策涉及广泛的领域，使得信息政策呈现主体多样化、政策价值多元化、政策目标的多重化和复合化等问题。因而，国家信息政策的设计应当趋向于整体化的趋势，而不是一种单一领域、单一目标、体现单一价值的个别政策构成的缺乏关联的组合体。

2. 信息政策法规的作用

信息政策法规的作用主要体现在以下七个方面：

（1）告知作用。即告诉人们关于某种信息行为的态度或意见，包括赞成、许可、反对、禁止等。

（2）指导和调节作用。包括宏观和微观两方面。如指导进行信息资源的配置和共享，平衡各区域或部门间的利益，对信息资源建设和信息利用行为与过程的干预等。

（3）评价作用。判断和衡量人们的信息行为，认定其是否合乎标准和尺度，是否正当，是否可行。

（4）预测作用。帮助人们预先知晓或估计到信息活动中人们将如何行动，并进而根据这种预知来做出行动安排和计划，从而减少信息活动的偶然性和盲目性，提高行动的实际效果。例如信息行业反不正当竞争法的存在，使人们可以预见到一种行为到底是合法的竞争情报行为，还是一种非法的商业秘密窃取行为。这种作用有助于人们做出合理的安排，以便以最小的代价和风险取得最有效的结果。

（5）教育作用。通过信息政策法规的实施而对一般人今后的行为发生影响。例如，通过对信息技术创新行为的政策激励，可以教育人们在今后的信息活动中应当注意创新意识和创新能力的培养。又如通过对违法行为的制裁，可以教育后人不要再出现类似的行为，否则会受到同样的惩罚。

（6）规范作用。主要体现为对信息技术标准化的要求，包括保障数据格式转换、通信规程、检索语言、多媒体技术、人机友好界面等的畅通。

（7）执行社会公共职能，维护社会秩序。包括维护人类社会信息生存所必需的基本条件，维护信息生产和交换秩序，发展信息事业等。

对于信息法来说，上述作用在一定程度上具有强制性。这些作用，本质上都体现了某种社会需要。

在实践中，信息政策法规的作用有许多具体体现，如规范信息活动，推进信息化进程与信息社会发展；保护知识产权，保证信息的合理使用，推动知识创新；解决信息矛盾，协调信息交流活动；保障信息安全；防范信息犯罪；维护国家信息主权，促进民族文化的发展；加快整个社会的政治、经济、科技、文化、教育方面前进的步伐。总之，加强信息政策法规建设是社会信息化的必然要求，对规范信息领域错综复杂的经济关系和社会关系具有十分重要的作用。

3. 国家信息政策体系的构建

我们根据国家信息政策的五个要素，即政策目标、政策主体、政策问题、政策内容、政策形式来分析我国国家信息政策体系建构问题。

（1）国家信息政策体系构建的目标

信息政策目标是指通过制定信息政策所实现的利益协调和分配关系。我们认为，当前我国国家信息政策的目标是：信息服务社会化和通用化以实现公平；信息产业市场化以实现效率；信息管理科学化以保证安全，其具体目标如下：

①有限管制：竞争政策为主，规制政策为辅；

②保护知识产权：重视信息安全、个人隐私以及知识产权保护；

③普及信息教育：建立方便的公共信息渠道。

（2）政策主体

随着信息产业的多领域渗透，信息政策主体也表现出多元化和重层化（由政府、个人、团体、机构等多样化的主体构成），政策主体的确立具有以下两个特点：

①相对独立性：具有较大的自主权，独立依法行使对信息产业的监管。委员会直接对政府首脑负责，信息政策最终由国务院批准颁布。

②高度的专业化：由信息管理专家、经济学者、法律学者、信息技术专家组织起草。

7.3.2 信息政策的结构与内容

无论信息政策的范围如何，受政策支配的社会活动怎样，均涉及一些基本的管理方面（如以上列举的科技与经济信息网络化政策），由此构成了信息政策的基本内容。进一步分析表明，信息政策包括总体信息政策和具体信息政策。总体信息政策是从国家信息事业发展的全局出发而制定的带根本性的政策。具体信息政策则是针对信息工作的具体方面或具体业务而制定的实质性的政策。

我国总体信息政策的内容应该包括：确立我国信息行业的地位；确立信息活动的行为准则；确立信息服务的管理体制；规定信息工作的总目标和总方针。具体信息政策的内容十分丰富，主要包括以下几个方面：

1. 信息机构管理政策

在市场经济条件下，我国的信息机构正在由单纯的服务型向服务经营型转变。在这一过程中，信息机构体制改革是转变能否顺利进行的关键。为此，应制定相应的政策，对信息机构在新形势下的原则、目标、配置、奖罚、收益分配等做出明确的政策规定。

2. 信息资金投入政策

市场经济中，我国的部分信息机构仍然需要承担无偿信息服务。因此国家还必须投入一定的资金以维持其正常运作。随着经济的发展，信息工作成本不断上升，国家应相应增加拨款数额；要研究和确定信息经费在国民生产总值中的合理比例及增长速度；应明确规定信息有偿服务收入中用于事业发展的经费比例。同时，允许信息机构以多种形式筹集资金，并增加对信息业的低息或贴息贷款，减免税收和其他附加费，使其能自我发展壮大。

3. 信息资源政策

制定信息资源政策是实现全国范围内的信息资源共享，提高信息资源开发利用率的重要保证。信息资源政策包括国内外文献的收藏原则和策略；信息资源的合理布局与分工协调；文献加工标准化、规范化；信息检索刊物体系的组织协调和扶植发展；加快形成信息网络，加速信息流通，实现资源共享等。

4. 信息服务业政策

信息服务业政策必须对信息服务的宗旨、方向、方针、内容、方式和措施等做出规定。就无偿服务而言，要制定对重点科研课题实行优先服务的政策，制定信息服务成果的收集、评价和鼓励政策。就有偿服务而言，其范围、质量要求、收费标准、收入分配等，都应该有统一、明确的政策规定。

5. 信息市场政策

信息市场政策必须适应我国市场经济体制，其内容包括信息服务价格政策、服务产品销售政策、市场管理与监督政策和各类专门信息市场如技术市场等政策。在政策的指导下，当前的重要任务是确立社会主义的信息市场体制。在政策上，应立足于解决三个方面的问题：一是信息市场不健全；二是管理上的混乱；三是服务收费没有统一的标准。

6. 信息技术政策

信息手段现代化是我国信息行业发展的战略目标之一。通过信息技术政策，可以对我国信息技术现代化的发展目标和途径、实施方法、步骤、措施等做出规定，加速我国信息技术现代化的进程。

7. 信息教育政策

一个国家的信息业是否发达，与其国民的信息意识和信息能力是紧密相关的。要提高国民的信息意识与信息能力，最根本的解决途径与对策就是发展信息教育。这种信息教育不仅包括对专职人员的专业教育，同时还应包括对一般大众的普及教育。

8. 信息人才政策

信息人才政策包括信息人才的培养、使用、管理、流动以及结构比例等政策。对信息人才的地位、待遇、业务考核、技术职务晋升、成果评价和奖励等应做出具体规定，以最大限度地调动信息人员的积极性和创造性。

9. 信息奖励政策

信息奖励政策包括信息成果奖励政策和信息人才奖励政策。

信息研究成果具有科研成果的性质，信息人才则是科技人才队伍的重要组成部分，因此，对于其中为推动技术进步、提高经济效益做出贡献的优秀成果和优秀人才必须实行奖励。

10. 信息合作政策

信息合作政策包括国内各部门的大信息网络合作、国际信息交流与使用以及信息保密等方面的政策。

7.3.3　我国信息政策法规研究的关键领域

1. 信息政策法规体系的结构研究

针对我国信息政策法规体系不完整、范围狭窄的实际情况，今后的研究重点应放在构建信息政策法规体系的结构方面。这也是任何国家的信息政策法规研究不能回避的核心领域，主要包括三个方面的研究内容：第一，设计出由信息政策、信息法、行业性和地区性三个层次构成的完整的信息政策法规体系。第二，完善信息政策法规体系，按照内容将其划分为信息技术、信息网络、信息市场、信息资源、信息产业、信息人才等一系列不同类型的政策法规，并对其内容和功能进行具体的研究和阐释。第三，对现行的信息政策法规，并对其内容和功能进行具体的研究和阐述。第三，对现行的信息政策法规进行全面的分析，尤其是要找出现有信息政策法规体系的缺陷和不足，并借鉴发达国家的经验，提出相应的对策建议。

2. 信息政策法规制定与执行的保障机制研究

一方面，我国的信息政策法规（草案）一般是由相应的政府主管部门拟定的，由于各行业、各部门、各地区均存在明显的部门利益和地方利益，加之一些部门政企并未严格地分开，从制定程序上使得信息政策法规的科学性与公正性受到影响。另一方面，我国信息政策法规的执行保障机制也比较薄弱，尤其是执行的主体存在很大的缺陷，例如，立法主体与执法主体的同一、某些行政性企业代行部分的政府职能等，使得信息政策法规据以规范信息活动参与者行为和调整各权利主体利益关系的基本功能弱化。

在社会信息化程度不断提高的今天，信息和信息活动所表现出的强烈的渗透性及其影响的广泛性更加显著，信息产业作为一种"体系性产业"的特征也更加突出，因而，信息政策法规对国民经济的影响是全局性的，这就要求对信息政策制定程序和信息立法技术做出相应的调整和改进，以保障信息政策法规的全面性、科学性与公正性。

由什么机构负责信息政策法规的制定和执行，各国在实践中并不统一。一般认为，信息政策法规的制定和执行需要一个超越中央政府单一主管部门的协调机构来承担，这个机构应有足够的权利能协调全国科技信息系统、图书馆系统、新闻出版系统、电信系统，以及网络服务、信息技术等多部门、多领域的关系，并可以运用有效的政策法规手段去协调和控制政策法规的运行。

3. 信息政策法规的国际兼容性研究

由于我国传统的政策法规体系与发达国家的法律制度、国际惯例、国际公约不能完全兼容，同时，迅速发展的信息技术又不断带来很多新的问题，尤其是加入 WTO 后，国内经济成为世界经济的组成部分，关于知识产权保护的问题、信息网络、信息服务以及由此而引发的国际经济利益冲突、政治利益冲突、民族文化冲突、国际信息霸权、国家信息安全等一系列问题和矛盾都将更加尖锐和激化。

在这种国际社会经济背景和技术背景下，信息政策法规的国际兼容性研究就显得更为迫切。信息政策法规的国际兼容性研究侧重于回答以下问题：我国的信息政策法规如何与发达国家的法律制度、国际惯例、国际公约和谐共存，我国信息政策法规与国际兼容时存在哪些障碍，在制定或者修订我国信息政策法规时应遵循什么样的兼容原则，我国信息政策法规与国际兼容的范围、方法和特点有哪些。

4. 开展典型信息部门政策法规应用的仿真研究

目前，学术界对信息政策法规的研究多侧重于宏观规划和问题研究方面，较少深入一个典型的信息部门（包括信息产业部门和各类行业信息化应用部门）。运用计算机技术和系统动力学方法，研究建立典型信息部门政策法规应用的系统仿真模型和信息政策法规效果博弈模型，以更加系统地构建信息政策法规体系，更加真实和直观地反映信息政策法规制定、执行的过程及其效果，是今后研究的主要方向之一。

7.3.4 美国信息政策举例

1. 克林顿政府时期的信息政策

在克林顿执政的 8 年期同，美国经济进入一个全盛时期，这与克林顿政府所采纳的信息政策是密不可分的。克林顿政府一上台，就推出了《国家信息基础设施：行动计划》，随后，又提出了《全球信息基础设施》计划，在全球范围内掀起信息高速公路建设的热潮。从总体来看，克林顿政府时期的信息政策主要表现为如下特点：

（1）利用信息资源提高政府工作绩效。通过信息政策强化政府信息行为，提高政府部门为公众服务的绩效是克林顿政府的一个主要目标。为此，政府颁布了一系列信息政策，如1996年出台的《信息技术管理改革法》通过指导信息技术的合理应用，有效地帮助了政府部门实现目标。《13011号行政命令》将《信息技术管理改革法》《文书削减法》《政府绩效和结果法》有机地联系起来，并巩固了联邦管理与预算局在政府信息技术管理中的领导地位。此外，该届政府还重点对原有的信息政策进行了修订，以适应信息活动发展的需要，如修订后的《文书削减法》将政府信息资源管理的目标设定为完成政府部门使命、改进政府部门绩效、减轻公众文书负担。通过上述努力，信息政策发展的一个重要结果就是将信息资源确立为实现政府目标——减少浪费，提高效率，确保各种服务和项目满足公众的期望和需求的重要手段。

（2）倡导电子政府。1997年2月3日，美国"国家绩效审议组"和"政府信息技术服务局"在《存取美国：利用信息技术实现再造》的联合公告中提出，政府应将信息技术看作实现经济增长的引擎，是21世纪政府不可或缺的基础设施，一个现代化的电子政府通过富有效率、以顾客为导向的过程，会为公众提供更广泛、更及时的信息获取和服务。因此，白宫将信息和信息技术定位为"为政府迈入信息时代提供方向、远景和承诺"，并通过一系列政策和措施推进"电子政府"的进行。

（3）强调信息公开。强调信息公开是克林顿政府的又一主张。1993年10月4日，克林顿就《信息自由法》向各州州长和政府各部门主管发出备忘录，呼吁所有政府部门把率先公开信息，通过电子信息系统增进公众获取信息作为自己的责任。修改后的《A-130号通告》要求联邦各部门公平、及时地传播信息，开发查找工具，通过保藏图书馆向公众提供包括电子版在内的政府出版物，避免信息活动中不适当的限制。1996年颁布的《电子信息自由法修正案》明确指出，该修正案的目的就是为了改善公众获取政府部门记录及信息的能力，要求政府部门提供1996年11月1日后产生的记录的电子文本，通过WWW实现记录的有效获取。

为了提高信息的公开程度，克林顿政府还积极促进机密文件的解密。1995年4月颁布的《12958号行政命令》规定：政府新的机密文件的解密期限为10年；25年以前的机密文件除了特例将自动解密。据此，包括越战时期的文件、1970年以前与国家安全有关的公用文件，原则上都可以公开。

2. 布什政府的信息政策

（1）加大电子政府的推进力度。布什上台后，继续推行克林顿政府提出的《电子政府》计划。2002年12月，总统布什签署了《电子政府法》，加强电子政府管理，促进电子政府服务和处理能力。根据该项法律，美国政府还建立了电子政府基金，主要用于建设联邦政府的重点电子政府项目。在《电子政府法》的支持下，美国政府所确定的24项联邦电子政府重点项目包括政府对公民（G-C）、政府对政府（G-G）、政府对企业（G-B）和提高内部工作效率四大序列已经全面展开并初见成果。

（2）限制信息获取和弱化隐私保护。由于"9·11"事件的影响，布什政府将反恐怖、保卫国家安全作为头等大事，相关政策的出台对信息的获取和利用以及个人隐私、商业隐私的保护都产生了重大影响，2002 年颁布的《国土安全法》（Homeland Security Act）提出创建"国土安全部"，并赋予联邦政府在获取和收集个人信息、公司信息方面更广泛的权利。该法律规定，私营动力厂、桥梁、水坝、港口、化工厂等可能成为恐怖分子袭击目标的国家关键性基础设施无需按照《信息自由法》的要求公布与"关键基础设施安全"有关的信息，并且该类信息不能用于法律诉讼。根据《国土安全法》的要求，包括交通统计局、交通部、能源部、环境保护局、联邦飞行管理局、国内财政服务中心、国家档案与记录管理局、国家航空航天局、国家图像与地图局、核能管理局等在内的联邦部门都从自己的网站上删除了所谓的"敏感信息"，美国地质勘探局也通知所有联邦保藏图书馆销毁存储有公用水供应数据的光盘。参议员巴特瑞克·李伊（Patrick Leahy）将之称为"在《信息自由法》36 年的历史上遭受的最致命的一击"。该法律的另一项规定是在遭受网络空间袭击时，权威机构无须首先获得法庭的批准，即可追踪电子邮件和互联网上的其他通信。《网络空间安全强化法》（Cyber Security Enhancement Act）允许联邦任何实体在征得 ISP 同意后，即可查看私人电子邮件和业务往来电子邮件。当 ISP 确信某一"电子通信"可能构成死亡或伤害等威胁时，可将该电子记录转交给政府部门。在《网络空间安全强化法》出台前，按照"电子隐私信息委员会的规定"，只有国家武装机构才有权从信息提供者部里收集个人信息，而现在任何政府部门都拥有这项权力；以前 ISP 确定"信息"是否需要转交给调查者的标准是"合理相信"这一通信会招致"立即危险"，而现在的标准则放宽为"相信"存在"危险"。

此外，政府正在考虑实施一项国家数据库计划，收集、存储个人信用卡购买信息、旅游信息、电子邮件信息以及电话记录，从而更好地鉴别潜在的恐怖分子。

3. 奥巴马政府信息政策

奥巴马政府将开放数据（Open Data）确立为所有联邦政府部门必须遵守的基本政策。美国总统奥巴马签署了一项执行法令，要求从即日起，所有新增政府数据都必须以电脑文件方式向公众开放。白宫管理预算办公室和科技政策办公室同时也颁布了开放数据政策，确保联邦政府部门将政务信息作为资产对待。

奥巴马签署的法令是其开放政府计划的第三阶段，第一阶段早在 2009 年奥巴马政府发布了开放政府指导文件，为联邦政府的政务公开化、透明化和协作化指明发展阶段。2011 年白宫启动开放政府战略的第二阶段，发布了开放政府合作伙伴计划，与全球 46 个国家政府携手推动政府透明化，白宫在开放政府国家行动计划中列举了兑现政务透明化的具体措施。

作为开放政府计划的第三阶段，奥巴马签署的法令以及白宫颁布的开放政府政策条令要求政府部门将政务数据内部索引，将所有能够公开的数据清单公示。自开放政府条令颁布 30 日内，联邦政府各部门将通过统一的在线开放资源库获取工具和最佳实践指导。

7.3.5 信息政策法规研究的现状及挑战

1. 信息政策法规研究的现状

信息政策法规的研究起源于 20 世纪 50 年代末至 60 年代，60 年代之后，逐渐受到各国政府的重视，成为政府、学术界和产业界共同关注的热点问题。从国内外信息政策研究的历史轨迹看，早期的研究一般集中在科学信息政策领域的研究，尤其是以研究、制定旨在发展处理信息方法的政策为主。进入 90 年代，随着现代信息技术和因特网的迅猛发展，提出了诸如网络安全、信息污染、电子犯罪、个人隐私、知识产权等许多新的问题。为此，各国政府和国际组织致力于信息政策法规体系的重构，力图以此来平衡、协调信息社会的各种利益关系，规范与信息活动有关的各种行为。

20 世纪 50 年代以来，世界各国的信息政策法规研究已形成了一批重要的研究成果，极大地推动了全球信息产业的发展。1958 年美国的"贝克报告"，建议在国家科学基金会（NSF）内设科学信息服务局（OSIS），协调和促进已有的信息计划。它先后确立了美国系统发展公司（SDC）报告、1969 年美国科学院科学技术交流委员会（STACOM）报告、1972 年美国科学院（NAS）报告、1976 年美国"洛克菲勒报告"以及 1978 年法国诺拉和孟克的"社会信息化报告"等研究报告，还发表了联合国教科文组织于 1974 年出版的《信息政策目标》、1975 年出版的《国家科技信息系统规划指南》、1985 年出版的《国家信息政策准则范围、实施和执行》等著作。这些报告和著作成为世界各国制定信息政策法规的重要理论依据。

目前，欧美发达国家已经认识到信息政策法规研究对经济、社会发展的重要意义，信息政策与法规体系日臻完善，所涉及的范围也更加广泛，从对有关信息的生产、处理、存储与传递的研究，拓展到有关产业经济、网络主权、国家安全和国际化等领域的广泛研究。

我国是发展中国家，以信息化带动工业化，是覆盖现代化建设全局的战略问题。不断提高国家信息化水平，是在全球化、信息化条件下，我国实现现代化的必由之路。然而，我国信息化的发展与世界先进水平还存在着相当的差距，主要是：偏重于硬件建设，软件开发和信息服务明显滞后；核心技术开发能力薄弱，关键硬件和软件依赖进口；信息资源开发严重不足，而网络和数据库又存在大量低水平的重复建设，且难以实现互联共享；信息安全存在隐患；信息化人才明显不足等。因此，制定和调整社会信息化的政策法规，解决这些问题刻不容缓。

我国信息政策法规的研究和制定起步较晚。以信息政策为例，其历史轨迹大致分为三个阶段：

第一阶段是局限于科技信息政策的探索阶段（1980 年以前）。主要是针对科技信息系统的建立和体制的改革来研究和制定信息政策，比较分散，层次也较低。

第二阶段是科技信息政策的全面研究与制定阶段（1980 年至 1992 年）。主要是不断参考、引进和吸收国外的经验，研究我国信息政策的理论体系和内容框架，层次较高。其主要标志是，1991 年 2 月，原国家科学技术委员会以"国科学技术蓝皮书第 6 号"的形式发布了我国第一个国家信息政策，即《国家科学技术情报发展政策》。

第三阶段是信息政策的全面铺开阶段（1992 年至今）。以国家经济体制改革和信息工作转轨为契机，信息政策法规的研究和制定开始突破科技信息政策的约束，更加广泛地围绕信息的生产、流通、分配和管理活动而展开，包括研究和制定信息产业政策及信息系统安全、协调政策等。其主要标志是，1993 年 9 月，主题为"面向 21 世纪的中国信息政策与战略"的国际信息管理研讨会在北京召开，会上，众多的中外专家建议将信息产业的各

个服务部门及信息产品逐步纳入政策、法制管理的轨道上来。

在我国，自 20 世纪 90 年代以来，信息政策法规研究日益受到关注。1993 年，中山大学的卢泰宏教授出版了国内第一部研究信息政策问题的专著《国家信息策》，引起了学术界的广泛重视。1995 年，北京大学的张守文和周庆山出版了《信息法学》，成为我国信息法学研究领域的拓荒之作。2001 年，南京大学的朱庆华等人出版了《信息法教程》，从信息安全、信息产权、信息技术、信息服务和信息网络的角度介绍了信息管理领域涉及的绝大部分法律法规。2002 年是信息政策法规研究成果丰硕的一年。在这一年里，北京大学周庆山教授的《信息法教程》和黑龙江大学马海群教授的《信息法学》双双由国家一级出版机构科学出版社出版发行。2003 年，周庆山教授再次推出了其另一部力作《信息法》。

在课题立项研究方面，近年来，国家自然科学基金委员会、全国哲学社会科学规划办公室和国家教育部均从不同角度对信息政策法规领域的研究给予了资助。2000 年国家教育部批准了由武汉大学信息资源研究中心马费成教授主持的人文社会科学重点研究基地重大项目"国家信息政策与法规体系研究"。该课题对国家信息政策法规体系的结构、我国信息政策法规制定与执行的保障机制、我国信息政策法规的国际兼容性以及建立中国信息政策法规数据库等问题展开了深入的研究，取得了一系列重要成果。另外，由上海社会科学院信息研究所张新华教授主持的国家社会科学基金项目"信息安全、网络监管与中国的信息立法研究"也在这一年里获得批准。可以看出，信息政策法规研究在我国引起关注是在 20 世纪 90 年代初。进入 21 世纪后，随着国家信息化进程的突飞猛进，信息政策法规研究受到社会各界前所未有的重视，研究成果大量涌现。

信息政策法规研究需要有强大的力量和坚实的阵地。目前，信息政策法规研究的力量主要集中在部分高校的信息管理专业领域，北京大学、武汉大学、南京大学、黑龙江大学、中山大学、东北师范大学、安徽大学等国内许多高校都陆续设置了"信息政策与法规""信息法学"之类的课程。1999 年，西安邮电学院建立了国内第一个信息法学网站。该网站设置了法律法规、专题研究、法律咨询、在线教育、案例分析、立法部门、会议消息、信息产业动态等内容，是交流和发布信息法理论与实践成果的重要阵地。另外，以国家信息化领导小组、信息产业部为代表的各级信息化推进和管理机构，以及以中国电子信息产业发展研究院、上海社会科学院等为代表的信息化研究机构，也非常重视信息政策法规问题的研究。2002 年 9 月 18 日，中国法学会信息法学研究会正式宣告成立，国务院信息化工作办公室和有关部委的领导及法学界专家学者近百人参加了成立大会。大会通过了信息法学研究会章程，选举产生了信息法学研究会理事会和常务理事会。种种迹象表明，信息政策法规研究已经在我国得到了广泛的重视。

2. 信息政策法规研究面临的挑战与应对

（1）发展中国家信息政策存在的问题

由于经济、技术、法制建设等方面的制约，发展中国家在制定和实施信息政策时面临着一系列问题和挑战。

①信息政策缺乏协调性。长期以来，发展中国家由于没有意识到信息政策的重要性或将信息政策局限于某一特定领域，从而缺乏有效的政策对信息活动进行全面、系统指导。如我国信息政策就曾因为长期集中在科技情报领域，造成其他系统发展迟缓、信息能力严

重不足。20 世纪 90 年代之后，虽然信息政策的覆盖面大大扩展，但政策缺乏协调性仍是一个突出问题。一方面，目前已有的国家和地方 500 多个文件中，绝大部分是关于邮电通信、信息安全和知识产权保护的，而电子犯罪、个人隐私、跨国数据流、政府信息资源管理、国际信息交流与合作等问题在政策指导上明显力度不足。另一方面，信息政策的分散、多头、缺乏协调多年来始终困扰和制约着我国信息化的快速发展。

②信息政策调控能力弱。发展中国家信息政策宏观调控能力弱主要表现在两个方面：一是信息活动的调控大都依靠行政手段，法律、经济手段的干预性不强，导致信息政策在实施时缺乏有效的约束力和强制力，难以取得良好效果；二是缺乏宏观性、全局性的信息政策。

信息活动涉及社会生活的各个领域，触及社会各阶层、集团和组织的利益，因此，信息政策必须建立在全社会高度协作发展的基础上，其发展趋势是促进信息化带来的产业融合，最终消除传统产业间的壁垒。但大多数发展中国家现行政策相当程度上是与产业融合背道而驰的，在网络资费、短信平台建设、信息商品化产业管理等方面表现得尤为突出。像南非的普遍服务计划由于缺乏对涉及其中的部门和利益集团进行有效协调和约束，从而导致有些多功能社区中心医师无法从 Telkom 获得提供服务所需要的电话线路。

③信息政策缺乏有效的参与和反馈渠道。许多发展中国家信息政策的制定、执行采取自上而下的单向途径，从提出目标、选择执行手段到监控政策实施都由主管部门负责，使得政策制定者处于主动地位，而执行者和作用对象则处于被动地位，从而妨碍了政策的接受程度和执行力度。加之信息政策运行中缺乏市场因素，政策作用对象的意见无法及时反馈给政策制定者，导致往往无法及时调整和修改政策，纠正政策执行中存在的问题，无法取得预期目标。

④信息政策的国际衔接能力不强。随着全球信息基础设施的深入发展，信息活动已跨越疆界，国际化特征日益显著。发达国家在制定信息政策时都充分意识到这一点，一方面积极参与国际规则的制定；另一方面，通过预留"接口"，为与其他国家和国际信息政策接轨做好准备。而发展中国家的信息政策在许多方面与国际惯例、国际公约、发达国家的法律制度不兼容，为以后的发展带来重重困难，如我国知识产权制度在高新技术条件下专利主题范围、专利国际申请的语言和程序等问题上都暴露出缺乏国际衔接能力的弱点。

（2）发展中国家信息政策的未来发展思路

①国际化与本国特色相结合。发展中国家在确立信息化发展战略和制定信息政策时，必须充分考虑到与国际的兼容和接轨，只有按照统一规则运作，才能确保在全球化的数字经济中居于优势地位。同时，各个国家、地区由于政治、经济、文化等方面的差异，在推进信息化的过程，不可能采取统一模式，而要依据自身情况做出适当选择。因此，发展中国家的信息政策既要善于借鉴、兼收并蓄，又要注重传统、推陈出新；既要具有国际性、前瞻性，又必须结合本国国情，保持本国特色。20 世纪 90 年代中期以来，我国信息化的实践证明，以信息化带动工业化，以工业化促进信息化，走新型工业化道路的发展战略和"政府主导型"的信息化发展模式是符合国情的切实选择。正是由于较好地实现了国际潮流与本国特色的结合，我国在电子政府、电子商务、行业信息化、企业信息化、城市信息化、社区信息化的建设上都已初见成效。

②政府引导与市场驱动相结合。市场和政府是发展信息经济的两个关键要索。通过竞争，促进经济和社会的信息化；通过政府的宏观规划和指导，为信息活动提供一个一致、透明、简单的政策环境，为信息市场提供公平有效的竞争原则。因此，发展中国家在制定信息政策时，始终要坚持市场驱动、政府放松规制的原则，发挥市场和政府的双重作用。以市场为导向发展电子商务、信息通信技术，建立适当的竞争模式；政府则发挥统一领导、统一规划、统一组织、统一标准、统一实施的职能，保证社会所有集团和成员都能参加到信息化的建设中来。

③立法手段与行政手段相结合。立法是一个国家对信息活动进行指导和规范最有力的手段之一。发展中国家通过建立、健全法律体系推动信息化的发展既是信息活动本身的要求，也是全球信息化的必然趋势。但对于发展中国家来说，必须认清和妥善处理好行政规范与法律之间的关系，在两者之间寻求合理的结合。一般来说，法律制定的周期较行政规范更长，并且法律一旦确立，就必须在一定时期内保持稳定性，因此，对于现阶段信息活动实践尚处于活跃但又不成熟的状态的发展中国家来说，采取行政规范先行、时机成熟再立法的"两步走"策略也许是更为明智的选择。

④确立优先发展领域。受经济能力和资源条件的限制，发展中国家在推进信息化的过程中，不可能同时在所有领域全面铺开。各国应根据具体情况，通过信息政策确立需要优先发展的领域，从而保证政策的可行性和取得现实目标，并通过"以点带面"最终实现社会全面信息化。现在大多数发展中国家选择将 ICT 产业和信息基础设施建设作为优先发展领域，为国民经济发展构建技术平台。

⑤注重缩小"数字鸿沟"。由于国家和地区间经济发展的不平衡，造成国家和地区间信息化的巨大差异，从而形成所谓的"数字鸿沟"，而这种"鸿沟"反过来又会进一步拉大经济上的差距。南非前总统曼德拉就曾说过，"世界已经被划分成'信息富国'和'信息穷国'。信息已经成为人类的主要资源，因此，'信息富国'会在经济上更加富有，而'信息穷国'则会变得更加贫穷"。作为发展中国家，要特别注重解决数字鸿沟问题，通过全面、有效的信息政策，缩小与发达国家和地区在信息资源获取与利用上的差距，消除国内不同地区之间的"信息差距"，从而推动经济的快速发展。非洲许多国家已经充分意识到"数字鸿沟"所带来的发展障碍，因此正通过大力推行普遍服务计划，确保边远地区和劣势群体能够获得利用电信设施和服务的平等机会。

⑥加强信息人才的培养与教育。在信息化的发展中，人才是关键。对于发展中国家来说，必须加大信息人才培养力度，同时防止人才的流失。在非洲国家，由于 ICT 人才严重缺乏，加之流向发达国家，已极大地阻碍了信息化的推进。

7.3.6 网络环境下信息政策的新课题

网络的发展为信息活动提供了一个广阔的空间，为社会全面信息化创透了条件。可以说，网络经济的出现为人类发展带来了前所未有的机遇，但我们不能不看到，网络也引发了新的问题，使得信息活动从管理、运作到发展都面临着新的挑战。

1. 网络规制重建新体系或修正传统体系

传统法治的制定和适用是基于国家与主权的存在。在今天开放的无国界的网络社会中，应如何进行规范？是建立一套崭新的网络法律体系，还是在传统法律框架内以"长臂法"的方式对网络空间加以调控？在这个问题上，无论是法律界，还是网络界均有不同的回答，形成了两种根本不同的规制理念。

一种观点认为，现代法治是工业文明的产物，而互联网使信息成为最大的资源，必然导致信息文明时代的到来，在没有时空边界的虚拟世界里，现实的传统法律不可能适应新的网络空间的要求。

另一种观点认为，网络上的大量涉法问题，诸如信用问题、知识产权问题、公民隐私权问题、国家机密保护问题等都是在传统法治时代就已存在的，并不是网络所带来的，网络上存在的法律问题实际上只是涉法行为的手段发生了变化而已。网络空间虽然是虚拟的，但无论是这个空间的主体、客体还是内容都有其现实基础，网络并没有任何全新的东西，所以传统的法律规则均应适用于网络，只需要对现在的法律进行必要的调整和适用领域的扩充即可。

上述两种观点虽然在调整网络领域规制的框架设置上有所不同，但有两个是共同的：一是网络领域仍应坚持依法治理的法治原则；二是对网络领域的法律规制和整合必须针对该领域的特点。当然，无论是重新建立一套专门适用于网络领域，都涉及如何尽快形成完整、系统的网络法律体系，这既是信息网络健康发展的需要，也是各国法制建设的需要。

2. 政府信息公有化或私有化

随着电子政府的推进和人们对政府透明度要求的提高，政府信息公开范围将越来越大，信息运作活动将随之日趋复杂，成本也将不断增加。在这种情况下政府信息是转包给私营企业，还是仍由政府部门提供？这一问题的争论将会逐渐由发达国家延伸到发展中国家。目前，对这一问题有两种不同看法。

（1）支持政府信息私有化，原因在于：

①社会的进步源自于个人的自由和富有进取精神、竞争精神的私营企业，实现政府信息私有化是提供社会所需要的信息产品和服务的最佳手段。

②政府进入市场会对私营部门在信息生产、收集和分配方面的投资产生不良影响。

③如果政府进入市场，会干扰市场合理分配生产产品和服务所需资源的机制。

④如果在市场上私营部门不受政府反竞争影响的威胁，可以扩大政府信息以及其他来源信息的分配。

（2）反对政府信息私有化，原因在于：

①有必要确保公众公平、平等地获取利用纳税人的钱所生产、收集、处理或传播的信息。

②为了充分参与民主社会，公民必须保持知情状态，无论其对信息的支付能力如何。

③市场无法满足的信息需求必须由政府完成。

④政府在促进和发展处理社会问题的资源方面具有重要作用。

这两种观点在实践中各有支持者，美国联邦管理与预算局在履行信息传播职责时，特别强调了成本问题。《A—130 号通告》要求按照成本—利益原则分析政府信息活动，依靠私营部门传播政府信息，收取用户费用以做到收支平衡。日本政府则由政府部门负责提供信息服务，但采取了有偿服务和无偿服务两种形式。有偿服务主要提供个性化信息服务，

无偿服务偏重于政策查询等公众信息服务，有偿服务所得资金全部用于维持信息系统的运行和维护，以减轻政府的财政压力。

3. 知识产权加大权益保护或促进平等利用

与网络规制和政府信息直接相关的是知识产权问题。传统的知识产权框架受到信息网络有力的挑战和冲击，网上作品的版权保护、域名与商标保护等法律适用的抵制问题。这不仅不利于人们在社会生活中对网络行为进行自我约束，而且也不利于保护知识权利人的合法利益和促进网络自身的发展。因此，在信息网络环境下，如何调整有关知识产权的法律规定已成为各国乃至世界知识产权组织。

随着政府信息公开进程的加快，政府是否对其"作品"享有版权直接影响到政府信息的利用，各国法律对此有不同的规定。美国联邦政府不享有版权；但根据日本版权法的规定，日本政府拥有某些"作品"如白皮书、年度报告、手册以及网页的版权，这种对政府"作品"的版权保护既不利于公众充分利用政府信息、也妨碍了了政府信息的多渠道传播。因此，是否应严格限制政府"作品"的版权，从而确保政府信息可以免费再利用和再出版是电子政府建设过程中需要考虑的一个问题。

4. 隐私权间接保护或直接保护

隐私权概念是在 1890 年由美国法学家萨缪尔、沃伦和布兰迪斯提出来的，经过一个多世纪的努力，许多国家已形成了较为完整的隐私权保护法律体系。

各国对于隐私权的保护主要可归纳为两种方式：

（1）直接保护。即将隐私权作为独立的人格权进行保护，对侵害隐私权的行为直接确认。这种保护方式以美国为代表。美国对隐私权实行全面保护，一方面通过大量判例确立了保护公民隐私权的基本制度，另一方面制定一系列保护隐私权的专门法律，目前，在美国联邦立法中有关隐私权保护的最主要法律是《隐私法》和《信息自由法》。

（2）间接保护。间接保护方式并不由法律确认隐私权独立人格权的法律地位，涉及隐私权侵权的案件，分别纳入其他侵权行为的范畴，寻求法律保护。英国法律就属于间接保护，至今未对隐私权加以确认。我国民法也没有直接规定对公民隐私权的保护，只是在《民法通则》第101条中规定，公民和法人享有名誉权，公民的人格尊严受法律保护。依照我国最高人民法院的司法解释，对公民隐私权的保护是通过对公民名誉权的保护来进行的。因此，我国民法对隐私权也是采取间接保护的方式。随着信息技术和网络所带来的隐私侵犯的不断加剧，世界各国对隐私权的保护均处于加强和专门化的趋势，正逐步实现由间接保护向直接保护的转换。

5. 信息社会持续均衡发展或形成"数字鸿沟"

随着信息社会的日渐到来，研究者们对信息社会的发展提出了两种不同的预期。一些研究者认为，信息技术革命可以推进民主政治的发展、提升民众的知识水平、促进不同文化之间的交流，进而使社会得到持续均衡的发展；还有一些研究者认为，信息技术的发展和信息的传播是整体社会环境中政治、经济、社会等因素相互作用的结果，因此，信息技术的演进和信息的利用并不是普遍、平等的过程，信息技术的发展与应用会因性别、种族、阶级、居住的地理位置等而有所差异，从而造成人们在存取、利用信息的机会上的差异，形成所谓的"数字鸿沟"。

近些年的发展表明，"数字鸿沟"确实已经成为一个世界性的同题。对国家来说，"数字鸿沟"主要表现在乡村偏远地区、社会弱势群体在信息设备的利用、信息的获取、进而在个人发展中处于不利地位；而对发展中国家来说，则存在着双重差距：一是与发达国家之间的差距；二是国内不同地区之间、不同社会群体之间、城乡之间的差距。无论对于发达国家还是发展中国家来说，"数字鸿沟"都将在相当长的时间内继续存在，并且在一定时期内呈加剧趋势。

7.3.7 信息法律

1. "信息法律"释义

在调整信息活动中产生的社会关系的法律规范的总称。这里的社会关系主要涉及利益、权益与安全问题。信息法律的主要内容包括知识产权法（专利法、著作权法、商标法等）、信息安全法、信息公开法、新闻出版与传播法、电信法、电子商务法（电子签名与数字认证法等）有关计算机犯罪的法律等。

2. 信息服务法律体系与内容

信息服务法律包含在信息法律之中同其他法律一样，信息法律也必须体系完整，结构严密，逻辑严谨，设计科学。

信息法律的体系构成大致可包含三个部分：

（1）主要法律。即制定一部完整的、长期起作用的、专门的信息法律。

（2）辅助法律。根据主要法律再颁布有关的细则、补充规定和条例等法律文件。

（3）必要的单行法规、条例、章程等法律文件。这样，就可以形成一套完整的信息法律体系。

一般而言，信息法律体系包括以下几个方面的信息法律：

（1）信息产权法律。在如何传播、利用和管理人类信息的问题上，信息的"独占性"和"共享性"之间的矛盾尤为突出，信息的共享和保护、扩散和保密互为条件，相互制约。由于信息化社会的主体变化，对于保护人们对其创造性智力成果所享有的合法权利而言，只限于历来的工业产权显然不够，人们现在面临的是对信息产权的保护问题。信息产权的核心内容是著作权和工业产权（专利权、商标权、制止不正当竞争权）。另外，个人数据、商业秘密、科学发现、文学艺术创作等也属于信息产权的范畴。显而易见，立法保护信息产权是鼓励人类智力活动，传播和应用人类文明信息，保证国家、集体和个人利益不受侵犯的重要手段。

（2）信息安全法律。信息交流愈充分，社会受益就愈大。然而信息交流应以国家机密和公民隐私得到保护以及完全得到保障为前提。另外，信息的保密与安全工作，又应以促进信息正常交流为目的。哪一个方面也不能偏废。因此，对于一个国家来说必须立法保护数据的安全、信息系统的安全、计算机的安全、国家的信息主权和个人的信息权等，打击信息犯罪。

（3）信息市场法律。建立社会主义市场经济体制，其重要内容之一就是要加强对信息市场的立法管理。在信息市场法律中首先必须对诸如信息产品、信息交易、信息市场、信息产品价格、信息市场竞争与管理等概念做出明确的具体的规定，然后对信息产品和信息交易的范围进行界定，确定信息产品价格的法律依据，最后解决信息市场公平竞争的问题。在市场竞争方面，尤其要注意确保国有单位之间、国有与民营之间，以及民营与民营信息机构之间在公平条件下竞争，不允许欺行霸市、垄断信息资源；要处理好信息资源独家占有与共享之间的矛盾。要对制造假冒伪劣信息产品及坑蒙拐骗的信息交易行为予以严厉打击，以保护信息消费者的利益。

（4）信息产业法律。信息产业法律是指调整人们在信息产业活动中各种社会关系的法律规定的总和，是依法治理信息产业的重要工具，也是信息产业发展规律的一种法律表现。它调整的对象既包括宏观的信息产业决策、预测和规划，也包括微观的信息产业研究、信息资源开发和信息产业管理工作，还包括宏观的信息产业活动和微观的信息产业活动之间的关系。

3. 信息法律的形式与效力

信息法律与其他法律一样也具有一定的形式，不同形式的法律依其制定的机关不同而有不同的效力。我国信息法律形式有：宪法中涉及信息行为的条款、信息法律（包括专门的信息法律和与信息行为相关的其他法律）、行政性法规（涉及信息行为的条款、信息法规、信息条例以及有关的规范性文件等）。其详细阐述如下：

（1）宪法。这是我国的根本大法，是包括信息法在内的一切法律的依据，由国家最高权力机关全国人民代表大会制定。它以国家的经济制度、政治制度、公民基本权利义务、国家机构的组织和活动原则等根本问题为内容，具有最高的法律地位和效益，各种形式的信息法律都渊源于它。

（2）信息法。信息法可以分为基本法律和非基本法律，前者如《中华人民共和国经济合同法》，由全国人民代表大会制定。后者如《中华人民共和国专利法》，由全国人民代表大会常务委员会制定。全国人民代表大会及其常务委员会所做出的决议、决定，凡具有规范性者，也属于我国法律形式之列。

（3）信息法规和其他规范性文件。信息法规和其他规范性文件（包括条例、命令、决定等具有规范性的法律文件）由国务院及其各部、委制定。属于这类法律的如 1993 年 4 月 22 日国务院证券委员会发布的《股票发行与管理暂行条例》（其中第六章"上市公司的信息披露"属经济信息法规）以及 1993 年 6 月 10 日公布的《公开发行股票公司信息披露实施细则（试行）》，地方性法规和法律规范文件由地方各级人民代表大会及常务委员会、地方人民政府制定。

此外，不属于我国国内法律范畴的，但由我国参加的一些国际条约，就其对国内法律的约束力而言，也属于法律形式之列。例如联合国教科文组织的某些规定，世界知识产权组织对知识产权的国际保护等，也对包括我国在内的有关国家有实质性约束力。

4. 信息政策法规的地位

近些年来，我国信息产业持续高速增长，行业信息化应用日益普遍，这在很大程度上归功于信息政策法规的日益完善。信息产业和其他行业的许多领域都出现了类似的情形，如电子商务政策法规推动了企业电子商务实践的发展，信息网络政策法规促进了网上信息活动的日益频繁，越境数据流政策推进了国际范围的信息交流与贸易合作等。总之，正确、合理、符合客观规律的信息政策法规有力地推动了国民经济各行业的健康、顺利发展，在国民经济和社会发展中（尤其是在推进社会信息化进程中）占据十分重要的地位。

第一，信息政策法规是国家政策法规体系的有机组成部分。政策法规决定着国家宏观管理的导向和行为准则，对国家各项事业和各领域活动的健康发展有着举足轻重的影响，因此，根据社会实践的需要，及时出台相应的政策法规一直为各国所重视。自 1962 年美国普林斯顿大学的马克卢普教授出版《美国的知识生产与分配》并创造性地提出"知识产业"概念以来，信息活动在国民经济和社会发展中所占据的比例越来越大，并在发展速度上远远超过了传统产业。这种地位的抬升，推动着信息政策法规脱颖而出，成为国家政策法规体系中富有生机的一部分。

第二，信息政策法规是国家信息化建设的根本保障。随着信息技术的不断进步，传统的以物质产品的生产、流通和消费为基本特征的物质型经济，正在逐步向现代化的以信息产品的生产、交流、利用和消费为主导特征的信息型经济转变，信息化成为当代社会最主要的特征。作为一项庞杂的系统工程，在进行国家信息化建设的过程中，会出现许多新情况新问题，如重硬轻软，缺乏有自主知识产权的信息技术的创新，网络和系统低水平的重复建设，信息资源开发和共享缺乏动力机制，信息不安全等。这些都需要政府从宏观上加强统筹协调，同时还需要营造市场竞争环境（包括信息化人才的培育）。从实践上看，完全依托伦理道德的约束作用来解决问题显得力不从心，而政策法规（尤其是法律）的保障作用则往往是带有根本性质的。

第三，信息政策法规是现代信息管理的重要构成要素之一。从发展趋势来看，信息管理基本上是"三足鼎立"的格局，即人文、技术和经济三种管理模式并举，共同实现信息管理的目标。在这三种模式中，很难将一种模式完全用另一种模式来替代。例如，信息的窃取、攻击、污染等行为基本上是以数字化形式（如计算机程序）来操作的，从技术上发觉和取证虽然是十分必要的，但迄今为止尚未发现有一种技术能根治这些不良行为。信息政策法规侧重于从人文的角度对信息领域发生的各种经济关系和社会关系进行规范，因此，可以在某种程度上理解为信息管理的人文范畴。它在管理信息资源和信息活动的过程中虽然也存在着这样或那样的问题，但所具有的效率和效果却一直是有目共睹的。

5. 信息立法

信息立法是指国家机关依照法定职权和程序在信息领域进行的制定、修改、补充和废止规范性法律文件以及认可法律规范的专有活动，是信息领域法律、行政法规、地方性法规、自治条例、单行条例、部门规章、地方政府规章等的制定、修改、补充和废止活动的统称。

信息立法是一项严肃的法律活动，立法效果直接关系到信息法本质的实现。因此必须严格恪守信息立法的基本原则，并遵循科学的立法程序。

（1）信息立法的原则。立法原则是指一国在立法活动中起指导作用的思想和具有基础或本源意义的稳定的法律原理和准则。立法原则集中体现了一国立法的基本性质、内容和价值取向，是人们从长期的立法实践中概括出来的一国法律原则的重要组成部分。2000年7月1日起实施的《立法法》第 3 条至第 6 条对立法的一般原则做了阐述。如，立法应当从实际出发，科学合理地规定公民、法人和其他组织的权利与义务、国家机关的权力与责任。信息立法活动应体现出这些原则。

（2）信息立法的过程。原则上，信息立法的过程与其他法律的立法过程相似，主要包括信息立法的准备和确定两个阶段。另外，在信息立法过程中，还包括信息立法的解释以及信息法的修改、补充、实施细则的制定、废止、整理、汇编、编纂等内容。

①准备阶段。主要是围绕起草规范性法律文件草案所进行的各项工作，包括进行立法调查和研究，草拟具体的法律条文，按照立法技术的要求对草案进行相应的修改、补充，同有关机关、组织和人员协商、征求意见，将草案提交有权创制法律规范的机关审议和讨论。信息立法准备阶段的具体任务有：

a. 进行立法预测，做出立法决策，编制立法规划等。

b. 确定立法的目标、指导思想和原则，通过调查研究弄清立法的各种主客观条件是否已经具备，组织起草规范性法律文件的班子，搜集和研究各种相关材料等。

c. 起草规范性法律文件，逐步形成草案。

d. 就规范性法律文件草案中的有关问题进行协调论证，征求意见。对于一些有重要意义或影响的法律草案，还应当尽可能广泛地组织和吸收社会各方面人士参加讨论。

②确定阶段。该阶段的步骤和次序就是通常所说的信息立法程序。信息立法程序从法案提出开始，包括四个具体的环节，即：

a. 法律、法规、规章法案的提出。

b. 法律、法规、规章法案的审议和讨论。

c. 法律、法规、规章法案的通过或决定。

d. 法律、法规、规章的公布。

信息立法程序是法定的，它所涉及的立法主体、立法内容以及立法的步骤和次序等，都由宪法和有关法律明确加以规定。在我国，主要是由《宪法》《立法法》等对信息立法的具体程序做出严格和具体的规定。在信息立法的确定阶段，只有依法享有相应立法权（包括立法的提案权、审议权、表决权、公布权等）的特定主体才能按照法定的程序部分或全部地参与相关的活动，信息立法活动的结果具有法律效力。

6. 信息法律的建设

我国的体制保证了信息法律制定和实施程序有利于执行和便于管理的优势，这对加强法制建设十分有利。加强信息法律建设主要体现在以下几个方面：

（1）吸收国外市场经济信息法律的合理部分。市场经济的信息法律是一个普遍存在的社会问题，任何社会制度的国家都无法回避。由于信息的社会功能是共同的，因此，在世界各国市场经济法律中普遍遵循的效益原则、公平原则、安全原则完全可以，而且应当为社会主义市场经济体制的信息法律的制定所借鉴。所谓效益原则既包含着法律所保障的信息活动当事人可以获得绩效和营利，同时也规定了整个市场经营活动的简便有效。所谓公平原则是指法律保护市场活动中当事人地位彼此平等、公平交易。所谓安全原则是指国家必须严格管理与监督市场经济活动，以确保社会和国家的自身利益。

（2）借鉴国外经济转型期的立法经验。与市场经济体制完备的国家相比，中国的市场体制还处于发育形成阶段。因此，在借鉴国际经验时，不仅应当借鉴发达国家与发展中国家成熟的法律经验，而且更应参考国外经济转型时期的法律经验。当前，我国的改革进入一个最为关键的时期，我们必须用法律对信息活动进行管理，以构筑完善的市场体系，为今后信息业的发展打下基础。

（3）促使我国的信息法律同国际接轨。目前，各国的普遍趋势是在努力创造良好的国内法律环境的同时，注重对国际法律环境的适应，使国内法律同国际社会的普遍实践相一致，以便在法律地位上占有优势。这可以从以下三方面着手：一是向国外法律制度的某些"共性"接近；二是加强涉外法律的制定，保障国际准则、国际惯例和国际公约在国内的实行；三是在某些原则上逐步地吸收国外法律中科学的东西。

7. 信息法的实施

（1）法律实施的含义。法律实施是指法律在社会实际生活中的具体运用和实现。它有三层含义：一是指国家行政机关、司法机关及其公职人员严格地将普遍有效的法律规范适用于具体的人和事，保证法律的实现。二是指仲裁机构和人民调解组织等准司法机构运用法律规范解决具体的商事和民事纠纷。三是指社会主体对法律的接受。

信息法（包括法规、条例、规章等）的实施同样包括上述三层含义，信息法律的实施是国家的信息法律在社会生活和工作中的具体运用和实现。信息法的实施是实现信息法功能的唯一途径，对于规范信息领域的经济关系和社会关系，维护信息活动的安全和信息活动者的利益，保持社会的稳定和协调发展，具有十分重要的意义。

（2）法律实施的手段。信息法的实施涉及执法、司法、调解、仲裁和法律接受5种手段。

①执法。执法是法律执行的简称，是指国家机关、社会组织及其公职人员依照法定职权和程序，拟定具体办法，提供服务与设备，支付经费，促使有关社会公众遵循信息法的活动和行为过程。根据我国宪法和法律的规定，执法主体主要有三类，即乡镇以上各级人民政府、各级人民政府中享有执法权的下属机构（即工商、税务、物价、公安、交通等行政部门）以及经法律授权而具有管理社会公共事务职能的组织，或经国家行政机关委托授权依法成立的管理公共事务的事业组织。

②司法。司法是指国家司法机关及其司法人员按照法定职权和法定程序，具体应用信息法处理案件的专门活动。根据我国宪法、人民法院组织法和人民检察院组织法的规定，我国大陆现行的司法主体主要是指人民法院和人民检察院。

③调解。调解是解决信息活动纠纷的一种方式，是指中立的第三者在当事人之间调停疏导，帮助交换意见，提出解决纠纷的建议，引导当事人达成解决纠纷的合意。调解有法院调解、行政调解和民间调解三种方式。

④仲裁。仲裁是根据各方当事人的共同约定，将信息活动中产生的争议交由第三者依照法律和公正原则居中裁断，以确定各方权利义务的纠纷解决方式和制度。不同于调解的是，在仲裁过程中，第三者是居中裁判，而不是在当事人中进行调停疏导。

⑤法律接受。法律接受是指社会公众对信息法律规范予以接纳、认同、内化、服从或漠视、违背、规避和抗拒等行为的反应。

由于信息法是信息政策法律化后的结果，其实施在法律体系及法律的健全、目标群体的组成、实施机构状态以及法律环境等要素上，与信息政策实施具有相同的特征。因此，信

息政策的实施手段原则上可以适用于信息法领域。不过，信息法毕竟是由国家专门的立法机关依照法律程序制定或认可的，具有实施的强制性和不可抗拒性，因此，信息法更侧重于运用法律手段限制和约束社会信息行为，在立法、司法、监督体制上，与信息政策具有严格的区别。而信息政策则强调其导向作用，更习惯于运用行政手段鼓励和支持社会信息活动。

（3）法律实施的法律适用

在法律实施中的一个重要问题是法律适用。其中，信息法律的适用主体具有如下特征：

①信息法律适用主体分布很广，包括国家机关及其工作人员以及事实上的国家授权单位。例如，保密法适用主体为国有机关及其工作人员、专利法授权专利局、著作权法授权版权管理部门，科技和经济方面的其他信息法规也都有不同的授权单位。

②信息法律适用主体的权限明确。信息法律适用主体适用法律时必须在一定的专业范围内和法定权限内进行，不得越权。

③信息法律适用主体适用法律与其业务工作直接关联。由于信息法律适用主体适用法律在于依此开展业务工作（如知识产权保护），因此适用法律必须制作法律文书（如专利登记证、许可证等）。

④国家审判机关、检察机关和公安机关在信息法律适用中起着重要作用，信息法律适用授权单位不能单独解决的问题，最终可以通过审判、检察、公安机关解决。

我国信息法律适用的基本要求是，以法律为根据组织社会化的信息工作和产业，管理各种信息业务及活动，维护国家和人民的最大利益。为此，国家对司法机关及其工作人员适用信息法律的基本要求是"正确、合法、及时"，即正确地执法、合理地处理、及时地办案。

信息法律适用不仅要"正确、合法、及时"，而且要遵循以下基本原则：

①法律面前人人平等的原则。信息法律的实施涉及所有的社会公众，应坚持：法律对我国公民（无论是执法者，还是其他人员）一律适用；一切公民都平等地享有法律规定的权利，承担法律规定的义务；凡违反信息法律者，都依法加以追究，给予相应的制裁，任何人都没有超越法律之外的特权。

②以事实为依据，以法律为准绳的原则。以事实为依据，就是要求司法机关及其工作人员在处理案件时，只能以客观事实为根据；以法律为准绳，就是要求处理案件时只能依据法律条文，准确无误地办案。这些司法的一般原则在信息法律实施中同样重要。

③适用法律机关依法独立行使职权的原则。独立行使职权的原则是保障各种信息法律得以坚决执行的重要措施，也是世界上许多国家的经验，如果离开了这一原则就会破坏国家的法制建设，因而也失去了信息立法的意义。

复习与思考

1. 简述信息服务市场的类型。

2. 如何进行信息服务的权益保护？如何进行有效监督？

3. 简述信息政策的结构与内容。

4. 你认为在网络环境下，信息政策与法律会面临哪些新问题？

第4篇

知识服务与管理

内容概要：知识服务是信息服务新的发展阶段，重点探讨知识与知识资本、知识型组织与知识工作者、知识共享与知识创造以及基于创新的知识服务系统等内容。

第8章

知识服务与管理

8.1　知识与知识资本

知识是知识管理和知识管理学研究的基础和逻辑起点，对知识的不同理解，会影响到对知识管理和知识管理学理解的差异。因此，研究知识管理必须首先对知识有一个清晰而全面的认识。

8.1.1　知识的定义与特征

知识既是一个内涵十分丰富、外延非常广泛的概念，也是一个发展中的概念，不同的历史时期人们对知识有不同的概念和理解，对知识及其价值有不同的认识。随着知识经济和知识管理的兴起，知识再一次引起了人们的高度重视和关注，而且被赋予了新的内涵。

1. 知识的不同定义

目前关于知识的定义十分丰富，不同的人，不同领域的研究者，对知识的理解和定义不同，他们分别从各自的认识立场和研究角度出发对知识进行了定义，形成了一个庞大的知识定义集。

（1）国内有关知识的定义

在中国几千年的历史和文化发展中，积累了相当丰富的关于知识概念的探索。国内一些词典和辞书都对知识进行概括和定义，其中较为典型的有：

①我国的《现代汉语词典》中把知识定义为"人们在改造世界的实践中所获得的认识和经验的总和"。

②《辞海》中将知识定义为："人们在实践中积累起来的经验，从本质上说，知识属于认识范畴。"有些学者综合了以上说法，认为"知识是人们通过学习、发现以及感悟所得到的对世界认识的总和，是人类经验的结晶"。

③中国国家科技领导小组办公室在《关于知识经济与国家基础设施的研究报告》中对知识的定义为："经过人的思维整理过的信息、数据、形象、意象、价值标准以及社会的其他符号化产物，不仅包括科学技术知识——知识中的重要组成部分，还包括人文社会科学的知识，商业活动、日常生活和工作中的经验和知识，人们获取、运用和创造知识的知

识，以及面临问题做出判断和提出解决方法的知识。"

（2）国外有关知识的定义

国外在历史发展的长河中也积累了丰富的对知识的理解，国外词典和辞书中对知识的经典定义有：

①美国传统词典将知识定义为："通过经验或者研究获得的精通、知晓或理解。"

②韦氏大词典认为："知识是人们通过实践对客观事物及其运动过程和规律的认识，是对科学、艺术或技术的理解，是人类获得关于真理和原理的认识的总和。"

③日本学者森田松太郎和高梨智弘认为："知识在商业上有含义，在字典上解释则是客观明确地认识内容，对某件事有明确的认知和理解。"

2. 知识的特征

（1）知识具有价值。由于知识比数据和信息更接近行动，所以知识更具有价值，知识的这种价值应根据它所导致的管理和决策或行动来评价，例如，好的知识可以导致更高的生产率。而正是这种价值特征使得知识更需要管理。

（2）知识来源于实践和经验。知识是随着时间推移从经验和实践中得来的，包括课程、书籍、他人以及其他非正式的学习。经验是指我们做的事和过去的经历。经验在商业中有广泛的应用，比如一个有经验的销售人员可以识别出销售量的下降是季节性的波动还是其他原因，由此可以采取什么样的对策。人们在经验的基础上可以预期未来将发生什么，并且知道是什么在这中间起作用以及该如何应对等等。经验的积累必须要通过实践后的总结，这种总结包括原来的预期，实际发生的情况，预期与实际的差异，造成两者差异的原因，以及我们能从中学到什么等等。

（3）知识具有复杂性。知识来源于经验，这本身就说明知识具有复杂性以及它处理复杂事物的能力。知识并不是一种只能包容少数特定问题的僵硬的结构，它能够用复杂的方式处理复杂的问题。人们在处理复杂问题时试图找到最简单的答案，并且对不确定性因素假设不存在。如果知道的知识很少，掌握的信息不够充分，似乎看起来问题很清晰和明确，但这种清晰明确是通过忽略重要因素来获得的，因而可能得出错误的结论。随着云计算的出现，计算机强大的存储能力和计算能力让我们能够获取足够多的知识（大数据），并且可以有效地处理，充分运用复杂数据解决复杂问题，从而大大提高了结论的准确性。

（4）知识通过经验规则和直觉起作用。知识是通过经验规则起作用的。所谓经验规则就是经过不断地尝试和失败，从长期的实践和观察中总结得到的具有弹性的行为指南。当新出现的问题类似于以前曾经解决的问题时，经验规则是有经验的人可以走的捷径，它是对于复杂情况的有效指南。但并不是所有的经验都可以容易地总结出规则，有时人的行为完全出于一种内在的反应，而这种内在反应的速度非常快，以至于我们可能没有意识到它的存在，这就是直觉。直觉也称为"浓缩了的经验"，是一种"专门技术"，这种"专门技术"并不是天生的，它需要我们去学习。

8.1.2　知识的分类

随着对知识内涵认识的加深，人类也从不同的角度对知识进行了分类。从某种意义上说，对知识进行分类恰恰是建立在对知识内涵理解的基础上，分类原则本身也在一定程度上体现出人类在不同社会经济形态下对知识作用的不同认识。

1. 不同领域的研究者对知识的分类

德国哲学家，现象学派的主要代表马克斯·舍勒把知识分为 3 类：统治知识、教育知识和宗教救世知识。

荷兰的斯宾诺莎是唯理主义者，他把知识分为 3 个等级，即感性知识、理性知识和直觉知识。他认为感性知识是初步知识，带有不确切性，而理性知识与直觉则具必然性和确切性，称为真知识。

德国哲学家马克斯·舍勒（M. Scheler）将知识划分为应用知识、学术知识和精神知识三大类。

在此基础上，美籍著名经济学家弗里兹·马克卢普于 20 世纪中叶提出了"知识产业"理论，认为知识包括 5 个方面的内容：实用知识、学术知识、闲谈和消遣知识、精神知识、不需要的知识（多余的知识）。马克卢普还从科学的与历史的、一般抽象与特殊具体的、分析的与经验的、永恒的与暂时的角度，对知识的类别进行分析。在 1980 年的研究中，马克卢普又从世俗知识、科学知识、人文知识、社会科学知识、艺术知识、没有文字的知识（如视听艺术）等角度，对知识进行解释，提出知识具有真实、美丽和优秀等性质。

人工智能领域的专家大致将知识区分为科学性知识和常识性知识。常识性知识是指一些普通大众即可领会或掌握的知识，如鱼离不开水。科学性知识则是指一些专业或技术上的理论、方法、规律等，如鱼的呼吸系统是如何工作的。很显然，常识性知识很少会同科学性知识分离，而科学性知识也会逐渐随着大众知识水平的提高成为常识性知识。

随着知识经济理论的逐渐发展，经合组织（OECD，Organization of Economic Cooperation and Development）对知识的分类更具权威性和流行性。根据该组织《以知识为基础的经济》（*Knowledge-based Economy*）一书的划分，可以将"知识"归纳为四种类型：事实知识即知道是什么的知识（Know-what），是事实方面的知识，这是知识最原始的含义。原理知识即知道为什么的知识（Know-why），是原理和规律方面的知识，此类知识在多数表现在自然科学、技术、产业发展及产品和工艺的进步等方面。技能知识即知道怎么做的知识（Know-how），主要是指对某些事物的技能和能力，企业家评估一个新产品的销售市场或人事部主任挑选雇员用的都是这方面的知识。人力知识即知道是谁的知识（Know-who），涉及谁知道和谁知道如何做那些事的信息，它包含了特定社会关系的形成，这就有可能接触有关专家并有效地利用他们的知识。

在 OECD 分类的基础上，还可以进一步将知识划分为两大类别：显性知识和隐性知识。

所谓显性知识，是指可以通过正常的语言方式传播的知识，典型显性知识主要是指以专利、科学发明和特殊技术等形式存在的知识，存在于书本、计算机数据库、CD-ROM等。显性知识是可以表达的，有物质载体的，可确知的。在 OECD 对于知识的四类划分中，关于 Know-what 和 Know-why 的知识基本属于显性知识。

所谓隐性知识，或称为"隐含经验类知识"（Tacit Knowledge），往往是个人或组织经过长期积累而拥有的知识，通常不易用言语表达，也不可能传播给别人或传播起来非常困难。例如，技术高超的厨师或艺术家可能达到世界水平，却很难将自己的技术或技巧表达出来从而将其传播给别人或与别人共享。隐性知识所对应的是 OECD 分类中关于 Know-how 和 Know-who 的知识，其特点是不易被认识到、不易衡量其价值、不易被其他人所理解和掌握。

2. 不同知识应用领域对知识的分类

以下分类是从知识使用的角度进行的，因而更注重知识的实践性和价值性。能够更深入地理解知识的含义，并对其进行有效的管理。

（1）公共知识和专有知识。公共知识是指不必付出高昂的代价即可获得的知识。专有知识是指需要付出高昂代价才能获得的知识。专有知识是由机构或个人独创的，与其运作的内在机制、技能和技术密切相关，因此专有知识具有竞争性、排他性和保密性。

（2）通用知识和专用知识。通用知识是指适合于各种工作环境的知识，它着眼于解决各个行业或机构中具有共性特征的问题，具有普遍适用性。专用知识与通用知识恰恰相反，它着眼于提供适合于特定工作环境，满足特定需求和为解决特殊问题所开发的知识，具有很强的专指性，适用对象是有限的。知识管理专家维娜·艾莉则认为，作为专长的知识，除了具有职业竞争力的知识外，还包括相关领域的知识、专业设备、软件及实际操作技能，还要有更多的抽象和理论知识。她把事实与统计数字、易传授技能、技术专长与专业知识、理论和概念、伦理与原则价值观等知识称为专长知识。

（3）知识生命圈。根据各种知识对组织战略的重要性程度、发展的潜力和发展的不同阶段，可以将组织的知识分为四种类型，即发展中知识（Promising Knowledge）、核心知识（Core-Knowledge）、基本知识（Basic Knowledge）和过期知识（Outdated Knowledge）。

发展中知识是指那些仍处于萌芽阶段，但却会引发组织重大战略变革的知识。核心知识是一个组织与其他组织区别的标志，它们对组织的独特地位有重大影响，所以有人将之称为"核心竞争力（Core competences）"。基本知识是指完成组织各种活动所必须和最基本的知识，这类知识在所有相似的组织中都是可以获得的。那些几乎不再被应用于组织的经营管理过程的知识称为过期知识。

组织在不同的形式中发展各种各样的新思想，一些新思想进而发展成为发展中知识。在适当的条件下，一部分发展中知识又发展成为组织的核心知识，通过扩散和传播，这些知识被逐渐地广泛应用到组织的各个部门，在应用过程中，建立在这些知识基础上的组织的独特能力将不断下降，最后，这些知识就会过时，不再被应用。这一过程被称为组织的"知识生命圈"。

从管理的最终目的出发，以知识的可应用范围和可传递性为标准，我们可以将企业知识划分为四种类型，即快速存取型知识（Quick Knowledge）、宽泛型知识（Broad-based Knowledge）、个性化知识（One-off Knowledge）和复杂知识（Complex Knowledge）。

快速存取型知识是指那些容易传递但却无法广泛应用的知识，对这类知识最好管理方法是放在一个可以存取的地方（如数据库），以便在需要时加以利用，不应主动将这类知识传递给所有员工，只有在他们需要的情况下才可以访问这些知识。宽泛型知识是指那些传递起来非常容易，又可以进行广泛应用的知识。但这类知识是企业员工感觉"信息超载"的源泉，因此，企业知识管理人员应传播获取这些知识的方法而不是传播这些知识本身。复杂知识是可以广泛应用但却不易传递的一类知识，企业中的大部分员工都需要这类知识，因此其最好的传递方法是结构化的企业员工培训。个性化知识是既不易传递又不可能广泛应用的一类知识，对这类知识进行正规知识管理意义不是很大，因此，企业可以鼓励员工之间进行非正式的交流，以从这类知识中获益。

8.1.3　知识资本及其管理

1. 知识资本的内涵

关于知识资本的定义，作为这一领域的实践先驱，瑞典的第一大保险和金融服务公司 Skandia 公司的首席知识资本执行官 Leif. Edvinsson 对知识资本的定义为，知识资本是所有对企业的市场竞争力做出贡献的专业知识、应用经验、组织技术，客户关系和职业技巧。

知识资本（Intellectual Capital）有时也称作智力资本。智力资本与知识资本反映了一个事物的两个方面，智力资本强调人或组织的智力和智慧以及利用这种智力进行知识创新的能力，强调的是知识的隐性方面和知识创新。而知识资本（Knowledge Capital）指凭借人的智能创造的知识成果和产品，强调知识的显性方面（如专利、许可证和品牌等）。无论是智力资本管理，还是知识资本管理，都应该涵盖知识创造能力和知识成果这两个方面。能力是隐性的，成果是显性的，能力只有转化为成果，其价值才能真正得到证明和实现。

组织知识资本是指能够直接为组织创造财富的以任何形式存在的一切"活"知识，组织员工的技能和知识、顾客忠诚、组织文化、制度和运作中所包含的集体知识，都体现着知识资本。组织知识资本将组织中包括知识本身在内的整个知识资源作为商业交易的对象，并将其资本化，从而成为组织中最有价值的资产。组织知识资本概念强调的是组织中一种潜在的、应用知识创造价值的能力，是一种聚合知识载体的能力，而不是知识。无论是知识本身，还是整个知识资源，知识资本实际上是知识本身和知识资源的商业化、价值化与资产化，强调知识的价值增值与财富创造。

2. 知识资本的特点

知识之所以被称为资本是因为知识具有资本的共同特征：首先是知识是一种未被消耗掉的劳动。其次是它能够带来剩余价值。然而知识作为一种生产要素，除了具有资本的共同特征和功能外，也具有与劳动力和财务资本迥然不同的特点。

（1）数量的无限性。一般的物质资本总是有限的，而知识将随着人类实践和科技的发展而不断丰富，知识的探求是永无止境的。

（2）不可替代性。在经济理论中，所有的物品（资本）都是可替代的，而每一种知识都有自己的独特性质，是难以相互替代的。

（3）耐用性。物质资本在使用过程中，会被磨损而被消耗掉，而知识在使用中不会被消耗掉，知识被使用得越多，价值越大。

（4）可共享性。所有物质资本都具有排他性，而人类的知识可以共享。某人拥有某知识，不排除他人也同样可以完整地拥有某知识，知识可以同时为需求它的经济主体带来利益。知识在共享后不仅不会减少，反而还会增加。

（5）可再生性和无限增值性。一般的物质资本是一种消耗性的资源，被消耗掉就不能再生了。而知识是一种可以再生的资源，知识资本的本质特征在于自我创新。知识在生产、使用和传播过程中都可以产生新知识，用得越多，产生的新知识就越多，这是一个非线性的倍数效应。随着知识的不断创新，知识将不断增值。

3. 知识资本的分类

关于知识资本的分类，学术界和企业界试图从不同角度进行探讨和研究，以下几种观点具有一定的代表性。

（1）显性知识资本和隐性知识资本

由于组织的知识可以分为显性知识和隐性知识，因此，知识资本也可据此分为显性知识资本和隐性知识资本。知识资本的显性方面代表了资本构成可见的和最终的成果形式，是一种相对容易识别、管理、评估和量化的资源。显性知识资本包括以下四种：

①市场资本：品牌、客户、销售渠道、许可证协议。

②基础设施资本：组织文化、金融结构、数据库和通信系统。

③结构资本：专家、技术人才、高质量的劳动大军。

④知识产权资本：商标、专利、版权、注册设计、合同、贸易秘密、声誉、网络、技术许可证等。

知识资本的隐性方面是由机构人员所具备的能力和核心运作程序构成的，它代表着知识资本中最关键、最有活力和最深层的部分，它是组织知识创新和知识资本产出的源泉，是知识资本不断扩大和增值的重要基础。

（2）人力资本、结构资本和客户资本

Tstewan 在其著名的《智力资本》一书中，着重从组织的能力上分析知识资本的三个组成部分。它们是：

①人力资本：组织内个人的知识、技能和解决问题的能力。

②结构资本：提升竞争力的信息系统和工作程序（ICT）。

③客户资本：与客户、供应商和合作伙伴的关系，客户对产品的认知度。

（3）人力资本、市场资本、结构资本

《隐性知识：智力资本战略的关键》一书的作者，认为知识资本的实质是一种能力，即组织满足市场需求，为客户提供解决方案的能力。这种能力分别表现为：

①人力资本：个人为客户提供解决方案的能力。

②市场资本：市场渗透深度、市场覆盖广度，市场成熟度（客户忠诚度）和为客户盈利的能力。

③结构资本：组织满足市场需求的能力。

在知识资本的三个组成部分中，人力资本是核心，是组织价值实现和增值的基础。市场资本的作用是保证人才资本和结构资本的有效互动和匹配所创造出的知识的价值实现，没有强有力的市场资本，没有完善的营销网络和相应的顾客忠诚，即使是有价值的知识，也难以走向市场，实现其价值。结构资本的作用是为激励人才资源创造知识并发挥知识的增值作用提供环境支持。知识资本通过人才资本、市场资本、结构资本的相互作用、共同整合来推动企业发展，成为组织获得竞争优势的重要因素，是未来创造收益的实际推动力。

（4）人力资本与结构资本

1992 年，该领域的代表斯堪的亚公司推出了以下度量公式：

$$知识资本＝人力资本＋结构资本$$

上述公式中，人力资本是指雇员的知识水平、经验以及为客户解决问题的业务能力，同时还包括雇员知识更新、共享公司的知识和经验的能力，即学习的能力。人力资本是组织中每个人优秀品质和能力的总和，一方面，由于人是知识的载体，知识价值的实现必须通过人的行为活动才能完成，因此组织应该通过适当的激励机制使员工的潜力得以最大限度发挥，使其头脑中的隐性知识得以显性化，从而成为公司的价值源泉。另一方面，由于知识资本具有随人员的流动而流失的特点，因此管理者的关键作用之一是使人力资本转化为组织的结构资本和永久核心能力。

结构资本是支持人力资本的"基础设施"或"知识平台"，如信息技术系统、公司形象、组织机构形式、知识产权等。现代社会要靠知识的实际应用，靠不断的创造来推动，而保护知识产权就是保护生产者进行发明创造的积极性。作为组织自身，也应该注意管理并利用自己的专利、版权、商标权、商业秘密等知识产权。结构资本的另一部分可以归纳为组织一整套的能力与系统，包括组织促进创新的能力、提高和创造自身价值的能力，以及使得雇员学习知识的时间缩短并更快、更容易和更有效地共享公司的知识和经验的能力。结构性资本中还有一个不可忽视的部分——客户资本。一个忠实的客户群不仅是组织产品的直接需求方，而且有力地推动组织的成长。由于知识创新的速度加快和关联性增强，客户不仅仅是组织的产品和服务创新的受益者，并且可以直接参与到创新过程中，成为组织的有力合作者。

（5）存量资本和结构资本

按知识资本的内容分为存量资本和结构资本。存量资本主要有：

①专有技术。这是一种以保密方式维护持有人独占或共同占有的技术。

②专利。专利是知识产权的重要组成部分，它包含三个方面的内容。从法律意义上讲，专利是专利权的简称；从技术发明来说，指的是具有独占权的专利技术；从保护内容来说，是授予专利权的相关文献。专利法的保护对象主要有三种：一是发明专利（指人们通过创造性劳动所制造或设计出来某种前所未有的东西），包括产品发明、方法发明和改进发明。二是实用新型专利（又称小发明），指对产品的形状、图案、色彩或其他结合所做出的富有美感并适合于工业上应用的新设计。但科学发现、智力活动的规则与方法、疾病诊断和治疗方法等不属于专利法保护。

③著作权和版权。前者指作者的权力，后者指出版商的权力。著作权包括人身权和财产权两大类。人身权指与作者本身密不可分的权力，又称精神权利，包括发表权、署名权、修改权和保护作品完整权。财产权指作者对于自己所创作的作品享有使用和获得报酬的权力。

④合同。两个法人之间签订的合同。目前制定的合同法涵盖了所有的商业和经济关系，包括销售、雇佣和建筑等。合同确定了各方的权力、义务和受保护的期限。

⑤贸易秘密。贸易秘密涵盖了大量的保密信息，包括技术秘密（如配方、诀窍和生产过程、组织的客户、雇员信息和销售战略等）。

⑥商业秘密。商业秘密是指组织在设计生产过程中的管理、技术、诀窍和解决方案。具有明显的行业和组织特性。这其中包括：体现在产品设计和开发过程中的逻辑程序、流程、管理或技术经验制定设计方案、编制操作手册和规范生产流程中的经验；各种医药、食品配方研发或生产过程中的记录和数据销售产品的策略、雇员技巧等。

⑦声誉和形象。声誉与其他无形资产不同之处在于，它是消费者对产品或组织的一种认知或情感，表明消费者对组织或产品的认同、信赖和尊重。品牌和声誉的关系非常密切。商标是产品或组织的标志。品牌则是商品质量好坏的标志，声誉代表的是消费者对组织整体形象的认可与信赖，它由组织经营理念、产品品牌的质量、企业文化和服务共同组成，品牌是往往代表产品单一形象，而声誉是组织和产品的整体形象。

⑧商标。商标是商品生产者或销售者在自己的商品上使用的用于区别其他商品生产者或销售者商品的一种专用标志。商标中隐含的商品的信誉、质量、评价和名声，是非常重要的无形资产。它具有商品属性（依附于商品而存在）、财产属性（驰名商标可以用货币来衡量）、表示质量属性、排他性、竞争性。

⑨人际网络。网络包括机构的内部联系和外部联系。内部联系包括组织结构、总公司与分公司的联系，如何实现协同效应等。外部联系包括各种商业关系，与供应商和经销商的关系，与合作伙伴的联盟、客户关系等。

目前在学术界对于结构资本存在着不同的理解，结构资本主要集中在下述两个领域：

①组织能力。包括机构的组织规则、程序和协调能力。组织能力是一种联结性资源。是指组织内部各种被用来实现某一个预订目标的组织流程。组织的组织能力往往以信息为基础，具有组织特定性，它们是通过组织内部各种其他复杂资源在长期的相互磨合和交往的基础上建立起的。

组织能力包括内部和外部两个方面。内部组织能力又包括静态机制和动态机制两个方面。静态机制是指确定组织运作规范化和透明化的规章制度、运作流程、行为规范、信息披露和管理机制。动态机制是指组织的各个环节和部门在面对外部变化时的应对能力、协调行动能力和反应速度。这两个方面对现代组织治理非常重要。组织的外部组织能力主要反映在它与供应商、合作伙伴和客户之间的联系和锁定关系，组织能否不断通过优化与外部环节的关系并确立自身在商业活动中的主动性和独特性，决定了组织在价值链中的地位和生存状态。

②信息能力。信息能力是指组织综合利用计算机网络技术和信息资源处理技术，整合

组织的信息和知识资源并使其达到价值最大化的能力。组织信息能力的建立是以信息体制为保证的，信息体制是集成多种要素的管理体制，它决定了组织能否利用信息技术来实现自身的商业目标，决定了组织如何通过建立信息能力来提升自身的竞争优势。信息体制中的要素包括：

a. 信息政策和信息文化。信息公开披露和共享政策制度信息获取授权的标准。

b. 管理机制。信息技术的应用会改变组织传统的组织结构和工作流程，因此，管理制度的调整应该与信息技术的应用过程同步展开；管理机制还涉及与组织信息能力建设的基本规划和组织，并决定组织信息系统组建的总体规划和程序；数据和信息处理集中与分散程度；信息系统与组织各环节的协调和信息技术的兼容性和前瞻性。

c. 人才。人才是信息技术得到成功应用的关键，在涉及与信息体制有关的人的要素中应该包括两个方面的内容，一是信息管理人才；二是对员工进行信息技术的教育和培训。

d. 信息资源的开发与利用。在培育组织信息能力的过程中，最关键的要素是组织的信息资源能否得到最大限度的整合和利用，是建立信息能力的主要目的。在信息资源开发中，数据库软件、检索系统、信息导航系统、情报分析系统、网站建设都是重要的内容。

e. 信息系统的建设。这主要是为了构建信息资源流动的渠道和平台，其中涉及计算机、网络技术和通信技术。

按无形资产的内容进行划分，可分为技术知识类（包括专利权、著作权、专有技术和技术秘密等）、特种权利类（包括特许生产经营权、土地使用权等）、组织关系类（包括专家网、销售网、客户名单、长期合同等）、信誉类（包括商誉、驰名商标、奖牌、荣誉证书等）、其他类（车船牌照等）五类。

组织专家对知识资本与组织成功的重要性进行了排序，其结果如下：组织声誉、产品声誉、雇员技术秘密、文化、网络、实物资源、数据库、供应商秘密、经销商秘密、公共知识、合同、知识产权、贸易秘密，同时也反映了组织知识资本的构成。

4. 知识资本管理

如何管理与利用知识资本，保护和发展知识资本已成为组织改革与发展的核心，也是组织提升国际竞争力、跻身于国际市场的关键。在管理层面上需要关注以下几个方面：

（1）在观念上接受知识资本。要想对知识资本进行管理，必须在观念上首先接受知识资本，承认知识资本是比物质资本、货币资本更重要的生产要素。知识资本能够为组织带来经济利益，理应取得"剩余索取权"。知识的资本化是产权制度的一次重大变革，需要相应的法律法规为其运作提供实施支持和保护。

（2）将智力资本纳入组织总资产。现在世界上许多大企业的市场价值往往大大高于其实际的资产总额，大部分高速增长的公司如英特尔、微软等，其价值更远远背离账面价值。比如微软公司的市场价值约 5 000 亿美元，其总资产仅相当于其市场价的 10%，市场价与资产价差体现的就是智力资本的价值。

（3）设立知识主管。知识主管（CKO）全面负责组织知识资本经营的实施，是具有各种知识、技术、管理能力和创新思维的复合型高级人才，又称知识总监。其职责就是创造、使用、保存并转让知识；负责组织技术开发、教育培训、市场分析决策等方面的工

作，其使命就是要运用集体智慧，来提高企业知识创新和经营能力。

（4）建立知识管理制度。技术创新和管理创新是知识资本的重要源泉。企业首先应建立技术创新机制，增加组织技术研究和开发投入，努力提高组织的研究开发和创新能力鼓励开展群众性的技术革新活动；加强对引进技术的消化吸收和创新工作，以推动组织的技术进步；同时要促进组织的管理创新，鼓励员工参与知识共享，全面提高组织知识资本的拥有量。

（5）确定知识资本的利润分享形式。知识资本的利润分享形式，既可以用现金方式，也可以用股份方式。其中股份分配是当今全球组织竞争中的共同做法，能有效地吸引人才，增加公司的凝聚力。一方面，将知识资本的量化与其自身价值挂钩，通过员工受教育的程度、工作年限、职务、技能高低等体现出来，这可在知识资本形成之前确定；另一方面，把知识资本的量化与其产出挂钩，要遵循市场交换原则，这可在知识资本运作之后加以确定。

8.2　知识型组织与知识工作者

随着知识经济的发展，在企业界和理论界开始流行一种新的观点，即认为在知识经济时代，一个企业保持高效运营，并不断地提升核心竞争优势的有效方法之一是必须将其打造为"知识型组织"。但由于这种组织的特点难以把握，以及研究视角不同，学者们对"知识型组织"的理论研究框架至今尚未达成共识，甚至对这一组织的含义也众说纷纭。同时，随着扁平化组织、多功能团队、学习型组织、虚拟企业、战略联盟、网络组织等概念的频繁应用，"知识型组织"的含义变得更加模糊，影响了在这一领域的深入研究。

8.2.1　知识型组织的产生与研究

1. 知识型组织的产生背景

在知识经济时代，科学和技术的研究与开发日益成为知识经济的重要基础。信息和通信技术在知识经济的发展过程中处于中心地位，人力的素质和技能成为知识经济实现的先决条件。这一外部条件的变化使组织认识到，知识是保持组织竞争力的源泉。组织仅仅依靠专利、科学发明和特殊技术等形式的知识，在当前这个竞争激烈的世界里生存与发展，已是远远不够，必须把分散在员工头脑中的创造性知识、思想、经验等通过杠杆作用提高到组织层次上来。在组织层次上，因整体利益的一致性并通过强有力且有效的管理，就能更好地进行知识获取、知识挖掘以及知识重组等，这样，组织和个体就能围绕组织的不同功能在不同的层次上快速而有序地学习并掌握知识。

2. 知识型组织的研究成果

"知识型组织"（Knowledge-based Organization）一词最早由瑞典企业家与财经分析家卡尔·爱瑞克·斯威比（karl Erik Sveiby）博士于 1986 年提出。通过对知识型上市企业的分析，斯威比博士发现"知识型组织"有一个共同特点，即在战略上都涉及如何在人类所拥有的知识与诀窍的基础上建立持久性组织。在此基础上，他开创性地对知识型组织的组织特征、生命周期、治理结构和成功要素等进行了系统研究。

在同一时期，其他学者也进行了类似的研究，如英国的汤姆·劳埃德在《恐龙与公司
——对公司进化的研究》（1986）一书中指出，现代社会进步如此之快，以至企业界的规模
优势大为减少，因此，公司的进化应与传统企业不同。虽然书中分析的范围局限于技术驱
动型公司，但得出的结论与斯威比博士对知识型企业所持的观点实际上是相同的。美国学
者彼得·德鲁克（Peter Druck）较早地预测出"信息型组织"将会出现（1988），并认为
"信息型组织"是以知识为基础，由各种各样的专家组成。日本学者野中郁次郎（1991）
指出，当原有的市场开始衰落，新技术突飞猛进，竞争对手成倍增长，产品淘汰速度飞快
的时候，只有那些持续创造新知识，将新知识传遍整个组织，并迅速开发出新技术和新产
品的企业才能成功，这种企业就是"知识创新型企业"，其核心任务是持续创新。无论是
"信息型组织"，还是"知识创新型企业"，其根本特征与"知识型企业"是相同的。国内
也有学者较早提出了类似于知识型企业的概念，如张曙光（1996）提出的后现代式企业，
张维迎（1996）所指的高科技企业等，在某种意义上都是国内知识型企业的较早原形。

上述国内外学者尽管研究的角度不同，所提出的概念也有所差异，但都是基于同样的
一个前提：无论是正在兴起的新型公司，还是传统的工业企业，都面临着一个新的生存与
竞争环境。在一个"不确定"是唯一可确定之因素的经济环境中，知识是企业获得持续竞
争优势的重要源泉。这不仅对企业的管理者提出了严峻挑战，理论界也意识到传统管理理
论的局限性。因为在 20 世纪 80 年代末期之前，被大批理论分析和管理实践证实为最有效
的组织理论，其共同的前提条件均是假设外部环境是稳定的。因此，管理理论研究的内容
应跟上这种环境的转变，为新的经济时代中最重要的组织形式，即知识型组织的管理者提
供新的基础工具，创造新的竞争优势。

8.2.2　知识型组织的基本特性与核心要素

1. 知识型组织的基本特性

1997 年，卡尔·E·斯威比在《新组织财富——管理与度量以知识为基础的资产》一
书中指出，现在的时代已经是知识组织的时代。我们必须能够以这种时代的眼光来考察
组，即把组织视为一种知识型组织。斯威比将知识型组织所具有的基本特性归纳为以下三
个方面：

（1）知识型组织中的大多数雇员是知识工人。该组织中的工作大量的是将信息转化为
知识的工作。

（2）知识型组织不是孤岛，它的生存需要有客户和供应商的支持，客户和供应商在知
识型组织的周围为它提供强化其知识基础的支持。这种情况被斯坦福大学的经济学家阿瑟
（Brain Arthur）称为"小生态环境"。但斯威比则将其视为知识型组织的外部结构。

（3）如果我们将专业的商务服务部门近似地视为知识型组织的话，那么知识型组织的
增长是非常快速和持续的。在此，我们将这一概念的含义延伸，可将知识型组织定义为：
一种为适应知识经济的发展而形成的以知识为基础的开放、互动的组织结构。在这个结构
中，管理者的主要任务是根据组织的发展规划和战略目标对组织的知识资源进行统一的管

理，对知识的管理更强调基于创新的知识的生产与基于共享的知识的交流，其最终目标是生产出最具有市场竞争力的智力产品。这样，我们可以得出一个知识型组织所具有的基本特征应包括以下几个方面：

①知识成为知识型组织的核心资源。

②知识管理成为组织管理的焦点。

③智力资本成为组织创造价值的核心资产。

④智力产品成为组织生产的最具有市场竞争力的产品。

2. 知识型组织的核心要素

知识、知识管理、智力资本、智力产品构成知识型组织的四个核心要素，下面分别进行阐述。

（1）知识型组织的核心资源——知识

知识作为人类思维对客观物质世界的真实反映与理解，是无形的，必须借助于一定的物质手段和物质载体才能表现出来。作为无形生产要素的知识，其重要性只是到了知识经济时代才被社会各界广泛关注。英国开放商学院的教授凯斯·布莱得利表示，过去20多年来，企业资产负债表和投资者对其评价的价值，两者之间的差距越来越大。从1973年到1993年的20年间，美国各上市公司的"市场价值/账面价值"比率，平均数从0.82上升至1.692。1992年的统计显示，美国上市公司平均的市场价值，大概有40%没有显示在资产负债表上。对于知识导向的企业而言，这种资产负债表上未能显示的资产，更超过100个百分点。

这种扭曲也反映在美国最近的一些并购事件上，在1981～1993年这13年间的391个并购案例中，其平均的收购成交价格为19亿美元，所示的"收购价值/账面价值"比率是4.4。

这充分表现出，传统企业中把厂房、设备、土地、资金等作为企业生产的核心资源在知识经济时代已经没有意义了。如果一家公司的产品不为市场所接受的话，谁会注意它拥有多少土地、多少员工、多少设备？假如市场整个改变了，存货除了废掉，还有何价值可言？另外还可以发现某种微妙的变化，如失去某位掌握有核心技术的员工，就可能使得一家成功企业前途黯淡。

在知识经济时代，只有知识才是企业的核心资源。知识起源并作用于有知识的人们的头脑，是一种有组织的经验、价值观、相关信息及洞察力的动态组合，它所构成的框架可以不断地评价和吸收新的经验和信息。知识之所以成为知识型组织的核心资源，是因为其具有以下两个重要特性。

①知识具有非收益递减性。在经济学中的收益递减规律或称边际报酬递减规律，对于物质要素的投入确实发生作用，然而在知识要素上，却不起作用了。以软件产品为例，只要多复制一套软件的成本不变，不管其销售第一套软件还是销售第100万套软件，软件公司总是能从中获取较高的利润，这就是知识的特殊之处。因为软件的价值主要是由其包含的知识所决定，而当这种知识"固化"于软件产品时，其投入的边际成本已经是零。

②知识具有共享增长性。与物质产品不同，知识是可以共享的，而且常常是由于知识

的共享使得知识的存量翻倍。当知识被出售时，销售方并没有失去知识，知识只是被转移了，或者说知识的权利被转让了，但销售方仍然拥有该知识。在组织内部，当一个员工的知识与其他成员共享时，组织的知识存量将成倍增长，而提供知识的一方并不损失任何东西。由于知识的共享是一个过程，需要双方的共同参与，提供者常常会在转让过程中使得原有知识得以深化，或者获得新的知识。

（2）知识型组织进行组织管理的焦点——知识管理。知识管理的出现和兴起，标志着由于知识经济而引发的经营环境进入新的阶段。它的出现是组织适应资源环境由经济资源变为知识资源的必然结果，也是科学技术发展的结果。科技的发展促进了知识与经济的一体化，使得组织的竞争优势建立在知识基础上，所以也是组织参与市场竞争的结果。在激烈的市场竞争中，知识管理的优势使组织意识到知识管理的重要性。知识管理强调组织内部拥有可利用的知识资源，运用知识管理，加强知识资源的开发和利用，将给组织带来巨大的市场竞争力。

（3）知识型组织创造价值的核心资产——智力资本。智力资本是知识经济中具有决定意义的力量。社会经济形态从大工业时代飞跃到知识经济时代，组织之间的竞争也从有形的物质产品的竞争转向无形的技术、智能与知识的竞争，产品中的技术、知识含量成了竞争的基础和决胜的关键。因此，智力资本的投入、获得与应用成了知识经济时代组织竞争的核心资产。

1994 年 10 月，斯蒂沃特在一个学术会议中第一次使用了智力资本的概念。斯蒂沃特解释道，智力资本不是指聚集在实验室里的一群博士，也不仅仅指知识产权如专利或著作权。智力资本是一个组织中每一个人所知道的每一件事的之和，它给予组织竞争的优势。在一定意义上，智力资本是能够被用来创造财富的智力材料——知识、知识产权、经验等。从知识到智力资本，其关键的区别在于知识是否成为组织运作的"资本"，是否在组织的价值创造中发挥了作用。一般而言，对组织有用的知识可以视为组织智力资本的组成部分，对组织无用的知识则不属于组织智力资本的组成部分，但或许有些暂时对组织无用的知识在一定条件下又可转变为对组织有用的知识。

企业智力资本的具体表现形式是各种无形资产，诸如专利、商标、许可证、企业形象、顾客忠诚度、管理技能等。不同种类的无形资产均能给企业带来价值。例如，专利给企业带来的是一种直接增值活动，出售受专利保护的产品和服务，采用特许经营，利用专利作为商业谈判的筹码，企业可以直接从专利中获得收入。商标是企业的另一种重要的无形资产，它带给企业的首先是防御性价值，即从法律上保护企业的名称或其产品的品牌不被别人使用。同时，商标也具有进攻性价值，它在市场上把一个企业提供的产品和服务与其竞争对手提供的产品和服务区别开来，有助于实行差别化战略，建立品牌优势。

（4）知识型组织生产的最具有市场竞争力的产品——智力产品。在知识经济时代，知识资本成为组织之间竞争的基础和决策的关键，因而产品中技术含量和知识含量也就成了消费者认可商品和组织参与市场竞争的决定因素。当今社会，只有知识才能增加产品的价值，也就是说必须生产出融入了人的智慧的产品——智力产品才是最有市场竞争力的产品，这种产品不仅包括计算机软件这样的无形产品，也包括汽车、机床等这样的实体产

品。智力产品的基本特征体现在以下两个方面：

①智力产品的设计、生产过程不仅是显性知识创新的结果，同时也是隐性知识开发、利用的产物。

②产品中的知识含量高于产品本身的价值，销售产品时参与市场竞争的部分主要依赖于知识含量的高低。

在传统管理体系中生产出的产品已经远远跟不上瞬息万变的市场需求，大批量生产、众多的存货已经反映不出一个企业的竞争力，在知识经济时代，市场更需要生产出富有创造力的、能最大限度满足顾客需求的产品。

8.2.3　知识工作者的内涵

知识工作者是在知识产业或知识管理中从事知识工作的人员。由于知识产业的发展壮大，从事知识工作的知识工作者将越来越多。随着知识管理的产生和发展，知识工作者在社会中的比例越来越高。在发达国家，知识工人占工人的比例超过 50％。《领导层的未来》一书中写道："未来的管理人员仍扮演着重要角色，虽然其角色已经完全不同。促使管理人员承担角色发生变化的唯一最重要的因素，就是知识工作的兴起和盛行"。

1. 知识工作者分类

知识管理的兴起和发展，知识工作者在知识管理中的作用日益明显，成为知识资源的一部分资源，即人力资源。人力资源管理是组织在日趋激烈的竞争中取胜的关键。在知识管理活动中需要一系列知识工作者组成知识管理团队来完成知识管理工作，以下知识工作者十分引人注目：

（1）首席知识官（Chief Knowledge Office，简称 CKO）。CKO 的首要职责是从组织的各个角落里收集和理解"局部知识"，把它们整合成为 CKO 头脑中的知识，转换为各个角落的知识劳动者都容易理解的"整体知识"，并随时准备与人们分享这一整体知识。此外，CKO 的职责主要还有：

①为组织建立一套知识管理的信息基础结构。它包含综合的技术基础结构，如技术支持环境的建立、知识管理工具的选择等；人力基础结构，如人力资源的发展机制、智力知识库的建立和维护等环境基础结构，如连接于国际商业环境的知识网络和知识组织、团队等。

②为组织营造一种知识共享、知识创新的组织文化。

③通过知识管理为组织获得经济回报。

（2）知识主管（Knowledge Officer）。知识主管是制订知识管理策略方向的高级主管，旨在决定搜集、储存及传递知识的方法并依据 LRP 目标与整体事业组织的其他目标，确定所有重要的策略。如果你的组织已指定了知识主管，通常这个角色就由他来负责。知识主管的主要责任就在于利用 IT 所建构的组织基础技术环境，来营造知识架构，并负责确保知识架构有足够的资金支持，并经过适当的设计、建立与管理依据公司的策略目标拟定组织智能资本结构建立管理知识的组织，以满足顾客，提高获利及降低成本发挥知识的价值在现有技术、组织文化与后勤支持的限制下，创造一个可行的 KM 基础结构。

（3）知识分析师（Knowledge Analysist）。依据知识主管所订的策略方向，负责整理特定领域的知识，以及确认各关键知识工作者与他们所需要的信息。知识分析师是组织首次依据"知识结构"而非按照"部门结构"所设的职位。换句话说，如果你能超脱部门结构的观点，而以信息内容的角度来看待整个组织（使用知识网络图），就能做到适才适用。知识分析师必须评估主要用户的关键性信息需求，并设法结合各种资源来达成任务。知识分析师还需要进一步将这些需求转化为系统要求并设计规格，然后监控这些解决方案的设计、开发与建立，确保使用者易于存取对他们有用的信息。例如，信息目录化、有效存取知识资产的链接管理，以及基本文件管理/归档系统等。

（4）知识作者（Knowledge author）。前线信息提供者，负责处理日常信息的发布及监控自身专业领域的信息。知识作者负责制作通过网络传播的信息内容，维持它们的正确性，并提供这些信息领域的专门知识。

（5）知识经理（Knowledge Manager）。知识经理工作的关键在于建立激励员工参与知识共享的机制，培养组织知识共享文化，激发组织创新和集体创造力。知识经理要创造企业内部网上交流空间。他通常是网上电子讨论的发起人到中介人。不定期组织员工讨论，相互交流信息和创新思想，或召集一些专家参与交流，知识经理在知识共享到穿针引线的作用。更为重要的是，他要树立起员工知识共创的意识，使知识共享成为工作的一部分。知识经理必须鼓励员工共同分享他们所拥有的知识。警惕信息利己主义（掌握别人缺乏的知识来超越他人），建立有利于员工之间进行合作的创造性共享和创新是知识型组织的效率源，也是知识经理职责之所在。

（6）知识工人（Knowledge Worker）。知识工人最大的特点是他们拥有丰富的、先进的知识。在知识型组织中，由于知识将成为具有生产力的生产要素，知识的载体——知识工人在组织中的作用也越来越明显。知识工人与传统的操作工人最大区别在于前者具有丰富的知识和较强的创新能力。因而，相对来说知识共享对知识工人更为重要。当然，我们并非排斥一般的操作工人，相反也鼓励他们参与知识共享队伍。有时来自于生产第一线的信息对组织来说至关重要。

（7）信息服务工程师（Information Service Engeneering）。这一角色担任知识管理者的职责。形象地说，有点类似于图书馆管理员。信息服务工程师担任以下这些工作：

①知识最初都是杂乱无章的，需要信息服务工程师定期整理分类知识库中的知识，以便知识库的使用者能方便、快捷地获取自己所需的知识。

②及时更新知识库中过时的信息，减少知识库使用者时间的浪费。

③在一些知识型组织中，他提供了一个帮助平台，以便员工们能快捷地找到他们所需的知识。

④维护知识库系统（类似于对数据库的维护）。

（8）网络专家（Network Expert）。信息技术是知识共享体系的基础，组织的 Internet 网更是必不可少的交流媒介，通过 Internet 网，组织内部的联系可以遍布全球。联系越广、越有效，信息就能得到越多和越好的共享，而这反过来又意味着知识得到了发展。对公司内部网络的应用所显示的巨大兴趣证明这些联系所具有的价值。建立这些联系的目的是为了消除公司内部障碍，使其成为一个不断更新的知识网络。例如，爱立信公司为了使自己成为一种全球同步的研究整体，已将分布在全球 20 个国家的 40 个研究中心的 17 万名工程师联入一个单一的网络。网络专家的职责就在于维护组织的 Internet 网。担任这项工作的一般都是技术专家，如网络工程师。鉴于网络对知识型组织的重要性，网络专家这个职责也就举足轻重了。只有维护组织 Internet 网的良好运转，知识共享才能发挥更大的效力。

（9）知识供应商（Knowledge Supplier）。组织内部的信息来源是有限的，还必须从组织外部识别和收集信息。这便是知识供应商的职责。他应该知道何时何地能获得组织所需的信息，并如何加以运用。在知识经济时代中，知识组织只有充分地掌握有用的、前沿的知识资源，才能在激烈的竞争中立于不败之地。当然，这一角色并不一定需要专人担任，组织中的普通员工也可以承担这一工作。

（10）知识记者和编辑。与知识管理有关的工作中，最具有吸引力的新角色是知识记者和编辑。他们的主要任务有通过各种媒介和直觉吸收他人的外部知识和内部知识将吸收的知识整理成可为任何员工所利用的外部知识；实时地对组织的知识进行更新和编辑，为组织雇员建立存入知识的知识库环境。知识记者和编辑通常由新闻工作者、知识工程师和对相关领域信息比较敏感的人担任。

目前公司里可能已经具备相关能力的人员包括：撰写员、通信专业人员、万维网开发人员、人力资源专家、信息技术（IT）专家、图形设计师、公关人员和竞争情报专业人员等。

2. 知识工作者的管理

从知识管理的角度来看，组织促进人力资本增值的所有努力，应该沿着下面两条思路进行。一是使组织员工的所知越用越多。这一思路是指，在组织中人力资本的结构与存量一定的情况下，组织如何更有效地提高现有人力资本利用率。它强调的是在开发人力资本过程中组织管理行为的改变，其结果是减少组织中人力资本的浪费，释放组织中已有的人力资本潜能。二是使员工对组织所需知识越用越多。这一思路是指，在组织人力资本利用率不变的情况下，如何引导员工个体自身人力资本的结构向有利于组织的方向转换。它所强调的是在开发人力资本过程中员工学习行为的改变，其结果是在员工的能力构成中，一般人力资本所占比例下降，组织特殊人力资本的比例上升。

乌尔里克认为，组织提高人力资本含量主要通过以下五种途径，即"5-B"模型：

（1）外部雇佣（Buy）。外部雇佣意味着组织领导人在公司以外寻求工作人员，以便用受过更好教育的应聘者替代现有的工作人员。外部雇佣的优点在于使组织能取得急需的人员，特别是那些起关键性作用的人员。很多想使其组织机构转变的组织领导人往往寄希望于雇佣新的人才，雇佣新的人才能够带来新的思想，可能消除组织原有的文化障碍，通过组织的人事变动迅速获得智力资本。但外部雇佣风险也很大，一种风险是可能找不到工作能力比其内部员工更强的工作人员，另一种风险是大量引入"空降部队"可能使组织失去内部的优秀人才。

（2）内部培养（Build）。内部培养是指组织管理人员在提高现有工作人员的能力方面进行投资，提高他们的素质。内部培养取得效益的前提是高层管理人员要以提高组织价值为目标，把培养人才与工作成就相结合，而不是仅仅与理论相结合，以工作岗位的经验为基础，使学习过程在解决实际问题中进行。内部培养的风险在于，许多组织不是为了建立提高组织价值的智力资本，而仅仅是为了学习而在学习方面进行大量的投入。

（3）借用外脑（Borrow）。借用外脑意味着组织管理人员求助于独立的咨询公司，让后者把新思想带进公司，引入一些制度和手段，使公司实力得到增强，借用外脑以提高自己的智力资本同样也存在着风险。它包含着花费大量时间与财力而收益甚微的风险；包含着不顾自身实情而过于依赖管理顾问的风险；还包含着没有实现知识向公司内部转移的风险。

（4）末位淘汰（Balance）。末位淘汰是指管理人员不得不解雇那些达不到标准的人员。这些人员可能本来是合格的，但跟不上组织发展，没有改变自己学习新知识和调整自己的能力。有步骤、有计划地替换那些工作绩效最差的员工，是公司提高平均智力资本水平的重要举措。它要求必须有明确的绩效考核标准和考核手段，使这些留在公司的人知道公司对他们的期望，让那些离开的人知道自己为什么离开。

（5）维系人心（Bind）。维系人心在公司的各个层面都是重要的。保持有见解、有管理能力和称职的高层管理人才对一个成功的组织来说至关重要。保持专业人才和一般管理人员同样重要，因为培养一个优秀员工的投资往往需要经过多年之后才能得到回报。应注意的是，不能只是专注于员工的工作能力，还应注意员工的工作责任感和工作热情，激发工作热情是公司把员工的感情和注意力转向公司自身的过程，工作热情则反映在工作人员的相互关系和他们对待公司的态度一致。

有些管理思想家认为，知识经济时代雇佣关系建立之后，雇主和雇员都应增强雇员在现有组织内部和外部的可雇性的责任。

8.3　知识共享与知识创造

知识共享是知识管理的关键，它是指组织的员工或内外部团队在组织内部或跨组织之间，彼此通过各种渠道进行知识交换和讨论，其目的在于通过知识的交流，扩大知识的利用价值并产生知识的效应。组织知识管理的核心是知识共享，通过知识共享可构造组织知识优势。随着对知识共享问题的深入研究，知识共享对于高水平的知识创新所起到的关键作用已经得到广泛承认，所以，知识共享被认为是知识管理的一个重点。

8.3.1　知识共享的经济性

在知识经济条件下，知识已取代资本、劳动和土地这些传统资源成为企业的关键资源。与一般的经济资源相比，知识有其特殊性。首先，知识可以重复使用，不会因为使用而被消耗，所以知识比土地、资本和一般劳动力等有形经济资源具有更高的生产率。其次，知识具有边际收益递增的独特优势，它会因为不断地被使用而得到累积、提炼并增值，所以，某一方使用的某种知识资源如果被其他的使用者掌握，也可以完成类似的工作

或任务，这是知识的非竞争性。同时，某一方对某一知识的使用并不会影响同样掌握该知识资源的其他使用者的使用，这是知识的非排斥性。

正是由于知识的这种经济特性，引发了两个矛盾：一是知识获取与知识创新的高成本、高风险以及知识共享的外部性的矛盾。所谓知识共享的外部性是指知识可以低成本共享，并且共享程度越高，越能更多地展现知识的网络效应。二是知识创新的高风险、高成本与知识更新速度的加快使得知识的使用寿命缩短的矛盾。所以，经过艰苦积累才获得知识的拥有者不愿意轻易与他人共享知识，以免这些知识很快被淘汰。一般情况下，知识被看作私有物品被某些组织或组织的某些成员所拥有。当然在有些情况下，知识也具有公共物品的特性。比如在 R&D 项目中，为了知识合作与交流的需要，有些知识将成为公共物品以促进 R&D 项目的成功。

为了解决上述矛盾，可以通过两种方式来生产知识：一是知识产权，二是知识共享。知识产权是用一种市场化的生产方式生产知识，明确了产权边界，因而知识生产与知识消费分离。知识生产与消费之间的交换，是以市场为中介。而知识共享则相反，它用非市场化的生产方式生产知识，突破主客体的产权边界，实现生产与消费的直接合一，不一定以市场为中介进行交换。知识以共享方式扩散的过程，既是知识的生产过程，又是知识的消费过程。这样，利用知识产权可以保障知识产权人的利益，而利用知识共享则可以充分发挥其外部性，以支持知识创新。组织可以针对具体的情况，权衡经济利益来选择合适的知识生产方式。类似地，Verna Allee 认为知识具有"波粒二相性"，也就是说，知识是过程与实体的矛盾统一体。作为过程的知识共享要求加大和完善知识交流，以支持知识创新；作为实体的知识共享要求知识产权制度的建立，应注意在知识共享者和知识权利人的经济利益之间保持均衡。

另外，随着知识经济的到来，知识员工的出现及市场不确定性的增加，使得组织的决策权开始下沉。知识和权力相匹配的内在要求使得要么将知识传递给权力，要么将权力传递给知识。显然，知识转移特别是形成企业竞争优势基础的隐性知识的转移是极其困难的（失去相关背景后失真）、低效的甚至是代价高昂的（转移过程中显化而易被竞争对手模仿）。所以，权力传递给知识更合理一些，而且，知识员工自我管理、自主决策的要求也使决策权下，以应对不确定性增加的市场，但员工的个体知识对于做出正确的决策而言，显然是不够的，这就需要知识共享来提供足够的知识以支持其自主决策。另一方面，员工的自主决策可能会偏离组织的目标，这也需要通过知识共享来规范员工的决策遵从组织的目标。

总而言之，知识共享作为知识管理的一个方面，也并非新生事物。人们之所以愈来愈重视知识共享并对其经济性做出分析，原因在于四个方面：一是知识经济的到来，生产要素结构的调整。二是知识资源的经济特性。三是知识共享生产知识的非市场化。四是权力变革、组织结构调整的需要及知识共享对组织运作的支持。知识共享有诸多好处，并且现在许多各种类型组织都提倡和鼓励知识共享。但是，不论是个人还是组织都有相对独立的利益诉求，知识共享不可能无条件地发生。所以，完善的知识产权制度将是知识共享的制度保障与前提条件。

8.3.2　知识共享的对象

很显然，知识共享的对象是知识，但从不同的角度观察，知识具有不同的特性。

从认知的角度观察，知识可分为显性知识和隐性知识，二者相互转移换的过程可分为社会化、外化、组合化和内化 4 个阶段。一些学者针对知识共享的显性与隐性方面展开了研究，尤其是着重于隐性知识的共享。显性知识是易于整理分类且向人讲述的知识，它主要是指以专利、科学发明和特殊技术等形式存在的知识。而隐性知识则是指员工的创造性知识和思想的体现，它只存在于员工的头脑中，难以明确地被他人观察和了解。知识的认知特性成为其共享的重要影响因素。

在企业中，知识并不是凭空存在的，它有一定的载体，即企业的员工。而员工知识的构成，可以分为两部分：一部分为个人知识，是其个人从长期学习、生活等方面所积累的知识；另一部分为共有知识，指员工加人某企业后，从完成企业的任务中学到的知识。个人知识和共有知识相互依存、相互促进。丰富的个人知识可以促进共有知识更加成熟、先进及完善；而共有知识的不断积累和发展会推动个人知识的迅速增加。虽然个人知识和共有知识对于企业都很重要，但在市场经济条件下，对企业更为重要的是共有知识，尤其是形成企业核心竞争优势的共有知识。个人知识，例如技能、信息等通常很难给企业提供心竞争优势。因为竞争对手同样可以得到这些知识，尤其是在人才流动日趋频繁、猎头公司触角无处不在的今天。只有产生于企业内部，由优秀的员工通过创新的方式，在完成企业任务的过程中产生的共有知识，才是能给企业带来竞争优势的知识，也是能为企业内部提供真正起作用的需要共享的知识。当然，除了上述的知识分类，还有学者将知识分为企业内部知识与外部知识等，针对不同的知识特性，展开了相关的知识共享研究。

知识除了具有不同的特性外，还具有不同的层次，如个体知识和组织知识。个体知识为组织知识提供了丰富的来源，而由个体知识转化而来的组织知识最终也要经过个体的吸收和转化才会发挥作用。个体知识的共享可以通过社会化的方式来完成。当某一种个体知识被接受者掌握之后，接受者又可以充当知识源，在更广泛的组织内部传播知识。随着掌握这种知识的员工越来越多，一些专属于某个人的知识成为该组织的"公开秘密"。这时，个人知识就上升为组织知识。反之，组织也可以作为知识源向个体扩散，共享的内容主要是组织的专业知识以及一些公共知识，这些知识表现为一定的规章、程序等。组织知识的共享也会发生，如对于从事相似工作内容的团队，彼此之间共享知识可以显著提高各自的工作效率。

综上所述可见，知识本身的复杂性成为知识共享研究中不能回避的一个问题。不论在什么样的环境或背景中，要想进行有效的知识共享，弄清楚知识共享的相关特征就成为首要的工作。知识本身的复杂性为知识共享带来了各种各样的难题与障碍，了解知识共享的相关特征，有助于知识共享的主体采取针对性措施来提高知识共享的效率，从而避免知识共享的盲目性。

8.3.3　知识共享的主体

从严格意义上讲，知识并不能离开拥有知识的主体而单独存在。知识作为经由人的思

维整理过的信息、意象、价值等符号化的产物，存在于拥有者的头脑或记忆中，而非独立的信息集合中。知识共享可能发生在员工个人之间，也可能发生在项目团队或不同组织之间，所以，知识共享的主体就可以分为这样几个层次：个体、项目团队、组织。

在个人层次，个人经过多年的经验积累在工作中摸索出来的一些诀窍等，它们还没有上升为组织知识，个体想要获得这类知识，只有通过个体之间的共享来实现。但个体的知识共享会受到许多因素的制约，积极的人际氛围会减少知识共享中，对别人知识的贪婪与浪费知识的恐惧；而组织的支持会提高员工对信息与合作技术（information and communication technology，ICT）的使用，从而促进知识共享。此外，工作成就感、工作挑战性、组织信任度、组织归属感及组织宽容度等因素也会影响员工的知识共享积极性。以上提到的知识共享影响因素都得到了学者们实证研究的支持。

在项目团队的层次，一些学者对团队中及团队间的知识共享问题做出研究。新产品开发过程实质上就是知识创新的过程，所以，新产品开发团队中有效的知识共享是新产品开发成功的关键，而团队成员对知识共享的预期显然会影响知识共享的水平。比如说，成员共享其知识有可能使其在组织中的重要性下降，而不共享知识又会导致团队任务难以完成，同样对其有不利影响。此外，团队联系的紧密程度也会影响它们间的知识共享。组织层次的知识共享研究大致包括这样几个方面：首先，随着市场需求的多样化与个性化，企业逐渐倾向于采用客户定制与按单生产的经营方式。一些学者对如何在企业内进行有效共享以支持这样的经营方式展开研究。其次，随着市场环境的变化、信息与合作技术（ICT）的发展，组织的一部分职能已经虚拟化，为了向客户提供满意的产品或服务，组织保留的核心职能与虚拟化的职能之间需要知识共享，该问题成为组织层次知识共享研究的热点。比如说，信息系统外包的成功依赖于服务接受者与服务提供者之间有效的知识共享。所谓信息系统外包是指将一个组织的部分或全部信息系统功能转给外部服务提供商，以此获得经济、技术及战略优势的过程。当然，组织层次的知识共享并不局限于上述两方面。在市场环境日益不确定的情况下，企业不论是选择内部化还是市场化都得承担很高的交易费用。这样，企业间进行联盟与合作以实现协同商务，成为非常流行并切合实际需要的选择。协同商务是企业间的共同合作，要求相互了解，需要相关知识的共享及其相关因素分析。还有，组织间的知识共享也不仅局限于盈利组织，营利组织与非营利组织及非营利组织之间也存在知识共享的问题。比如，产学研合作中的知识共享问题。不同的组织都有自己的语言、术语及含义，它们在形成联盟时，知识共享就成了一个问题。此外，组织联盟之间的知识共享还取决于它们关系的紧密程度、相互信任、合作的需要、合作动机、知识吸收能力与知识可获得性等因素。而簇群是组织联盟中关系最为密切的一种，簇群企业间的知识共享问题引起了一些学者的关注。簇群是某一特定领域内相互联系的公司或机构在地理位置上的高度集中。它将一个价值链的大部分环节整合到一个相对狭小的区域，并展开充分的合作与竞争。好莱坞的娱乐业、华尔街的金融业、硅谷的 IT 产业、意大利北部的皮革加工业、德国南部的汽车制造业以及我国珠江三角洲一带的家电产业都是这一组织形态的典型代表。企业簇群的知识共享程度与企业簇群文化、同根同族的人文环境、外部竞争的压力、企业集群的生态性和知识共享的简易性等因素有关，当然，这些因素也是相互关联的。

　　不论知识共享的主体处于组织的哪一个层次，由于知识创新的高投入、知识使用寿命的缩短与知识共享的外部性之间的矛盾，使得知识共享的参与者都有不愿意轻易与他人共享知识的倾向，而过度的知识保护又会阻碍知识创新，所以，不论是组织的哪一个层次，在知识共享时都会进行相应的成本效益分析，都会判断或者根据对方的行动从而选择自己的战略，各个层次组织的知识共享中都可能存在着博弈问题。

8.3.4　知识共享研究趋势

　　从知识共享的经济性、对象、主体和的手段 4 个方面来看，其研究具有如下趋势：

1. 知识共享的经济性

　　从已有文献来看，知识共享经济性的定性理论研究已经比较成熟，形成了相对统一的理论体系，但是对知识共享成本与收益的定量研究还比较少。

　　尽管有的学者也提出了一些知识共享的成本模型，但这些模型的科学性与可操作性还缺少实践的检验，而且，目前已有的知识共享成本模型都是基于营利性组织的，对于其他类型组织的知识共享成本与收益的定量研究还没有。此外，学者们对于知识共享经济性的分析，大都集中于阐述知识共享为社会的宏观层面与微观层面带来的种种益处，而对于知识拥有者与他人共享知识时的成本或者说承受损失的研究相对较少。如果不考虑和尊重知识拥有者的权力与利益而奢谈知识共享，那么知识共享只能是空中楼阁，所以，对于知识参与者在进行知识共享时的成本或者说承受损失的研究亟待加强。

2. 知识共享的对象

　　尽管不同背景的学者与专家都从自己的角度对知识进行了考察，比如，将知识分为显性知识与隐性知识、个体知识与组织知识等，并且根据知识的不同特性展开了相关知识共享的研究，但是，这些研究还比较零散，不成体系。

　　首先，作为知识管理研究的基础工作，尽管知识基于不同的角度被分成不同的类别，但却缺少一个统一框架将这些知识分类整合起来，因此，就知识共享而言，究竟应该采取哪种或哪几种知识分类来考察相关的共享问题，目前还没有看到相关的研究工作。由于隐性知识对于组织的重要性已成为共识，所以很多学者习惯于从认知的角度来研究相关知识的共享问题，但除此之外，还需不需要考虑知识的其他维度也有待进一步研究。

　　其次，知识共享类似于知识管理，针对不同的知识特性也需要采取不同的战略，所以，知识共享战略也将是未来研究的一个重点。

3. 知识共享的主体

　　正如知识共享的经济性中所分析的那样，由于知识共享的参与者都有相应的成本与收益，所以不论知识共享的主体处于组织的哪一个层次，在知识共享时，都会进行相应的成本效益分析，都会从猜测或者根据对方的行动中选择自己的战略，因此，各个组织层次的知识共享中都可能存在着博弈问题。此外，知识共享的参与者之间可能已经订立了某种契约关系，也可能没有，从而使其间的博弈有可能是合作博弈也可能是非合作博弈，目前此

类的相关研究还比较少。

其次，从相关文献来看，学者们对于团队与组织层次的知识共享问题研究较多，而对于个体层次的知识共享研究较少，而在一个团队或组织内，整体知识共享水平依赖于其个体员工知识共享的能力与效率，加强个体层次的知识共享研究，无疑会为其他层次的知识共享研究与实践奠定坚实的基础。

最后，尽管很多学者对影响组织内与组织间知识共享的因素都进行了论述，但是都缺乏实证基础，也没有形成统一的框架，所以，将来的一个研究重点就是以实证研究为基础，再结合数据挖掘等方法，对影响组织内与组织间知识共享的因素进行进一步的归纳与提炼，以形成相应的理论体系。

4. 知识共享的手段

对于知识共享手段的研究，大致可以分为两个方面：一是对于组织文化手段的研究；二是对于 ICT 手段的研究。目前，这两方面研究的定性分析非常多，对于各种手段在知识共享中所起的作用进行了充分的论述，但仍有不足之处。

首先，组织文化手段的研究缺乏实证基础，所以，也就难以确定各种组织文化手段与知识共享有效性之间的相互关系，以及知识共享在多大程度上依赖于相关的组织文化手段。

其次，尽管目前的研究提出了多种多样的 ICT 方案来解决知识共享中的问题，但是对于这些 ICT 将对组织的知识共享产生多大的效果，相关的研究还比较少。比如说，怎么样确定企业所投入使用的某种 ICT 对企业知识共享的贡献。推而广之，怎么样确定企业现有的各种 ICT 对企业知识共享贡献的大小。如果这些问题能被准确地测度，将有助于对知识共享的 ICT 手段进行客观、准确的评价。

8.3.5　知识共享的障碍及其对策

知识共享是知识管理中的关键环节和难点，是很多知识型企业获得竞争优势的重要因素之一。改善企业的知识共享程度不能仅仅只靠鼓励和要求知识共享，必须先了解影响个体和组织知识共享的相关因素，并针对知识共享的障碍做出相关的理论分析和实证分析，以得出促进组织知识共享的对策。

1. 知识共享的障碍分析

尽管知识共享是发挥知识价值最大化的有效途径，但共享知识并不是轻而易举地发生的，知识共享中存在着诸多障碍。

（1）知识形态本身造成的共享障碍。显性知识是指可以通过正常的语言方式传播的知识，显性知识是容易获得、容易理解和容易交流的知识，是有形的结构化的知识，具有公共性。

隐性知识是指未能用文字记述的难以交流的知识，它往往存在于人的大脑中，表现在手工技能中，通过行动表现出来。隐性知识包含了人的价值观、信仰、预见性、经验、技能、能力等方面，因此，具有文化、情感和认识的因素在里面，是无形的知识财富。其特点可以概括为四个"不易"：不易被认识（存在于人身上，需要表现出来）；不易衡量其价值（它是社会财富的主要源泉）；不易被他人所理解和掌握（难以分类或制作成详细文件）；不易测量（冰山水面以下的部分）

隐性知识能被拥有者自如地运用却不能直接与他人交流的特点决定了其不易大规模积累、储藏和传播的特性，因此，也不能够获得社会公共机构及公共权力的重视和支持，它更多地与个体的思想和行为过程相联系。所以与显性知识相比，隐性知识的可共享程度显然要低许多。

（2）知识垄断造成的共享障碍。知识垄断是指人们为了保护个人利益，限制知识进入公共传播领域，或控制知识的传播和扩散。知识垄断的典型表现是将知识私有化。由于人们担心知识的公开会导致自己在组织中失去竞争优势，因此对于有商业价值的思想、技术或信息进行控制，以此确保或提升自己的地位。如果组织制度不够健全的话，也会出现有人利用权力进行知识垄断，从而达到为个人牟取利益的目的。知识垄断现象严重，只会使少数人受益，组织整体不会受益或受益甚少。

（3）知识共享成本收益不对称造成的共享障碍。知识共享的巨大作用在于个人的新知识与组织中的其他成员分享，这无疑会提高组织整体的知识水平，但这是有利于整体而不一定有利于个人的。在一些组织中特别是知识密集型的组织如大学、高新技术企业等，知识的创新与研究是要耗费有关人员大量的精力付出艰辛的努力才能达到，这些成本往往不是能由薪水所能弥补的。而复制和利用知识的人，则可以不花钱或少花钱就能利用他人的知识。所以当有关人员无法通过组织内部机制获得补偿时，只好暂时限制知识的传播与共享，待价而沽，以弥补成本并获得一定利润。

（4）文化中的利己主义造成的共享障碍。知识共享是一种利他主义的行为，但是这种行为并不带有普遍性。在中国的文化和知识传统上，知识公共化和社会化的力量一直比较微弱，使大量的知识以隐性的方式存在于个人，这可从古代私人藏书家、中医世家、"传子不传女"等传统上透视到这种文化。另外，坚守自己已有的知识并疑惑地看待来自他人的新知识也符合大多数人的天性，这或许是因为惧怕被认为无知而不愿共享，或许是为保持权威自视甚高而不屑于共享。

（5）组织层级过多造成的共享渠道不畅。传统的金字塔型组织层级过多，缺乏适应性和灵活性，员工的工作被安排在狭窄的范围里，内部沟通存在层级鸿沟，不利于面对面的交流，知识共享渠道不畅。组织内员工知识的共享是需要场所与条件的，而我国大多数企业缺少知识交流与共享的适合场所，"知识社区"尚未形成。

（6）激励机制不完善。企业内部往往缺乏信任，缺乏相互信任的文化氛围，员工之间总是相互提防，都不愿意将自己的知识与他人共享。企业员工之间又存在一定的竞争关系，员工出于对自身利益的考虑不愿转移自己的知识，或有所保留。知识共享并非理所当然，没有完善的激励机制和良好的文化氛围则它是不会自动发生的。

（7）员工知识基础差异大。企业的员工往往来自不同的领域、不同的阶层，因此员工的专业领域和知识结构往往存在很大差异，从而员工对知识的领悟力也参差不齐。在企业的知识共享过程中，常常是知识拥有者需要花费许多时间、精力向知识需求者解释，而知识需求者仍然无法理解或发生理解偏差。知识拥有者如果发现自己的努力没有效果，就不会乐于继续转移自己的知识。

（8）物质技术基础薄弱。许多企业物质技术基础薄弱，缺少有效的计算机网络和通信系统，很多员工不知道到哪里去寻找所需要的知识，而存在于员工头脑中的隐性知识又难以明确地被他人观察和了解，常无法用言语表达或者只能用言语进行部分表达。另外，知识被隐藏在大量的信息和数据库中且多而杂乱无章，这是不利于知识需求者使用的。因此，薄弱的技术基础不能够帮助人们跨越时间、空间和知识的数量及质量的限制，从而不能为有效地实现知识共享提供强有力的技术支持。

2. 促进知识共享的对策

（1）建立与完善知识管理的基础设施。

①为知识共享搭建平台。有效的知识管理必须依靠信息技术的支持，技术在知识管理中的价值在于它能扩展知识传播的领域，提高传播速度。应建立组织的系统软件、内部网（Intranet）、外部网（Internet）、知识库以及人工智能系统和专家系统等，以使知识的获取、转化和共享达到最大化并易于操作。如采用电子讨论系统，让员工写下他们的经验和最佳实践案例，存储到讨论数据库中，以利于交流和共享。在 Intranet 上应用专家系统可加快专家隐性知识显性化的速度，一定程度上可加快隐性知识交流与共享的进程。通过搭建交流的技术平台，组织成员有自由的交流空间，可在网上与业内外人士自由交流思想、观点和工作经验，使组织的知识得以共享和增长，并能将隐性知识显性化。

②充分利用 Internet，特别是 Intranet 技术。Intranet 着眼于企业内部，其主要目的是集成局域网的内部资源进行资源集中化和组织化管理，以降低成本，提高资源共享效率。

Intranet 使跨市或跨国企业子母公司之间的信息交流变得简单、快捷，还可以帮助企业在网络上树立企业形象，推销产品和服务，甚至开展远程通信会议。

Intranet 是在 Internet 基础上扩展而成，使企业与其客户或合作伙伴之间共享信息的交互式合作网络。总之，只有在 Internet 基础上的内部网络较为完善时，才能保证企业知识共享的深度和广度。

③利用群件技术（Groupware），促进员工间的知识交流。人对电脑的知识流动方式主要以专家系统、决策支持系统、文档管理系统等作为软件支持。使用频率最高的文档管理系统，强调通过软件的优秀设计来提高用户的检索效率，提高系统内容的信息有效性，而提高检索效率可以用增强搜索引擎功能和提供知识向导的智能化手段加以解决。知识管理系统还能够为企业实施鼓励各种共享知识的措施提供支持，记录员工对知识管理的参与情况，以作为员工绩效评定的重要依据。所以在设计时，要充分考虑企业的这一需要，如可设立在线论坛、电子白板、专家评审等栏目，让员工在 R&D 的环境里自由地交换信息，共商议题，共享经验。例如，施乐公司曾推出的一种名为 Docushare 的软件，"这种软件使用简便……它的应用大大改善了施乐公司在全球数百个分支机构的知识共享状况。通过这套软件，员工可以及时进行知识交流，发布自己的信息，获取同事的信息或者寻求同事的帮助"。

④加强知识仓库的建设。为了完善知识库，提高知识库易用性，可建立知识分类制度、知识显性化制度和知识更新制度。

对知识进行分类的标准很多，企业应根据自身情况加以选择。若按知识的适用范围分类，能方便企业对不同层次员工的培训；若按企业组织部门分类，当员工输入自己的权限密码时，系统会根据其不同的所属部门呈现不同资料。

隐性知识显性化是知识库技术的核心部分，它是指将实际操作者的经验、员工的创意以及专家头脑中的知识资源等隐性知识尽量转化为易于交流的形式并提供给寻求知识者。为了避免由于知识共享不够所造成的对某项技术的重复开发、某种技术诀窍的重复摸索，企业的知识管理人员应将操作者的成功经验、技术诀窍以及优秀的营销方法整理成资料，以便员工共享。

（2）改善企业内部组织结构。

①建立扁平的网络组织结构。传统的金字塔式的组织结构管理刚性强、等级特点突出，客观上知识管理要求企业建立扁平的网络组织结构，实现部门与职能的有机结合，这一转变与当代信息传递方式由阶梯型向水平型过渡相适应。扁平结构管理跨度减小，管理幅度增宽，使下层员工与上层决策者之间的交流与沟通变得容易，上级对下级的控制相对宽松，有利于发挥员工的主创精神，提高知识共享程度。

②实施 BPR 的管理模式。BPR 是对企业的业务流程做根本性的思考和彻底的重建，其目的是在成本、质量、服务和速度等方面取得显著的改善，使得企业能最大限度地适应以顾客、竞争、变化为特征的现代企业经营环境。

BPR 使企业内部实行团队式的工作方式，确保团队成员间的全方位沟通与交流；实行全新的网络组织结构，确保组织内信息与知识的自由流动与广泛传播。

③建立虚拟企业（Virtual Corporate）。虚拟企业是战略与结构的有机结合，它在保持自身核心能力的同时，通过与其他企业的联盟来获取优势以弥补自身不足，从而在集成体中达到优势互补，在知识共享的基础上开拓和培育市场。一方面，虚拟企业可利用市场协调大部分的经营活动，以迅速完成产品的开发、制造、市场化和服务等一系列环节；另一方面，虚拟企业可充分利用外部的人力资源和组织资源，以实现资本的快速增殖。

（3）建立组织知识分类制度和推行标准化管理。组织知识分类和标准化的推行其目的在于更好地共享和应用知识。分类既要根据岗位、专业进行，也要按照局部知识和全局知识以及例常知识与例外知识进行。

局部知识是组织内某一部门、某一小组应共享的知识；全局知识则是组织整体各部分都应有的知识；这样分类的好处在于可以根据不同层次进行培训和共享。

例常知识指的是经过实践检验的已成熟的知识，它可以编码并进行标准化处理和建立知识库；例外知识则是依靠人的参与，特别是行家里手根据实际情况灵活处理的知识，这部分知识个性化较强，要进一步完善、成熟并接受实践检验，从而转化为例常知识；这样分类的好处是可以将例常知识标准化，既有利于计算机处理和员工共享，又有利于组织对外的一致性。

在总结世界上许多先进国家开展质量管理经验的基础上开发出来的 ISO 9000 标准体系已在世界范围被广泛接受，它证明了标准化管理的生命力。标准化的根本目的是保证全面质量。具体做法是将管理过程系统化、规范化、文件化；基本要求是员工必须依标准行事，这样员工的好经验就必须贡献出来形成标准，成为组织知识库中的一部分。ISO 9000 国际标准的实施不但有效地防止因员工"跳槽"所带来的知识缺损，而且有利于新加入组织的员工迅速地共享组织已有的知识。标准化还有助于组织隐性知识的显性化。标准化管理对数据、信息和知识的整理、分类和处理使之便于使用和共享。因此，当前标准化管理仍是知识管理的重要手段之一。

（4）创建学习型组织，建立知识共享机制，形成知识共享的组织文化。学习型组织的本质特征是"善于不断学习"，其含义有四点：终身学习、全员学习、全过程学、保持学习能力。在学习型组织中，学习、知识共享、提高员工将是组织的一项重要职能和目标，组织会开展经常性的培训以及团队学习活动。在学习型组织中，学习已经内化为组织的日常行为，融入员工的"共同愿景"之中。

"尊重知识，共享知识"的组织文化为知识共享机制的创建提供了丰厚的土壤。这种组织文化的内容有：相互信任，这是知识共享和交流的基础；开放式交流，每个人都要为组织的知识库做出贡献；学习，将学习作为一项终生任务和一种生活方式，有义务汲取最多最好的知识；共享，人人有义务推进组织知识库的良好运行，以传播、获取、创造和应用新知识为乐事，并不认为分享知识会危及自身利益。

（5）建立鼓励知识共享的激励机制。企业应该从"以人为本"的角度出发，推出相应的物质激励、精神激励、情感激励等措施，使每个员工切实感到力有所用、才有所展、劳有所得、功有所奖。例如，MHT公司制定的规章制度要求销售人员将他们的客户关系统一到企业的客户关系数据库中，对销售人员绩效考评、物质奖励以及职位的晋升等，完全根据企业统一的客户关系数据库，而销售人员的私人客户不予考虑。施乐公司采取的措施是，技术人员提供的技术诀窍在收入知识库中时以提供者的名字命名，并加上审计委员的名字以示确认，从而激励技术人员钻研技术、共享知识。还有的公司邀请知识资本的所有者作为公司成员，参加整个公司一系列的项目研讨、论证，创造各种机会激发他们输出知识的欲望。

（6）设立知识管理部门，建立知识主管制度，将知识共享纳入组织知识管理的整体框架。为了把握迅速膨胀的知识和信息，组织有必要设立知识管理部门，增设知识主管（CKO）。知识管理者不仅是技术专家，他了解哪些技术有助于知识的获取、储存、利用和共享，而且还是战略专家，他要求组织领导层把集体知识开发、共享和创新视为竞争优势的支柱，对包括信息在内的所有知识资源进行综合决策，实施全面管理。

知识主管的主要任务有：了解组织及其内在的知识需求；建立和造就一个能促进学习、积累和共享的环境；监督保证知识库内容的质量、深度、风格并使之与组织的发展一致；保证知识库的正常运行；促进知识集成、知识生产和知识共享等。知识管理者对组织知识共享的意义在于促进组织内知识的分享与交流，把知识与知识、知识与活动、知识与人连接起来实现共享，运用集体智慧和创新能力赢得竞争优势。

8.3.6 知识创造概述

知识管理主要是对企业如何创造、获取、储存、转移和共享知识的管理，其主要目的是通过不断创造新知识来提高技术创新能力和产品的附加值。因此，知识管理的根本应该是正确有效地指导企业或组织如何进行知识的创造活动。

1. 知识创造的途径

约瑟夫·熊彼特（Schumpeter）认为，经济发展的基础是创新，即将获取的原料、资源等生产要素进行重新组合（即"新组合"）以产生新的生产方式。科学家和工程师通过对不同学科的知识、理论和技术的组合来创造新知识。事实上，对已有知识的重新组合也是新知识产生的途径之一，而根据其组合方式的不同，我们可以将这种途径分为渐进型和突破型两种类型。

（1）渐进型变化。Schumpeter 曾论及连续的小步骤的适应性改进；March 和 Simon 则将"本土化搜寻"（Localized Search）和"稳定的启示"（Stable Heuristics）视为知识增长的基础。新知识可以通过对已有知识的逐步调整和增量改进而获得。例如，瓦特将蒸汽机推广应用到工业领域就是建立在对纽可门蒸汽机的不断改进的基础之上。

（2）突破型变化。即 Schumpeter 所说的创新。按照 Argyris 和 Schon 的理解，就是双环型学习（double looplearning），与单环型学习不同，它是指当发现错误时，可以通过运用搜集、整理到的信息，不断对现有的知识进行重新整合以获得新的知识；Kuhn 则将科学发展的模式视为：前科学-常规科学-反常-危机-科学革命-新常规科学……即科学的发展是通过新旧范式的交替和科学革命来实现的。当然，新知识也是通过新旧范式的交替和革命而产生的。例如，在信息技术领域，晶体管取代真空管、集成电路取代晶体管都是属于这种突破型的知识创新。

（3）交换。通常，新知识不仅可以通过不同主体所拥有知识和经验的组合而产生，当有限的资源被不同的行为主体拥有的时候，资源的相互交换就成了资源组合的先决条件，管理人员可以充分利用科研人员、理论学家和思想家所掌握的互补性知识来加快知识创造活动。因此，可以通过这些行为主体相互交换其所拥有的资源而获得新知识。有时，这种交换就像共同体内部或通过因特网进行的信息交换一样，其中包含个人或集体所拥有的显性知识和隐性知识的转移。通常，新知识的创造是通过社会互动和共同合作而发生的。Penrose 等人的研究证实了团队（即学习型组织）在新知识产生过程中的重要性。他在有关企业增长的理论中指出，可将企业视为"拥有工作经验的个人的集合体，因为只有通过这种方式，团队才可能发展起来"。

2. 知识创造的障碍

只有那些持续创造新知识，将新知识传遍整个组织，并迅速开发出新技术和新产品的企业才具有较强的技术创新能力。而知识主要是指人们采取行动有效解决问题的能力，其中包括通过长期的实践而逐渐积累起来的各种事实和经验。在一个组织内部，知识创造不仅不会自发产生，而且在知识的创造过程中还会遇到各种障碍，其中主要包括个人、组织和文化等方面的障碍。

（1）个人方面的障碍。知识是指经过检验的确实可靠的信念。通常，人们习惯于用他们各自过去的经验来评判各种信念。而人们的信念是通过长期的学习而积累起来的，也存在一种路径依赖（Path Dependence），即与个人的家庭背景、所受的教育以及兴趣、偏好等等有关。因此，即使接收到的是同一信息，不同的人获得的知识也不尽相同。另外，当

一种新知识产生的时候，而个人又不能及时做相应的调整来适应这种新变化时，这种新知识就会对个人的形象和既得利益构成威胁。因此，不具有挑战性的人往往对新知识或新事物采取抵触行动，从而使得新知识的产生、转移和共享面临各种人为的障碍。

（2）组织方面的障碍。由于存在着不同程度的组织刚性，当企业创造出新知识并应用到实际的生产中时，原有的组织往往不能适应新知识的要求，因而对新知识会采取抵触的方式来阻碍新知识的转移和使用。因此，在进入新的技术领域时，为克服这种组织刚性所带来的负面影响，企业通常将新技术部门建立在原有的组织之外。另外，企业常常由于不同职能部门之间缺乏及时的信息交流、沟通而阻碍了新知识的组合交换，从而延缓了新知识的产生和转移。例如，在一个企业内部，新知识的来源既可能来自企业外部，也可能来自企业内部，这就要求企业不仅要与企业外部的大学和科研机构间保持频繁的信息交流，来跟踪科学技术发展的前沿，而且要重视企业内部各部门之间的信息沟通（即重视部门之间的界面管理），在研究与发展部门、生产制造部门和营销部门之间形成信息和知识有效转移，加快技术和信息的流动，缩短创新周期，提高企业的技术创新能力。

（3）社会文化方面的障碍。人与人之间的交往和沟通、知识的交流和转移以相互信任为基础。正如 Putnam 所指出的那样，一个普遍交往的社会要比相互间缺乏信任的社会更有效率，信任是社会生活的润滑剂。一方面，从知识的转移来看，尤其是隐性知识，它很难通过正式的网络进行有效的转移，而只有通过紧密的、值得信赖和持续的直接交流等非正式网络才能实现知识的传递，而知识有效转移的前提条件就是知识转移的双方必须相互信任；另一方面，人与人之间的相互信任能有效地降低任何一方采取机会主义的可能性，从而提高人们合作的效率。但是，由于我国受传统文化的影响，除亲缘关系之外，人与人之间的信任度比较低，从而阻止了知识的交流和创造。

3. 知识创造的方法

有效的知识管理已经成为企业获取竞争优势的关键。因此，企业要提高技术创新能力，就必须重视新知识的创造和转移，就必须努力克服各种障碍来加快新知识的创造，这种创造过程是一个动态的过程，其中包括：树立长远的知识愿景、加强成员间的知识交流、提高员工之间的相互信任和知识共享。

（1）树立长远的知识愿景。企业是人们为了实现共同的目标而结合在一起的一种组织。为了能不断地创造出新知识，企业必须通过一个知识愿景来协调整个组织的内部活动。组织的共同愿景，既来源于员工个人的愿景，但又高于个人的愿景，它是组织中所有员工共同的愿望，是他们的共同理想，它能使不同个性的人凝聚在一起，朝着组织共同的目标前进。因此，企业的知识愿景应该明确地描述出公司在未来的发展中应该在哪些领域创造出用于产品开发和技术创新的新知识。同时，它还为企业的员工明确地指出如何进行有效的知识创造，以及用于知识创造的知识来源在哪里。因此，企业的高层管理人员（如CKO）应该明确地向组织内的所有成员表述出企业的知识愿景是什么，这样才会团结组织中所有的成员朝着共同的目标前进。

（2）加强成员间的知识交流。组合和交换是知识产生的两个途径，因此，要提高企业知识创造的有效性，员工之间应该加强相互间的知识交流，尤其是隐性知识的生产和转移更是如此。隐性知识是企业保持持续竞争优势的主要来源，而隐性知识是与个人的观念、洞察力和经验联系在一起的，无法直接通过语言、文字等形式来表达。因此，人们只能通过紧密合作而得以观察和体会，通过实践和直接交流而获得隐性知识。

（3）提高员工之间的相互信任，创造良好的氛围。人与人之间的相互信任是知识组合和交换的前提。按照 Sako 的观点，人与人之间的信任就是一种心智状态，就是参与合作的一方对另一方的期望，即期望对方能以一种可以预期的和相互可以接受的方式行事。她认为对行为的预测有很多方面的原因，由此可将信任分为 3 种类型：

①契约型的信任，是指每个合作者都遵守诺言并按协议行事。

②能力型的信任，是有关对合作双方是否有能力发挥作用的预期。

③良好愿望的信任，是指合作的各方希望相互能够承担责任，具有良好愿望的人是可靠的，当然要得到这种信任是非常不易的。

这是因为，人们寄希望于他在非常公平的情况下倡导合作。合作各方参与合作的宗旨是希望能获得比预期还要多的机会来取得竞争优势。实际上，在人与人之间的合作过程中，相互间的信任可以减少各方的机会主义行为。为了减少产品合作创新中的不确定性，相互间的信任和建立共同的行为法则是必要的。因此，要提高企业知识创造的能力，企业应该为员工创造一个良好的氛围，培养员工间的相互信任，而且要让所有的员工都认识到，个人间的相互信任才是将个人拥有的知识转变为组织共有知识的基石。

8.4　知识管理与知识服务

8.4.1　知识管理与知识服务的基本概念

1. 知识管理的内涵

（1）知识管理的概念。关于知识管理的概念，目前从理论上对其研究和阐释很多，不同国家不同行业和不同学术流派都有各自不同角度的认识和理解。

1986 年，美国管理咨询专家卡尔·威格在联合国劳工组织召开的瑞士会议上，首先使用了"知识管理"（Knowledge Management，简称 KM）这个词，并解释为：KM 是系统地明确地有意识地构建、更新、应用知识，实现企业的知识相关的效能最大化，让企业从知识资产中获取最大的收益。

经济学博士约格西·马修特拉指出："知识管理是在日益加剧的不连续的环境变化情况下，服务于组织适应、生存和能力等关键问题的活动。其实质在于信息技术处理数据与信息的能力以及人们创造和创新的能力有机结合的组织过程"。

美国德尔集团创始人之一卡尔·弗拉保罗认为，"知识管理就是运用集体的智慧提高应变和创新能力，是为企业实现显性知识和隐性知识共享提供新的途径"。

戴维·J·斯基尔姆博士认为，"知识管理是对虚拟知识及其创造、收集、组织、传播、利用与宣传等相关过程的系统管理，它要求将个人知识转变为某个组织可以广泛共享与适当作用的团体知识"。

丹尼尔·E·奥利里认为，知识管理是"对知识进行正式的管理，以便于知识的产生、获取和重新使用。知识管理是将组织可得到的各种来源的信息转换为知识，并将知识和人联系起来的过程"。

达文波特教授（T. H. Davenport）指出："知识管理真正的显著方面分为两个重要类别：知识的创造和知识的利用"。

APQC（美国生产力与质量中心）对知识管理的诠释："知识管理是组织有意识采取的一种战略，它能保证在最需要的时间将最需要的知识传送给最需要的人。这样可以帮助人们共享信息，并进而将之通过不同的方式付诸实践，最终达到提高组织业绩的目的。"

知识价值链管理的观点认为：组织的知识流动和更新存在一条价值链，即知识价值链。知识价值链的各环节可表示为：知识采集加工——知识存储积累——知识传播共享——知识使用创新。知识管理是从知识的收集开始的，收集来的杂乱无章的信息和知识经加工处理后由无序变为有序，经知识编码过程完成分类存储整理，然后提供知识共享并激发使用创新。知识管理的实质就是对知识价值链进行管理，是组织的知识在运动中不断增殖。

从上述各种说法可以看出，目前对知识管理的概念尚无完全一致的诠释。究其原因，这与知识管理及其理论本身的多样性有关。具体来说有 3 个方面的原因：

①知识管理本身的复杂性。知识管理本身就是一个多元化、多层次、多功能的综合物，是一项涉及广泛的活动。

②知识管理的发展性。知识管理是个新兴事物，它随着社会、经济和信息技术的发展处于不断发展之中，其内涵和外延很不确切。

③研究的视角不同。知识管理是一个综合性的社会产物，它受到社会各界的关注，不同的研究视角直接导致不同侧重点的观点。国外的一些著名咨询公司、美国生产力与质量中心和达文波特等学者倾向于将知识视为一种信息资源来研究知识管理。在国内，图书情报和咨询界人士比较认同上述观点，但企业管理学界则更主要是从人力资源管理角度探讨知识管理。

尽管社会各界学者从不同角度对知识管理的描述各有不同，但其基本内涵和主要特征在各不完全一致的表述中已趋于明确。中外学者对知识管理概念的阐述大都体现了 3 个方面：

其一，知识的使用。企业或组织搜集、整理各种各样的信息并使之成为可应用于创造价值的实践活动。在这个过程中，人们通过构建某种秩序而将个别知识转化为公众或利益相关者共同分享的知识，其目的是促进知识的应用。

其二，知识的转化和创新，即将旧有知识转化为可以在新的环境条件下加以利用的新知识或在既有知识存量的基础上创造出新知识。

其三，知识的"人本化"。即利用并创新知识的主体是人，而运用知识的目的在于提高人或组织自身的社会价值。

由此可见，知识管理是一种新的管理理论与战略，它主要的管理对象是知识，既包括显性知识，也包括隐性知识；由于隐性知识储存于人的大脑，所以知识管理不仅是对物的管理，也是对人的管理；知识管理强调动态的过程管理以及在这个过程中知识的升值，尤其强调该过程中知识的共享，并以组织应变和创新能力的提高以及业绩（竞争力）的改善为最终目标。

综上所述，知识管理的概念可以作如下表述：知识管理是一种综合了多学科知识与方法的，通过开发管理组织的知识资源（包括显性知识和各种隐性知识），实现知识的交流与共享，从而提高组织的效率、反应能力和创新能力的理论与方法，是组织机构对其知识资产和与知识相关活动过程的管理，是人类信息管理活动的最新发展阶段。

（2）知识管理的特征。知识管理是信息管理理论在知识经济社会的新发展，它将信息处理能力和人的创新能力结合起来，以增强组织对环境的适应能力、应变能力和预见能力。其特征主要体现在以下几个方面：

①知识管理不仅注重显性知识的组织管理，更注重隐性知识的开发管理，以及显性知识和隐性知识相互作用和相互转化过程的协调管理，这是知识管理最重要的特征。

对显性知识的管理是通过收集、组织、整合等一系列管理活动，使其更方便地被人有效利用，真正为人吸收，从而转化为人脑中新的隐性知识。

对隐性知识的开发管理实际上是要利用编码化的显性知识去丰富人的大脑，启迪人的智慧，激发人脑的隐性知识，并帮助和促使与人交流，进而转化为组织成员所共享的显性知识。

显性、隐性知识转化的过程中，人创造着知识，知识改变着人，人和知识有机结合成为不可分割的统一体。知识管理正是通过人与知识这个有机体，致力于将个人和组织共享的知识转化为能带来效益的知识资产，提高组织的创新能力，以实现组织的战略目标。而创新能力的提高往往又取决于人与知识结合的程度。寻求知识（显性知识和隐性知识）与人（个人和集体）的有机结合，并促使其转化为组织的创新能力，提高组织的竞争能力，是知识管理的根本目的，也是知识管理的核心所在。

②知识管理的另一突出特征是充分体现以人为本的管理思想。这种思想从它重视隐性知识上可以体现出来。对于以知识为基础的组织机构来说，人是隐性知识的载体和知识创新的主体，人们发现问题和解决问题的能力、掌握技术的技能和诀窍、工作中的经验和判断力，决策时所具有的洞察力和前瞻性都是隐性知识的直接体现。由于大量的隐性知识没有通过文字来表达，因此在以往的管理中未引起人们的重视。随着人们越来越多地认识到隐性知识与知识创新的内在联系，隐性知识的价值逐渐引起重视。知识管理的核心就是创造一种能使隐性知识与显性知识产生互动的机制和平台，使隐性知识能表述出来并转化成组织共享的知识。

隐性知识的价值让管理者从一个全新的视角评价员工的价值，并将组织管理与员工需要密切结合起来，这就使得知识管理具有了更多的以人为本的思想。此外，隐性知识的提出扩展了知识的边界，将知识管理的范围扩展到了人与人之间、人与社会之间、人与信息之间。它充分体现了以人为核心的管理思想，是人本主义思想在管理中的真实体现。

③知识管理强调知识创新，注重培育集体的创造力，并由此而形成整个知识管理的思想体系。知识管理是一种开发人的智力和激励创新管理战略，是一种通过知识共享来激发集体智慧提高竞争力的过程。它重在形成一种知识创新的机制，或者说营造一种和谐的知识生态，依靠内部的知识交流和知识共享来促进员工不断创新，从而使组织得以生存和发展。

知识管理无论是对具有隐性知识的人的管理还是对显性知识的管理，都是着眼于知识，其目的是要挖掘、激发隐含于人脑中的知识和智慧，促进人与人之间的交流和沟通，以实现知识共享，使每个人的智慧都成为组织创新的动力源泉。知识管理实际上是对人的隐性知识的开发管理，是要使个人的隐性知识通过共享成为集体的知识，并利用大家所共同拥有的知识去创造新的价值，从而提高组织的创新能力，所以说，知识管理是创新的管理。

综上所述，知识管理是对显性和隐性知识的管理，更是对具有知识和创新能力的人的管理。它要求把知识与人联系起来而形成知识交流和运用的网络，通过知识共享，提高个人和组织整体的创新能力，从而实现组织内外多重利益关系的双赢战略。

2. 知识服务的概念

由于知识服务是知识社会网络化环境下的产物，是图书情报界在知识经济条件下探索知识管理方式改进服务方法而提出的新生事物，所以人们对知识服务的理论研究与实践活动还处在摸索阶段，目前对其概念的理解和阐述也是众说纷纭。

从观念上看，知识服务以用户满意为目标，面向知识内容，重视用户需求分析，根据问题和问题环境确定用户需求，通过信息的提取和重组来形成恰好符合需要的知识产品。知识服务面向解决方案，贯穿用户解决问题的全过程；面向增值服务，关注和强调利用自己独特的知识和能力，对现成文献进行加工形成新的具有独特价值的知识产品，为用户解决其知识和能力所不能解决的问题。

在服务方式上，知识服务融入用户和用户的决策过程，而不是游离于用户之外的服务。知识服务关注专业化和个性化，而不是"批发"性的服务。知识服务基于分布式多样化动态资源和系统，而不是基于固有某一种资源或系统，它是虚拟化的服务，需充分调动和集成各种资源、系统和服务来支持，因此它不属于也不局限于某一个图书情报机构或系统。知识服务是基于集成、基于自主、创新的服务，不再是标准化和事务性工作。

总之，知识服务是一种全新的服务理念。它将服务的轴心由传统方式的文献信息资源转移到信息需求者——用户的身上，处处体现着为用户着想的"人本思想"。它是一种人性化的服务，它不仅适应了用户对知识信息的需要，而且还适应了用户在知识创新过程中的心理需求。知识服务是在知识、信息共享与交流基础上提供的知识增值服务。它通过提炼和集成，并按某一知识概念和学科门类建立起某种关联，形成"知识的网络"，从而在更具专业化和个性化的水准上满足用户的知识需求。

3. 知识服务的特点

基于上述对知识服务概念的理解，可将知识服务的主要特点归纳为以下几个方面。

（1）以用户为中心，以用户满意为目标。知识服务是满足用户知识需求的活动，"以用户为中心，以满足需求为追求"是图书情报机构知识服务的原则和目标。图书情报机构的一切服务要以用户为中心，以满足用户的知识需求为出发点，根据用户实际需要搜集选择各种信息，为用户克服因信息分散而造成的检索困难提供索引指南，为用户便于理解和吸收知识提供经过提炼、加工和重组的新的知识产品。它关注和强调利用自己独特的知识和能力，直接介入用户解决问题的过程，帮助用户解决他们自身难以解决的问题，为用户提供知识并创造价值。

　　用户是图书情报机构服务工作的轴心，是服务质量的最终评价者。离开用户，图书情报机构也就失去了存在的价值。知识服务以满足用户的知识需求为目标，了解用户的动态知识需求，研究用户的知识需求规律，为用户提供全面、准确、有效的知识信息，提高知识服务的针对性和实效性，使用户高效迅速地获取和利用知识去解决所面临的问题，以实现让用户满意的服务目标。这一方面使得知识的价值得以实现，同时也使服务成为有价值的服务。

　　比较而言，传统的信息服务是以文献信息资源的物理收集、存储和传递为目的，向用户提供的仅仅是物理形态的文献和信息，这些文献和信息不仅受自身的馆藏状况及范围的影响，而且其内容的深度和广度以及与用户所需知识的内容匹配程度来说，都难以真正帮助用户解决实际问题，难以真正达到满足用户知识需求的目的。

　　（2）面向解决方案，贯穿用户信息活动的始终。知识服务关心并致力于帮助用户找到或形成解决方案，而解决方案的形成过程又是一个对信息和知识不断查询、分析、组合的过程，因此，知识服务将围绕解决方案的形成和完善而贯穿于用户信息活动的始终。用户信息需求的产生和利用信息解决问题的过程受多种因素的影响，中间缺少任何一个环节或条件不充分都可能影响信息需求向利用知识的实际行为的转化。而且随着环境等外部因素的变化以及用户解决问题的不断深入，用户信息需求或行为也会发生变化，潜在的需求可能会突现而变成实际的信息行为，已开始的信息行为也可能因某种原因而中止。置身于用户信息活动过程之外，是看不到这些变化的，因而也就无法真正解决用户的问题。

　　所以，知识服务从了解、分析、研究用户问题开始，有针对性地搜集相关信息，帮助用户确定和调整信息活动的目标，并随时根据用户信息活动的变化重新筛选和组织信息，从始至终不断提供能支持用户解决问题所需要的知识。这与我们在传统信息服务中所做的跟踪服务类似，所不同的是，知识服务要求在对用户信息活动全过程的参与、了解、分析的基础上，主动提供与他们不断变化的需求相匹配的知识内容，帮助他们形成解决问题的方案，而不仅仅是满足于按用户的要求提供原始的数据、文献或某些可供选择的信息范围。

　　（3）面向知识内容，实现知识价值。知识服务非常重视用户所需信息中隐含的知识内容。它根据用户提出的问题和问题环境进行用户需求分析，从大量现有或历史数据集合中发现并找出有用的信息，通过对信息的分类、组织和描述，识别并提示信息内容，分析各种信息内容结构之间隐含的知识关联，从中找出与用户需求相匹配的知识，并用简明、科学、很有逻辑的方法将知识内容显示出来，形成适合用户解决问题的方案，即将最恰当的知识在最恰当的时间传递给最需要的人。相对而言，传统的信息服务则是基于用户简单提问和物理信息获取的服务。

　　知识的价值在于使用，只有被更多的用户用以解决实际问题，知识才能充分实现其价值，知识服务正是将知识的价值实现定位于是否能解决用户的问题。在用户从产生信息需求到信息需求的满足过程中，知识服务不仅要提供符合用户检索需求的信息，更要确保所提供的信息能解决其实际问题。知识服务关注和强调利用自己独特的知识和能力，根据用户的需求，帮助用户检索所需信息，并对大量信息进行分析、过滤、加工、重组，直至获得能解决用户实际问题的知识，形成新的具有独特价值的知识产品。这不仅使得知识本身的价值得以实现，同时也使检索、分析、加工、重组知识这一服务过程的价值得以实现。知识服务是通过服务人员的知识和专业能力为原有的知识增添新的价值，通过提高用户知识应用和知识创新效率来实现知识和服务的价值。而传统的信息服务基于资源占有和简单的文献信息传递，未能充分发挥服务人员所蕴含的智力水平，难以体现出服务的价值。

（4）面向创新服务。如果说知识服务中知识的价值体现在能解决用户的实际问题，那么其服务的价值就在于满足用户的信息需要，并帮助用户实现知识的利用和创新。在服务过程中需收集各种信息资源，采用多种信息技术对它们进行整理、筛选、重组，形成能解决用户问题的新知识，这个过程是新知识的创造过程。同时，用户利用经过组织、加工、整合形成的新知识，再将它们转化为更高层次的生产力，并由此创造出更新的知识。也就是说，一方面，图书情报机构根据用户的需求收集获取和提供最新信息，可以使用户在解决问题的过程中不断启发新思维，创造新知识；另一方面，通过对知识信息的收集、加工整理、分析与综合，使无序的信息变得有序，使固化的知识得以活化，工作人员在这一过程中也融入了大量个人的智慧和能力，这也就是知识增值和创新的过程。知识服务与传统的信息服务的最大区别就在于它提供的是创新的增值知识，而不是将固有的知识信息简单地传递，这个增值的过程就是创新的过程。

（5）服务内容个性化。知识服务是站在用户的角度，为用户量身定做满足需求的知识信息，帮助用户解决实际问题。不同用户需要解决的问题各不相同，同一类问题的用户因自身的特点而需要有适应不同个体的不同的解决方案，即使同一问题的用户也会因解决过程中的不同特点和外在因素的变化要有不同的方案。可以说，每个用户的方案是唯一的、特定的。而知识服务正是根据用户的信息行为习惯和需求特点，通过采用适合用户个体的多样化服务过程和个性化服务行为来实现的。

相对来说，传统的信息服务方式，拘泥于固定的模式，提供的服务结果也是大同小异，难以满足用户个性需求和解决用户的实际问题，不利于知识的应用、创新，同时也限制了信息服务人员主观能动性和创造性的发挥。

（6）基于综合集成。知识服务是要将各种资源（包括人力资源、信息资源和技术资源）有机地整合起来，发挥服务机构在人力和智力、信息与技术等资源方面的整体优势。它将通过开放式服务模式，通过系统集成、服务集成、团队工作等多种方式联合、协调，利用多种知识资源来提供知识服务。综合集成与一般集成的最大差别在于，人作为综合集成的组成部分在系统中发挥主要作用，可以由专家介入，利用现代信息技术、多媒体技术、人工智能技术、虚拟现实技术等解决用户的复杂化问题。

综合集成的服务模式已不是传统的线性的纵向为主的关系，而是形成了复杂的、纵横交错的但又条理清晰的关系"蛛网"。这是种柔性的开放式动态结构，可以形成虚拟化的组织运作方式，可以扩展并形成新的服务联盟，从而极大地提高知识服务的灵活性和智能性，增强知识服务的力度和功能。

8.4.2　组织的知识管理与知识服务

知识管理以管理创新知识为主体，其管理和创新是以组织的智能化发展和学习型组织的建立为基础的，它被视为 21 世纪社会发展的一大主体工程。从知识信息的作用机制看，知识创新是对客观事物发展规律的探索，它为发展生产提供有效的技术方法和手段。"创新"具有很强的连续性，在知识创新过程中，人们需要借鉴他人、继承他人的成果，在已有成果的基础上持续发展。如何借鉴、继承和创新的问题，就要对知识进行有效管理并对创新进行专门化的信息保障。

1. 组织的知识管理与知识服务

知识创新使人类社会正在步入一个智力资源的占有、配置和知识的生产、分配为主体的经济时代，彼得·德鲁克指出，在新的经济体系内，知识并不是和人才、资本、土地并列为制造资源的要素，而是唯一有意义的创新资源。

与此同时，知识老化的速度越来越快。企业新产品和效率的优势由于竞争对手的模仿而越来越难以长期维持，要想在竞争对手生产新产品之前便淘汰自己的产品，必须使产品创新、服务和效率等方面达到了一个新的水平。

2. 组织运行中的知识流与知识管理

无论是在企、事业组织的管理决策，还是在其业务活动的开展中，信息的沟通作用是必不可少的。然而，仅凭这种沟通是不够的，信息必须经过管理决策或业务活动的主体（人）才可能产生作用；这种作用则是人们通过大脑中所固有的知识对反映事物属性和状态的信息进行加工处理，使之转变为有用的知识，从而形成新的知识、概念的结果。在传统的组织管理和运行中，组织管理大都限于信息的层面，而较少顾及知识层面，致使知识层面的作用仅限于组织中个体成员的单独作用。即使是科学研究，合作者交流的也大都限于创新活动信息，而未能对深层的知识进行互融。这说明，信息管理是组织化的，而知识管理则是分散的。

事实上，知识与信息存在着内涵上的联系。信息普遍存在于自然、社会和人类思维活动之中，是物质形态及其运动形式的体现；知识则是人类活动所特有的，是人类通过信息认识对象属性和本质的产物。知识的显化结果，可以存在于信息载体之中而传播，如反映项目研究成果的报告、科学论文、发明专利文献等；然而大量的知识则是隐性的，它隐含在作为活动主体的人的头脑中，而未能被发掘、利用。

在社会的信息化发展中，信息技术的进步为我们进行深层的知识发掘提供了可能；同时，组织发展的竞争能力，使得我们必须考虑如何充分发挥人的作用，即以人的"知识作用"为核心进行管理。因此，我们说基于知识的组织管理是管理科学在信息化社会发展中的产物。

知识管理作为信息管理和信息资源管理的升华和发展，其实质是集成知识、及时地捕获和管理知识。

美国《福布斯》杂志 1998 年 4 月 22 日发表的一篇题为"迎接知识经济"的论文，提出了知识管理的概念。文章认为，知识管理不同于信息管理，它通过知识共享，运用集体的智慧提高企业的应变能力和创新能力。对于企业来说，知识管理的实施在于建立激励雇员参与知识共享的机制，设立知识总监培养"企业创新"创造力。

知识管理专家马芝达（Yogesh Mothotra）认为知识管理是在日益加剧的不连续的环境变化中服务于组织适应、生存和发展的关键性活动。

知识管理体系的建立旨在有效地实施组织的知识管理，知识管理的直接目标是知识创新，其基本作用在于：

（1）知识管理帮助科技工作者获取最新科技信息，这是启动知识创新过程的前提条件，在知识激增的今天，建立一个能迅速汇集、及时提炼、便捷输送的知识管理系统，是进行知识创新的一个重要因素。

（2）知识管理不仅为科学研究创造条件，而且根据科学研究的特定需要，直接汇入科学研究过程之中，为科学研究提供全程的信息保障。

（3）知识管理关注知识的扩散和转移，是知识创新成果转化为现实生产力的桥梁，从而促进社会经济的发展。

可见，只有加强知识管理才能更好地建立组织的创新体系。

从管理角度看，基于知识的管理是基于信息管理的深化与拓展，是组织发展和社会信息化发展与知识经济发展的作用产物。

知识管理的对象不只是编码化的信息，还包括对非编码化信息的载体——人的管理。传统的信息管理仅局限在对于"第三类"信息的管理之上，而不注重对于"第二类"信息的管理。由于人是"第二类"信息的载体，对人的管理是掌握"第二类"信息的手段。组织中典型的知识传播要经历一个从隐式（人脑内部的存在形式）和显式的（获取和封装成可复用和可检索的形式）到全部显示的，又返回隐式的过程。他人通过整个组织系统学习和使用知识，如图 8.1 所示。

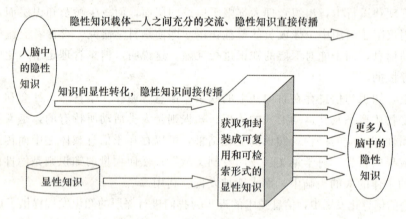

图 8.1　组织内的知识流

知识管理一方面促进非编码化的知识编码化，利于知识共享；另一方面强调有利于个人非编码化知识共享的组织方式，促使知识载体——人之间充分的交流，通过人际互动使得知识广泛传播。

知识管理是对知识生产过程的管理。知识管理基于知识流和知识的自组织，旨在找出一个能理解知识如何积累、如何倍增的关系，使少数人的"专长"扩展为整个组织的知识。知识生产部门已成为一个庞大的社会化实体，它渗透于人类活动的各个领域、成为技术决定因素和生产发展的支配力量。知识管理以知识生产最大化为目标，提倡以试验化的方式来研究知识，促进知识的增长。

知识管理的实现，对于创新型的企业有着重要意义。例如，学习型企业和基于网络的虚拟企业的动态联盟的形式，必然以知识的组织和管理为核心。

在知识迅速变化的环境中，组织要求得自身的生存和发展，就应该建立学习型组织，这种学习是组织化的（集体的）学习，涉及整个思维方式的转变、系统思维模式的建立和对目标远景的共识，这种系统的学习是管理思想变革的基础。

虚拟组织的典型是虚拟企业。这是一种崭新的企业组织形式，它是由不同的企业（或其中一些部门）按某一特定任务要求而临时组建的企业，它没有固定不变的组织系统，没有看得见的有形公司，但却是一个经济实体，任务完成后便宣告解散，它能顺应多变的市场形势，抓住机遇迅速组成，可以简化管理。更重要的是可以采用新的产品开发方式，在产品设计中大力采用柔性的模块化设计方式，并吸收用户参加设计。它的基层组织主要是以任务为中心而组成的多学科、多专业项目组，形成网络，进行管理。这样的企业可以跨地区至跨国、跨洲，也可以跨行业组成，它的存在以具备发达的信息网络为前提。

3. 知识管理的目标确立与技术、范式

有人说我们追寻信息本质的过程与盲人从自己的角度感受大象的一部分一样，这些角度包括教育、经济、社会、技术、商业以及世界事务，在实践中人们从不同角度对信息进行描述。这里我们强调的是由于信息流动、使用而形成的信息等级。

20 世纪 80 年代末，美国信息学家德本斯（A. Debons）等人在其学术著作中，提出从人的整个认知过程的动态连续体中理解信息的重要观点。他们将认知过程表达为：事件—符号—数据—信息—知识—智慧。这个连续统一体中的任一组成部分，都产生于它的前一过程，例如，"信息"源于"数据"，又是"知识"的来源。

这个观点影响深远，被广泛引述。20 世纪 90 年代末，IBM 公司高级商业学院的斯蒂芬、赫克尔等人在美国信息研究所的第五期年度报告中，进一步分析了信息的结构（也称为思维模型的"概念""范式""格式塔"等）以及由此形成的等级。

图 8.2 描述了信息结构的一般等级，不同层次信息的数量和完整性随着信息价值和主观性的增长而下降。

图 8.2　信息流等级

事实（Facts）：在一种真理价值观下得到的观察资料；信息（Information）：关联中的事实；推理（Inference）：运用思考、理解能力的过程；智力（Intelligence）：对信息进行的推进；知识（Knowledge）对智力的确证；智慧（Wisdom）：综合了的知识。

粗略地，可以看出从"事实到智慧的等级划分"和某些信息系统专业术语之间存在着一个非常有意义的对应——至少这种对应一直存在于"知识信息"等级之中。

我们将组织的"学习循环"过程归纳为：感知—解释—决策—行动的循环往复。由此可以简单地将信息等级结构和"学习循环"结构对应起来。事实可以被感知，信息和智力对于解释事实之间的关联或意义是必不可少的，产生知识的确可以提高决策制定过程的质

量，而在智慧引导下的行动必然是优化的选择，尤其是当存在更多的智慧能把一个学习循环的各个过程连接成一个自我增强型循环的时候。

据此，我们有理由认为，知识管理的目标应该是多元化的，其多元化目标内容包括：

（1）知识管理不限于用户以程序化的方式提供文献的存储位置和获取方式，而是重在评价科学文献，一方面对大量而分散的相似资料进行合理的选择，根据特定的原则以简明、综合的方式组成新的知识单元，借助知识管理系统向未知者传递。另一方面，充分提示文献间的关系，展示文献间结合的知识链，帮助科技工作者选择可用的科技文献，提高知识获取效率。

（2）知识管理加强对知识生产结构的研究，以促进知识的增长为主要目的。美国近20年来，实业界在技术上的投入超过1万亿美元。但由于对知识生产结构缺乏必要的认识，从而大大影响了技术投入和信息系统在提高工作效率和员工能力中的作用发挥。知识管理对知识的产生过程、途径加以剖析，发现知识增长的内在机制，有目的地利用管理手段和信息技术提高知识的增长速度。

（3）知识管理通过对知识管理，为组织带来了新型的现代化管理方式，提高组织的创新能力、生产率、反应能力和技术技能，使现代管理与知识管理融为一体。

（4）与信息管理相比，知识管理更突出教育的作用。知识管理的发展有利于教育水平全面提高。教育是知识经济的主导产业之一，学习是知识获取的主要途径，知识管理不只是刺激知识的生产，同时创造知识共享的条件，倡导教育和自我教育，创造知识广泛共享的文化氛围。

运用高效信息技术和新型的管理方法使那些在知识获取方面受到物理限制的人能够对知识加以利用，已成为知识管理的目标。知识管理不仅要处理大量的信息和知识，而且对于减少信息的膨胀应有所作用，这就需要进行下列方法与技术的拓展：

（1）知识管理深化了对包括计算机技术、通信技术在内的信息技术管理。在以计算机和通信技术为基础的知识经济时代，知识管理在信息技术的使用上有待进一步的深化，表现在信息处理向知识发掘的转变上，以及利用人工智能技术获取信息中隐含知识的流程中在知识的存储和传播上，强调利用大型数据库技术、知识检索技术、智能代理、搜索引擎以及网络技术、组件技术，保证知识的充分共享。

（2）知识管理强调系统化的研究方法，要求把信息与信息、信息与活动、信息与人结合起来，在系统化的空间中发现信息与环境的普遍联系，以有利于知识的发掘、传播和利用。信息的系统化处理保证了知识的创造、共享和使用，其集体智慧和创新能力保证了组织适应知识经济时代的要求。

（3）知识管理引入了新的组织管理模式，扩大了默认知识的共享范围，使组织成为人们获得知识的重要来源。例如一些发达国家的先进企业在首席执行官与信息主管之间设立知识主管。信息主管将工作重点放在技术和信息的利用上，知识主管将工作重点放在推动创新和培育集体创造力上。知识主管在企业经营活动中的主要职责在于为实现显性和隐性知识共享提供有效途径。

（4）知识管理引入了经济学的研究方法。知识作为稀缺资源需要利用经济学的方法加以合理配置。美国信息产业协会对新型的知识管理者要求，不仅具有信息技术方面广博的知识，还必须熟悉竞争中各种资源的运用规律，拥有发展、战略、预算方面的知识。

4. 组织知识管理与服务的实现

组织知识管理的实现可以从显性知识管理和隐性知识管理出发进行系统化的发掘和组织。从企业经营与运行角度看，这种系统化的知识管理又以企业战略目标的实现为前提。

（1）显性知识的管理与服务。显性知识以编码方式存在于信息载体上，外化信息必须内化为企业生产者和管理者的知识，才能转化为现实的生产力，这一转化过程就是信息和人的认识能力相结合的过程。对这类知识的竞争战略就是要力图比竞争对手更全面地获取信息，并更迅速深入地对信息进行分析和推理，使其产生最大限度的升华，不断创造新的知识，以满足决策对象的特定需求。一言以蔽之，即挖掘出最恰当的知识，在最恰当的时候传递给最恰当的人，以使他们做出最好的决策。图 8.3 给出了显性知识的管理与服务框架。

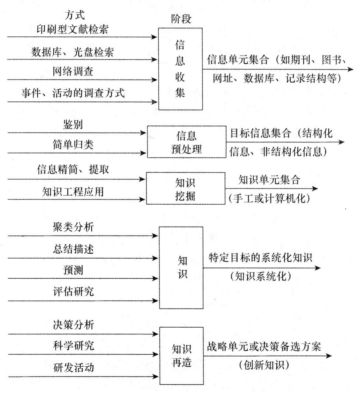

图 8.3 显性知识管理与服务框架

一般说来，图 8.3 所示的过程有如下几个关键环节：

①信息获取。信息是知识的载体，所以这一步非常关键。首先要确定信息收集的目标集——竞争对手的技术、产品、人事、财务等，以及竞争环境如政策、形势等，然后确定信息收集方式。一般包括文献途径、数据库光盘、网络途径、实地调查等。

②信息预处理。由于信息激增、信息信息污染等因素造成知识存储过于庞大和无序，信息在产生、传输过程都会产生伪信息，因此必须对信息的真伪和时效性进行鉴别，技术信息的内容、形式进行分类，通过信息预处理，形成"纯度"高、"开采"价值大的目标数据集合信息。

③知识挖掘。其关键是对信息进行精简、提取。利用逻辑方法抽取"有用"的能改变自己对某一问题看法的内容，即知识要素或知识单元，然后按照一定的规则，如知识工程中的知识表示方法对抽取出来的内容给予逻辑表达，形成知识单元集合。另外，知识挖掘也利用 KDD（Knowledge Discovery in Databases），即利用新一代的计算机技术和工具来帮助开采数据库中蕴藏的资源，经过提炼，使之成为有用的知识。具体操作过程涉及机器学习、模式识别、数据库、统计、人工智能及管理信息系统等方法应用。

④知识重组。组织管理的目标不仅在于提高存储信息和提取知识的能力，而在于把未来目标与追求目标的特点过程进行动态匹配，也就是说数据库中大量静态、孤立的知识信息不能指导决策。必须用相关的方法寻求知识，方法包括：总结描述（竞争态势构造）、回归分析、关键要素预测、综合评估等。

⑤知识再造。知识再造的结果包括战略单元和创新知识。企业战略备选方案的制定在现有知识水平、知识联系及知识未来水平预测的基础上形成。新的知识可通过 SWOT 分析、SPACE 评价模型及 BCG 选择模型等方法，将系统化的知识再创为可指导企业行动的竞争战略决策。

（2）隐性知识的管理与服务。实现包括企业在内的组织的可持续发展，要求组织从个别创新向系列创新发展，由专家创新向全员创新演进，即充分挖掘全体成员的潜能。因而隐性知识竞争战略的要点是创建学习型企业，实现整个组织的自主创新。而在此过程中，应有效地开发管理隐性知识，把表面看起来似乎毫不相干，毫无任何联系的现象联系起来，提取深层次的信息单元和知识单元，重组隐含的内容，创造新的知识。隐性知识的利用包括以下几个方面：

①基于人类认识的隐性知识信息的利用。大脑是人的 CPU，是一个高水平的信息处理器，在抽象思维、形象思维和灵感思维方面超过任何人造的信息处理系统。人类在长期的实践中，基于已有经验、联想，甚至直觉、灵感对于看来毫无作用的信息，或对某个特定的认识主体构成联想，启迪灵感。常常在现有学科的边缘或交叉点上有所突破，进行决策性、创造性思维的活动，产生新的知识。

②基于系统论方法的隐性知识信息的利用。在科学知识的大系统中，各门类、各科学之间均存在不同层次的结构和逻辑关系。因此，隐含信息的重组和知识创新，既要顾及各门类、各学科不同层次的信息单元、知识单元，又要顾及各门类、各学科信息、知识之间的相互联系。针对同一问题，从不同的侧面去探讨事物的发生、发展过程以及事物的内在本质和规律，以求得出整体性、综合性的结论。

③基于信息库、知识库的管理技术的利用。研究技术手段的应用有益于新思路和新技术的产生。计算机通讯和数字化技术，为隐含信息重组、知识创新开辟了新的天地。通过高新技术手段，可以获取用传统方法无法获得的信息、知识，可以把各种信息、知识融合起来，利用文字识别、语音知识、模式识别、图像处理技术、知识导航和知识综合分析等技术，模拟人的思维、以信息单元、知识单元处理作为基础进行创新，最后对创新知识进行模拟和表达。这种融入人的智慧后产出的具有创造性的新知识，比原有知识更重要、更高级，被认为是"知识的知识"。

由于网络的跨全球性，可检索信息的载体数不胜数，以至普通用户查找信息十分困难，虽然用搜索工具能查到许多信息载体，但用户仍然要以手工方式筛选这些信息，这就要求研究信息发现机制。

信息发现是用户寻找相关信息载体以弥补知识缺口的一系列活动的集合，包括网上特定数字对象的定位、候选对象集合资源的组织和排列，以及对该集合的扩检和限检等。

从理论上看，信息是由信息元（Information Element）的信息微粒（Information Particles）组成的，因而信息载体包含着许多的信息元，用户的信息需求实质上是对一定量的信息元的需求。满足用户特定信息需求的信息元并不集中于单一载体之上，所以用户通常要搜寻多个甚至是非常多的信息载体方可满足信息需求。信息发现归根到底是寻找弥补知识缺口的信息元。信息元空间存在三个特征：传递性、价值性、包含性。

信息发现的实质是知识发现。知识发现是用户从已获得的相关信息中推导出所需要的缺口知识的过程。这样，用户不必通读文献，而由系统给出一个准确简洁的答案。图 8.4 是信息发现过程示意图。

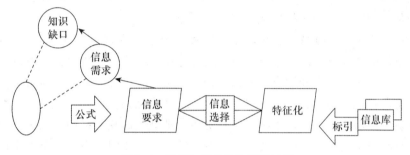

图 8.4　基于知识的信息发现过程

信息库是若干信息载体聚积成的集合，其特征易于信息发现，是凭借超级链节联系起来的网页载体集合。说是载体，是因为它们所携带的数据需要用户经过视、听等途径接收、理解它以后才成为可用信息。用户是信息需求者，用户信息需求表述应为信息检索系统所识别。需求与供给的选择匹配由一中介完成。

信息发现需求是在现有技术条件和价格水平下用户发现某种信息的需求。其要素有二：首先用户有获取信息的主观愿望；其次，用户有发现信息的能力、购买能力等。面向信息载体的是具有信息发现需求的用户，用户以信息要求，即查询来表达信息需求。查询通常仅是满足信息需求的粗略描述。因此，随着查询的推进，对信息需求的进一步优化是大有裨益的。

8.5　基于创新的知识服务系统

知识服务系统 把分散于个人的经验、技能集中起来，实现知识共享，把行业知识组织起来，让计算机能够像专家一样辅助决策，成为综合知识集合，提升企业原有或新建的系统，使之智能化。

知识资源的共建共享不仅能满足用户对知识信息的巨大需求，同时还能降低共建单位购买、维护资源的成本，消除信息孤岛，实现资源配置优化，提高资源的使用效率。因

此，建设共建共享模式知识服务系统对解决知识信息需求与供给之间的矛盾，促进知识经济社会的发展具有重要的现实意义。

8.5.1　基于共建共享模式的知识服务系统

共建共享知识服务系统是基于现代网络通信平台，以共同建设为前提，以共享知识为服务目标的集合系统，系统内容由众多主体共同参与建设完成，系统不仅支持信息交流、知识获取和利用，还支持知识生产者进行文献内容分析、数据挖掘和知识发现等。

1. 共建共享模式知识服务系统的特点

（1）共建主体的选择机制。共建共享模式知识服务系统设有比较完善的建设主体管理和审核机制，根据建设主体的能力、信息素养、特长领域等各个方面因素对参与共建的资格进行评审和考核，通过审核达到标准的建设主体才能成为共建单位，筛选过程中建设主体从事研究领域的多样化是系统建设时考虑的一个因素，主体在不同领域有自己的专长，提供的知识信息面广，有利于提供优质的知识服务。

（2）资源共享和机会均等。在建设知识服务系统过程中信奉"知识共享，机会均等"的原则，共享以共同建设为前提，只有参与系统建设的成员才有机会共享系统提供的知识服务，参与共建的主体获得知识服务的权限相同，主体可以自由选择与利用。

（3）拥有与存取。在信息资源的共建共享过程中，拥有和存取是两个最为相关的范畴。拥有一般是指利用本单位或组织的信息资源来满足本地及网络用户知识信息需求的行为。存取则是指利用其他信息机构的信息资源来满足本地及网络用户信息需求的行为。共建单位提供具有特色的知识信息资源给其他用户，同时分享其他单位提供的知识服务，整个共建共享知识服务系统具有的功能远远大于单个知识服务系统功能的简单相加，大大提高了资源使用效率。

（4）数据规范统一。共建共享模式下知识服务系统首要解决的是传统发展模式带来的"信息孤岛"问题，把不同地理位置上以及不同类型的知识信息资源按照统一的标准规范进行存储、管理并通过统一的操作界面提供给用户，打破时空的限制，使用户可以在任何时间、地点都可以登录进行跨库检索，提高检索效率，优化知识服务质量。

2. 共建共享模式知识服务系统业务需求

网络环境下的知识信息资源共建共享不是去创造用户信息需要，也不是对已有信息资源废弃重建，而是接受信息共享本无冲突的理念。在技术上设法努力寻求人工智能、虚拟技术等现代手段支持；在理论上以系统工程、人机工程等理论工具为基础，找到一种用户数目和内容品种都各尽人意的、全新的信息共建与共享模式，使服务、知识、网络三者最佳整合，去满足用户的信息需要，充分提高信息资源的利用率。从人机角度考虑，服务、知识、网络三者的有机结合，就是人、机（信息资源与硬件设施）、环境三者达到最佳结合。总体上，共建共享模式知识服务系统的基本业务有：

（1）用户信息管理。用户是指与知识服务系统有业务关系的个人、单位、组织和社会团体。用户类型、用户单位名称和用户编号为确定用户的标识。系统根据权限对机构实行级别管理，分为系统管理员级、共建主体用户级、普通用户级三个级别。系统管理员拥有最大权限，维护系统的运行和管理共建主体，共建主体管理员是共建主体在系统中代表，根据共建主体对系统的贡献大小给予不同程度的奖励，但共建主体在系统中享受的相同权限的知识服务。共建主体管理员负责本机构的用户的注册，注销以及维护本机构数据库。普通用户是系统知识服务的直接享受者，不直接参与系统的建设，由机构用户管理员代理其参与系统建设。

（2）检索、浏览与导航。检索、浏览与导航是知识服务系统的基本功能之一。系统知识库内容丰富、数据类型众多，检索功能为用户提供简单的知识信息服务，包括简单检索、高级检索。用户根据关键词的逻辑组配进行模糊检索或精确检索，并且可以对检索结果进行二次检索。检索的最终结果以知识树的形式展现出来。导航功能辅助用户找到所需的知识信息，用户可以随机浏览知识库信息内容。

（3）统计与核算服务。由于共建共享知识服务系统有众多建设主体，为了方便知识服务系统的管理，所以需要对系统用户的各项操作进行统计与核算。统计的内容包括共建主体的资源上载情况，共建用户、普通用户的系统使用情况，资源受欢迎程度以及资源被非共建用户有偿使用的统计等。核算主要是指按照预先设计的利益分配规则，对共建共享系统的收益进行分配。

（4）数据导入、录入和知识链接。系统支持外部数据的直接导入、后台录入等功能并提供相关知识链接，共建主体将已经外在的各类数据资源按照系统的数据格式分批次导入系统知识库，数据导入功能提高系统数据库建设效率。数据录入是指在系统后台中按照系统的要求逐条添加数据。同时系统还提供相关知识的链接服务，链接服务包括系统内部知识单元之间的链接、系统外部资源的链接。内部链接建立知识间的关联，提高知识服务的质量，外部链接为用户提供外部知识资源的出处，用户通过链接地址找到需要的资源。

（5）知识挖掘与推理。知识挖掘与推理是系统的核心功能。它是一个从数据库中抽取隐含的、以前未知的、具有潜在应用价值的信息的反复过程。包含多个相互联系的步骤：预处理、提出假设、选取算法、提取规则、评价和解释结果、将模式构成知识、知识的应用。系统结合用户的反馈信息，通过反复推理理解，不断修正算法，最后提供用户所需的知识。

3. 共建共享模式知识服务系统逻辑框架设计

共建共享知识服务系统是分布式知识服务系统，根据系统组织构成和业务需求，设计系统逻辑框架，如图 8.5 所示。

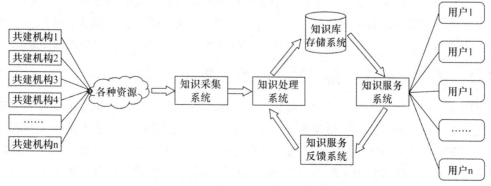

图 8.5　共建共享知识服务系统模型

（1）共建机构。共建机构不仅是共建共享知识服务系统的建设主体，同时也是知识服务的用户对象。共建机构可以是来自不同领域、不同类型的机构主体，类型的差异性使得提供的共建资源内容全面丰富，能更好地满足用户对知识信息的需求。但建设主体的选择必须严格执行建设主体的选择机制，建设主体的选择直接影响知识库的数量和质量，执行严格的准入标准能提高系统的服务质量。

（2）知识采集系统。知识采集系统的功能是对相关资源信息的采集、加工、整理、完成由信息到知识的加工转换。该系统包括两个模块：印本知识采集模块、数字资源采集模块。其中印本知识采集模块功能是实现印本载体的知识采集，需要人工辅助完成。首先将印本文献资源转换成数字形式资源，然后利用数字资源采集模块录入系统。数字资源采集模块是知识服务系统的入口，系统中的知识信息录入都需要经过该模块，在整个系统模块中起到了基础性的作用。

（3）知识处理系统。知识处理系统将采集到的资源进行知识化处理，内容包括资源格式转换处理，使非结构化和半结构化的资源结构化，以便知识库管理。还包括文种代码的识别、转换，资源分词标引、知识标引、文档分类聚类处理等。将加工后的知识进行分类、匹配，存入对应知识库。知识库的内容不断地更新和补充。知识处理主要有系统自动处理和手工处理两种方式，系统运行中通常是两种方式交替进行、相互补充从而保证了知识库内容的正确性。

（4）知识库存储系统。知识库存储系统是网络知识服务系统的主要组成部分，是知识服务的基础。该系统包含硬件系统、软件系统、检索系统，这些子系统相互协调，补充保证整个平台的稳定运行。其中硬件系统是资源的存储容器，目前海量存储主要是采用磁盘阵列（RAID）技术，实现快速，并行或交叉存取，并有较强的容错能力；软件系统采用数据库管理系统，它对数据库进行统一的管理和控制，以保证数据库的安全性和完整性；检索系统采用跨库检索技术，根据用户对知识库资源中不同对象和层次揭示上的需要，实现跨库检索。

（5）知识服务系统。知识服务系统是整个系统平台中面向用户的模块，给用户提供优质的知识服务，该模块不仅能提供传统的搜索查询功能，还能利用人工智能技术，对用户提出的问题进行知识推理和深度挖掘，然后把理解后的知识提供给用户，同时记录用户访问历史，发现用户知识倾向，以便能自动为用户推荐潜在相关的知识，提供个性化服务。

（6）知识服务反馈系统。该系统主要任务是获取用户对系统提供的知识服务质量的反馈信息，并对知识处理系统模块算法进行调整，同时该模块还提供了邮件服务和电话咨询服务，为用户提供全面周到的服务，并能及时地反映、处理系统运行中出现的问题。

8.5.2　基于云计算的图书馆知识服务系统

近年来，随着计算机技术的突飞猛进，图书馆知识服务工作的数字化进程取得了日新月异的效果，各级各类图书馆基本形成了基于 Web 2.0 技术的互联网交互协同知识服务模式。但当前图书馆知识服务工作仍存在着如何适应日趋复杂多变的知识服务需求，以最合理的人力物力向读者提供最及时最满意的文献资源服务工作的矛盾，越来越多的国内外相关学者就此问题进行了深入的研究，并分别从图书馆知识服务过程、图书馆知识服务共享、图书馆知识服务整合、图书馆知识服务保障、图书馆知识服务供给的敏捷性与供需匹配等方面发表了一系列重要研究成果,有效地推进了图书馆知识服务工作相关理论与技术的发展。

随着现阶段图书馆知识服务系统发展重心由单个系统大规模建设阶段朝着以互联互通、信息共享和业务协同为特征的深化应用发展阶段的转变,建立一种科学管理、整体部署、程序标准、设计规范的图书馆知识服务系统,实现不同系统之间的知识资源融合,已成为现阶段图书馆知识服务系统建设的核心内容之一。因此,需要一种基于云计算的图书馆知识服务系统建构模式,通过先进的云计算技术和一系列相关的保障机制来实现图书馆知识服务资源的新整合。

1. 云计算

云计算是建立在计算机分布式处理技术、网络同步并行处理技术和网格计算技术等相关技术相互融合创新的基础上发展起来的一种崭新的计算机网络服务技术,是以多种传统的计算机信息技术为基础的新型网络服务架构管理模式的实现,是集虚拟技术、效用计算方法、基础设施服务机制、平台建设、软件开发等概念融合演进并跃升的结果。虚拟化、超大规模、高可靠性、高可扩展性、通用性、按需服务极其廉价是云计算的主要特点。

M. Louse 指出,云计算本质是一种建立在 Web 服务基础上,能够使用户只支付自己所需功能服务的那部分费用,并且排除了传统知识服务在硬件设施与软件开发及所需各种技能方面的整体投资支出,使用户能够摆脱技术设计与整体设施布局上的复杂性而满足服务需求。

T. Lobert 则认为,云计算集中了技术应用、软件设计与供需平衡以及架构开发的技术理念,是计算机网络服务的崭新模式。或者换个角度讲,云计算是一种基于互联网为中心的应用平台。

我们可以从技术应用层次和信息服务层次这两个不同层次去理解云计算。

技术应用层次的云计算主要指信息技术基础设施的交付和使用方式,通过互联网以满足需求,容易拓展的形式获取所需要的各种资源。相互连接以供给资源的互联网络被称为"云",存在于"云"里面的各种资源可以随时按需获取、按需使用,并且能够不断扩充,用户按使用量支付费用。云模式知识服务的这种特征通常被用户称为,像日常水电消费一样利用信息技术的基础设施。

信息服务层次的云计算是指信息服务的交付和使用模式,用户通过计算机网络渠道以按需获取、容易扩充的方式获得所需要的各种信息与知识服务,而且这些服务既可以是信息技术基础设施本身的一系列硬件服务,也可以是其他形式的专业知识与信息服务,云计算理念与相关技术的核心基础就在于"云"这种形式的本身,这里的"云"是指一组具有众多数量的、相互连接到一起的计算机群,这些相互连接的计算机群可以通过个人电脑或网络服务器的形式存在,它们通过互联网构成强大的信息技术基础设施,从而为用户提供各种定制性的服务,而提供这些服务的云平台可以是公共信息技术服务部门也可以是营利性的私人信息技术服务部门。

2. 基于云计算的图书馆知识服务系统构建

云计算催生图书馆知识服务系统的变革,能够整合图书馆知识服务系统资源,形成图书馆知识服务系统设计的一体化机制。云系统设计与传统设计最大区别在于，它是利用互联网络的形式进行不同知识服务资源的传播与共享，基于云计算模式的互联网络能够形成图书馆知识服务资源发现、资源组织、服务提供、分布式运作等分工明确的图书馆知识服务链，链中的各个不同环节能够专注于本环节的知识服务质量控制，从而达成一种管理统一、部署完善、标准一致的、科学规范的图书馆知识服务模式。

从具体层面来看，云计算基础上的图书馆知识服务模式是通过网络构建一个共享与开发的"图书馆知识服务支持云"，位于云端的是图书馆资源的最终用户（图书馆知识服务需求者），其目标是通过互联网的终端能够获取所需的图书馆知识服务资源，并且对于图书馆知识服务需求者来说，这种服务是全面的、完备的，系统能够自动从图书馆知识服务云中获取图书馆识服务资源，而整个服务过程的开展必须基于互联网，其基本的服务流程如图 8.6 所示。

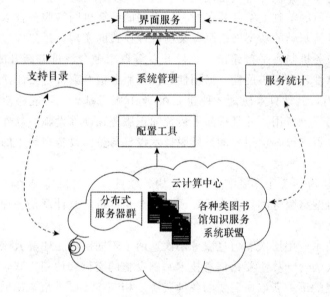

图 8.6　基于云计算的图书馆知识服务支持流程

在具体的应用层面上，基于云计算模式的图书馆知识服务系统内部机构可由基础设施层、中间控制件层和用户界面层等三层构成。

在这三层的服务系统结构设计中，最底层即第三层为基础设施层，该层由硬件设施层和软件设施层构成。在这里，作为服务系统最基本的物质技术基础，其硬件设施层由现有的图书馆知识服务数据库、知识库、储存设备、网络服务器设备等构成，在这一层中的各类图书馆知识服务设备目前皆已成熟，各级类图书馆一般皆已购置完备，不需要再重新进行添置，沿用当前各单位现有基础设施部件即可。软件设施层我们可以看作物理设施层的整合层，该层就是将物理设施层中大量相同类型的设备资源设置成相同结构或接近于相同结构的资源系统，从而形成诸如计算分析资源系统、储存资源系统、软件开发资源系统等，它的根本目标是把当前存在于各不同图书馆单位的大量资源异构数据库整合成能够通用的相同结构类型的资源系统，从而形成相互协同一致的图书馆知识服务支持基础。

中间控制件层处于基础设施层和用户界面层之间，它构成图书馆知识服务支持系统运作的核心层。该层主要负责对云计算模式下的各种图书馆知识服务的硬件和软件资源设施进行控制与管理，同时对众多的系统应用与服务过程进行调度，从而使整个系统达到一种高效、安全的运作状态。中间控制件层由资源管理、任务管理、用户管理和安全管理等工作单元组成，在整个图书馆知识服务过程中，系统通过这一层次的有序运作，最终能够取得一种具有良好安全保障和经济高效的图书馆知识服务效果。

处于系统最上层的是用户界面层，它是图书馆知识服务的实现层，它由图书馆知识服务支持接口、查询、系统访问等功能内容组成。该层设计为人机交互模式，以有助于图书馆知识服务资源供给方及时了解知识需求者的具体专业背景知识需求，有的放矢地提供个性化服务。

8.5.3　基于 Wiki 的知识服务系统

1. Wiki 的特点

作为一种新型网络技术，Wiki（"维客"或"维基"）具有如下特点。

（1）开放性。Wiki 对所有人开放，体现在：①开放：社群内成员可任意创建、修改、或删除页面。②可观察：系统内页面的变动可被来访者清楚观察得到。

（2）自组织性。Wiki 的结构体系是自组织、可汇聚、可增长的，体现在：①自组织，同页面的内容一样，整个超文本的相互关联关系可不断修改、优化；②可汇聚，系统内多个内容重复的页面可被汇聚于其中的某个页面，相应的链接结构也随之改变；③可增长，页面的链接目标可以尚未存在，通过点选链接，可创建这些页面，使系统得以增长。因此，利用 Wiki 建立的知识库，是一个有序的、关联的超文本网状结构；整个超文本组织结构是可修改的，任何成员可根据知识体系把页面连到合适的位置。

（3）协作性。Wiki 是一个协作共创系统，强调大众的参与和协作；Wiki 知识库的建立是社群成员集体劳动的成果，社群中的成员都是平等的，每一个成员都有相同的责任和权利，在共享自身知识的同时也分享别人的知识。

（4）简易性。对于任何用户来说，Wiki 的操作简单，很容易上手，体现在：①格式简单，基础内容通过文本编辑方式就可以完成，使用少量简单的控制符还可以加强文章显示效果。②链接方便，通过简单的"［条目名称］"，可直接产生内部链接，而外部链接的引用也很方便。③维护快速，快速创建、更改网站各个页面内容。

（5）版本控制性。为了防止恶意篡改网页内容等行为，Wiki 采用了版本控制系统来管理网页的内容，能自动保存不同版本的编辑记录，系统管理者有最高权限实现对知识内容的最终确定。经过众多用户对内容进行批判性地浏览、修改后，该条目知识内容能渐趋向于全面、客观与公正，此时系统管理者能利用 Wiki 的版本控制实现对页面的最终锁定。

2. Wiki 促进知识服务与共享

综上，Wiki 的特点可概括为：以主题为基准，内容关联性很强，使用操作简易方便，强调开放性及自组织性，注重合作协作、客观中立，适合社区的知识管理与知识积累，适合作资料库、知识库或信息库等。Wiki 具有的这些特点给知识服务系统的构建带来如下优势：

（1）Wiki 的开放性使得知识服务系统可借助群体的力量来不断完善知识库的建设，为群体提供一个开放的平台来贡献各自的知识；

（2）Wiki 的自组织性使得知识服务系统内知识库的建立可实现实时更新，促进知识的不断演进和优化；

（3）Wiki 的协作性使得知识服务系统可积聚大众的智慧，保障知识库的时效性、完整性、可靠性及信任度，并能激发新知识的产生；

（4）Wiki 的简易性使得人人都可以参与进去，降低了进入门槛，可以汇集不同层次人员对同一主题知识的不同理解；

（5）Wiki 的版本控制性能保障知识库的客观公正及质量，有助于系统管理者对整个系统平台的有效管理。

3. 基于 Wiki 的知识服务系统模型

基于 Wiki 的知识服务系统旨在更好地满足用户的知识需求，既满足网络传输特性，又符合用户接受知识的习惯。为了有效捕捉和充分利用个人头脑中的"灵感"现象和小型群体中的"集体智慧"，基于 Wiki 的知识服务系统允许每个用户自由创建、编辑页面，充分发表自己见解。在借鉴已有的观点之下，引导用户去思考，挖掘用户潜在的知识，使众多知识个体就感兴趣的主题做内涵式和外延式的扩展和深入探讨，实现成员之间的协作、互动，不断促进知识的共享、更新与创新。为实现以上理念，我们提出基于 Wiki 的知识服务系统模型，如图 8.7 所示。

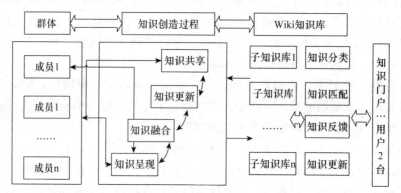

图 8.7 基于 Wiki 的知识服务系统模型

4. 基于 Wiki 的知识服务系统的体系架构

为实现以上理念，充分发挥 Wiki 优势，基于 Wiki 的知识服务系统体系架构由 4 部分组成：知识库、知识处理系统、公共服务系统及用户参与平台，如图 8.8 所示。

（1）知识库。知识库是系统的根基，是新一代的知识表示、存储系统，是经过合理组织的有关某一特定领域的知识集合，具有明确性、相容性、简洁性、可维护性等特点。一个知识库由多个子知识库组成，每个子知识库又是一颗知识树，对应某一类问题。Wiki知识库存储的知识可以是文本、图片、视频等，也可以是超链接等形式。人工通过其他知识平台获取或通过搜索引擎自动匹配，通过将来源不同的、形式各样的同一内容的知识不断纳入总体知识库，形成一个日益完善的集合体。

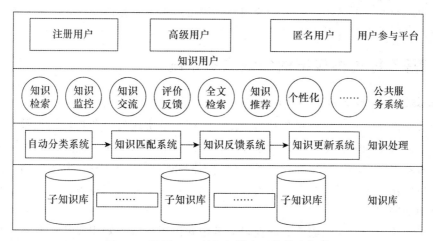

图 8.8 基于 Wiki 的知识服务系统体系架构

（2）知识处理系统。知识处理系统是系统的核心，将新获取的知识，与知识库中已有的知识进行智能匹配操作，最终将符合条件的知识存入知识库。该系统由 4 个子系统构成：

①知识自动分类系统。该系统根据知识内容、TAG 标签及指定的分类规则，将知识进行初步处理，再将处理后的知识提交给知识匹配系统。

②知识匹配系统。该系统根据匹配规则，将提交的知识与知识库中现有知识进行比较分析，将分析结果连同知识同时提交给知识反馈系统。

③知识反馈系统。该系统将匹配系统提交的结果反馈给编辑者和管理者，编辑者和管理者之间可进行互动，对该条知识进行进一步的探讨。

④知识更新系统。该系统根据知识匹配系统和知识反馈系统提交的综合信息，对库中知识进行更新处理。将该条知识存入知识库，或将该知识替换库中的原知识，或采用一定的智能算法将库中相关知识与该知识进行一定的融合，得到更精准的知识。

（3）公共服务系统。公共服务系统是系统的展示窗口，以交互友好的界面，有针对性地向用户提供诸如联机检索服务、知识监控服务、知识交流服务、知识评价反馈服务、全文检索服务、知识推荐服务及知识个性化服务等。其中联机检索服务是其最主要的服务形式，它能迅速地提供有关同一主题的互联网上其他相关知识；知识监控服务是便于管理者有效管理整个系统知识的质量，防止恶意篡改；知识交流服务、知识评价反馈服务等允许不同用户对同一条目知识进行相互间的交流、探讨，以促进知识的更精准性；全文检索服务则提供给用户有关某一主题知识的全部内容；知识推荐服务提供给用户有关该主题的相关信息或不同形式的其他信息，有助于用户更系统全面地掌握该主题知识；知识个性化服务允许用户个性化定制有关知识，并能及时获取该知识。

（4）用户参与平台。用户参与平台是系统与用户之间的接口，包括三种类型的用户：高级用户、注册用户及匿名用户。高级用户，即管理者，首先提出热门关键词或主题，以引导其他用户对该条码知识进行编写与编辑；注册用户，即编辑者，对自身感兴趣的条目知识进行编辑，通过与管理者的意见交互，再次修改完善，并经管理者的最后审核，最终

将该条目知识确定；匿名用户，即一般用户，浏览搜索感兴趣的知识，并能参与到对该知识的讨论，也能提出自身要求并将其反馈给管理者。

8.5.4 基于敏捷供应链的知识服务系统

1. 敏捷供应链知识服务系统的特点

由于敏捷供应链知识服务系统是为敏捷供应链上下游成员企业提供知识服务，所以它具有与其他系统不同的特点，在设计整体结构时需考虑到以下 4 个特点：

（1）面向多用户的定制化知识服务。面向不同知识用户的定制化服务包括个性化的服务行为、多样化的服务过程和定制化的服务结果，是为不同用户量身定做的，能满足用户的个性化知识需求。

（2）多元化的专业知识服务。敏捷供应链中知识服务所需知识往往涉及多个领域和企业主体，有行业信息、市场信息、销售信息、物流信息、生产信息、供应信息、客户信息、科研信息等等，因此知识服务提供方需要建立广泛的知识网络，注重知识资源的积累，建立广泛的知识和信息采集渠道，包括供应链合作伙伴、顾问、竞争对手、政府相关部门、商业性的专业服务组织等。

（3）即时动态的敏捷知识服务。由于内外部环境的快速变化，敏捷供应链中用户需要即时性和动态性的知识服务，所提供的知识服务方案也要随着用户知识需求的变化而变化。

（4）价值增值的创新知识服务。提供给用户的知识服务，决不是从现成的数据中可以直接获得的，而是对知识信息的有效利用和再创新，是一个知识价值不断增值的服务过程。

2. 敏捷供应链知识服务系统的设计原则

基于敏捷供应链知识服务系统的四个特点，设计知识服务系统的过程中需要坚持以下四个原则：

（1）精简化。知识服务系统的服务对象是敏捷供应链企业，最重要的一个设计原则就是精简。系统中的知识必须能够使敏捷供应链企业之间更好地协作，更好地应对市场变化，提高供应链的竞争优势。系统中不应该存在冗余知识，这样会影响知识服务系统的效率，降低供应链的敏捷性，使整个供应链对市场的变化不敏感，或导致做出错误的决策。

（2）即时化。敏捷供应链知识服务系统的一个目标是使供应链企业得到即时的服务，对市场的变化尽快做出反应，获得市场先机，把握住市场机遇。

（3）个性化。敏捷供应链知识服务系统针对供应链中不同的企业角色，向系统用户提供个性化的服务。供应链中的供应商、制造商、分销商、零售商等不同角色需要不同的知识服务内容，知识服务系统应该为他们设计个性化的知识服务内容和知识服务过程。

（4）多元化。敏捷供应链知识服务系统中的知识是多元化的，它所包含的知识涉及供应链的方方面面，包括行业信息、市场信息、销售信息、物流信息、生产信息、供应信息、客户信息、科研信息等等。多元化的知识可以为供应链企业提供全方位的知识服务内容，使企业对市场上的各种变化做出全方位的分析，最后使企业做出全面的决策。

复习与思考

1. 什么是知识？什么是知识资本？
2. 知识型组织的基本特性和核心要素是什么？
3. 知识共享过程中存在哪些障碍？如何应对？
4. 分析基于云计算的图书馆知识服务的支持流程。

参考文献

[1] 邬焜.信息世界的进化[M].西安:西北大学出版社,1994:26.

[2] 董春雨,姜璐.从不变量看信息概念的定义[J].北京师范大学学报(社会科学版),2004(4).

[3] 马费成,宋恩梅.信息管理学基础:第二版[M].武汉:武汉大学出版社,2011.

[4] 秦鸿霞.信息交流模式述评[J].情报杂志,2007(11).

[5] 李蓉.Blog与Wiki信息交流模式比较分析[J].图书馆学研究,2007(10).

[6] 郝金星.网络环境下的信息交流模式初探[J].情报科学,2003,21(1).

[7] Maryam Alavi,Dorothy E. Leidner,郑文全.知识管理和知识管理系统:概念基础和研究课题[J].管理世界,2012(5).

[8] 盛小平,何立阳.知识管理系统研究综述[J].图书馆,2003(1).

[9] 董永梅.知识经济时代组织的新趋势:知识型组织[J].情报科学,2004(3).

[10] 樊治平,孙永洪.知识共享研究综述[J].管理学报,2006(3).

[11] 刘景宇.RSS在图书馆个性化信息服务中的应用[J].情报资料工作,2007(4).

[12] 张立彬,赵麟,吴一平,等.基于Tag的个性化信息服务新方式[J].情报科学,2008,26(10).

[13] 郭海霞.新型社交网络信息传播特点和模型分析[J].现代情报,2012,32(1).

[14] 马振萍,杨姗媛.基于Web3.0的网络信息交流模式[J].信息资料工作,2011(1).

[15] 孟群智.移动网络环境下移动终端设备的发展与应用[J].网络安全技术与应用,2013(7).

[16] Derekde Solla Price. Little Science. Big Science. NewYork:ColumbiaPress,1963.

[17] 程仲鸣,王海兵.DES模型在会计信息资源配置中的应用初探[J].咸宁学院学报,2003(6).

[18] 李玲霞.信息资源的综合配置探析[J].理论新探,2002(5)

[19] 邱均平等.网络信息资源的经济管理研究(II)——论我国互联网信息的有效配置[J].情报学报,2002(4).

[20] 埃德温·曼斯费尔德. 微观经济学[M].北京:中国人民大学出版社,1999

[21] A Watts. A Dynamic Model of Network Formation[j]. Games and Economic Bechavior,2001,34(2).

[22] 吴涛等.浅析网络信息资源配置及其质量管理[J].理论方法,2005(3).

[23] 查先进.论信息市场失灵与政府干预[J].中国图书馆学报,2000(4).

[24] 王芳等.论信息资源的经济学研究[J].中国图书馆学报,2003(6).

[25] Jackson. M. O. Allocation rules for network games[J]. Working Papers,2004,51(1).

[26] 韩耀.论网络经济下信息资源的特性及其有效配置[J].江苏商论,2004(2).

[27] 续建荣.信息源之分类[J].企业文化中旬刊,2013(9).

[28] 徐金铸.信息源及其分类研究[J].现代情报,2001(6).

[29] 肖珑.互联网上的全文数据库与全文服务[J].大学图书馆学报,2000(3).

[30] 邱均平.文献信息离散分布规律——布拉德福定律[J].情报理论与实践,2000(4).

[31] 张咏.网络信息资源评价的方法及指标[J].图书情报工作,2001(12).

[32] 邱燕燕.基于层次分析法的网络信息资源评价[J].情报科学,2001(6).

[33] 蒋永新.学术网站评价方法述评[J].图书馆杂志,2001(5).

[34] 沈丽容.施乐公司的竞争情报[J].图书情报工作,2000(9).

[35] 沈丽容.竞争情报在我国——与倪波教授的对话录[J].中国图书馆学报,2000(5).

[36] 沈固朝.试论竞争情报工作中的法律问题[J].情报学报,1997(3).

[37] 李宏伟,郭嗣琮,于文言.适度分析法在电信行业客户满意度中的应用[J].科技和产业,2008(2).

[38] 武森,程锴,陈凤洁.聚类分析在电信客户细分中的应用[J].技术经济与管理研究,2008(1).

[39] 翟刚,曹颖.我国手机消费者品牌选择研究——基于离散选择模型的实证分析[J].现代商贸工业,2008(1).

[40] 洪鲲浪.基于 AHP/GIS 的集团客户价值评估[J].中国新通信,2007(23).

[41] 陈冯,贺娜.知识挖掘在电信业客户关系管理中的应用[J].科技情报开发与经济,2007(31).

[42] 陈治平,胡宇舟,顾学道.聚类算法在电信客户细分中的应用研究[J].计算机应用,2007(10).

[43] 雷云.价值管理在电信客户价值评价中的运用[J].价值工程,2007(9).

[44] 赵喜仓,崔冬梅,窦志红.聚类分析在客户细分中的研究与应用[J].江苏商论,2007(8).

[45] 祝丽,汝宜红,罗平.基于聚类分析电信运营企业仓库布局优化研究[J].物流技术,2007(8).

[46] 何明轩.数据挖掘在电信客户关系管理的应用[J].电脑知识与技术(学术交流),2007(3).

[47] 舒华英,齐佳音.电信客户全生命周期管理[M].北京:邮电大学出版社,2004.

[48] 汤兵勇,王素芬,等.客户关系管理[M].北京:高等教育出版社,2003.

[49] 赵宏波.电信企业客户关系管理[M].北京:人民邮电出版社,2003.

[50] 吕廷杰,等.客户关系管理与主题分析[M].北京:人民邮电出版社,2002.

[51] 王甦,汪安圣.认知心理学[M].北京:北京大学出版社,2006.

[52] 陈永明,罗永东.现代认知心理学:人的信息加工[M].北京:团结出版社,1989.

[53] 刘耀忠.内隐学习的理论研究及其对教育的启示[J].教育研究与实践,2000(6).

[54] 叶平.从新媒体特征看创新性学习模式[J].教育理论实践,2000(5).

[55] 张爱霞,张新民.信息查询与信息检索的整合研究[J].图书情报工作,2007(10).

[56] 赵珑.网络经济下用户体验研究[J].商场现代化,2006(20).

[57] 库珀,詹剑锋著.软件观念革命[M].北京:电子工业出版社,2005.

[58] 徐苏,林振荣.交互设计在电子商务网站中的应用研究[J].科技广场,2004(9).

[59] Alan Cooper 著.Chris Ding 等译.交互设计之路:让高科技产品回归人性(第 2 版)[M].北京:电子工业出版社.2006.

[60] 周晓英.基于信息理解的信息构建[M].北京:中国人民大学出版社,2005.

[61] 李世国.产品设计的新模式:交互设计[J].包装工程,2007(4).

[62] 姜文.知识共享的障碍因素及其对策分析[J].科技管理研究,2007(3).

[63] 周宁,文燕平.检索结果的可视化研究[J].中国图书馆学报,2002(6).

[64] 靖培栋.信息可视化:情报学研究的新领域[J].情报科学,2003(7).

[65] 李春旺.信息检索可视化技术[J].现代图书情报技术,2003,(6).

[66] 宋绍成,毕强,杨达.信息可视化的基本过程与主要研究领域[J].情报科学,2004(1).

[67] 周宁.信息可视化的发展趋势研究[J].图书情报工作,2008(8).

[68] 韩丽影,刘伟.信息可视化:知识服务网站的新形象[J].情报理论与实践,2005(6).

[69] 林夏.信息可视化与内容描述[J].现代情报技术,2004(10).

[70] 张晓林.走向知识服务[M].成都:四川大学出版社,2001.

[71] 张新民,化柏林,罗卫东.认知信息检索研究的发展与展望[J].图书情报工作,2007(10).

[72] 王知津.知识组织的研究范围及发展策略[J].中国图书馆学报,1998(4).

[73] 王子舟.知识的基本组分:文献单元和知识单元[J].中国图书馆学报,2003(1).

[74] 胡昌平.信息管理科学导论[M].北京:科学技术文献出版社,1995.

[75] 彭斐章,胡昌平等.科学研究与开发中的信息保障[M].武汉:武汉大学出版社,1998.

[76] 胡昌平,乔欢.信息服务于用户[M].武汉:武汉大学出版社,2001.

[77] 宁烨,樊治平.知识型组织含义评析及再思考[J].科学学与科学技术管理,2007(3).

[78] 杨学山.企业信息化建设与管理[M].北京:北京出版社,2001.

[79] 郭清顺,刘一凡.中山大学:十二五——规划主推云服务[J].中国教育网络,2011(6).

[80] 郭巍青,卢坤建.现代公共政策分析[M].广州:中山大学出版社,2000.

[81] 马费城,赖茂生.信息资源管理[M].武汉:武汉大学出版社,2001.

[82] 孟广均.信息资源管理导论[M].北京:科学出版社,2004.

[83] 马费城,宋恩梅.信息管理学基础[M].武汉:武汉大学出版社,2002.

[84] 刘斌,王春福.政策科学研究[M].北京:人民出版社,2000.

[85] 张备等著.信息法律—虚拟社会的边界[M].北京:军事科学出版社,2003.

[86] 王知津,金胜勇.图书情报领域中的法律问题研究[J].图书与情报,2006(2).

[87] 潘钦,刘春年.网络信息服务法律问题探析[J].图书馆学研究,2006(4).

[88] 胡昌平.信息服务与用户[M].武汉:武汉大学出版社,2015.1.

[89] 陈亮,马费成,汪斌.简论国家信息政策体系构建[J].情报学报,2002(5).

[90] 杨涛,王云莉,肖田元,张林鹍.个性化主动设计知识服务系统研究[J].计算机集成制造系统 CIMS,2002(12).

[91] 王道平,贾洁,郝玫.基于 Web Service 的敏捷供应链知识服务系统设计[J].图书情报工作,2010(5).

[92] 王伟军,甘春梅,颜政,李慧.基于 Wiki 的知识服务系统研究[J].情报科学,2008(9).

［93］曾桂峰.基于创新价值链的知识信息服务系统重构［J］.湖南工程学院学报（社会科学版），2009（3）.

［94］王丽萍.基于服务科学视角下的学科化知识服务系统机制研究［J］.图书馆学研究，2014（24）.

［95］黄东流，张旭，刘娅.基于共建共享模式的知识服务系统建设研究——以"中国科技情报网"为例［J］.情报杂志，2011（3）.

［96］陈倩波.基于云计算的图书馆知识服务系统研究［J］.科技情报开发与经济，2013（24）.

［97］梁春阳.论西部地区信息服务市场机制的确立与完善［J］.图书馆理论与实践，2001（4）.

［98］胡昌平，杨曼.信息服务中的权益保护与监督［J］.中国图书馆学报，2001（3）.

［99］孙锐，石金涛.知识工作者特征与知识团队的形成研究［J］.科学技术与辩证法，2005（6）.

［100］张珍连，网络信息服务质量评价指标研究［J］.情报杂志，2015（2）.

［101］Sue Henczel. Creating User Profiles to Improve Information Quality［J］. Online. 2004，28（3）.

［102］Marydee Ojala. Weaving Weblogs into Knowledge Sharing and Dissemination［J］. Knowledge and Change，2004.

［103］马文峰，杜小勇.知识网格研究［J］.图书情报工作，2007（10）.

［104］李春卉，曾炜.知识管理的前沿技术——知识网络［J］，情报理论与实践，2006（3）.

［105］冯益鸣，李丛伟.基于Blog的知识管理［J］.中国信息导报，2007（5）.